科学版精品课程立体化教材 · 经济学系列

统 计 学

吕洁华 王 威 主编

科 学 出 版 社

北京

内 容 简 介

统计学作为数据分析的一种有效工具，是一门实用性很强的方法论科学。本书系统地阐述了统计学的基本思想、基本理论和基本方法，突出了信息时代对统计理论与方法的需求。本书每一章都由一个案例开始，引出相关内容的介绍，全书内容结构符合统计学教学目标，难易适度，便于学生掌握运用；案例实用，便于师生教学互动。其主要内容有统计调查、统计整理、总量指标和相对指标、平均指标与变异指标、时间序列分析、统计指数、抽样推断、假设检验、相关与回归分析、统计综合评价等。

本书可作为高等院校统计学专业和经济管理类各专业统计学课程的教材，也可供广大统计工作者和经济管理工作人员自学或参考。

图书在版编目(CIP)数据

统计学/吕洁华，王威主编．—北京：科学出版社，2012

科学版精品课程立体化教材·经济学系列

ISBN 978-7-03-034921-7

Ⅰ.①统… Ⅱ.①吕… ②王… Ⅲ.①统计学-高等学校-教材 Ⅳ.①C8

中国版本图书馆 CIP 数据核字(2012)第 130610 号

责任编辑：林 建 王京苏／责任校对：钟 洋

责任印制：徐晓晨／封面设计：蓝正设计

科学出版社出版

北京东黄城根北街 16 号

邮政编码：100717

http://www.sciencep.com

北京虎彩文化传播有限公司印刷

科学出版社发行 各地新华书店经销

*

2012 年 6 月第 一 版 开本：787×1092 1/16

2019 年 1 月第七次印刷 印张：16 3/4

字数：376 000

定价：48.00 元

（如有印装质量问题，我社负责调换）

前　言

在人类迈进21世纪、面对知识经济时代的今天，我们每天对信息的需求量和处理量日益增多，作为数据处理和分析技术的统计方法已广泛应用于生产、生活和科学研究的各个领域，成为各学科领域研究者和实际工作者的必备知识，这无疑对统计教材的编写提出了更高的要求。面对新的形势，同时也为适应普通高等院校经济管理类人才培养的发展趋势，在充分吸收国内外统计学经典教材的优点和总结统计学教学经验的基础上，本着"重基础、重应用"的原则，我们编写了本书。

统计学是研究如何测定、收集、描述和分析大量客观现象总体数量的数据，以便给出正确认识的方法论科学。作为数据分析的一种有效工具，本书系统地阐述了统计学的基本思想、基本理论和基本方法，突出了信息时代对统计理论与方法的需求。每一章都由一个案例开始，引导相关内容的介绍，其主要内容有统计调查、统计整理、总量指标和相对指标、平均指标与变异指标、时间序列分析、统计指数、抽样推断、假设检验、相关与回归分析、统计综合评价等。为了使读者可以很好地理解和掌握统计学，本书在编写过程中对整体架构和内容作了细致的规划和设计，力求突出以下三方面特点：

(1) 内容结构符合统计学教学目标。按照经济管理类统计学教学的需要，使学生掌握处理数据、分析和解决问题的基本方法。本书从一个完整统计过程的各个环节着手编写，包括统计调查、整理、归纳和分析，并借助这些信息进行评价，从而保证了全书内容更丰富，结构框架更严密，逻辑思维更清晰。

(2) 难易适度，便于学生掌握运用。本书强调统计思想，摒弃一些不必要的数学证明和公式推导，努力贯彻"学以致用"和"少而精"的原则，力求概念明确、条理分明、通俗易懂、由浅入深。对各种具体方法作必要的阐述后，都配有具体的案例或例子说明其应用过程，既便于学生理解，也利于教师教学。

(3) 案例实用，利于师生教学互动。本书以社会经济现象作为研究对象，通过大量的社会经济与管理的实例分析，使学生的感知认识及动手能力得到增强。同时为提高学生的学习效率，将统计与计算机操作紧密结合，分别对统计相关软件如SAS、SPSS、EViews、Excel和马克威分析软件等作了较详细的介绍，引导学生运用统计软件对统计数据进行处理和分析。

本书各章的执笔人如下：东北林业大学吕洁华（第一章第一、二、三、四节，第七章）、东北林业大学王威（第二章第一、二、三节，第十章）、哈尔滨金融学院迟艳琴（第三章第一、二、三节），东北林业大学李德立（第四章、第五章）、东北林业大学李朝洪（第六章）、东北林业大学赵晓光（第八章、第九章）、东北林业大学姜钰（第十一章）、东北林业大学郝立丽（第一章第四、五节，第二章第四、五节）、哈尔滨商业大学路春艳（第三章第四、五节）。全书由吕洁华、王威任主编，迟艳琴任副主编。吕洁华负责全书的大纲设计、书稿的组织与总编撰，吕洁华、王威负责全书的校对工作。

由于编者水平有限，本书难免存在不足之处，恳请广大读者提出宝贵意见。最后，希望读者能从本书中受益。

编　者

2012年5月

目录

第一章 总　论

【本章导读】

一听到“统计”，你的第一反应是什么呢？是不是脑海里浮现出一堆数字，或者一些图表？这是数据资料经过统计整理和综合后的一种很有用的形式。统计在许多领域和日常生活中都有应用。政府每天都会遇到大量的统计问题。例如，每年的《政府工作报告》总是要列举大量发展水平、增长速度、比例结构等方面的数据，说明国民经济的发展状况；统计部门每月、每年总是要公布价格变动数据，说明人民生活和社会生产的价格状况；等等。凡是可以用数据表现的现象，都可以作为统计的研究对象。这就要求从事经济管理工作和将要从事经济管理工作的人必须理解、掌握和运用统计方法。理解并掌握一些统计学知识对普通大众也是必要的。每天我们都会关心生活中的一些事情，其中就包含统计知识。比如，在外出旅游时，需要关心一段时间内的详细天气预报；在投资股票时，需要了解股票市场价格的信息，了解每支特定股票的相关财务信息；在观看世界杯足球赛时，了解各支球队的技术统计；等等。统计已成为现代人类社会不可或缺的组成部分，与我们的生活息息相关。

第一节　统计与统计学

一、“统计”的含义

“统计”一词最早来自欧洲，源自中世纪的拉丁语 ststus，意指各种现象的状态和状况。由这一语根组成的意大利语 ststo，表示国家的概念，以及关于各国的国家结构和国情方面的知识的总称。“统计”一词最早被当作学名使用是在 18 世纪的德国。哥廷根大学政治学教授阿亨瓦尔（G. Achenwall，1719～1772）为“国家学”定了一个新名词——ststisikc，即统计学。到了 18 世纪末，各国相继把德语“ststistikc”翻译成本国文字，此时才出现了英文 statistics，作为单数词使用时指统计学，作为复数词使用时则指统计资料。

《中华人民共和国统计法实施细则》第二条规定：“《统计法》所指的统计，是指运用各种统计方法对国民经济和社会发展情况进行统计调查、统计分析，提供统计资料和统计咨询意见，实行统计监督等活动的总称。”因此，“统计”一词在各种实践活动和科学研究领域中会经常出现，不同的人或不同的场合对其理解会有差异。比较公认的看法是，统计一词有三种含义，即统计工作、统计资料和统计学。

(1) 统计工作，又称统计活动，是指收集、整理和分析统计数据，并探索数据内在数量规律性的活动过程。

(2) 统计资料，又称统计数据，是统计工作所取得的各项数字资料及与之相关的其他实际资料的总称。表现为反映社会经济现象数量特征的原始记录、统计台账、统计表、统计图、统计分析报告、政府统计公报、统计年鉴等各种数字和文字材料。

(3) 统计学，即统计科学，是在统计实践基础上形成和发展起来的，阐述统计工作基本理论和基本方法的科学。

统计的三种含义之间有着密切的关系。首先，统计工作与统计资料的关系，是统计活动与统计成果的关系。其次，统计学与统计工作的关系，是理论与实践的关系。统计学是统计工作实践经验的科学总结和理论概括，反过来它又指导统计工作，推动统计工作不断发展和提高。

统计工作、统计资料和统计学相互依存、相互联系，共同构成了一个整体，这就是通常所说的统计。

二、统计学的产生和发展

统计理论来源于实践，统计实践的起源很早，原始社会最初的一般计数活动蕴藏着统计的萌芽，奴隶社会计数活动进一步发展，出现了人口、土地、财产等计数活动。封建社会统计已略具规模，统计范围扩展到人口、土地、财富、赋税、农业、军事等领域，以及社会问题的调查，满足了封建王朝统治的需要。资本主义社会统计实践活动的规模、统计的范围更是迅速扩展，统计理论与统计方法的研究开始受到重视。

经历了数千年的统计实践活动，人们对统计规律的认识逐步加深，通过对统计实践活动的长期总结和逐步归纳，将其系统化为一门规范的学科体系——统计学。统计学作为一门独立的科学，至今已有300多年的历史，在其发展过程中，各学派不断争论、融合，共同促进了统计学的发展与完善。从统计学的产生和发展过程来看，统计学大致可以划分为古典统计学时期、近代统计学时期和现代统计学时期三个时期。

(一) 古典统计学时期

古典统计学时期指的是17世纪中叶至18世纪中叶的统计学萌芽时期。各国从不同领域展开了统计学奠基工作，并相继形成了统计学的两大学派，即国势学派和政治算术学派。

1. 国势学派

国势学派，又称记述学派，产生于17世纪。创始人是德国著名学者海尔曼·康令(Hermann Gonring，1606～1681)，康令于1660年把国势学从法学、史学、地理学等学科中独立出来，在大学里讲授以叙述国家显著事项和国家政策关系为内容的国势学课程。在《康令国势学著作集》(1730年出版)中，他第一次把国势叙述上升到系统化和理论化的高度，以致后来逐步形成了以国家为研究对象，以记载国家重大事项来形成新知识为目的的国势学，该学派因此而得名。

国势学的继承者主要是戈特弗里德·阿亨瓦尔(Gottfried Achenwall，1719～

1772)。阿亨瓦尔则继承和发展了康令的思想，他在大学里继续开设国势学课程，并著有《近代欧洲各国国势学概论》一书。他认为，凡是能左右国家繁荣富强的事项，都可称为“国家显著事项”，国家显著事项的总和，就构成这个国家的内容。而国势学就是研究一国或数国显著事项的学问，即关于国家组织、人口、军队、领土、财产、地面和地下资源事实的学问。他还为“国势学”创造了一个新的德文词汇“statistik”，即“统计学”，并用这个名称代替了国势学。

国势学派对统计学的创立与发展所作出的贡献：国势学派确定了世界公认的“统计学”命名，并提出了“统计数字资料”、“数字对比”等沿用至今的统计术语。该学派认为“对比乃统计方法之母”，即只有在对比分析中才能更清楚地看出事物的规模、结构及其发展、变动等。但国势学对国家显著事项的研究，着重于文字比较和记载，其叙述很少涉及数量方面的观察，并未把对事物对比分析作为自己的基本特征。因此，国势学也被人们认为有统计学之名而无统计学之实。

2. 政治算术学派

政治算术学派，产生于17世纪，创始人是英国的著名经济学家威廉·配第(William Petty，1623～1687)。配第的代表作《政治算术》(1676年写成，1690年正式出版)一书，是经济学和统计学史上的重要著作。书中运用大量的统计资料，对英、法、荷三国的国情和国力作了系统的数量对比和分析，阐明了英国的国际地位，指出了英国社会、经济发展的方向。它的最大特点是用具体的数量分析代替单纯的思维论证，即用数字、数量和尺度描述客观现象及其相互关系，这在当时对经济学和统计学的研究方法是一个大的创新。配第的《政治算术》一书的问世，标志着统计学的初步创立。他所说的“政治”是指政治经济学，“算术”是指统计方法。所以，马克思对配第的贡献给予了高度的评价，认为他是“政治经济学之父，在某种程度上也可以说是统计学的创始人”。

政治算术学派的另一个代表人物是约翰·格朗特(John Graunt，1620～1674)，他在1662年写了一本统计著作《关于死亡表的自然观察与政治观察》。书中通过大量观察法提出了男女婴儿出生比例比较稳定的观点，他还创造性地编制了初具规模的“生命表”，对各种年龄组的死亡率与人口预期寿命作了分析，并对人口总数进行了较科学的估计。因此，格朗特被认为是人口统计学的创始人。

政治算术学派对统计学的创立与发展所作出的贡献：政治算术学派用计量方法研究和表现客观事物，运用统计调查、分组法、平均法、统计估算等方法描述和分析现象总体之间数量关系，形成初步的统计分析方法，这在当时是一种创建，也是现代统计学广为采用的方法和内容。但该学派一直未正式采用“统计学”的名称。因此，人们认为政治算术学派无统计学之名，但有统计学之实。

(二) 近代统计学时期

近代统计学时期指的是18世纪末到19世纪末的100多年的时间，逐步形成了统计学的两大学派，即以随机现象的推断统计为主要内容的数理统计学派和以传统的政治经济现象的描述统计为主要内容的社会统计学派。

1. 数理统计学派

数理统计学中贡献最大的是法国数学家拉普拉斯（Pierre Simon Laplace，1749～1827），拉普拉斯在统计学上的贡献主要体现在他写的《概率分析理论》（1812 年出版），他在该书中阐述了几何概率论、伯努利定理、最小二乘法，并导入“拉普拉斯变换”，后来成为希维赛德（Oliver Heaviside，1850～1925）运算微积分的线索。因此，拉普拉斯被称为概率论继往开来的人物。

数理统计学派的另一个创始人是比利时统计学家、数学家和天文学家阿道夫·凯特勒（Adolphe Jacques Quetelet，1796～1874），凯特勒受拉普拉斯的影响，在其著作《社会物理学》中将概率论引入统计学。他认为概率论是适用于政治及道德科学的以观察与计数为基础的方法，他认为统计学应该既研究社会现象又研究自然现象，是一门独立的方法论科学。凯特勒通过努力初步完成了统计学与概率论的结合，使统计学开始步入一个新的领域和阶段。他是第一个明确提出研究规律性问题的人，他把德国的国势学、英国的政治算术和法国的古典概率论加以统一、改造，并融合成具有近代意义的统计学，促使统计科学向新的境界发展。到了凯特勒时代，“统计”一词才有了国家统计资料的含义，扩充为近代的统计工作、统计资料和统计理论三种意义的“统计”。

数理统计学派对统计学的发展所作出的贡献：数理统计学派把古典概率引入统计学，提高了统计计量上的准确性，使统计学产生了质的飞跃，为近代统计学奠定了基础。可以说，凯特勒是数理统计学派的奠基人，因为数理统计学就是在概率论的基础上发展起来的。

2. 社会统计学派

19 世纪后半叶，正当致力于自然领域研究的英美数理统计学派刚开始发展的时候，在德国竟兴起了与之迥然异趣的社会统计学派。该学派的主要代表人物是德国统计学家、政府统计学家和统计教育家恩格尔（C. L. E. Engel，1821～1896）。恩格尔的主要著作有《人的价值》（1833 年出版）、《比利时工人家庭生活费的过去和现在》（1895 年出版）和《关于统计学是独立科学还是方法问题》（1851 年出版）。恩格尔在统计方面的主要贡献有：在人口调查中提倡用个人调查卡片法；在消费计量上首创消费权数；发明恩格尔法则和恩格尔系数；建设社会统计学体系。

另一位主要代表人物是德国统计学家和政府统计学家梅尔（C. V. Magr，1841～1925）。梅尔在《社会生活的规律性》（1877 年出版）一书中为统计学下了一个很精辟的定义：“统计学是在对总体现象大量观察的基础上，对人类社会生活实际状态及其所产生的规律性，做有系统的表述和说明。”他认为统计学是社会科学中的一门独立科学，是研究规律性的实质性科学。他强调统计学是对社会现象表现出来的规律性形式及其性质的系统阐述，也强调统计方法的重要性，把统计方法看作统计学理论部分的一个重要内容。例如，他认为大量观察法是认识社会唯一可能的统计方法。

社会统计学派对统计学的发展所作出的贡献：社会统计学派主张统计学是实质性的研究社会现象的社会科学，目的在于明确社会现象内部的联系和相互关系。统计方法应当包括社会统计调查中的资料搜集、资料整理及对统计资料的分析研究。该学派的前期人物都坚持认为统计学是独立的、实质性的社会科学，数理统计是一门应用数学。该学派的后起者，尽管仍然以研究社会领域的规律为主，但逐步从实质论向方法论转化，强调统计学是调查研究方法。总之，如果认为恩格尔是社会统计学派的中坚的话，那么梅尔是当之无愧的社会统计学体系的完成者。

（三）现代统计学时期

从20世纪初到现在，统计学已步入现代统计学阶段。现代统计学无论是在理论方法还是在应用范围上都有了极大的发展，在自然科学和社会科学各个领域的研究和应用上，统计学都已成为不可缺少的工具，它主要表现为以下特征：

统计理论和方法不断得到完善和深化。随着应用范围的扩大和要求的提高，统计学自身不断完善和深化，对于确定性的或非确定性的、连续的或离散的、线性的或非线性的客观事物的数量表现，现在基本上都有了比较完备的理论和方法去加以研究，同时还在继续发掘一些新的统计方法。

计算机的使用和统计软件的问世强化了统计计算手段。目前，国内外已经开发出了大量统计软件，如SPSS、SAS、IMSL、GB-STAT等。计算机和统计软件的使用大大减轻了统计计算和分析的工作量。并且那些复杂的难以从理论上证明的新的统计方法，也可以通过计算机进行模拟论证。统计手段的强化，为统计应用开拓了广阔的前景，两者形成了互相促进的良性循环。

通用方法论科学的属性更加突出。现代统计学是一门通用方法论科学，除以往的哲学、数学、经济学作为其理论基础和方法论基础外，当代科学的新发展——信息论、系统论、控制论应当是支撑现代统计学的基础理论体系。

（四）当代中国统计学时期

改革开放前，我国统计学界的主流是追随前苏联的观点，认为统计学是一门独立的社会科学，而且具有鲜明的阶级性，将数理统计学排斥在统计学之外，认为其属于数学。但对统计学的性质，仍有两种不同的看法：一是认为统计学是研究社会现象规律具体表现的实质性学科；二是认为统计学是研究社会现象数量方面的方法论学科。

改革开放以后，我国统计学界出现了关于存在两门统计学还是一门统计学之争。一是认为世界上只有一门统计学，那就是数理统计学。以往苏联式的统计学只不过是政府统计工作的经验总结。二是认为存在两门统计学，即社会经济统计学与数理统计学，两门学科性质不同，研究的内容也不相同。

20世纪90年代中期，我国统计学界开始出现“大统计”的提法，主张建立一门包括数理统计学和经济统计学等各类应用统计学在内的大统计学科。这一主张得到不少统计学者的赞同，认为这对于促进各类统计学的共同繁荣和共同发展是有益的。但对于“大统计”的认识，学者们仍存在不同的看法。一种观点认为“大统计学”就是要将各类统计学完全结合起来，建立统一的学科。另一种观点认为“大统计学”只是承认不同类型的统计学具有一定的共性，并不是完全否定各类统计学的差异，按照统一的标准去建设大统计学科。

对统计学今后的发展方向，多数学者认为：不同类型的统计学最终将完全融合，形成统一的学科，将统计学统一划为理学“是与国际接轨的”，“可使统计学真正成为以概率论和数理统计为基础、多领域应用、多学科交叉的横向学科”。

三、统计学的含义

经历了300多年的发展，可以看出，统计学确实是一门十分独特的学科，统计学已演变成横跨社会科学领域和自然科学领域的多学科性的方法论科学。具体地说，统计学是研究如何测定、收集、描述和分析大量客观现象总体数量的数据和给出正确认识的方法论科学。

统计学基本定义中的“如何测定”，强调的是开展统计研究的第一步，就是要根据所研究的问题的性质，制定统计指标和统计分类，给出统一的定义与标准，才能开展后续的数据收集与分析，才能更好地覆盖应用统计学研究的内容。

第二节　统计学的性质和基本方法

一、统计学的研究对象

统计学是一门研究客观现象总体数量方面的方法论科学，其研究对象是客观现象总体的数量方面，即现象总体的数量特征和数量关系。其目的是通过现象总体的数量表现、数量特征和数量关系，综合考察总体现象的特征及其发展变化的规律。

正确地确定统计学的研究对象，是一切统计研究的起点。只有对统计学的研究对象有了明确的认识，才能进一步认识统计的性质、统计的研究领域、统计所特有的规律及研究这个规律的方法等。也只有解决了这一问题，才能理解统计学和其他学科的联系和区别。

二、统计学研究对象的特点

统计学是一门方法论和应用性的科学，但并不能由此就认为统计学的研究对象是统计方法。统计对象的客观性决定着统计方法的客观性，脱离了统计对象，统计方法也就无从产生。客观现象本身不但有质的方面，而且有量的方面，事物的质和量共同构成事物的规律性。

其特点主要表现在以下方面。

(1) 数量性。统计的认识对象是现象总体的数量方面，包括数量多少、现象之间的数量关系、质量互变的数量界限。最终达到认识总体现象的特征及其发展变化的规律。统计属于对现象总体定量认识的范围，但客观存在的一切事物都有质和量两个方面，是质与量的统一体，所以研究其数量方面，必须在质与量的密切联系中进行。统计研究现象总体和过程，要先确定现象的质的特征，然后才能正确地研究现象的量的关系。如果对所研究现象质的规律性没有得到明确的了解，那就无法研究它的数量表现。

(2) 总体性。统计的数量研究是要对大量普遍存在的事实进行综合研究，对大量单位的调查资料加以综合汇总，得出反映现象总体的数量特征，说明现象变化的规律性。而为了了解总体的特征和发展变化的规律性，就必须从搜集个体的数据开始，通过对个体数据的科学汇总，消除偶然性因素的影响，呈现出反映总体本质特征的数量表现，所以现象总体的规律性总是带有总体的性质。个别现象虽然表现为复杂多样性，但总体现象却是相对稳定，表现出某种共同的倾向，是有规律可循的。

(3) 客观性。统计数量是客观事物的反映，表示客观现象在具体时间、空间、条件作用下，实际已经达到的水平和程度。它独立存在于外部世界，不是意志所能转移的。统计资料虽然经过人们有意识的调查、整理、汇总、加工，但都不能改变它的客观性。统计数字不是抽象的数字，它是现象总体在具体时间、地点、条件下所表现出的数量。正因为具体性，所以统计的数字必须准确，公布和使用的资料要注明出处与来源。

(4) 变异性。统计研究现象总体的数量特征，它的前提则是总体内的个体特征表现存在着差异，而且这些差异并不是由某种特定的原因事先给定的。如果各个个体不存在这些差异，也就不需要做统计，如果各个个体之间的差异是按已知条件事先可以推定的，也就不需要统计方法。总体中各个个体的变异表现出个别现象的特殊性和偶然性，而对现象总体的数量研究，则是从各个个体的变异中归纳概括出它们的共同特征，显示出现象的普遍性和必然性。这就是统计认识方法的特点。

三、统计学的性质

从统计学的发展史来看，统计学是从研究社会经济现象数量表现开始的，随着统计理论和方法的不断完善，统计学得以不断发展，它既可用于社会现象的研究，又可应用于自然现象的研究。统计学的性质可概括为研究现象总体的数量表现和规律性的方法论的科学。其要点如下。

(1) 统计学研究的客观现象包括社会现象和自然现象。如社会经济统计学是研究社会经济现象的总体数量表现的方法论科学，天文统计学、生物统计学都是研究自然现象的总体数量表现的统计学。目前，不论社会的、自然的或实验的现象，凡有大量数据出现的地方，都要用到统计学。统计方法已渗透到其他学科领域，成为当前最活跃的学科之一。

(2) 统计学研究的是总体现象的数量表现与规律性。总体是由许多个体组成的，各个个体在数量特征上受必然和偶然两种因素的支配，必然因素反映了该总体的特征，但由于受偶然因素的影响又具有差异性，统计学就是要通过对个体的认识过渡到对总体数量特征与规律性的认识。统计学研究总体的数量特征和规律性离不开搜集个体的数据，但这仅是研究总体的一种手段和一种过渡，最终目的是揭示总体的数量特征及规律性。

(3) 统计学是一门方法论科学，而不是研究实质性问题的科学。统计学阐述统计资料搜集、整理、概括、分析和推断的一系列理论和方法，其目的在于为统计工作研究实质性问题提供方法论指导。统计学所阐明的一系列统计方法，既可应用于研究社会现象，也可应用于研究自然现象，因而具有通用性。统计工作利用统计学提供的理论和方法，可以对实质性问题展开具体的分析研究，以揭示具体现象的数量特征和规律性。

四、统计学的基本方法

统计学研究客观现象总体的数量特征与规律性所涉及的方法多种多样，而统计工作具有多阶段性，每个阶段都具有其特定的统计方法。在统计研究方法体系中，最主要、最基本的研究方法有如下几种。

（1）大量观察法。大量观察法，是指统计要对研究对象的全部或足够多的单位进行数量上的调查、观察和分析。“大量”的标志不在于总体单位的多少，而在于认识总体的准确程度。只要达到准确性的要求，既可以是全面的，也可以是部分的，甚至是少量的。由于客观现象的数量表现是在诸多因素作用下形成的，偶然因素的影响会使得个别单位和事物的表现偏离现象的本质，不能使观察者得到正确的认识。因此，要认识客观现象的总体数量表现，就不能任意抽取其中个别或少数单位进行观察，必须调查其全部或足够多的单位。只有这样，才能使个别单位之间的偶然性差异相互抵消。例如，要了解全国城镇居民生活收入与消费基本情况，不能只调查一两户或少数城镇居民户，要调查了解足够多的城镇居民户。只有这样，调查得到的数据和结论才具有代表性和说服力，才能进一步分析和说明总体的内在规律性。统计中的许多方法，如统计报表、普查、抽样调查等，都是通过调查客观现象足够多的单位，来说明和分析现象的总体数量方面的。

（2）统计分组法。统计分组法，就是根据统计研究的需要，将总体按照一个或几个标志划分为若干组成部分的一种统计方法。分组法是研究总体内部差异的方法。总体内部有各种各样的差异，有的是带有根本性质的差异，不划分开就不能进行数量上的描述和研究，否则会发生认识上的错误或偏差。有的差异虽不是根本性质的，但只有应用分组法才能使人们对总体的认识逐步深入。在实际应用时常常要使用相互联系的许多分组，而不是只用一种分组。例如，将全国人口按性别划分为男性人口和女性人口两组，统计分组法是经常使用的、十分重要的方法。

（3）综合指标法。综合指标法，是反映和研究社会经济总体的数量特征和数量关系的方法。对大量原始数据进行整理汇总，计算各种统计指标，以显示出现象在具体时间、地点及各种因素共同作用下所表现的规模、水平、集中趋势和差异程度等，以概括地描述总体的综合特征和变动趋势，诸如总量指标、相对指标、平均指标、变异指标等。统计指标和分组是密切联系、相互依存的，它们共同反映现象总体的质和量。统计分组如果没有一定的统计指标来反映现象的规模水平，就不能揭示现象的数量特征，而统计指标如果没有科学的分组，那就往往容易掩盖矛盾，成为笼统的指标，甚至成为虚构的指标。

（4）归纳推断法。归纳推断法，是指由个别到一般、由事实到概括的推理方法。由于现实中我们所观察的现象往往是部分或有限的单位，而需要判断的总体对象范围却是大量的，甚至是无限的。这样就会产生根据局部的样本资料对全部总体数量特征作判断的置信度的问题。以一定的置信标准，根据样本数据来判断总体数量特征的归纳推理方法，在统计学上称为统计推断法。统计推断法可以用于总体数量特征的估计，也可以用于对总体某些假设的检验。从某种意义上说，我们所观察的资料都是一种样本资料，因而统计推断也就广泛地应用于统计研究的许多领域。可以说统计推断是现代统计学的基本方法。

第三节 统计研究过程与职能

一、统计研究过程

统计工作是对社会进行调查研究以认识其本质和规律的一种工作，这种调查研究过程是对客观事物的一种认识过程。统计认识活动和其他认识活动一样，是一个不断深化的无止境的过程，随着客观事物的不断变化，统计认识活动也要不断地进行。但就一次统计活动来讲，一个完整的过程可分为如下几个阶段：统计设计、统计调查、统计整理、统计分析及统计资料的提供与开发。

(1) 统计设计。它是统计工作的第一个阶段，是根据统计研究对象的性质和研究目的，对统计工作各个方面和各个环节的全盘考虑和安排。统计设计的重要内容是确定研究对象的范围、统计分类、指标口径、调查方法、整理方法和分析方法等。统计设计的结果表现为各种设计方案，如指标与指标体系、分类目录、统计报表制度、调查方法、汇总方案和分析方案等。

(2) 统计调查。它是根据统计研究的目的和任务，按照统计设计的要求，运用科学的调查方法，有计划、有组织地搜集资料的过程，包括搜集原始资料和经过加工整理的系统资料，主要是指原始资料的搜集。统计调查是统计工作的基础，通过调查所获得的资料是否准确、及时和完整，直接影响到以后各阶段统计工作的质量。所以，统计调查是做好整个统计工作的基本环节。

(3) 统计整理。它是指根据统计研究的目的，将统计调查所得到的原始资料进行科学的分类和汇总，或对已经加工的综合资料进行再加工，使之系统化，为统计分析准备反映总体特征的综合资料的工作过程。作为一个相对独立的统计工作阶段，统计整理主要是指对原始资料的整理。

(4) 统计分析。是指根据统计研究的目的和要求，运用各种统计分析方法和综合分析指标，对经过加工整理的各项资料进行分析研究，以揭示客观事物的内在联系及其发展变化的规律性。统计分析是统计工作过程中的决定性阶段。

(5) 统计资料的提供与开发。统计资料的提供，是指国家统计部门在搜集、整理准确而丰富的统计资料的基础上，建立数据库、信息库、以灵活多样的方式为各级政府、机构、企事业单位和社会提供咨询和服务，使丰富的统计信息资源能被广泛地利用，从而达到统计信息社会化的目的。统计资料的开发，是对统计资料进行深层次加工并综合研究或专题研究，如进行科学预测和最优方案的选择，从而提高统计信息的使用价值。

统计工作过程中的各个阶段是紧密联系的有机整体，前一阶段是后一阶段的基础，后一阶段是前一阶段的发展。一般地说，统计工作过程是按上面的先后顺序进行的，但是，实际工作中常常是相互交叉、相互渗透。

二、统计的职能

所谓统计职能，是指统计本身所具有的功能和作用。按照现代管理科学的理论，国家管理系统应由科学的决策系统、高效的执行系统、灵敏的信息系统、完备的咨询系统和严密的监督系统所组成。统计系统作为国家管理系统的重要组成部分，同时具备信息、咨询、监督三项职能。

(1) 信息职能，是指统计具有一整套科学的指标与指标体系和统计调查方法，能够灵敏地、系统地搜集、处理、传递、存储和提供大量的综合反映客观事物总体数量特征的社会、经济、科技等信息。

(2) 咨询职能，是指利用已掌握的丰富的统计信息资源，运用科学的分析方法和先进的技术手段，深入开展综合分析和专题研究，为科学决策和管理提供各种可供选择的咨询建议与对策方案。

(3) 监督职能，是指根据统计调查和统计分析，及时、准确地从总体上反映经济、社会和科技的运行状态，并对其实行全面、系统的定量检查、监测和预警，以促使国民经济按照客观规律的要求，持续、稳定、协调地发展。

统计的上述三种职能，是相互作用、相辅相成的。搜集和提供准确、及时、全面、系统的统计信息的职能，是统计工作最基本的职能，是保证统计咨询和统计监督职能得以充分和有效发挥的前提和基础。统计的咨询职能是统计信息职能的延续和深化。而统计监督职能则是在统计信息、咨询职能基础上的进一步拓展，并促进统计信息和咨询职能的优化。

第四节　统计学的基本概念

任何一门科学理论都是运用概念进行判断推理的过程，而统计学在判断推理过程中所使用的基本概念就是指统计理论所特有的，而且在整个统计理论体系中又具有普遍意义的概念，掌握这些基本概念是掌握统计科学理论的前提和基础。

一、统计总体和总体单位

(一) 统计总体和总体单位的概念

统计总体简称总体，源于数理统计，数理统计中又称其为母体。所谓总体，是指客观存在的，在某一方面具有相同性质的许多个别事物组成的整体。构成总体的每一个事物，就是总体单位，亦可简称单位或个体。例如，要研究我国工业企业的规模，则全国工业企业便构成了统计总体，而每一个工业企业就是总体单位；对某种设备进行普查，则所有的该种设备构成总体，而每台设备就是总体单位；全国人口普查登记时，全国人口是总体，而每一个人就是总体单位。

一般来说，统计是研究总体现象的，综合总体的数量特征，但统计又离不开个体单位，要想认识总体必须从个体开始，由个别过渡到一般，由个体过渡到总体，统计研究的过程就是从个体到总体的综合和分析过程，现象的数量特征只有通过大量个体的综合才能充分显现出来。

总体和总体单位不是固定不变的，两者具有相对性，随着研究目的和范围的不同，它们之间可以相互变换。原来的总体可以变换为总体单位，原来的总体单位也可以成为总体。例如，上面提到的全国工业企业这个总体，每个工业企业是总体单位。但如果我们研究的任务是某个典型工业企业内部的设备情况，已确定这个企业的技术装备水平，则这个工业企业全部设备成为一个统计总体，而企业内每台设备就是总体单位。

总体和总体单位是互为存在条件，没有总体单位，总体就不存在了。总体单位是把研究或观察的对象具体化，若总体单位取消了，总体就变成了没有任何内容的空洞无物的词了。总体单位也离不开总体，统计观察和研究的是事物的整体性，而不是个体性，没有某一方面共同性质的个体必不能成为某个总体的组成部分。因此，没有总体也就无法确定总体单位了。

（二）统计总体的特征

统计研究的目的是反映总体的特征及其规律性。所以，总体必须具备以下三个特征：

(1) 同质性。指总体所有单位必须在某一方面（或某一点上）具有共同的性质，这是构成总体的前提条件。这就意味着统计总体的各个单位，必须具有某种共同的性质把它们结合在一起，否则对总体各个单位标志表现的综合就没有意义，甚至会混淆矛盾，歪曲现象的真相。

(2) 大量性。总体是由现实存在的许多个别单位组成的，仅仅个别或少数单位不能形成总体。构成总体的单位要有足够多的数量，这是构成总体的基本条件。这是因为统计研究的目的是要揭示现象的规律性，而这种规律只有在大量事物的普遍联系中才能表现出来。总体的大量性和总体单位的差异性是密切相连的。总体单位之间差异性越显著，总体单位数也应该越多。总体的大量性也和研究的目的要求有关，精确度要求越高，总体的单位数也要相应增多，所以，总体的大量性是相对的。

(3) 差异性。构成统计总体的单位在某一方面是同质的，但在其他方面又必须是有差异的。也就是说，各个单位必须有某一个共同标志表现作为它们形成统计总体的客观依据，但是其余所要研究的标志又必须有变异的表现。总体的同质性和单位差异性是相对的，它们都是统计核算的前提条件。

同质性、大量性、差异性是总体的三大显著特征，作为总体必须同时具备这三个特征。它是构成总体和进行统计研究的充分必要条件。

（三）统计总体的种类

总体按其所包括单位的数目是否有限，分为有限总体和无限总体。总体所包含的单位数目是有限的，称为有限总体。总体所包含的单位数目是无限的，称为无限总体。总体的类型不同，认识总体的方法也就有所不同。对于无限总体，其总体单位数目无法确定，不能采用全面调查法，只能用抽样调查法，通过对一小部分样本进行调查推断总体的特征。实际工作中，对于总体单位数目十分庞大且难以计量的有限总体，也可视为无限总体，如森林资源、水力资源等。

总体按其所包括范围的不同，可分为大总体和小总体。例如，进行人口普查，县人口是省人口的一部分，若认定省人口是大总体，则县人口就是小总体，不能把县人口误认为是总体单位，总体单位应是每个人。人口总体按所包括范围的不同，小总体（县人口）是大总体（省人口）的一部分，也可称小总体为部分总体，所有部分总体的汇总就是大总体。

二、统计标志与统计指标

（一）统计标志

统计标志就是单位标志，简称标志，又称标识。它是说明总体单位属性或特征的名称。每个总体单位都有其固有的属性或特征。例如，某工业企业作为总体单位，具有经济类型、所属行业、职工人数、产品数量等属性或特征；工人作为总体单位具有性别、工种、文化程度、年龄、工资等属性或特征。上述总体单位所有属性或特征的名称都是标志。显然，总体单位是标志的承担者，标志依附于总体单位。

标志表现是总体单位特征的具体体现。例如，某大学生性别是男，年龄 20 岁，这里的“男”、“20 岁”都是标志表现。

1. 标志按性质的不同，可分为品质标志和数量标志

品质标志表示事物的质的特征，是表明总体单位品质属性的名称，其标志表现一般不能用数量表示，只能用文字或符号、代码说明。例如，人的性别、企业经济类型、主管部门、设备的种类等是品质标志。数量标志表示事物量的特征，是表明总体单位数量特征的总称，只能用各种不同数值表示。例如，人的年龄，企业工人数、产品产量、固定资产原值等是数量标志。一般情况下，同一总体中的各个单位存在着许多标志。

2. 标志按变异情况的不同，可分为不变标志和可变标志

标志的变与不变是对同一总体中各单位而言，如果在一个总体中，当某一标志在各个单位的具体表现都相同时，并根据这一标志将所有单位结合在一起，则这个标志便称为不变标志；若某一标志在各个单位的具体表现不相同而且变化时，这个标志则称为可变标志。例如，在国有工业企业总体中，企业的经济类型这一标志上，各个企业都是相同的，则企业经济类型为不变标志，而除此之外，每个国有企业的大多数标志的表现都是不同的，如企业规模、工业总产值、产品产量等。在统计中，总体各单位的标志表现的变异是普遍的、大量的，这是由客观事物所具有的属性决定的。

客观世界的运动性使总体中各单位的品质标志表现和数量标志表现千差万别，变化无穷。我们把标志表现在总体各单位之间的差别称为变异（包括统计指标具体表现的差别）。总体各单位表现出的品质上的变异和数量上的变异是普遍存在的，是统计产

生的根源，如果没有变异，也就没有进行统计研究的必要了。

（二）统计指标

1. 统计指标及其构成要素

统计指标，简称指标，是反映总体现象数量特征的范畴。关于统计指标的概念，有两种观点：一是指数量化的科学概念或范畴；二是指科学概念或范畴加综合数值。对统计指标的含义也存在着两种理解和两种使用方法。一是统计指标是反映总体现象数量特征的概念。如人口数、粮食总产量、商品的销售额、劳动生产率等。按照这种理解，统计指标应包括三个构成要素：①指标名称；②计量单位；③计算方法。统计指标的这种含义，一般在统计理论和统计设计上使用。二是统计指标是反映总体现象数量特征的概念和具体数值。例如，2010 年末全国总人口 134 100 万人，2010 年国内生产总值 397 983 亿元，这些都叫做统计指标。和前者不同的是，这个指标包括了指标数值。按照这种理解，统计指标除包括上述三个构成要素外，还包括：①时间限制；②空间限制；③指标数值。统计指标的这种含义，经常在统计实际工作中使用。统计指标所包括的六个构成要素，可归纳为两个组成部分：统计指标概念和统计指标数值。这两个组成部分构成的统计指标，体现了总体现象质的规定性和量的规定性两个方面的特征。

统计指标的上述两种理解都是成立的、合理的，只是在不同的情况下使用。在做一般性统计设计时，只能设计统计指标的名称、内容、口径、计量单位和计算方法，这是第一种理解的不包括数值的统计指标。然后经过搜集资料、汇总整理、加工计算便可以得到统计指标的具体数值，用来说明总体现象的实际数量状况及其变化发展趋势。从不包括数值的统计指标到包括具体数值的统计指标，从一定意义上反映了统计工作的过程。

2. 统计指标的特点

统计指标是反映总体数量特征的范畴，是综合各单位的某一标志值而得到的。所以，统计指标具有以下特点：

（1）数量性。统计指标是数量范畴，没有无数量的指标。统计指标是说明总体数量特征的，这个数量特征一定是通过度量或计算且用数值来表现的。例如，国内生产总值、工资总额、人口密度等。数量性是统计指标最基本的特点，也是统计指标存在的唯一形式，不存在没有数量性的统计指标。正是统计指标的数量性，它才能对客观事物进行数量的描述，才能使统计研究运用数学方法和现代计算技术成为可能。

（2）综合性。统计指标是对总体数量特征的综合反映，是由大量个体数量综合而来的。确定了统计总体、总体单位及其标志之后，就可以根据一定的统计方法对各单位及其各种标志值进行登记、分组、汇总，形成各种说明总体数量特征的统计指标。例如，全国高等院校教师构成一个总体，这里某位教师的年龄、教师的工资水平不能叫做统计指标，而全体教师的平均年龄、工资总额才能叫做统计指标。可见，统计指标的形成都必须经过从个别到一般的过程。通过个别单位数量差异的抽象化体现总体的综合数量特征。所以，所有统计指标都是综合指标。

（3）具体性。统计指标的具体性可以概括为以下两点：一是统计指标不是抽象的概念和数字，而是一定的具体客观事物的量的反映，是在一定质的基础上的量的综合体现。这一点使统计指标和数学的表达方式区别开来。二是统计指标反映的客观存在的已发生了的事实。它反映客观事物在具体时间、地点和条件下的数量表现，这一点又使统计指标与计划指标和预测指标相区别。

3. 标志与指标的区别和联系

从以上统计指标的概念和特点的阐述中可以看出，标志和指标既有明显的区别，又有密切的联系。两者的主要区别是：

一是描述的对象不同。标志是说明总体单位特征的，而指标是说明总体特征的。

二是表现的形式不同。标志有用文字、符号或代码表示的品质标志和数值表示的数量标志两种，而指标都是用数值表示的，没有不能用数值表示的指标。

标志与指标的主要关系是：

一是汇总关系。统计指标的数值一般是由总体单位的数量标志综合汇总而来的。

二是变换关系。由于统计研究目的的变化，原来的统计总体变为总体单位，则相对应的统计指标也就变成了数量标志。反之亦然。

4. 统计指标的种类

1）统计指标按所说明总体现象内容的不同，分为数量指标和质量指标

数量指标是反映总体规模大小，绝对数量多少的统计指标，说明总体现象的外延。例如，人口总数、企业总数、工资总数、耕地面积等。由于数量指标反映的是现象的总量，因此，也称其为总量指标。数量指标的数值表现形式是用绝对数表示，并且要有计算单位，所以又叫做绝对指标。在统计指标中，数量指标占重要的地位，它是认识总体现象的起点，也是计算质量指标和进行统计分析的基础指标。

质量指标是说明总体内部数量关系和总体单位水平的统计指标，说明总体现象的内涵，如人口密度、工人出勤率、平均工资、平均亩产等。质量指标是数量指标的派生指标，其表现形式都是相对数或平均数，所以又叫做对比关系指标。质量指标要比实际工作中的工作质量、产品质量等概念广泛得多，它是从质量、效益、强度、效率等方面对客观事物进行描述，比较深刻地反映事物的本质及事物之间的固有联系。

统计工作中，不仅要应用数量指标了解总体现象的外延，而且要应用质量指标了解总体现象的内涵。只有数量指标和质量指标的综合运用，才能全面反映客观事物的数量特征及其发展变化的规律性。

2）统计指标按作用和表现形式不同，分为总量指标、相对指标和平均指标

总量指标是反映总体现象总规模或工作成果的指标。相对指标是两个有联系的总量指标相比较的结果。平均指标是表明在同质总体内，将各个单位数量差异抽象化，以反映在一定时间、地点和条件下的一般水平的代表性指标。

5. 变量

变量是指可变的数量标志和统计指标。变量的数值表现就是变量值，也就是可变

的数量标志和统计指标的不同取值。变量与变量值不能误用。例如，学生年龄是变量，甲学生 18 岁，乙学生 19 岁，丙学生 20 岁，都是学生年龄这个变量的不同数值表现，即变量值或标志值。变量与变量值的区别是：变量是名称，变量值是不同数量。

变量按其取值是否具有连续性，可分为连续型变量和离散型变量。连续型变量是指在一个区间内的取值可以连续不断，相邻两值之间可做无限分割的变量。例如，人的身高、体重，物体的长度、体积，企业的资金、产值等，都属于连续型变量。连续型变量的数值要用测量或计算的方法取得，既可以表现为整数，也可以表现为小数。离散型变量是指一切可能取值都以整数值形式出现，并可以一一列举的变量。例如，人口数、设备数、企业数等都属于离散型变量，只能按整数算，不可能有小数。离散型变量的数值不需要用工具度量，只能用计数的方法取得。

变量按其性质的不同，可分为确定性变量和随机性变量。确定性变量是指由于某种确定性因素的影响，致使其值沿着一定的方向变动的变量。随机性变量是指由于随机因素的影响，致使其值的变动没有确定方向的变量。

三、统计指标体系

（一）统计指标体系的概念

客观世界的各种现象是一个复杂的总体，各类现象之间存在着许多相互联系的方法，一个指标只能反映复杂现象的某一方面的数量特征，为了全面深刻地了解某一客观事物的全貌和发展的全过程，就必须将一系列相互联系的综合指标结合起来运用。例如，要了解某工业企业的全面情况，就要把反映该企业的人力、物资、资金、生产、销售等方面的一系列统计指标联系起来分析研究。这一系列的统计指标就构成统计指标体系。因此，统计指标体系是由若干个相互联系、相互制约的统计指标所组成的一个整体。例如，人口统计指标体系就是由人口数、分性别人口数、分年龄人口数、流动人口数、出生人口数、死亡人口数、计划生育率等指标组成的一个反映人口方面的指标群。有些指标之间的联系表现为一种方程关系。例如：

$$\text{商品销售额}=\text{商品价格}\times\text{商品销售量}$$

$$\text{原材料消耗额}=\text{产量}\times\text{单耗}\times\text{单价}$$

统计指标之间的这种方程关系也称为统计指标体系。

统计研究中，统计指标体系比统计指标更为广泛和重要。因为任何现象总体都是一个相互联系的有机整体，这是产生统计指标体系的客观基础，同时也产生了使用统计指标体系的要求。从对复杂总体的认识来讲，一个统计指标的作用是有限的，因为它只能反映总体及其发展运动变化的一个侧面，不能只靠一个指标了解情况作出判断，而要使用相互联系的一整套指标，对复杂总体作出全面深刻的描述和准确、科学的判断。

（二）统计指标体系的种类

由于现象总体的相互联系是多种多样的，人们的目的也各不相同，因此反映这种相互联系的统计指标体系也是多种多样的。社会经济统计指标体系按其所反映的内容可以分为基本统计指标体系和专题统计指标体系两大类。

基本统计指标体系是反映国民经济和社会经济发展及其各个组成部分的基本情况的指标体系。它可以分为三个层次：最高层次是反映整个国民经济和社会发展的统计指标体系，即主要是国民经济统计指标体系；中间层次则是各个地区和部门的统计指标体系，这可以理解为最高层次统计指标体系的横向分支和纵向分支；最后是基层统计指标体系，它是指各种企业和事业单位的统计指标体系。

专题统计指标体系是针对某一专门方面或问题而制定的统计指标体系。例如，人民物质文化生活水平统计指标体系、企业经济效益统计指标体系、残疾人状况的指标体系等。

（三）统计指标体系的设计

统计指标体系是由相互关联的一系列统计指标组成的指标群，用以描述总体现象的全貌和内在联系。统计指标体系的设计是统计设计工作的又一重要内容。

（1）确定统计指标体系的组成，明确统计指标体系的核心指标。在统计指标体系中，指标种类的设置、数量多少及核心指标的确定不是固定不变的，它决定于许多因素。例如，统计对象的性质，统计总体的范围，统计研究的目的等。

（2）确定统计指标体系的含义、内容、计算方法和计算范围。统计指标体系在总体范围上应该一致，在指标口径上应该相互联系。否则在运用统计指标进行分析研究时，会发生困难甚至无法进行分析研究。因此，统计指标体系的设计和单项统计指标的设计要协调统一，通盘考虑。设计统计指标体系时，首先要考虑的是统计指标体系中核心指标的口径范围，同时也根据对核心指标的分析研究的需要来确定指标数量和分类方法。

统计指标体系的确定一般经过反复的研究和实践，而且不是一成不变的，即使基本统计指标体系也会发生统计指标的增、减或者内容和作用上的改变。

（四）统计指标和指标体系的设计原则

统计指标和指标体系的设计应遵循如下原则：

（1）科学性原则。统计指标和指标体系的设计要符合客观事物本身的性质、特点，这是设计时考虑问题的基本出发点。无论是指标数量、核心指标、指标口径、计量单位和计算时间、空间还是计算方法都要充分考虑这一点。

（2）目的性原则。设计统计指标和指标体系时要考虑统计研究的目的。反映统计研究对象的指标很多，选择哪些指标，哪个作为核心指标，如何确定指标的口径计算方法，都要服从统计研究的目的。

（3）联系性原则。统计指标和统计指标体系的设计，要从整体上考虑统计指标之间的内在联系，统计指标体系中的若干指标在口径、时间、空间、方法等方面必须是相互联系的。

（4）统一性原则。设计统计指标和统计指标体系要考虑到统计和业务核算的协调与统一。

(5) 可比性原则。统计指标和统计指标体系的设计要注意空间范围和时间界限相对稳定，其目的是为了统计指标相互可比。可比性涉及设计内部的许多方面，其中最主要的是指标口径和计算方法。

第五节 统计数据的计量与类型

一、统计数据的计量

统计研究客观事物的数量方面，离不开统计数据，统计数据是对客观现象进行量化的结果。对统计数据的属性、特征进行分类、标识和计算，称为统计计量或统计量度。由于客观事物有的比较简单，有的比较复杂，有的特征和属性是可见的（如人的外貌体征），有的则是不可见的（如人的偏好和信仰），有的表现为数量差异，有的表现为品质差异。因此，统计计量也就有定量计量和定性计量的区别，并且可分不同的层次。美国社会学家、统计学家史蒂文斯（S. S. Stevens，1906～1973）于1968年按照变量的性质和数学运算的功能特点，将统计计量划分为四个层次或四种计量尺度。

（一）定类尺度

定类尺度亦称为列名尺度，是最粗略、计量层次最低的计量尺度。它是按照客观现象的某种属性对其进行平行的分类，各类之间不分大小，属并列或平等关系。在统计实践中，为了整理汇总的方便，特别是为了便于计算机识别，通常给每类（组）一个用数字表示的代码，不同的数字仅表示不同类别的品质差别，而不表示它们之间量的顺序或量的大小。例如，人口按性别分为男、女，用“1”表示男性，用“2”表示女性，这里并没有“2＞1”或“1+2＝3”的关系。定类尺度主要用于计算总体及各组单位数、各组的频率。其主要数学特征是“＝”或“≠”。

（二）定序尺度

定序尺度亦称为顺序尺度，它是对客观现象各类之间的等级差或顺序差的一种测度，是比定类尺度更高一级的计量尺度。定序尺度不仅可以将研究对象分成不同的类别，而且还可以反映各类的优劣、量的大小或顺序。例如，对合格产品按其性能和好坏，分成优等品、一等品、合格品、废品等。这种尺度虽然也不能表明一个单位一等品等于几个单位二等品，但却明确表示优等品性能高于二等品，而一等品性能又高于合格品等。这种尺度的主要数学特征是“＞”或“＜”，但不能做加减运算。

（三）定距尺度

定距尺度亦称为间隔尺度，它是对现象类别或次序之间间距的测度，是比定序尺度更高一级的计量尺度。定距尺度不但可以用数表示现象及类别的不同和顺序大小的差异，而且可以用确切的数值反映现象之间在量方面的差异。定距尺度使用的计量单位一般为实物单位（自然或物理）或者价值单位。反映现象规模水平的数据必须以定距尺度计量，例如，气象的温度湿度、学生考试成绩、企业的职工人数等都可以用定距尺度为计量尺度。定距尺度的主要数学特征是“＋”或“－”。在统计数据中，定距尺度占有重要的地位，统计中总量的绝对数就是运用定距尺度为计量尺度的。

（四）定比尺度

定比尺度亦称为比率尺度，它是在定距尺度的基础上，确定相应的比较基数，将两种相关的数加以对比而形成相对数（或平均数），用于反映现象的结构、比重、速度、密度等数量关系。例如，将一国的国内生产总值与该国的人口数对比，计算人均国内生产总值，以此反映该国的经济能力。定比尺度的主要数学特征是“÷”或“×”。定比尺度与定距尺度的主要区别在于“0”的含义不同，在定距尺度中，“0”表示一个有特定内涵的数值，不表示“没有”。例如，一个地区的温度为0℃，这表示一种温度的水平，并不是说没有温度。在定比尺度中，“0”表示“没有”。例如，一个人的体重为“0”千克，表示这个人不存在；一个人的收入为“0”，表示这个人没有收入等。现实中，大多数场合人们使用的都是定比尺度。定比尺度与上述三种计量尺度相比还有一个特性，就是可以计算数值之间的比值。例如，一个人的月工资收入为4000元，另一个人的为2000元，可以得出一个人的收入是另一个人的两倍。但定距尺度由于不存在绝对零点，就只能比较数值差，而不能计算比值。比如可以说20℃与10℃之差为10℃，而不能说20℃比10℃热一倍。在统计的对比分析中，广泛地运用定比尺度进行计量。

上述四种计量尺度对事物的计量层次是由低级到高级、由粗略到精确逐步递进的。高层次的计量尺度具有低层次计量尺度的全部特性，但不能反过来。显然，我们可以很容易地将高层次计量尺度的测量结果转化为低层次计量尺度的测量结果，比如将考试成绩的百分制转化为五等级分制。在统计分析中，一般要求测量的层次越高越好，因为高层次的计量尺度包含更多的数学特性，所运用的统计分析方法越多，分析时也就越方便，因此应尽可能使用高层次的计量尺度。

二、统计数据的类型

（一）分类数据、顺序数据、数值型数据

按照统计数据采用不同的计量尺度，可将上述四种计量尺度计量的结果分为以下三种类型：分类数据、顺序数据和数值型数据。

（1）分类数据，表现为类别，但不区分为顺序，是由定类尺度计量形成的。

（2）顺序数据，表现为类别，且有顺序，是由定序尺度计量形成的。

（3）数值型数据，表现为数值，既有类别，又有顺序，还可以进行加、减、乘、除运算，是由定距尺度与定比尺度计量形成的。

前两类数据说明的是事物的品质特征，不能用数值来表示，其结果均表现为类别，也称为品质型数据或定性数据；数值型数据说明现象的数量特征，能够用数值来表现，因此也称为定量数据，区分测量的层次和数据的类型是十分重要的，因为对不同类型的数据将采用不同的统计方法来处理和分析。例如，对分类数据，通常计算出各组的频数或频率，计算其众数和异众比率，进行 X^2 检验等；对顺序数据，可以计算其中位数和四分位差，计算等级相关系数等非参数分析；对定距或定比数据还可以用更多的统计方法进行处理，如计算各种统计量、进行参数估计和检验等。我们所处理的大多为数值型数据。

这里需要特别指出的是，适用于低层次测量数据的统计方法，也适用于较高层次的测量数据，因为后者具有前者的数学特性。例如，在描述数据的集中趋势时，对分类数据通常是计算众数，对顺序数据通常是计算中位数，但定距和定比数据同样也可以计算众数和中位数。反之，适用于高层次测量数据的统计方法，则不能用于较低层次的测量数据，因为低层次数据不具有高层测量数据的数学特性。比如，对于定距和定比数据，可以计算平均数，但对于分类数据和顺序数据，则不能计算平均数。理解这一点，对于选择统计分析方法是十分有用的。

（二）观测数据和实验数据

按照统计数据的收集方法，可以分为观测数据和实验数据。

（1）观测数据，是通过调查或观测而收集到的数据，这类数据是在没有对事物进行人为控制的条件下得到的，有关社会经济现象的统计数据几乎都是观测数据。

（2）实验数据，是在实验中控制实验对象而收集到的数据。例如，对一种新药疗效的实验数据，对一种新的农作物品种的实验数据。自然科学领域的大多数数据都是实验数据。

（三）截面数据、时间序列数据和面板数据

按照统计数据的描述时间状况，可以分为截面数据、时间序列数据和面板数据。

（1）截面数据，是在相同或近似相同的时间点上收集的数据，这类数据通常是在不同的空间上获得的，用于描述现象在某一时刻的变化情况。例如，2010 年我国各地区的生产总值数据就是截面数据。

（2）时间序列数据，是在不同时间点上收集到的数据，这类数据是按时间顺序收集，用于描述现象随时间变化的情况。例如，2000～2010 年我国的国内生产总值数据就是时间序列数据。

（3）面板数据，是截面数据与时间序列数据综合起来的一种数据类型。其有时间序列和截面两个维度，当这类数据按两个维度排列时，是排在一个平面上，与只有一个维度的数据排在一条线上有着明显的不同，整个表格像是一个面板，所以称为面板数据。例如，2000～2010 年我国各地区的生产总值数据就是面板数据。

第六节 常用统计软件介绍

一、SAS 软件简介

SAS 全称是 Statistical Analysis System，直译过来就是统计分析系统，它最早是由美国北卡罗来纳州立大学的两位教授 A. J. Barr 和 J. H. Goodnight 联合开发的，专门进行数学建模和统计分析的软件系统。经过多年的发展，已具有完备的数据存取、数据管理、数据分析和数据展现功能。SAS 系统中提供的主要分析功能包括统计分析、经济计量分析、时间序列分析、决策分析、财务分析和全面质量管理工具等。

SAS 系统是一个组合软件系统，它由多个功能模块组合而成，其基本部分是 BASE SAS 模块。BASE SAS 模块是 SAS 系统的核心，承担着主要的数据管理任务，并管理用户使用环境，进行用户语言的处理，调用其他 SAS 模块和产品。SAS 系统具有灵活的功能扩展接口和强大的功能模块，在 BASE SAS 的基础上，还可以增加如下不同的模块而增加不同的功能：SAS/STAT（统计分析模块）、SAS/GRAPH（绘图模块）、SAS/QC（质量控制模块）、SAS/ETS（经济计量学和时间序列分析模块）、SAS/OR（运筹学模块）等。此外，SAS 还提供了各类概率分析函数、分位数函数、样本统计函数和随机数生成函数，使用户能方便地实现特殊统计要求。

近几年，SAS 在我国得到了广泛应用，尤其在教育、科研领域，SAS 软件已成为专业研究人员使用统计分析的标准软件。然而，由于 SAS 系统是从大型机上的系统发展而来，在设计上完全针对专业用户设计，因此其操作至今仍以编程为主，人机对话界面不太友好，在编程操作时需要用户最好对使用的统计方法有较清楚的了解，非统计专业人员掌握起来较为困难。

二、SPSS 软件简介

SPSS 全称是 Statistical Package for the Social Science，直译过来就是社会科学统计软件包。20 世纪 60 年代末，美国斯坦福大学的三位研究生研制开发了最早的统计分析软件 SPSS，同时成立了 SPSS 公司，并于 1975 年在芝加哥组建了 SPSS 总部。20 世纪 80 年代以前，SPSS 统计软件主要应用于企事业单位。1984 年 SPSS 总部首先推出了世界第一个统计分析软件微机版本 SPSS/PC＋，开创了 SPSS 微机系列产品的开发方向，从而确立了个人用户市场第一的地位。

SPSS for Windows 是一个组合式软件包，它集数据整理、分析功能于一身。用户可以根据实际需要和计算机的功能选择模块，以降低对系统硬盘容量的要求，有利于该软件的推广应用。SPSS 的基本功能包括数据管理、统计分析、图表分析、输出管理等。SPSS 统计分析过程包括描述性统计、均值比较、一般线性模型、相关分析、回归分析、对数线性模型、聚类分析、数据简化、生存分析、时间序列分析、多重响应等几大类，SPSS 也有专门的绘图系统，可以根据数据绘制各种图形。

SPSS for Windows 的分析结果清晰、直观、易学易用，而且可以直接读取

EXCEL 及 DBF 数据文件，现已推广到多种操作系统的计算机上，它和 SAS、BMDP 并称为国际上最有影响的三大统计软件。但是它很难与一般办公软件如 Office 或是 WPS2000 直接兼容，在撰写调查报告时往往要用电子表格软件及专业制图软件来重新绘制相关图表；而且 SPSS 作为三大综合性统计软件之一，其统计分析功能与另外两个软件即 SAS 和 BMDP 相比仍有一定欠缺。虽然如此，SPSS for Windows 由于操作简单，已经在我国的社会科学、自然科学的各个领域发挥了巨大作用。该软件还可以应用于经济学、生物学、心理学、医疗卫生、体育、农业、林业、商业、金融等各个领域。

三、EViews 软件简介

EViews 是 Econometrics Views 的缩写，直译为计量经济学观察，是美国 GMS 公司 1981 年发行第 1 版的 Micro TSP 的 Windows 版本，通常称为计量经济学软件包。它的本意是对社会经济关系与经济活动的数量规律，采用计量经济学方法与技术进行“观察”。计量经济学研究的核心是设计模型、收集资料、估计模型、检验模型、运用模型进行预测、求解模型和运用模型。EViews 是完成上述任务必不可少的得力工具。正是由于 EViews 等计量经济学软件包的出现，使计量经济学取得了长足的进步，发展成为实用与严谨的经济学科。使用 EViews 软件包可以对时间序列和非时间序列的数据进行分析，建立序列（变量）间的统计关系式，并用该关系式进行预测、模拟等。虽然 EViews 是由经济学家开发的，并且大多数被用于经济学领域，但并不意味着必须限制该软件包仅仅用于处理经济方面的时间序列。EViews 处理非时间序列数据照样得心应手。实际上，相当大型的非时间序列（截面数据）的项目也能在 EViews 中进行处理。

EViews 具有现代 Windows 软件可视化操作的优良性，界面比较友好，使用简便。可以使用鼠标对标准的 Windows 菜单和对话框进行操作，操作结果出现在窗口中并能采用标准的 Windows 技术对操作结果进行处理。此外，EViews 还拥有强大的命令功能和批处理语言功能。在 EViews 的命令行中输入、编辑和执行命令。在程序文件中建立和存储命令，以便在后续的研究项目中使用这些程序。

四、马克威分析软件简介

马克威分析系统是由上海天津信息技术有限公司独立研制的，是中国第一套完全自主知识产权的大型统计分析和数据挖掘系统。马克威分析系统用于从海量信息和数据中寻找规律和知识，通过数据挖掘和统计分析等技术建立概念模型，为决策者提供科学的决策依据。它是一套集分析、挖掘、预测、决策支持于一体的知识发现工具，适用于企业、政府、科研机构、军队等单位和机构。

马克威分析系统在技术上有以下四大特点。第一，它将数据挖掘、统计分析、图形展示和智能报表融为一体，为用户提供完整配套的决策支持工具。第二，它提供独创的优化算法体系和完备的数据挖掘模型。第三，它将可视化数据分析与数据挖掘有机地融合在一起，并将自主开发的嵌入式数据库管理系统同其他关系型数据库实现了无缝连接。第四，它在设计上充分考虑了中国用户的实际情况和使用习惯，将实用性和科学性结合在一起。

马克威分析系统的出现，是中国信息化事业的需要，是时代的需要。目前，马克威分析系统已经在国家统计局、国家信息化测评中心、上海市统计局，上海市信息中心、上海市委组织部、上海社会科学院、上海华氏医药集团公司、武汉钢铁集团公司等单位投入使用，并得到好评。

五、Excel 软件简介

Microsoft Excel 是美国微软公司开发的 Windows 环境下的电子表格系统，它是目前应用最为广泛的办公室表格处理软件之一。Microsoft Excel 是微软公司的办公软件 Microsoft office 的组件之一，是由 Microsoft 和 Apple Macintosh 操作系统的计算机编写和运行的一款试算表软件。直观的界面、出色的计算功能和图表工具，使 Excel 成为最流行的数据处理软件。1993 年，作为 Microsoft Office 的组件发布了 5.0 版之后，Excel 就开始成为所适用操作平台上的电子制表软件的霸主。自 Excel 诞生以来，Excel 历经了 Excel5.0、Excel95、Excel97、Excel2000、Excel2003 和 Excel2007 等不同版本。随着版本的不断提高，Excel 软件的强大的数据处理功能和操作的简易性不断提高。

由于 Excel 应用的普及性，许多人都把它作为最常用的统计软件来使用。本书选择介绍 Excel 统计软件实现统计计算，是因为即使是非统计学专业的学生也熟悉 Excel 的基本操作，学习起来更易上手，且对于它所提供的统计功能，包括数据管理、描述统计、概率计算、假设检验、方差分析和回归分析等，实现起来操作简单易于掌握，对于完成统计学原理所涉及的内容已够用了。

Excel 具有强有力的数据库管理功能、丰富的宏命令和函数、强有力的决策支持工具，它具有以下主要特点。

(1) 分析能力。Excel 提供了大量的函数，可以用来做统计、财务、数学、字符串等操作以及各种工程上的分析与计算。Excel 还专门提供了一组现成的数据分析工具，称为“分析工具库”，这些分析工具为建立复杂的统计或计量分析工作带来极大的方便。

(2) 操作简便。当需要将工作表上某个范围内的数据移到工作表上的另一个位置时，只需用按鼠标键，选定要移动的资料，将该范围资料拖动至所需的位置，松开鼠标即可。如果要将公式或数据复制到临近的单元格内，可以拖动“填充柄”公式或数据就会被复制到目标单元格中。此外，在使用 Excel 时，可以单击鼠标右键，屏幕上将出现相应的“快捷菜单”，它将帮助用户尽快地寻找到所需要的常用命令。

(3) 图表能力。在 Excel 中，系统提供了多种不同格式的图表可供选用，用户可以通过图表指南一步步的引导，可使用不同的选项，制作出完美的图表。

(4) 数据库管理能力。在 Excel 中提供了数据库管理功能，保存在工作表内的数据都是按照相应的行和列存储的，这种数据结构再加上 Excel 提供的有关处理数据库的命令和函数，使得 Excel 具备了能组织和管理大量数据的能力。

(5) 宏语言功能。利用 Excel 中的宏语言功能，用户可以将经常要执行的操作的全过程记录下来，并将此过程用一简单的组合按键或工具按钮保存起来。这样，在下一次操作中，只需按下所定义的宏功能的相应按键或工具按钮即可，而不必重复整个过程。例如，可以定义一个打开最后编辑文件且可以自动执行的宏，以后当用户打开 Excel 后，将自动打开上一次编辑的工作簿。

利用宏命令，用户可以将 Excel 的下拉菜单和对话框更改或将图形按钮的说明更换，使它们更适合于用户的工作习惯和特殊要求。

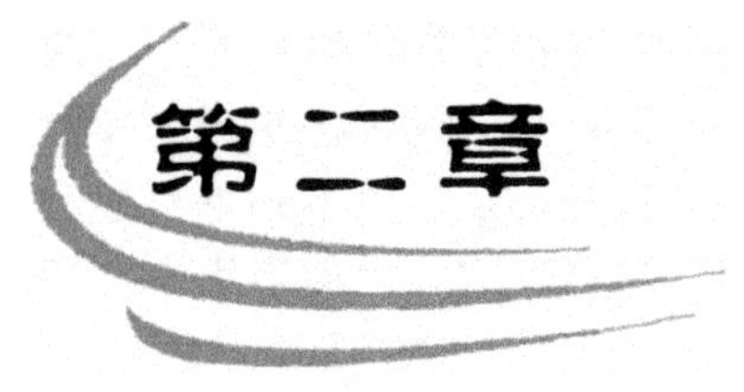

第二章

统 计 调 查

【本章导读】

随着经济技术的竞争日益激烈，经济安全和经济竞争成为第一要素。决定各国地位的将不再是“军事大战”，而是经济技术方面的“大战”乃至综合国力的全面而又更加激烈的竞争。而这种变革，必然引发信息大战。决策需要信息，拥有了信息，一切尽在掌握中。信息来自调查。当信息汇总后，需要进行加工和分析，并能进行趋势预测，从而获得更具体、更准确的数值化的信息资料。发达国家的企业已经长期地、牢固地形成了“决策前先调查的观念”，因而不管是经济还是军事、医学、工业等领域都处于先进水平。今天中国的调查业和咨询业的崛起，也充分证明了统计调查的魅力。因而，统计调查对各个学科领域都有重要的指导意义。

20 世纪 90 年代的两个国内快餐品牌挑战洋快餐的例子或许能够说明一些问题。一是上海以经营鸡肉快餐为主的“荣华鸡”，其与肯德基相比可以说在经营管理的每一个层面上，荣华鸡都与之相去甚远。但是，“荣华鸡”却选择了与对手公然对抗，直接竞争的策略，最后招致惨败。其失败可谓咎由自取，同时还给人一种不自量力的感觉。郑州起家的“红高粱”中式快餐竟然也不去分析其竞争对手，公然叫板麦当劳，失败自然在意料之中。当然两个国内品牌套餐的失利尚有其他方面的原因，但是轻视竞争对手、不作系统调查分析贸然对国际快餐巨头展开对攻，在开始阶段就埋下了以失利告终的伏笔。

这充分说明统计调查在我们的现实生活、生产和服务中是必不可少的，无论对个人还是整个社会的发展、进步都起到重要的作用。

第一节　统计调查概念与意义

一、统计调查的历史与概念

（一）统计调查的历史

我国统计调查的发展在改革开放后主要经历了三个阶段。

（1）起步阶段（1979～1992 年）。这个阶段是中国社会转型时期，企业自身对调查与咨询服务的需求不大，企业决策层的观念也没有根本改变，对调查与咨询服务的认识比较朦胧。

(2) 发展阶段(1992～2001年)。在这一阶段，我国本土的企业及有关部门对调查与咨询服务的需求呈现日益上升的趋势，对调查与咨询服务业的要求已不仅局限于数据收集，对数据分析以及研究报告的要求也不断提高。

(3) 新的历史阶段(2001年至今)。2001年我国成功加入世界贸易组织，经济发展进入到了一个新的历史阶段。到目前，我国形成了比较完备的覆盖研究中国城乡任何区域的全国性的调查执行网络；各调查组织从各行其是，发展到全行业统一与国际接轨。

(二) 统计调查的概念

统计调查是根据统计研究的目的和任务，运用各种科学的调查方法，有计划、有组织地向调查单位搜集统计资料的工作过程。

统计调查是统计工作的关键环节。只有搞好统计调查，才能保证统计工作达到对于客观事物规律性的认识，从而预测未来。

二、统计调查的意义

当今的社会是信息社会，哪个企业信息掌握得迅速、准确、可靠，生产计划安排得当，产品更新换代快，适销对路，哪个企业经济效益就高。人们常说："信息就是金钱，就是生命。"信息从哪里来？只能从统计调查中来。

统计调查是统计工作的开始阶段，是统计整理和统计分析的前提。统计调查在整个统计工作中，担负着提供基础资料的任务，是一切统计资料的来源，它直接影响着统计认识活动的成果。统计调查是统计工作的基础环节，其任务就是为管理和决策部门提供相关的、准确的、可靠的、有效的和当前的信息。

三、统计调查的种类

社会经济现象错综复杂，根据不同的调查对象和调查目的，需要采取不同的统计调查方式和方法。常用的调查形式有统计报表制度、普查、抽样调查、重点调查、典型调查等。这些调查方式还可按不同的标志进行分类。

(一) 按组织方式分类

统计调查按组织方式不同，分为统计报表和专门调查。统计报表是国家统计系统和各业务部门为了定期取得系统的、全面的基本统计资料而采用的一种搜集资料的方式。专门调查是为了研究某些问题，由进行调查的单位专门组织的调查。

(二) 按其所包括的调查单位是否完全分类

统计调查按其所包括的调查单位是否完全，分为全面调查和非全面调查。全面调查是对调查对象中所包括的全部单位都进行调查。非全面调查是对调查对象中的一部分单位所进行的调查，包括重点调查、典型调查、抽样调查等。

(三) 按登记时间是否连续分类

统计调查按登记时间是否连续，分为经常性调查和一次性调查。统计调查登记的连续性，取决于现象本身的特点。一种是时期现象，它随着时间的变化而连续不断地发生变化；另一种是时点现象，表现为一定时点的状态。经常性调查是连续性的调查，它是随着被研究对象在时间内的发展变化而连续不断地进行登记。在进行这种调查时，被研究对象过程内的变化都被记录下来，因此所取得的资料体现了现象的发展过程和一段时间内现象发展变化的总量。一次性调查是间隔一定时间的调查，一般是相当长的时间，如一年以上，它是对事物在一定时点上的状态进行登记。对现象指标值在一定时期内变动不大的情况往往采用一次性调查的方式。一次性调查可以根据调查的间隔时间是否相等，分为定期调查和不定期调查。调查的时间间隔相等为定期调查，相反则为不定期调查。应该明确，一次性调查并不是说对调查对象只做一次调查，是否再进行此类调查要根据研究的需要和可能来确定。

四、统计调查的具体方法

（一）统计调查的数据来源

所有统计数据追踪其初始来源，都是来自调查或实验。但是，从使用者的角度看，统计数据主要来自两条渠道：一个是数据的间接来源，另一个是数据的直接来源。

1. 数据的间接来源

如果与研究内容有关的原信息已经存在，我们只是对这些原信息重新加工、整理，使之成为我们进行统计分析可以使用的数据，则把它们称为间接来源的数据，又称二手数据。从搜集的范围看，这些数据可以取自系统外部，也可以取自系统内部。

相对而言，二手数据的搜集比较容易，采集数据的成本低，并且能很快得到。二手数据的作用也非常广泛，除了分析所要研究的问题，这些数据还可以提供研究问题的背景，帮助研究者更好地定义问题，检验和回答某些疑问和假设，寻找研究问题的思路和途径。因此，搜集二手数据是研究者首先考虑并采用的，分析也应该首先从对二手数据的分析开始。

但是，二手数据也有很大的局限性。因为二手数据并不是为特定的研究问题而产生的，所以在回答特定研究的问题方面可能是有欠缺的。因此，在使用二手数据前，对二手数据进行评估是必要的。

使用二手数据，要注意数据的定义、含义、计算口径和计算方法，避免错用、误用、滥用。在引用二手数据时，应注明数据的来源，以尊重他人的劳动成果。

2. 数据的直接来源

对一个特定的研究问题而言，二手数据的主要弱点是相关性不够，这时就要通过调查的方法和实验的方法直接获得一手数据。我们把通过调查方法获得的数据称为调查数据，把通过实验方法得到的数据称为实验数据。

调查通常是对社会现象而言的。例如，经济学家通过搜集经济现象的数据来分析经济形势、某种经济现象的发展趋势、经济现象之间的相互联系和影响。调查数据通常取自有限总体，即总体所包含的个体单位是有限的。如果调查针对总体中的所有个体单位进行，就把这种调查称为普查。当总体较大时，普查是不可能经常进行的。事实上，统计学家所面临的经常是样本的数据，如何从总体中抽取出一个有效的样本，是统计学家需要考虑的一个问题。

（二）统计调查的搜集方法

根据上述两种不同的数据来源，统计调查按搜集资料的方法不同，可分为自填式、面访式、电话式和实验式四种。

（1）自填式。自填式指在没有调查员协助的情况下由被调查者自己填写，完成调查问卷。由于被调查者在填答问卷时调查员一般不在现场，对于问卷中的疑问无人解答，所以这种方法要求调查问卷结构严谨，有清楚的说明，让被调查者一看就知道如何完成问卷。

（2）面访式。面访式是指现场调查中调查员与被调查者面对面，调查员提问、被调查者回答这种调查方式。面访式的优点是回答率比较高。弱点主要有：一是调查的成本比较高；二是面访的搜集数据的方式对调查过程的质量控制有一定难度，调查的数据质量与调查员的工作态度、责任心有直接关系；此外，对于敏感性问题，被调查者通常不会像自填式方法那样放松，也不愿意回答。

（3）电话式。电话式是指调查人员通过打电话的方式向被调查者实施调查。电话调查的最大特点是速度快。电话调查特别适合样本单位十分分散的情况，由于不需要支付调查员的交通费，数据搜集的成本大大下降。当然，在电话拥有率不高的地区，电话调查这种方式就受到限制。另外，使用电话进行访问的时间不能太长，人们不愿意通过电话进行冗长的交谈，尤其是对调查的内容不感兴趣的更是如此。

（4）实验式。搜集数据时，需要在实验中控制一个或多个变量，在有控制的条件下得到观测结果。所以，实验数据是指在实验中控制实验对象而搜集到的变量的数据。实验是检验变量间因果关系的一种方法。在实验中，研究人员要控制某一情形的所有相关方面，操纵少数感兴趣的变量，然后观察实验的结果。

此外，搜集数据的方法还有观察式，即调查人员通过直接观测的方法获取信息。

第二节 统计调查方案

统计调查是一项复杂细致的工作。正确制订统计调查方案是保证统计调查有计划、有组织进行的首要步骤，是统计设计在统计调查阶段的具体化。一个完整的统计调查方案应该包括以下方面的内容。

一、确定调查的目的和任务

明确规定调查的目的和任务，是统计调查中最根本的问题，它决定着整个调查工作的内容、范围、方法和组织。目的和任务不同，调查的内容和范围也就不同。调查目的和任务，要根据党和国家的方针政策和社会主义建设的需要以及研究中发现的突出问题来确定。当然，也要从实际出发，根据需要与可能的条件来确定。

二、调查对象和调查单位

明确调查目的之后，就要据以确定调查对象和调查单位。调查对象就是需要调查的那些社会现象的总体，是由性质上相同的许多调查单位所组成的；调查单位就是组成调查总体的具体单位。例如，为了研究某市各广告公司的经营情况及存在的问题，需要对全市广告公司进行全面调查，那么，该市所有广告公司就是调查对象，每一个广告公司就是一个调查单位。

在确定调查对象和调查单位时，应注意以下三个问题：

(1) 由于调查对象的复杂性，因此必须以科学的理论为指导，严格规定调查对象的含义，并指出它与其他有关现象的界限，以免造成调查实施由于界限不清而发生的差错。

(2) 调查单位的确定取决于调查目的和对象，调查目的和对象变化了，调查单位也要随之改变。

(3) 不同的调查方式会产生不同的调查单位。

需要指出的是，调查单位与填报单位是有区别的。填报单位是负责向上报告调查内容，提交统计资料的单位。调查单位是调查项目的承担者，可以是人、企事业单位，也可以是物。例如，调查科技人员，每个科技人员是调查单位，如果由科技人员自己填报，则调查单位和填报单位一致；如果由主管科技人员的行政部门填报，则调查单位和填报单位不一致。

三、调查项目和调查表

调查项目是指对调查单位需要调查的内容。也就是确定向调查单位登记些什么问题，这些问题在统计上叫标志。调查项目一般就是调查单位的各个标志的名称。究竟选择什么标志，选择多少标志，是拟定调查提纲的重要问题。

把调查提纲中的各个调查项目按照一定的顺序排列在一定的表格上，就构成了调查表。调查表是统计调查的核心部分。调查表的内容一般由表头、表体和表脚三部分组成。

(1) 表头：用来表明调查表的名称以及填写调查单位（填报单位）的名称、性质、隶属关系等。这些资料通常并不用来进行统计分析，但在核实和复查各调查单位时是不可缺少的。

(2) 表体：这是调查表的主要部分，包括在一定统计调查目的下所确定的具体调查项目和这些项目的具体表现。目的是为了便于在整理调查资料或编写说明时引用，有栏号、计算单位等。

(3) 表脚：包括调查者（填报人）的签名和调查日期等，以便明确责任，如果发现问题，也便于查询。

如人口普查表，如表 2-1 所示。

表 2-1 第六次全国人口普查表短表

经国务院批准进行第六次全国人口普查
普查登记的标准时间为:2010年11月1日零时
普查的原始资料不向任何单位和个人提供 仅供汇总使用
公民应履行如实申报普查项目的义务

第六次全国人口普查表短表

表 号: 表
制表机关: 国 家 统 计 局
国务院第六次全国人口普查办公室
文 号: 国统字( )号

本户地址:______县(市、区)______乡(镇、街道)______普查区______普查小区 建筑物编号______
地址码:

H1.户编号	H2.户别	H3.本户应登记人数		H4. 2009年11月1日-2010年10月31日 出生人口		H4. 死亡人口		H5.本户住房建筑面积	H6.本户住房间数
				男	女	男	女		
____号	1. 家庭户 2. 集体户	2010年10月31日晚居住户的人数: ____人	户口在本户，2010年10月31日晚未住本户的人数: ____人	____人	____人	____人	____人	____平方米	(不包括厨房、过道、厅) ____间

每 个 人 都 填 报 ｜ 6周岁及以上(2004年10月31日以前出生)的人填报

R1.姓名	R2.与户主关系	R3.性别	R4.出生年月	R5.民族	R6.普查时点居住地	R7.户口登记地	R8.离开户口登记地时间	R9.离开户口登记地原因	R10.户口性质	R11.是否识字	R12.受教育程度
	0.户主 1.配偶 2.子女 3.父母 4.岳父母或公婆 5.祖父母 6.媳婿 7.孙子女 8.兄弟姐妹 9.其他	1.男 2.女	出生于: ____年 ____月	____族	1.本普查小区 2.本村(居)委会其他普查小区 3.本乡(镇、街道)其他村(居)委会 4.本县(市、区)其他乡(镇、街道) 5.其他县(市、区)，请填写下面地址 6.港澳台或国外	1.本村(居)委会其他普查小区 2.本乡(镇、街道)其他村(居)委会 3.本县(市、区)其他乡(镇、街道) 4.其他县(市、区)，请填写下面地址 5.户口待定→R11	1.没有离开户口登记地→R10 2.半年以下 3.半年至一年 4.一年至二年 5.二年至三年 6.三年至四年 7.四年至五年 8.五年至六年 9.六年以上	0.务工经商 1.工作调动 2.学习培训 3.随迁家属 4.投亲靠友 5.出差 6.拆迁搬家 7.寄挂户口 8.婚姻嫁娶 9.其他	1.农业 2.非农业	1.是 2.否	1.未上过学 2.小学 3.初中 4.高中 5.大学专科 6.大学本科 7.研究生
					____省(区、市) ____地(市) ____县(市、区)						
	0.户主 1.配偶 2.子女 3.父母 4.岳父母或公婆 5.祖父母 6.媳婿 7.孙子女 8.兄弟姐妹 9.其他	1.男 2.女	出生于: ____年 ____月	____族	1.本普查小区 2.本村(居)委会其他普查小区 3.本乡(镇、街道)其他村(居)委会 4.本县(市、区)其他乡(镇、街道) 5.其他县(市、区)，请填写下面地址 6.港澳台或国外	1.本村(居)委会其他普查小区 2.本乡(镇、街道)其他村(居)委会 3.本县(市、区)其他乡(镇、街道) 4.其他县(市、区)，请填写下面地址 5.户口待定→R11	1.没有离开户口登记地→R10 2.半年以下 3.半年至一年 4.一年至二年 5.二年至三年 6.三年至四年 7.四年至五年 8.五年至六年 9.六年以上	0.务工经商 1.工作调动 2.学习培训 3.随迁家属 4.投亲靠友 5.出差 6.拆迁搬家 7.寄挂户口 8.婚姻嫁娶 9.其他	1.农业 2.非农业	1.是 2.否	1.未上过学 2.小学 3.初中 4.高中 5.大学专科 6.大学本科 7.研究生
					____省(区、市) ____地(市) ____县(市、区)						

(超过五人的户，从第2张普查表起，户记录只填写“H1.户编号”)

调查表的形式一般分为单一表和一览表。单一表是在一张表上只登记一个调查单位的项目。它可以容纳较多的项目，而且便于整理分类。一览表是在一张表上登记若干个调查单位的项目。它适用于调查项目不多的调查，而且便于合计和核对差错。一般来说，调查项目较多时，可以利用单一表；调查项目不多时，宜于采用一览表。表2-1就是一张一览表。

四、调查时间和调查期限

调查时间指调查资料所属的时间，包括三方面的含义：首先，是调查资料所属时间，从资料的性质看，如果所要调查的是某一时期的现象，所登记的资料是该时期内从第一天起至最后一天止的累计数。如果所要调查的是某一时点的水平，就要明确规定统一的标准时点，如第六次全国人口普查的标准时点是2010年11月1日0点。其次，是指调查工作进行的时间，即指对调查单位的标志进行登记的时间。再次，调查期限是指整个调查工作的起止时限。包括搜集资料或报送资料的整个工作所需的时间。如第六次全国人口普查的期限是2010年11月1日至11月15日共15天。

五、调查工作的组织实施计划

要使统计调查工作顺利进行，就要做好组织工作，组织工作的主要内容如下。

(1) 建立调查工作的办事机构和领导机构。这些机构是准备和进行统计调查并对该项调查工作负责的组织、机关或单位。在我国，根据调查的目的任务、对象范围不同，可以是国家统计局、省（市）统计局、业务主管部门的统计机构和各种社会团体。调查机构也有专门组织起来的非常机构。在组织工作计划中应规定各级调查机构的权利、职责和彼此之间的关系。

（2）配备调查人员。调查的实施即数据采集，需要有专门人员来完成，而且其中还有很多技巧，会影响到数据收集的质量，所以就需要成立专门的队伍，并对成员进行培训。一般的调查队伍应该由项目主管、实施主管、实施督导以及调查员组成。

（3）做好调查前的准备工作。调查前的准备工作，包括宣传教育、调查员培训、文件印刷、调查资料报送办法、调查经费的预算和开支办法，提供或公布调查成果的时间，均应作具体规定。一个调查项目的实施要做到有计划、按步骤、平稳地进行，需要对实施的进度进行合理安排。

（4）确定调查试点。试点是整个调查方案可行性研究中的一个十分重要的步骤，对于大规模调查来讲尤为重要，试点的主要目的是使调查方案更加科学和完善，而不在于搜集具体资料。

第三节 问卷设计

问卷调查是一种特殊的调查形式，常用于民意测验或市场调查。根据调查目的，在调查对象中随机选择或有意识地确定调查单位，以书面文字或表格形式了解被调查者的意见，调查者自愿、自由地回答问卷中所提出的问题。问卷是用来搜集调查数据的一种工具，是调查者根据调查目的和要求所设计的一系列问题、备选答案、说明以及码表组成的一种调查形式。调查问卷的设计是调查方案设计的核心内容。

一、问卷的一般结构

一份完整的调查问卷通常具有以下结构。

（1）问卷的标题。问卷的标题概括说明调查的主题，使被调查者对要回答什么方面的问题有一个大致的了解。标题应简明扼要，易于引起回答者的兴趣。

（2）问卷说明。问卷说明一般放在问卷开头。一般以简短的信出现，旨在向被调查者说明调查的目的、意义。对自填式问卷还有填表须知、交表时间、地点及其他事项说明等。

（3）被调查者基本情况。关于被调查者基本情况的资料一般放在问卷的最后，主要包括被调查者的性别、年龄、婚姻状况、家庭人数、家庭/个人收入、职业、教育程度等信息。通过这些项目，便于对调查资料进行统计分组、分析。在实际调查中，列入哪些项目，列入多少项目，应根据调查目的、调查要求而定，并非多多益善。

（4）调查主题内容。主题内容是研究者所要了解的基本内容，是调查问卷中最重要的部分。主要以提问的形式提供给被访者，这部分内容的质量直接影响整个调查的价值。调查主题内容主要包括以下几个方面：①被调查者行为资料。行为资料是关于被调查者社会行为的资料。调查者可以从被调查者过去和现在的行为状况，预测其未来行为的可能性。②行为后果调查资料。如对开征利息税社会效应专项调查，就要对被调查者调查开征利息税后对其实际收入的影响、开征利息税后将如何处置在银行的存款等。③被调查者态度资料。态度资料是关于被调查者对本人或他人（或事件）能力、兴趣、意见、评价、情感、动机等方面的态度。

（5）编码。编码是将问卷中的调查项目变成代码数字的工作过程。在问卷设计时，应确定每一个调查项目的编号和为相应的编码作准备。同时，每份问卷还必须有编号，此编号除了一般序号外，还应包括与该样本单位有关的抽样信息。通常在每一个调查项目的最左边按顺序编号。

例如：①您的姓名；②您的职业；……而在调查项目的最右边，根据每一调查项目允许选择的数目，在其下方划上相应的若干短线，以便编码时填上相应的数字代号。

（6）作业证明的记载。在调查表的后面，常需附上调查员的姓名、调查日期、访问开始/结束时间、调查员签名、督导员签名、问卷编码员签名、录入员签名等，以明确调查人员、督导人员、编码人员、录入人员完成的任务。有必要的话，还要写上被访者的信息，以便于审核和进一步追踪调查，但对于一些涉及家庭隐私的问卷，上述内容则不宜列入，需经过被访者同意后方可列入。

二、问卷设计的程序

（一）准备阶段

1. 明确调研主题和调查项目的信息

问卷设计的第一步就是界定调研主题，根据调研主题确定所需要的信息。

2. 分析调查对象的各种特征

即分析各被调查者的社会特征、文化特征、心理特征。以此作为拟定问卷的基础。

这一阶段应充分征求有关各类人员的意见，以了解问卷中应包含的问题，力求使问卷切合实际，能够充分满足各方面分析研究的需要。

（二）初步设计

主要是确定问卷的结构，拟定并编排问答题。

1. 确定调查方式和问卷类型

在明确了需要获得的信息以后，就要确定调查方式和问卷类型。不同的调查方式所采用的问卷类型是不同的，研究者应充分考虑各种因素，确定问卷的类型。

2. 确定问题的内容

根据问卷设计流程图，确定问卷中具体包括哪些问题，这些问题应询问些什么内容。在确定所包含的问题及问题的内容时，要确保能将所要调查的问题明确地传达给被调查者，并取得真实、准确的答案。因此在这一阶段要以被调查者为中心考虑问题。

（1）检查问题是否必要。

（2）检查问题的内容被调查者能否回答。

（3）检查问题的内容被调查者愿意不愿意答复。

（4）检查问题是不是需要被调查者搜集资料才能回答。

3. 确定问题的形式

问题的形式是指研究者设计什么方法，让被调查者表示其意见或圈选其答案。

问题的形式主要有：直接性问答题、间接性问答题和假设性问答题；开放型题和封闭型题；事实性问答题、行为性问答题、动机性问答题和态度性问答题。

4. 确定问题的措辞

问题的措辞，就是将已定类型和内容的问题转化为标准提问的依据以及被调查者能够理解并据其回答的问题。相同的问题，因措辞不同，可能得到完全不同的结果。

5. 确定问题的顺序

问卷结构需具有顺序性及逻辑的连续性，调查者依据问卷流程图可以看清楚问卷的结构是否符合逻辑程序。究竟如何科学地安排问卷顺序呢？一般应注意以下几点：

（1）先易后难，先熟悉后生疏。

（2）先封闭性问题后开放性问题。

（3）先一般性问题后敏感性问题。

（4）专业性强的具体细致问题应尽量放在后面。

（5）对相关联的内容应进行系统的整理，使被调查者不断增加兴趣。

6. 确定问卷的版面格式

确定问卷的版面格式时应注意以下几点：

（1）问卷外观的整齐清楚与纸质的印刷质量好坏会对被调查者产生一定的影响。

（2）重要的地方要加以强调，引起被调查者的注意。

（3）避免将一个题目印到两页，各个题目之间应有一定的间隔，以增加可读性。

（三）问卷的试答和修改

在问卷设计完成后，正式调查展开以前，研究者应在小范围内，按问卷内容实施测试，以检验问卷有无矛盾或不妥之处。问卷测试的内容包括所有的问卷问题、问卷构思、问题顺序、问题难度和问卷指导等。

（四）修改及定稿、付印

经过预测试后，对于出现的问题要立即修改，修改后便将问卷定稿，准备印刷。

【例 2-1】 调查问卷

手机游戏调查问卷（部分）

尊敬的女士/先生：您好！我们是××大学在校学生，为搜集毕业论文资料发放此问卷。本问卷针对您使用手机游戏的行为进行一些调查，大概会占用您 5 分钟时间。所有调查项目不涉及个人隐私。

谢谢您的合作！

您有手机吗？

A. 有（继续提问） B. 没有（结束提问）——甄别问题

1. 您每天用于手机游戏的时间是：——封闭式问题

A. 不使用 B. 10 分钟以内 C. 10～60 分钟 D. 1 小时以上

2. 请列出您经常玩的手机游戏的名字（最多3个；如不玩游戏，请填“0”）：

——开放式问题

3. 您下载手机游戏的主要方式是（如不玩游戏，请选“其他”项并填“0”）：

——半封闭式问题

A. 网上下载并通过数据线传输　　B. 通过WAP网站下载

C. 到手机服务中心安装　　D. 通过百宝箱下载

E. 其他（请注明）

4. 您了解手机游戏信息的主要渠道有（最多选3项；如不玩游戏，请选“其他”项并填“0”）：

A. 手机玩家网站/论坛　B. 移动梦网　C. 手机服务提供商《SP》网站；

D. 手机杂志　　E. 其他（请注明）

第四节　统计调查的组织形式

在我国统计工作中，经常采用的统计调查组织方式有两种：一是统计报表，二是专门调查。专门调查包括普查、重点调查、抽样调查和典型调查等。

一、统计报表

1. 统计报表的概念

统计报表是依照国家有关法规的规定，以一定的原始记录为依据，按照国家统一规定的表式、指标项目、报送程序和报送时间，自上而下地统一布置，自下而上地逐级提供基本统计资料的一种调查方式。

2. 制订统计报表所遵循的原则

（1）为宏观决策与管理服务。

（2）统一统计标准。

（3）实行基层单位一套表。

（4）贯彻精简的原则。

（5）改革统一调查方法。

（6）体现市场经济要求。

3. 统计报表的特点

（1）统计报表由基层单位填报，经过有关部门、地区以及全国范围的汇总综合得到有关国民经济全面的基本统计资料，满足各个层次的需要，报表资料具有全面性。

（2）统计报表的指标内容和报送时间在国家统一规定的表式和期限内填报。

（3）统计报表的资料来源于基层单位的原始记录。

（4）统计报表的实施具有连续性。

4. 统计报表的种类

统计报表从不同的角度，可以进行不同的分类。

（1）按报表的内容和实施范围的不同，可以分为国家、部门和地方报表。国家统计报表是根据有关的国家统计调查项目和统计调查计划制订的，也称国民经济和社会发展基本统计报表。国家统计报表属于反映国情国力和宏观经济运行情况的基本统计。部门统计报表也称专业统计报表，它是国务院和有关业务部门根据其调查项目制定的，在各主管部门系统内施行，是基本统计报表的补充。地方统计报表是经县级以上各级人民政府批准，由统计局结合本地区特点补充制发的统计报表，主要用于满足本地区经济发展和管理工作的需要。

（2）按统计调查范围不同，分为全面统计报表和非全面统计报表。全面统计报表即要求调查对象的每一个调查单位都填报的报表，如第六次全国人口普查表。非全面调查即只要求调查对象中的一部分调查单位填报的报表。非全面的统计报表又可根据非全面调查采用的方式的不同，分为重点的、抽样的和典型的。

（3）按报送时间长短，可以分为日报、旬报、月报、季报、半年报和年报。统计报表报送周期越短，花费越多。因此，一般要求报送周期短的，调查项目应少些、粗些；相反，可以多些、细些。凡是一年或半年报告一次能满足需要的，就不用季报、月报。

（4）按提交的单位不同，可以分为基层报表和综合报表两种。基层报表是基层企事业单位填报的报表，综合报表是由主管部门或统计部门根据基层报表逐级汇总填报的报表。基层统计报表由国民经济主要行业中基层单位分别拟订。综合报表以基层统计报表为基础，并广泛利用各业务部门的资料，结合采用多种调查和推算方法填报。

（5）按统计报表报送方式的不同，分为邮寄报表和电讯报表。电讯报表包括电报、电话、电视传真等方式。

5. 统计报表的内容

（1）报表目录。它是说明应报送的报表名称、填报单位、调查对象、报送时间和程序等事项的一览表。它对各种统计报表的编制和报送办法做了具体规定，报告单位可以根据规定的统计范围及时汇总上报。

（2）报表表式。它是统计报表的具体格式，主要分为基本表式和专业表式两种。

（3）填表说明。它是填报报表时应遵守的各种事项。内容包括：①统计范围，即报表实施范围。②统计目录，指应在有关报表的主栏项目中填报的有关项目的一览表。③指标解释，指对报表中的统计指标的概念、计算方法、包括范围及有关事项的具体说明。

6. 统计报表的组织实施

（1）统计报表的布置和贯彻。对于各类基层统计报表，原则上由各级统计部门统一组织向基层布置一套表，并进行基层统计人员的培训，统一组织基层报表的收集和审核工作。

（2）报表数据的处理。国家统计局决定对年报数据采用集中统一处理的工作模式。

（3）清查统计调查单位，建立企业（单位）名录库。组织实施新的国家统计报表制度的关键就是清查统计调查单位，统一规范各种一套表的实施范围和调查总体，清除各专业统计之间调查单位重复交叉等矛盾。

7. 统计报表资料的来源

统计报表是由基层直接上报或逐级汇总上报的。所以，统计报表资料的最初来源是基层单位的原始记录、统计台账和有关核算资料。统计台账就是根据统计报表和核算工作的需要，用一定的表格形式将分散的原始记录资料，按时间集中登记在一个表册上。

二、专门调查

（一）普查

1. 普查的意义

普查是一种专门组织的全面调查。它是用来搜集某些不能或不适宜用定期的全面统计报表搜集的统计资料，以搞清重要的国情国力。

普查具有以下两个特点：第一，普查是专门组织的一次性调查。普查所取得的资料主要是某种现象在一定时点上的总数量和总体的各种重要的构成情况的资料。当然，普查也包括时期现象。第二，普查是全面调查。

2. 普查的进行方式

普查的方式基本上有两种：一种是组织专门的普查机构，派出调查人员，对调查单位进行调查；另一种是利用调查单位的原始记录和核算资料，或者结合清库盘点，由调查单位自填调查表。

按照普查资料汇总的特点不同，又分为一般普查和快速普查两种形式。一般普查是逐级布置和逐级汇总上报，前后花费的时间较长。快速普查从布置任务到报送资料都越过中间环节，由组织领导普查工作的最高机关直接和各基层单位联系，进行超级汇总、集中汇总。

3. 普查的原则

（1）统一规定调查资料所属的标准时间。所谓标准时间，即规定某日或某日的某一时刻作为登记普查对象有关项目资料的统一时间。

（2）在普查范围内各调查单位应尽可能同时进行调查，并尽可能在最短期限内完成，以便在方法、步调上取得一致，保证调查资料的真实性。

（3）调查项目一经统一规定，不能任意改变或增减，以免影响汇总综合，降低资料质量。

（4）为了方便普查资料的对比分析，最好定期进行普查。

（5）普查后应进行抽样调查或典型调查，以核对和纠正普查中的误差。

（二）重点调查

重点调查是一种非全面调查。它是在调查对象中，不是对全部单位，而只是选择其中一部分重点单位进行的调查。这些重点单位虽然数目不多，但这些单位的标志总量却占有全部单位标志总量的绝大比重。因而，对这些单位进行调查就能反映出总体标志总量的基本情况。

重点调查的方式，既可以组织专门的一次性调查，也可以颁发定期统计报表，由重点单位执行。组织重点调查的关键是确定重点单位，确定重点单位要遵循如下原则：

（1）根据调查任务确定重点单位，一般来说，选定的单位应尽可能少一些，但这些单位在所研究对象的标志总量中占有绝大的比重。

（2）依据保证统计资料质量的需要选择重点单位。

（三）抽样调查

抽样调查是一种非全面调查，它是按照随机的原则，从总体中抽取一部分单位进行观察，用以推算数量特征的一种调查方式。随机原则就是保证总体中每一单位都有同等的中选可能性。

1. 抽样调查的应用范围

抽样调查是一种使用很普遍的非全面调查。因为这种调查方法灵巧易行，具有较好的效果，所以，现代的统计调查中，抽样调查日益受到各界重视。其主要应用范围可概括如下。

（1）用于不可能进行全面调查的现象。对于某些不可能进行全面调查，而又需要了解全面情况的社会经济现象，必须采用抽样调查。或者说，要认识无限总体必须采用抽样调查。实践中，常把在某一定时间内无法确定单位数的总体看作无限总体，要了解这些情况也必须采用抽样调查。

（2）用于进行全面调查就会失去现实意义的现象。对于某些进行全面调查就会失去现实意义的社会经济现象，只能采用抽样调查。

（3）用于经济上不允许或精度上不必要进行全面调查的现象。经济上不允许或精度上不必要进行全面调查的社会经济现象，一般采用抽样调查。

（4）用于时效性要求较强的调查。时效性要求较强的调查，通常要采用抽样调查。

2. 抽样调查的作用

抽样调查与其他调查方式相比具有省、准、快、细的优点，其具体作用如下。

（1）经济性好。抽样调查与全面调查相比，节省人力、物力和财力。抽样调查的被调查单位比全面调查少，参加调查的工作人员能多快好省地完成调查任务，取得事半功倍的效果。

（2）准确性高。人们普遍认为全面调查准确性一定高于抽样调查，而实际上并不一定。相比普查而言，抽样调查的规模较小，可以有专业的统计调查人员进行，进行更详细、更深入的研究，从而确保获取的信息资料具有更高的准确性。

（3）速度快。抽样调查的速度快。统计调查要求有很强的时效性，若以有限的人力、物力进行全面的调查，就会使调查地时间拖长，这样有些统计资料会失去时效性而降低其使用价值。

（4）可以取得比较详细的统计资料。抽样调查的工作人员通常专业水平高，且经过挑选和专门培训，因而可以对认识对象进行更细致更深入的调查，取得更加详细的统计资料。

(5) 可以对全面调查的资料进行补充和修正。就同一调查对象而言，抽样调查与全面调查相比，具有工作量小、被调查单位少、参加人员专业素质好的特点，因而可以适当增加调查项目，取得比较详细的调查资料，来补充和修正全面调查的结果。

3. 抽样调查的特点

为了进一步理解抽样调查的概念，有必要将它与其他调查方法加以比较来研究其特点。

(1) 随机抽取样本单位。抽样调查的被调查单位是随机抽取的，这和典型调查有意选取被调查单位具有明显区别。抽样调查只调查总体中的一部分单位，这一部分被调查单位（即样本）是按照随机原则从总体中抽取出来的。这样确定被调查单位可防止由于主观选取被调查单位带来的倾向性误差，使被抽中的单位对总体具有充分的代表性。

(2) 推断总体数量特征。抽样调查的目的是推断总体的数量特征，这和重点调查根据重点单位的标志总量来说明总体的基本情况有明显区别。随机抽样使得样本统计量成为具有一定分布规律的随机变量，人们可以根据抽样调查的目的和样本信息构造样本统计量，然后依据样本统计量的分布规律，运用抽样调查的特有方法推断出关心的总体指标数值，并使得推断结果的精确度达到事先的要求，而且还可以说明推断结果的可靠程度。

(3) 抽样调查的误差可以事先计算和控制。对于抽样调查，在调查前就可以根据调查样本数量和总体中各单位之间的差异程度进行计算，可以所样本误差控制在一定范围之内，调查结果的准确程度比较有把握。基于以上特点，抽样调查被公认为是非全面调查方法中用来推算和代表总体的最完善、最有科学根据的调查方法。

（四）典型调查

1. 典型调查的概念和特点

典型调查是根据调查的目的和任务，在对所研究的现象总体进行初步分析的基础上，有意识地选取若干具有代表性的单位进行调查和研究，借以认识事物发展变化的规律。

典型调查是一种比较灵活的调查方式，它具有如下特点：

(1) 调查单位是根据调查目的有意识地选择出来的少数具有代表性的单位，便于从典型入手，逐步扩大到认识事物的一般性和普遍性。

(2) 典型调查比较细致，取得的资料可以用来研究事物发生和发展过程及结果，探索事物发展变化的规律性。

(3) 典型调查灵活多样，既可以从现象的数量方面对现象间的数量关系进行分析，也可以从质量方面分析现象的数量关系。

(4) 典型调查由于范围小，调查涉及的单位少，因而省时、省力。

2. 典型调查的作用和方式

典型调查的主要作用有：应用典型调查来深入研究问题，认识同类事物的一般规律；应用典型调查深入研究新生事物，提出正确的预见；应用典型调查来总结经验和教训；应用典型调查材料补充全面调查的不足，并可以在一定条件下验证全面调查数字的准确性。

典型调查的方式大体有两种：一种是对个别典型单位进行的调查研究，被称为“解剖麻雀”的典型调查，这种方式适用于当总体各单位差异不大，或者调查目的在于研究新生事物及总结经验教训。另一种是将现象总体按某一标志分类，再在各类中选择典型单位进行调查，被称为“划类选典式”的典型调查。这种方式适用于当总体各单位差异较大，且目的在于推算总体数字。在精确度要求不很高时，采用这种方法推算总体数量，简便易行，效率较高。

做好典型调查工作，要注意以下两点：①选好典型；②制订调查方案。

第五节　统计调查的误差

数据的误差是指通过调查搜集到的数据与研究对象真实结果之间的差异。数据的误差有两类：抽样误差和非抽样误差。

一、抽样误差

抽样误差是由于抽样的随机性引起的样本结果与总体真值之间的误差。在概率抽样中，我们依据抽中样本的不同，可以得到不同的观测结果。但总体真实的结果只能有一个，尽管这个真实的结果我们并不知道。不过可以推测，虽然不同的样本会带来不同的答案，但这些不同的答案应该在总体真值附近。如果不断地增大样本量，不同的答案也会向总体真值逼近。

抽样误差的大小与多方面因素有关。最明显的是样本量的大小，样本量越大，抽样误差就越小。当样本量大到与总体单位相同时，也就是抽样调查变成普查，这时抽样误差便减小到零。抽样误差的大小还与总体的变异性有关。总体的变异性越大，抽样误差也就越大，反之，也就越小。如果所有的单位完全一样，调查一个就可以精确无误地推断总体，抽样误差也就不存在了。现实中，这种情况也是不存在的。

二、非抽样误差

非抽样误差是相对抽样误差而言的，是指除抽样误差之外的，由于其他原因引起的样本观察结果与总体真值之间的差异。抽样误差是一种随机性误差，只存在于概率抽样中，非抽样误差则不同，无论是概率抽样、非概率抽样，还是全面性调查，都有可能产生非抽样误差。非抽样误差有以下几种类型。

（一）抽样框误差

在概率抽样中需要根据抽样框抽取样本。抽样框是有关总体全部单位的名录，在地域抽样中，抽样框也可以是地图。一个好的抽样框应该是抽样框中的单位和研究总体中的单位有一一对应的关系。由于抽样框的不完善造成的统计推论的错误和误差称为抽样框误差。在调查对象确定后，通常可以选取不同的资料构造抽样框。

（二）回答误差

回答误差是指被调查者在接受调查时给出的回答与真实情况不符。导致回答误差的原因有多种，主要有理解误差、记忆误差和有意识误差。

(1) 理解误差。不同的被调查者对调查问题的理解不同，每个人都按自己的理解回答，大家的标准不一致，由此造成理解误差。有时，问卷中问题的排序也会对调查结果产生影响。

(2) 记忆误差。调查的问题是关于一段时期内的现象或事实，需要被调查者回忆。需要回忆的时间间隔越久，回忆的数据可能就越不准确。缩短调查所涉及的时间范围可以减小记忆误差。但是，有些事件是按一定周期发生的。

(3) 有意识误差。当调查的问题比较敏感，被调查者不愿意回答，迫于各种原因又必须回答时，可能就会提供一个不真实的数字。产生的动因大致有两种，一种是调查问题涉及个人隐私，被调查者不愿意告诉，所以造假；另一种是受利益驱动，进行数字造假。有意识误差比记忆误差的危害要大。因为记忆误差具有随机性，有些人可能说高了，有些人可能说低了，高低相抵，调查结果还具有趋中的倾向；有意识误差则不同，它往往偏斜某一个方向，是一种系统性偏差。

（三）无回答误差

无回答误差是指被调查者拒绝接受调查。无回答也包括那些调查进行时被访者不在家的情况。电话调查中，拨通后没有人接；邮寄问卷调查中，地址写错、被调查者搬家，或被调查者虽然收到问卷，却把问卷遗忘或丢失，这些都可以视为调查中的无回答。

在一项调查中，如果无回答所占比例很小，对最后结果的影响还不大。但是，如果无回答占到样本很大的比例，调查结果的说服力将大打折扣。

无回答误差有时是随机的，有时是系统性的。如果无回答的产生与调查的内容无关，在随机状态下，被访者如果回答，其结果可能高于平均值，可能低于平均值，高低相互抵消，不会产生有偏估计。但当无回答的产生与调查内容有关时，就可能产生系统性误差。如果无回答误差是随机的，可以通过增大样本量的方式解决。

解决无回答系统性误差的途径主要在两个方面：一方面是预防；另一方面是，当无回答出现后，分析无回答产生的原因，采取一些补救措施。目前，对无回答问题的研究仍在进行。

（四）调查员误差

这是指由于调查员的原因而产生的调查误差。例如，调查员粗心，在记录调查结果时出现错误。调查员误差还产生于调查中的诱导，而调查员本人可能并没有意识到。

（五）测量误差

如果调查与测量工具有关，很有可能产生测量误差。调查在不同地点进行，如果各测试点的灯光、测试距离有所差异，就会给调查结果带来测量误差。调查有时也采用观察、记数的方式进行。例如，在商场客流量调查时，调查员站在商场门口查点进出的顾客，很难保证这种查点一个不错。

三、误差的控制

前面对调查中的误差问题进行了比较详细的讨论。如何有效地控制各种误差，提高数据的质量，这是研究人员和现场调查人员面临的挑战。

抽样误差是由抽样的随机性带来的，只要采用概率抽样，抽样误差就不可避免。但抽样误差是可以计算的。在一个特定问题的研究中，研究人员对抽样误差有一个可以容忍的限度。允许的抽样误差是多大，取决于对数据精度的要求。一旦这个误差确定下来，就可以采用相应的措施进行控制。进行控制的一个主要方法是改变样本量，统计方法已经给出了计算样本量的公式。

非抽样误差与抽取样本的随机性无关，因而在概率抽样和非概率抽样中都会存在。有很多的原因造成非抽样误差，因此控制起来比较困难。

如果采用概率抽样就需要抽样框，抽样框误差就可能出现。对同一个调查问题，有时可以构造不同的抽样框，不同的抽样框，其质量可能会有所差别，通过认真分析，就可以选择出比较好的抽样框。

非抽样误差控制的重要方面是调查过程的质量控制。这包括：调查员的挑选，调查员的培训，督导员的调查专业水平，对调查过程进行控制的具体措施，对调查结果进行检验、评估，对现场调查人员进行奖惩的制度，等等。

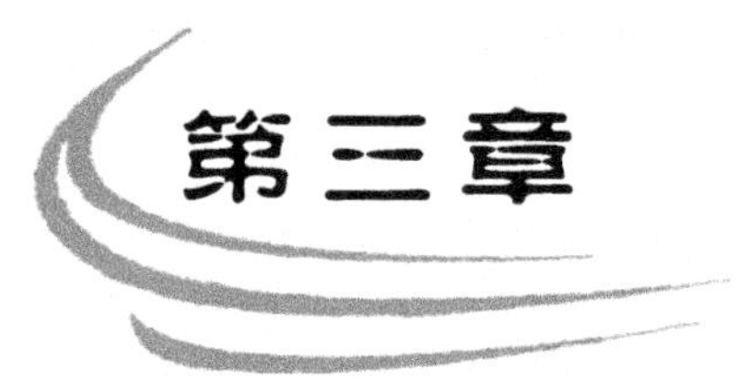

第三章 统计整理

【本章导读】

一家市场调查公司为研究不同品牌饮料的市场占有率，对随机抽取的一家超市进行了调查。调查员在某天对50名顾客购买饮料的品牌进行了记录，如果一个顾客购买某一品牌的饮料，就将这一饮料的品牌名字记录一次，下面就是记录的原始数据（图3-1）。我们如何得出各品牌市场占有率的大小，频数分布图表应该如何显示？

	A	B	C	D	E
1	旭日升冰茶	可口可乐	旭日升冰茶	汇源果汁	露露
2	露露	旭日升冰茶	可口可乐	露露	可口可乐
3	旭日升冰茶	可口可乐	可口可乐	百事可乐	旭日升冰茶
4	可口可乐	百事可乐	旭日升冰茶	可口可乐	百事可乐
5	百事可乐	露露	露露	百事可乐	露露
6	可口可乐	旭日升冰茶	旭日升冰茶	汇源果汁	汇源果汁
7	汇源果汁	旭日升冰茶	可口可乐	可口可乐	可口可乐
8	可口可乐	百事可乐	露露	汇源果汁	百事可乐
9	露露	可口可乐	百事可乐	可口可乐	露露
10	可口可乐	旭日升冰茶	百事可乐	汇源果汁	旭日升冰茶

图3-1　顾客购买饮料的原始计录

能否将分散的资料根据要求和目的整理为条理化的资料，采取的整理方案是否合理、科学，其中哪个消耗和使用的资源最少？我们将通过本章的内容来学习这些知识。

第一节　统计整理概述

一、统计整理的意义

所谓统计整理，是指根据统计研究目的，将统计调查所得的原始资料进行科学的分类汇总，或对已经加工的次级资料进行再加工，为统计分析准备系统化、条理化的综合资料的工作过程。

统计整理是统计工作全过程的第三阶段，它在统计工作中起着承前启后的作用，通过整理将社会经济现象的个体数量表现过渡到对总体的综合数量表现，使我们得到描述现象总体数量特征最初的综合指标数值。

二、统计整理的内容与程序

统计整理的内容与程序主要包括以下几个方面。

（一）调查资料的审核

调查资料的审核又称数据的预处理。为了确保统计工作的质量，在统计调查资料汇总整理前，首先要做好调查资料的审核和检查工作。对调查资料的审核主要包括以下几个方面。

（1）及时性。及时性是指检查资料是否符合调查方案规定的时间以及资料是否按规定的时间报送等。对于某些时效性较强的问题，如果统计数据过于滞后，就失去了研究的意义。

（2）完整性。完整性是指检查调查表是否均已收齐，调查表中所填写的项目有无遗漏，是否齐全等。

（3）正确性。审核资料是否正确是审核资料的重点。审核办法主要有以下两种：一是逻辑检查法，即检查调查资料各项目之间的关系是否合乎逻辑，有无不合理或相互矛盾的现象。二是计算检查法，即检查资料的统计口径和范围、计算方法和计量单位是否符合要求；统计数字有无差错；有关指标间的平衡关系是否得到保持等。

（4）适用性。对于通过其他渠道取得的第二手数据，除了对其完整性和正确性进行审核外，还应着重审核数据的适用性和时效性。

对调查资料的审核，其目的是消除过失误差和系统误差。一般除上述方法外，有时也利用统计检验来发现和剔除可能存在的离群值。

对审核过程中发现的错误应尽可能予以纠正。当调查结束后，对发现的数据中错误不能予以纠正，或者有些数据不符合调查的要求而又无法弥补时，就需要对数据进行筛选。

（二）统计数据的排序

统计整理的第二步是统计数据的排序。数据排序是按一定顺序将数据排列，以供研究人员分析使用。有时排序本身就是分析的目的之一。排序借助于计算机可以很容易地完成。

（三）统计数据的分组和汇总

统计整理的第三步是统计数据的分组和汇总。统计分组是将统计数据或总体单位划分成若干组，统计出属于各组的观测值个数或总体单位数，并将所得结果用统计表或其他形式表示，这是整个统计整理工作的核心内容。统计数据汇总是通过计算机或手工将原始资料的各种标志值汇总、计量，得出总体指标。

（四）编制统计表和绘制统计图

统计整理的最后一步是编制统计表和绘制统计图。根据现象之间的内在联系和统计分析的要求，将总体有关数量关系编制在一张表上，就形成了统计表。统计表使统计资料的表现更加明白、清晰。统计图是表现统计资料的另一种更直观、更形象的手段。

第二节 统计分组

一、统计分组的概念

统计分组是指根据事物内在的特点和统计研究的需要，将统计总体按照一定的标志区分为若干组成部分的一种统计方法。

统计整理中对资料进行分组是按一定的标志进行的，这个标志就是划分资料的标准或依据。在同质总体中，由于社会经济现象的复杂和多样性，总体中的单位除了具有相同的性质外，还存在着其他性质上的差别。在对社会经济现象进行研究时，除要从总体上进行研究，还要对总体中各个性质不同的组成部分进行研究，以便于观察总体中各部分之间性质上的差别。同时，可以根据对同一总体的不同研究角度，选择不同的标志进行分组。

二、统计分组的作用

统计分组的作用在于将客观事物这个复杂的总体，按统计研究的目的与要求划分为性质不同的各个组成部分。统计分组的基本作用，可以归纳为以下三个方面。

（一）区分现象的类型

统计分组的目的之一是要按照某种标志，将社会经济现象区分为各个性质不同的组成部分，以认识社会经济现象的本质和规律性。我们一般将性质不同的组成部分称为社会经济现象的类型。当研究目的在于探讨社会经济现象的类型时，则需要将总体划分为不同性质的组，这种分组称为类型分组。

（二）分析总体内部结构和总体结构特征

总体是在同一性质的基础上结合起来的整体，而各单位之间仍存在着许多的差异，为了深入分析这种差异，可以对总体进行结构分组。当研究目的在于探讨总体在某一标志上的构成，而将总体划分为若干组成部分以显示所研究标志的结构时，这种分组称为结构分组。例如，工业增加值按轻重工业分组比例如表 3-1 所示。

表 3-1 我国工业增加值按轻重工业分组比例表 单位：%

项目	2006 年	2007 年	2008 年	2009 年
轻工业	30.0	29.5	28.7	29.5
重工业	70.0	70.5	71.3	70.5

从表 3-1 的资料中可以看出工业总体内部结构及总体结构的特征，为国家安排工业内部积累与消费的比例提供参考资料。

（三）揭示现象之间的依存关系

任何社会经济现象之间都不是彼此孤立的，而是相互联系、相互依存和相互制约的。当研究同一总体范围内两个可变标志的依存关系时，可以将其中一个可变标志作为分组标志，以观察另一标志相应的变动情况。这种分组称为分析分组。它可以揭示现象之间的依存关系。例如，某地区农作物的施肥量与单位面积产量如表 3-2 所示。

表 3-2 某地区农作物施肥量与亩产量关系表

化肥施用量/（千克/亩）	亩产量/千克
15.5	377.0
17.8	416.6
19.4	452.8
20.5	>481.1
21.8	464.4

表 3-2 反映了化肥施用量与农作物亩产量之间的依存关系，一般来讲农作物亩产量随着化肥使用量增加而增加，但当化肥施用量为 21.8 千克时，农作物亩产则减少到 464.4 千克。因此，过少或过多的施用量都可以使农作物产量降低。

三、分组标志的选择

统计分组中关键的问题在于选择分组标志和各组界限的划分，而选择分组标志则是统计分组的核心问题。分组标志就是将统计总体区分为各个性质不同的组的标准或依据。选择分组标志时，应遵循以下原则。

（1）根据统计研究的目的与任务选择分组标志。在对社会经济现象进行研究时，根据不同的研究目的选择不同的分组标志。任何一个统计对象，都有许多特征即许多标志，不同的研究目的，分组标志的选择也是不同的。需要指出的是，在同一总体中，有些标志在性质和意义上都很相似，如工业总产值、工业商品产值、工业净产值、工业增加值等，尽管它们是不同的价值指标，各自所反映的具体内容不同，但都是反映企业规模，即生产成果的总量指标。

（2）在若干个标志中抓住具有本质性或主要的标志作为分组的依据。由于社会经济现象复杂多样，各自特征不同，因此，在进行分组时，就可以选择不同的分组标志对其总体进行不同的划分。那么，在明确研究目的的情况下选择哪种标志进行分组？总体中的若干标志，有能反映问题本质特征的标志，也有对反映事物本质作用不大的标志，这时我们应该选择最能反映问题本质特征的标志。

（3）根据现象所处的历史条件或经济条件来选择标志。社会经济现象是随着时间、地点等条件的变化而变化的。同一个标志在过去某个时期是适用的，现在不一定适用；在这个场合适用，在另一个场合就不一定适用。因此，即使是研究同类现象，也要视具体时间、地点条件的不同而选择不同的分组标志。

四、统计分组的方法

根据分组标志的特征不同，统计分组方法分为按品质标志分组方法和按数量标志分组方法。

（一）按品质标志分组法

按品质标志分组法分组就是选择反映事物属性差异的品质标志为分组标志，并在品质标志的变异范围内划定各组界限，将总体划分成若干个性质不同的组成部分。

按品质标志进行分组是对统计研究对象从质的方面加以区分，具体地说就是按研究对象的性质和空间特征进行分组。品质标志进行分组时，有些分组比较简单，有些分组则比较复杂。所谓的简单是指按一个品质标志分组，对总体只作一次划分，每个组不再往下细分。按这样的标志进行分组以后，不同类别的单位可以明显地区分开来。但是，社会经济生活中多数是分组比较复杂的问题，即在对总体按一个标志分组后，各组的界限难以明确划分，总体中的某些单位应该归入哪一组，容易产生理解上的差别。因此，在同一个分组标志的情况下，分组的结果就会不同。

（二）按数量标志分组法

按数量标志分组就是以反映事物数量差异的数量标志为分组标志，并在数量标志的变异范围内，将总体划分为性质不同的若干组成部分。

社会经济现象的特征是通过数量表现出来的，针对每一个个别事物来讲，在一定时间上其数量表现是不变的，并且在按照数量标志对现象分组后的各组界限也是固定的。因此，分组后进行归类的结果也是固定的，即在按数量标志进行分组时，对于所选择的数量标志和各组的数量界限的确定上不会发生理解上的差异，这种分组方法在统计中是比较容易运用的。

五、统计分组的原则和步骤

（一）统计分组的原则

(1) 强调统计分组的科学性，即统计分组一定要根据统计研究的目的，突出社会经济现象在各个方面存在的差异。这主要通过正确选择分组标志和正确划定分组界限来实现。

(2) 统计分组要具备完整性，就是指总体任何一个单位或任何一个原始数据都能归属于某一个组，而不会遗漏在外。

(3) 要使组与组之间具有互斥性，或称为不相容性，就是说任一总体单位或任一原始数据，在一种统计分组方法中只能归属于一个组，而不能同时归属于两个或两个以上的组。

（二）统计分组体系的确立

根据一项统计任务的要求，一般只有一两种分组是不够的，对一个比较复杂的社会经济现象总体往往需要设计许多种统计分组，从而形成一个分组体系。所以，统计分组体系，就是以各种不同标志反映总体特征的一系列相互联系、相互制约的统计分组所形成的整体。

设计统计分组体系可以采用两种形式：一是对同一总体进行多个简单分组，然后将这些分组平行排列在一起，形成平行分组体系。例如，将大学生分别按性别、民族、年龄 3 个标志进行分组，得到以下平行分组体系，如图 3-2 所示。

按性别分组	按民族分组	按年龄分组
男 生	汉 族	＜18 岁
女 生	回 族	18～20 岁
	满 族	20～22 岁
	⋮	22～24 岁
		＞25 岁

图 3-2 平行分组体系

二是对同一总体进行多个复合分组，则形成复合分组体系。例如，将高校学生按学科、本科和专科、性别标志进行复合分组，得到复合分组体系如图 3-3 所示。

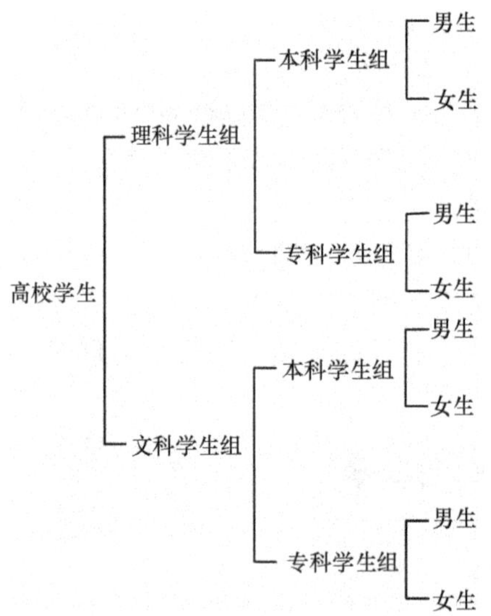

图 3-3 复合分组体系

进行复合分组形成复合分组体系，应根据统计研究的需要，在选择好分组标志的同时，确定它们的分组主次顺序，按主次标志依次分类，这样就形成若干个标志相互重叠的组别。这种分组形式有助于全面、深入的分析问题，但要注意复合分组中运用的分组标志的选择要适当，数量不宜过多。只有在总体包括的单位数较多的情况下，才适合采用复合分组。

（三）划定组间界限

分组标志及分组体系确定之后，就要根据事物的特点，严格划清组与组间的界限。划分组间界限，既要遵循科学性，又要遵循适用性和可行性。

六、编制分配数列

统计分组不仅要研究如何正确选择分组标志对统计资料进行科学分组，而且要在此基础上编制分配数列，研究总体中的所有单位在各组间的分配特性。

（一）分配数列的概念和种类

统计资料按一定标志分组之后，按组归类，列出各组相对应的总体单位数便形成了分配数列。所谓分配数列就是表现总体单位在各组分配状况的统计数列。构成分配数列必须具备两个因素：一是按分组标志划分的各个组；二是各组的总体单位数。

根据分组标志特征的不同，可分为品质标志分配数列和数量标志分配数列两种。

品质标志分配数列是按品质标志分组编制的统计数列，简称品质数列。它包括两个要素：一是各组的名称；二是各组的单位数（或称次数、频数）。

数量标志分配数列是按数量标志分组编制的统计数列。它在各组中表现的具体数值在统计上称变量值，所以数量标志分配数列简称为变量数列。

（二）变量数列及其编制

1. 变量数列

按数量标志分组的结果，形成变量数列。它也包含两个要素：一是变量值所形成的各个组；二是总体单位在各组分配的次数，或者是各组单位数在总体单位数中所占比率的相对数。

变量数列是一种应用非常广泛的分配数列，可以表明总体单位在各组的分配趋势或分布特点及规律性。

2. 变量数列的种类

变量数列分为单项式变量数列和组距式变量数列，也可简称为单项数列和组距数列。单项数列以每个变量值为一组，按各组顺序简单排列编制而成。如表 3-3 所示，其中最小的组值是 23，最大的是 30，其变动幅度不大。在这种情况下，可把每一个变量值分别列组，编制单项数列。

表 3-3 某车间工人日产量统计表

按日产量分组/件	工人人数/个	比重/%
23	2	5
24	8	20
26	10	25

续表

按日产量分组/件	工人人数/个	比重/%
27	12	30
29	6	15
30	2	5
合计	40	100

组距数列是以表示一定范围或一定距离的两个变量值为一组，按各组顺序排列编制而成。各组内变量值的变动范围或距离称为组距。一般来说，单项数列的应用有一定的局限性，如果变量的变异范围很大，变量值很多，编制单项数列组数就会很多，这样不便于描述被研究总体单位的分布特征。在这种情况下，就需要采用组距数列，如表 3-4 所示。

表 3-4 某班统计学考试成绩统计表

考试分数 / 分	学生人数 / 人
<60	1
60～70	4
70～80	11
80～90	9
90～100	5
合计	30

组距数列有等距和异距之分，各组组距相等的叫做等距数列，如表 3-5 所示；组距不相等的叫做异距数列，如表 3-6 所示。

表 3-5 某厂工人日产量统计表

日产量/千克	工人数/人
20～30	140
30～40	300
40～50	500
50～60	60
合计	1 000

表 3-6 某公司所属企业职工人数统计表

职工人数/人	企业数/个
400～499	15
500～699	45
700～999	35
1 000～1 500	5
合计	100

在实际进行分组时究竟采用等距还是异距，取决于研究的目的和现象的性质等客观情况。在能采用等距的条件下，最好采用等距。如果根据客观实际情况，确有必要采用异距数列时，还是应该采用异距数列。

3. 变量数列的编制

编制一个变量数列，关键是如何按这个变量去分组，即如何确定好组数、组距和组限。因此首先要弄清楚影响变量数列的几个因素。

1）组数与组距

编制组距数列，必须对总体进行分组，对于一个总体，应将其分为多少组，要根据研究的目的来确定，同时要本着简单明了地反映问题为原则。如果组数过多，必然会造成总体单位分布分散，同时还有可能把属于同类的单位归到不同的组中，不能真实反映出事物的本质特点和规律性；如果组数过少，又会造成把不同性质的单位归到同一个组内，失去区别事物的界限，达不到正确反映客观事实的目的。因此，必须恰当地确定组数。美国学者斯特杰斯（H. A. Sturges）提出，在总体各单位标志值分布趋于正态的情况下，可根据总体单位数（N）来确定应分组数（n），公式为

$$n = 1 + 3.322\lg N \tag{3-1}$$

上式可供分组时参考，但也不能生搬硬套。确定组数后，还应确定组距。组数和组距之间存在着密切关系。在全距（最大变量值与最小变量值之差）一定的情况下，组距的大小和变量数列的全距大小成正比，与组数多少成反比。

组数越多，组距越小；组数越少，组距越大。在采用等距分组的情况下，变量数列的组距（d）可采用下列公式确定：

$$d = \frac{\text{全距}}{\text{组数}}$$

参照斯特杰斯公式即

$$d = \frac{\max(x) - \min(x)}{1 + 3.322\lg N} \tag{3-2}$$

统计上检查计划完成程度时，为了使用方便，一般以 10 的倍数作为组距，因此，把组距调整为 10%。据此，编制组距数列如表 3-7 所示。

表 3-7 某公司所属企业利润计划完成程度表

利润计划完成/%	企业数/个
80～90	1
90～100	5
100～110	3
110～120	1
合计	10

从表 3-7 可以看出，这种分组反映了事物本身的发展变化趋势和规律性。

2）组距与组中值

组距数列中，每个组都有端点数值，这个端点数值就是组限，上端点数值或组内

最大变量值为上限，下端点数值或组内最小变量值为下限。为了保证变量的分组不致发生混乱，习惯上各组一般包括本组下限变量值的单位，不包括本组上限变量值的单位，即“上组限不在内”。

在遇到特大或特小的变量值时，为了不使组数增加过多或将组距不必要地扩大，可将最前组或最后组用“××以下”或“××以上”的方式表示，这种分组叫做开口组。开口组是指只有上限而缺下限（用“××以下”表示），或只有下限而缺上限（用“××以上”表示），如表 3-4 中的第一组“<60”即只有上限而无下限。

组距数列掩盖了各组单位的实际变量值，为了反映分布在各组中个体单位变量值的一般水平，往往需要计算组中值。组中值是各组变量值的中间数值，通常根据各组上限、下限进行简单平均求得，公式为

$$\text{组中值} = \frac{\text{上限} + \text{下限}}{2} \tag{3-3}$$

或

$$\text{组中值} = \text{下限} - \frac{\text{上限} - \text{下限}}{2} \tag{3-4}$$

用组中值代表组内变量值的一般水平有一个前提，即组内各单位变量值在本组内均匀分布或在组中值两侧呈对称分布。实际上，完全具备这一前提是不可能的，但在划分各组组限时，必须考虑使组内变量值的分布尽可能满足这一要求。此外，为了计算方便，应力求使组中值能取整数。

开口组组中值的确定，一般可将邻组组距假定为开口组组距，然后计算组中值。公式为

$$\text{缺下限的开口组组中值} = \text{上限} - \frac{\text{邻组组距}}{2} \tag{3-5}$$

$$\text{缺上限的开口组组中值} = \text{下限} + \frac{\text{邻组组距}}{2} \tag{3-6}$$

七、累计次数和累计频率

为了满足统计分析的要求，有时需列出各组的累计次数。例如，在表 3-8 中，可能很想知道有多少名（或比例）工人月工资收入低于（或高于）1300 元。为了回答这一问题，就要编制累计次数分布表。

表 3-8 工人工资的累计次数和累计频率表

月工资/元	次数		向上累计		向下累计	
	工人数/人	比率/%	工人数/人	比率/%	工人数/人	比率/%
1 100～1 200	10	10	10	10	100	100
1 200～1 300	35	35	45	45	90	90
1 300～1 400	20	20	65	65	55	55
1 400～1 500	20	20	85	85	35	35
1 500～1 600	15	15	100	100	15	15
合计	100	100				

累计次数分为向上累计和向下累计两种。向上累计是从变量值最小一组的次数起逐项累计，包括累计次数及比率，各累计数的意义是各组上限以下的累计次数或累计比率。向下累计是从变量值最大一组的次数起逐级累计，各累计数的意义是各组下限以上的累计次数或累计比率。工人工资的累计次数和累计频率如表 3-8 所示。

从表 3-8 中可以很容易地看出：工资在 1300 元以下的工人有 45 人，占总数的 45%；工资在 1300 元以上的工人有 55 人，占总数的 55%。

第三节 统计表和统计图

一、统计表

（一）统计表的概念

统计表是表现和运用统计资料的基本形式。它是通过纵横交叉的线条所绘制的表格来表现统计资料的一种形式。

统计表是表现统计资料的重要形式，其特点是简明扼要。在统计表中除了包括由统计汇总所得到的问题指标外，还包括其他综合指标，如相对指标、平均指标。在实际工作中，利用统计表可以从各方面进行比较、分析和研究社会现象的数量表现。

（二）统计表的构成

统计表从形式上看，是由总标题、横行标题、纵栏标题和指标数值四部分组成的，如表 3-9 所示。

表 3-9 某市工业企业规模构成←总标题

按企业规模分组	企业个数/个	比重/%}纵栏标题
横行标题{大型企业	350	17.5
中型企业	1 150	57.5 }数字资料
小型企业	200	25.0
合 计	2000	100.0
主词（栏）	宾词（栏）	

统计表的标题有三种：总标题是统计表的名称，用以概括说明统计表中所反映的统计资料的内容，一般位于表的上端正中央；横行标题是横行的名称，在统计表中用来说明总体及其各分组的名称，一般在表的左方；纵栏标题是纵栏的名称，在统计表中通常用来表示统计指标的名称，一般位于表的上方。指标数值列在各横行标题与各纵栏标题的交叉处。

从统计表的内容上看，统计表是由主词和宾词两个部分组成的。表的主词就是统计表所要说明的总体或是总体的各个组、各个单位的名称；表的宾词则是说明主词（总体）的各种统计指标，包括指标名称和指标数值。

（三）统计表的种类

统计表按照用途的不同可分为调查表、汇总表或整理表、计算表或分析表。调查表是指在统计调查中，用于登记调查单位特征的统计表；汇总表或整理表是指在统计资料整理过程中，用于表述调查资料汇总或整理结果的统计表；计算表或分析表是指在统计分析过程中，对整理或汇总的统计资料进行有关计算并进行定量分析的统计表。

按照主词分组的情况可分为简单表、分组表、复合表。

简单表是指主词未作任何分组的统计表。一般有两种形式：一种是按总体各单位名称排列的统计表，可以用来比较、对照各单位某个方面的基本情况；另一种是按时间顺序排列的统计表，可用来分析、比较现象的发展变化情况，如表 3-10 所示。

表 3-10 我国 2007～2010 年 GDP　　单位：亿元

年份	GDP
2007	265 810.3
2008	314 045.4
2009	340 506.9
2010	401 202.0

分组表是指主词仅按某个标志进行简单分组的统计表。利用分组表，可以深入分析现象的内部结构和现象之间的相互依存关系。例如，表 3-9 就是某市工业企业按规模标志进行分组的统计表。

复合表是指主词按两个或两个以上标志综合分组的统计表。利用复合表，可以更深入细致地反映研究对象的特征和规律性，如表 3-11 所示。

表 3-11 某高校学生构成统计表

按学科和性别分组	学生人数/人	比重/%
理科		
男生		
女生		
文科		
男生		
女生		
合计		

（四）统计表的设计

设计统计表要求科学系统、简练紧凑、美观实用。

1. 统计表形式的设计

（1）统计表一般应设计成长方形表格，长宽比例适当，过于细长、粗短或者长宽基本相等的方形表均不符合美观大方的原则。

（2）统计表上、下两端的端线应以粗实线或双细实线绘制，表中其他线条一般应以细实线绘制。

（3）统计表左、右两端一般不画纵线，呈不封闭的“开口”式。

（4）统计表的栏数较多时，可编栏号，并说明其相互关系。一般文字栏（主词栏和计量单位等栏）用甲、乙、丙等文字编号；数字栏（宾词各栏）用（1）、（2）、（3）、（4）等数字标明栏号。

（5）统计表必须设有必要的合计行或合计栏。

2. 统计表内容的设计

（1）统计表的内容力求简明扼要，使人一目了然，便于分析、比较。

（2）统计表的标题应确切、简练地说明表的基本内容，总标题还应表明资料所属的空间和时间范围。

（3）统计表的主词与宾词之间必须遵守相互对应的原则，以便表明表中任何一个指标数值所反映的社会经济含义及其所属的空间与时间。

（4）统计表的主词之间或宾词之间的次序，应当根据诸如时间的先后、数量的大小、空间的位置等自然顺序合理编排。某些项目间存在着一定的客观联系，应根据事物运动的客观规律合理编排。

（5）统计表中的指标数值必须注明其计量单位。当全表都用一种计量单位时，可将计量单位写在表的右上方，如表 3-10 所示。当表中需要分别注明不同计量单位时，横行的计量单位可在横行标题后专设“计量单位”一栏，纵栏的计量单位可与纵栏标题写在一起，用小字标明。

3. 统计表制表技术规则

（1）文字书写工整、字迹清晰，数字填写整齐、位数对准、有效位数一致，计量单位按规定填写。

（2）统计表中数字部分不应留有空白。数字为 0 时要写出来；如不应有数字时，用符号“—”表示；当缺某项数字或因数小可略而不计时，用符号“…”表示；当表中某数与左方、上方的数值相同时，仍应填写该数，不得用“同左”、“同上”字样代替。

（3）统计表中某些需要特殊说明的统计资料，应在表的下方加注说明，以便查考，如资料来源等。

（4）制表完毕，须经审核。制表人、审核人、负责人均应签名，并加盖本单位公章。

二、统计图

（一）统计图概念

统计图是利用统计资料绘制成的几何图形或具体图来说明社会经济现象数量方面的一种形式。

统计图是表现统计资料的一种重要方法，它不仅使统计资料鲜明醒目、生动活泼，而且具体、形象、通俗易懂，给人以明晰而概括的印象，使人一目了然。所以，统计图是向广大群众进行宣传教育的有效工具，是进行评比的重要方法，也是进行统计分析加强经营管理的一种重要手段。

（二）统计图的绘制原则

（1）统计图应能反映客观实际情况。统计图不同于一般的美术图，不允许夸张；

（2）统计图要简明扼要，主题突出，通俗易懂；

（3）要根据不同的统计资料和不同的目的绘制不同的图形，尽量做到内容与形式的协调，在准确反映客观实际的前提下，尽量做到美观，以增加读者的兴趣，提高对读者的吸引力。

（三）统计图的绘制步骤

绘制统计图时，一般需要经过以下几个步骤：

（1）确定绘制统计图的目的；

（2）搜集统计资料；

（3）确定绘制的图式；

（4）绘制图形。

第四节　统计数据的质量管理和质量评价

一、统计数据质量的概念

统计数据的质量是指它符合客观实际的程度，即数据的准确性。统计数据的准确性，从狭义上说，是指单个指标数据符合客观实际的程度；从广义上说，是指一个指标体系的一系列数据符合不断发展变化的客观实际的程度，换句话说，就是包括了全面性、系统性在内的准确性。

准确性是统计数据质量的核心。统计数据准确性的高低，表现为统计数据（也可以称为统计值）与客观事物准确值（也可以称为真值）之间差距的大小，这个差距称为误差。误差越大，准确性越低，质量越差；误差越小，准确性越高，质量越好。统计数据的准确性是通过误差的大小来衡量和表述的。

二、误差的种类

按不同标志对误差进行各种分类。

（1）按误差的来源分为调查误差和代表性误差。调查误差是由于对事物的错误计量、判断和记录而发生的。不论全面调查和非全面调查，都会产生调查误差。代表性误差是非全面调查所特有，只调查一部分单位来代表总体就必然产生代表性误差。非全面调查中，只有抽样调查可以计算出代表性误差，所以通常说的代表性误差是指抽样调查而言。

(2) 按误差的性质分为偶然性误差与系统性误差。偶然性误差是由于偶然性原因发生的，不具有倾向性，数据可能被夸大也可能被缩小，在汇总过程中往往相互抵消。系统性误差则具有倾向性，使数据在数量上偏向一方，它会造成汇总数据的失真，危害性很大。

(3) 按误差产生的原因分为无意误差与有意误差。无意误差往往是调查人员水平低或被调查者漫不经心等原因造成的。有意误差则是为了某种目的而歪曲事实（如为了评奖而多报粮食产量，少报出生人口），这是违法行为，必须反对。更主要的是有意误差往往会造成系统性误差，危害极大。

(4) 按误差产生的阶段分，有设计误差、调查误差、整理误差。

设计阶段造成的误差，有些是由理论不完善造成的，如社会经济理论、统计理论的不完善不严密之处，影响到指标设计、分组设计产生误差。有些是调查方法脱离实际，指标选择不当，分组界限不清，数据处理程序不合理而造成的。设计误差往往会造成系统性误差，必须慎重对待。

调查阶段发生误差的情况很多：一是覆盖面误差，如遗漏单位、遗漏指标，甚至遗漏地区；二是计量误差，如计量工具不准，计量方法不合理和计量工作不认真都可能造成计量误差；三是技术性误差，如调查者的提问不当，被调查者记忆不清而回答错误；四是记录失误造成的误差；五是故意虚报瞒报造成的误差。调查误差常常是造成误差的主要因素，所以在评价统计数据质量时往往只说明调查误差。例如，第六次全国人口普查主要数据公报中，说明调查登记质量的抽查结果是：全国统一随机抽取402个普查小区进行了事后质量抽样调查。抽查结果显示，人口漏登率为0.12%。

数据整理阶段也会产生误差。手工整理，在记录、计算、抄写、打印中；电子计算机处理，在编码、录入、编辑、运算、制表、打印中都可能产生误差。

总的看来，统计数据误差产生的机会和原因有很多，但大部分是由主观因素造成的，是可以通过主观努力加以控制和减少的。

三、统计数据的质量管理

（一）统计数据质量管理的概念

统计数据质量管理也称统计数据质量控制。它是指为了保证统计数据达到应有的质量标准，从组织、方法、技术等方面对统计数据的误差进行预防、控制、检查和校正的活动。

统计数据的质量管理在实践中有一个发展过程。主要是对整理汇总的数字进行事后检查，发现有填报不全、计算错误、不合逻辑等问题，设法加以改正。这种方法对减少误差有一定效果，但基本上是事后的，局限性较大。

（二）统计数据质量检查的方法

统计数据质量检查的方法主要有：

(1) 结构性检查，即检查填报单位是否有遗漏，指标数值是否齐全等。

(2) 及时性检查，即检查报送时间是否符合规定，如有迟误，要查明是报送迟误还是递送迟误。

(3) 计算检查，即检查统计表内各项数据的计算口径、计量单位、计算方法是否符合规定，各项数据之间的关系是否合理，还要检查表与表之间的有关数据的关系是否合理。

(4) 逻辑检查，即检查数据之间的关系是否符合客观事物的逻辑。例如，人口登记表上发现10岁女孩有生育现象，工业统计表中发现产量和价格都没增加而总产值上升等。

通过上述检查发现的问题，都要及时解决。

(三) 统计数据全面质量管理的方法

统计数据全面质量管理的基本要求是：第一，全程性，即贯穿于统计活动的全过程；第二，全域性，即贯穿于统计活动的各个领域；第三，全员性，即落实到参加统计活动的全体人员身上。

(1) 统计设计阶段的质量管理。为了防止设计误差，设计工作必须依据科学理论，从实际情况出发细致周到。设计方案要广泛征询使用者、有关专家和有经验工作人员的意见、电子计算机数据处理人员的意见。更重要的是应该通过试点，通过实践检验。经验证明，认真的试点是防止设计误差的有效方法。

(2) 统计调查阶段的质量管理。统计数据的误差，主要是调查误差，调查阶段是质量管理的关键性阶段，是质量管理的重点。为了防止和减少调查误差，在调查进行之前即需采取质量保障措施：第一，培训足够的合格的调查人员；第二，全面弄清调查对象；第三，要开展宣传解释工作，被调查者自愿合作。在调查过程中的质量保障就是要千方百计地实现调查者与被调查者的合作，以取得准确的资料。

(3) 统计整理阶段的质量管理。手工整理技术比较简单，但也要有质量管理，即按照规定的工作细则，认真地记录、计算、填表，然后自查、复核；大规模的整理工作，要按专门的质量验收办法组织验收。电子计算机数据处理技术比较复杂，各阶段工作的质量管理，都必须有科学的工作细则，要制定质量标准和检查验收办法，严格实施。

(四) 防止和减少人为干扰性误差的办法

人为干扰造成的有意误差，大体有两种：一种是在一般居民中发生的。例如，为了升学、就业、参军、结婚而谎报年龄，为了怕“露富”而少报收入等，这要通过加强宣传教育，提高调查人员工作水平来解决。另一种是在企事业单位和主管机关中发生的。例如，为了骗取荣誉、奖励、救济、贷款或为了减少纳税额、上缴利润而虚报或瞒报甚至篡改统计资料。对于这种情况，主要应当配合有关部门加强实事求是教育和法纪检查，严格执法。还要教育统计人员坚持原则，敢于和善于斗争。上级领导机关和新闻媒介对于一些单位的表扬、奖励，应该实事求是，防止为谎报的数字做宣传，助长盲目攀比的歪风。

四、统计数据的质量评价

（一）统计数据质量评价的概念

统计数据的质量评价，是对调查、整理完毕的统计数据的准确性进行评估，以便了解它的误差大小，做到心中有数，便于正确使用，在必要时还可以再进行调整。

统计部门和统计资料的使用者，都可以对统计数据的质量进行评估。

（二）统计数据质量的评价方法

统计数据质量评价的方法与质量检查的方法有一部分是相同或相似的，但前者比后者要广泛丰富得多。下面介绍几种主要方法。

(1) 现场抽查评价法，即在统计调查结束之后，由上级统计机关随机抽取一定数量的样本单位，派出素质较高的调查人员，到现场重新调查，将调查结果与原调查数据核对。发现误差后，由调查人员和原调查人员共同到现场核实，确定调查误差率。

(2) 内部一致性和外部一致性评价法。内部一致性评价法，即将同一次的相关数据之间、局部数据与综合数据之间，进行一致性检查评价。外部一致性评价法，即将不同时期的同一类型的调查资料或者不同单位的相关调查资料之间进行一致性检查评价。

(3) 逻辑关系评价法。这一类的方法很多：因素评价法，如对粮食产量数据，可从农业投入、科技措施、政策作用、气候条件等几个方面进行评价；微观宏观对比法，如对农村居民家庭收入，可将抽样调查的数据与农业生产情况、乡镇企业的发展情况、农民外出打工的情况等的数据进行对比评价。

(4) 理论数据或经验数据评价法。

(5) 应用结果评价法。这是在统计资料的使用者已经据以决策或在其他方面使用后，从所得到的正面或负面效应来评价数据质量的方法。如某地区的粮食产量数据，主管机关据以征购，不能完成计划，而且发现农民因缺粮而不满，显然是虚报很多。

（三）统计数据质量评价结果的处理

对统计数据质量评价的结果，如果证明统计数据的质量合乎要求，即可放心使用。如果证明质量较差，有两种处理方法：一种是在使用时估计到数据中存在的问题，慎重地有条件地加以使用；另一种是对数据加以调整、估算，然后才能使用。调整、估算的方法大体同前，不再重复。

第四章

总量指标和相对指标

【本章导读】

2010年全国安全生产工作取得了较好的成绩，呈现总体稳定趋向好转的发展态势。事故的总量有较大幅度的下降。2010年全国发生各类事故总数为363 383起，死亡人数为79 552人，死亡人数比上年少3648人。两三千个家庭免除了灭顶之灾，给社会减少了创伤。2010年工矿商贸从业人员十万人死亡率是2.13，下降了11.25%，分子用2010年工矿商贸事故死亡人数，10 616人，分母用第二产业、第三产业总人数4.82亿人，除下来是2.39，这个数字和工业化国家水平差不多。但是口径不一样，如果不算第三产业，只算第二产业2.16亿人，工矿企业十万从业人员事故死亡率是5.34，是美国的一倍多。从绝对数来看，安全生产工作成绩不错，但从相对数来看，死亡率与美国相比仍然较高。从以上的数字可以看出，统计指标是统计分析的基础。总量指标又是统计指标中最基本的指标，对问题的分析，要从绝对数和相对数两方面进行。

第一节　总 量 指 标

一、总量指标的意义

总量指标是反映现象总体总规模、总水平或工作总量的统计指标，也称绝对数。总量指标用绝对数形式表现。例如，我国2010年人口普查显示，全国总人口数为1 370 536 875人，其中城镇的人口为665 575 306人，这些均为总量指标。此外，一个国家或地区一定时期的土地面积、国内生产总值、企业数、产品总量等也都是总量指标。有时它也表现为总量之间的绝对差额，或者是增加额或者是减少额。

总量指标是统计指标中最基本的指标，它在社会经济生活中起着重要的作用。

(1) 总量指标可以反映一个国家的国情国力，或一个地区、一个部门、一个单位的人力物力和财力状况，是对社会经济现象总体认识的起点。一个国家社会经济的基本情况总是首先表现为一定的总量。例如，我国国土总面积为960万平方公里；2010年我国人口普查中人口总数为1 370 536 875人。这两个总量指标就说明了我国的基本国情是地广人多。掌握了一个国家或地区的人口数、土地、森林面积、国民生产总值、国内生产总值等总量指标，就能了解这个国家或地区的基本实力，从而对这个国家或地区有个基本的认识。对社会经济现象的认识，总是先从其总量入手，然后才能对其结构、比例、速度等进行深入分析，所以说总量指标是认识社会经济现象的起点。

(2) 总量指标是各级党政领导制定方针政策、进行经济管理的主要依据。社会经济发展总量及其相互关系，以及具有总量意义的经济结构和比例关系，是制定社会经济政策、编制国民经济和社会发展计划以及检查计划执行情况的依据。总量指标对实行社会、经济管理具有特别重要的意义。

(3) 总量指标是计算相对指标和平均指标的基础。相对指标和平均指标一般都是由两个有联系的总量指标对比计算得到的。它们是总量指标的派生指标。总量指标的计算是否科学、合理，会直接影响相对指标和平均指标的准确性。

二、总量指标的种类

总量指标有两个重要的分类。

（一）按反映现象的内容分类

总量指标按其反映现象的内容不同，可分为总体单位总量和总体标志总量。

(1) 总体单位总量表明总体单位数的多少，它是总体单位数的总和，又称为总体总量或总体单位数。例如，调查了解学生总体情况，学生总数就是总体单位总量指标。

(2) 总体标志总量是反映总体单位某种标志值总和的总量指标，简称标志总量。例如，学生总体的学生总成绩，是按每一个学生的学习成绩汇总而来的，因而是学生的总体标志总量。

总体单位总量和总体标志总量是相对于一定的总体而言的。如果总体改变了，总体单位总量和总体标志总量也要随之改变。

正确区分总体单位总量和标志总量对于计算相对指标和平均指标具有重要的意义。

（二）按反映事物的时间状况分类

总量指标按其所反映事物的时间状况不同，分为时期指标和时点指标。

(1) 时期指标反映社会经济现象在一段时期内发展变化的总量。例如，我国2010年全年全社会固定资产投资278 140亿元，其中，城镇投资241 415亿元，农村投资36 725亿元，这些就是时期指标。此外总产值、商品零售额、工资总额、人口出生数、人口死亡数、学生毕业人数等也都是时期指标。顾名思义，时期指标和时期有直接的关系。它的数据都可以说明社会经济现象在相应时期内发生的总量，它具有可加性。

(2) 时点指标反映现象在某一时刻（瞬间）状态上的水平。例如，2010年年末国家外汇储备28 473亿美元就是时点指标。时点指标与时间长短没有直接关系，且不具有可加性。

时期指标和时点指标的不同特点可以归纳如下：

第一，时期指标的数值靠经常登记取得，而时点指标数值是间断登记取得的。

第二，时期指标数值的大小与时期长短有直接关系，而时点指标数值大小与时间间隔长短没有直接关系。

第三，性质相同的时期指标的各个时期数值可以相加，而多数时点指标数值相加没有实际意义。

正确区分时期指标和时点指标是计算序时平均数的依据。

三、总量指标的计量单位

总量指标的计量单位都是有名数。其表现形式有实物单位、货币单位和劳动单位。以不同计量单位表现的总量指标反映和说明的问题不同。

（一）实物单位

实物单位是根据事物的自然属性和特点采用的自然、物理计量单位。以实物单位计量的总量指标称为实物指标。例如，人口总数以人为单位，粮食产量以千克为单位，铁路长度以公里为单位等。

实物单位包括自然单位、度量衡单位、双重单位和复合单位。

（1）自然单位是根据被研究现象的自然状态计量的一种单位。其特点是它和自然数相对应，表现为整数，是不能细分的。如设备按台计算等。它一般用来表示离散型变量。

（2）度量衡单位是按照国家统一的度量衡来计量的一种单位，它可以细分。如铁路按长度公里计算等。它一般用来表示连续型变量。

（3）双重单位和复合单位是采用两个或两个以上单位结合使用来计量的一种单位。例如，电机按台/（千瓦·时）是双重或多重计量单位，货物周转量以吨·公里表示是复合单位。双重单位和复合单位可以更有效地反映出事物的使用价值或经济用途。

此外，在许多场合，还要求计算标准实物量指标，即按一定的折合标准，折算为标准规格或标准含量的标准实物指标。标准实物量消除了同一类产品由于品种、规格、能力或含量不同而产生的差异，能够比较确切地反映生产成果。

实物指标的最大特点是它直接反映产品的使用价值或现象的具体内容，因而能够具体地表明事物的规模和水平。所以，在实际工作中广泛应用实物指标。但实物指标也有其局限性，即指标的综合性能比较差，不同的事物，性质不同、计量单位不同，无法进行汇总，因此不能用来反映现象的总规模和总成果。

（二）货币单位

货币单位是用货币作为价值尺度对社会物质财富或劳动成果进行计量的单位。按货币单位计算的总量指标称为价值指标。例如，国民生产总值、商品销售收入、成本等都是价值指标。

商品是使用价值和价值的统一。实物指标反映商品的使用价值量，而价值指标反映商品的价值量。随着我国社会主义市场经济体制的建立，商品交换渗透到社会各个领域，因而反映商品价值量的价值指标在社会经济生活中起着越来越重要的作用。同时，由于价值指标代表了一定的社会必要劳动量，因此不同产品的产值，不同商品的销售额等是可以相加的。它克服了实物指标由于实物的性质内容不同而不能综合汇总的缺点，具有最广泛的综合性和概括能力。

但价值指标也有其局限性，就是指标脱离了物质内容比较抽象，甚至不能完全反映实际情况。价值指标和实物指标结合起来使用，就能比较全面地认识问题。

（三）劳动单位

劳动单位是用劳动时间表示的计量单位。它是一种复合单位。例如，出勤工日数、定额工时数，都是以劳动单位为计量单位的总量指标。

1个工人出勤1天即为1个工日，1个工人做了1个小时，即为1个工时。这种统计指标不常用，一般在制定劳动定额上使用。它也可以作为评价劳动时间利用程度和计算劳动生产率的依据。有时企业生产总成果也用劳动单位表示，如机械工业部门的定额工时产量等。

四、总量指标的计算

（一）计算原则

总量指标是反映现象总规模和总水平的指标，具有实际的经济内容。为了正确计算和运用总量指标，须遵循如下原则。

（1）科学性原则。必须以科学的理论方法为依据来确定总量指标的名称、含义、统计范围和计算方法。

（2）可比性原则。计算总量指标时，应注意历史、经济条件的变化对指标内容和范围的影响。含义、统计范围和计算方法不同的总量指标，不能直接汇总，只有经过调整后才能相加。

（3）统一性原则。计算总量指标时，要注意指标的计算口径、计算方法和计量单位的统一性。

不同类的实物总量指标的数值不能加总。例如，研究工业产品产量时，由于各种产品的使用价值不同，因而不能简单地把钢铁产量和电视机产量相加。

同时，同类现象的总量指标的数值，其计量单位也必须一致才能加总。比如，进行粮食产量统计时，小麦、玉米等必须折合为标准产量吨或千克才能进行汇总。

（二）计算方法

总量指标的计算方法有直接计算法和间接推算法两种。

1. 直接计算法

直接计算法就是计算构成总体的全部单位数或将总体单位按某一标志值汇总计算其总量。

2. 间接推算法

间接推算法是一种估计方法。它是根据事物之间的相互联系，采用一定的数字方法间接推算总体总量的。在实际工作中，间接推算法的形式多种多样，下面是几种经常使用的方法。

（1）平衡关系推算法，即根据社会经济现象之间的平衡关系，利用已知指标推算未知的总量指标。例如，“期初库存＋本期购进＝本期销售＋期末库存”，根据此关系式可以对关系式中某一指标进行推算。社会经济生活中，广泛存在着平衡关系。因而，平衡关系推算法是一种非常有用的方法。但应用平衡关系推算法时要求平衡关系中的各收支项目不能重复和遗漏，同时计算口径必须一致，否则容易出现误差和错误。

(2) 因素关系推算法，即根据社会经济现象的因果关系利用已知的因素资料估算未知的有关资料。例如，商品销售额＝商品销售量×价格，关系式中的某两项已知就可推算出另一未知因素的数值。运用因素关系推算法的关键在于正确分析社会经济现象的组成因素及其联系。一般来讲，社会经济现象各因素之间，凡是存在相乘或相除关系的，都可以采用因素推算法对总量指标及其变动进行估算。

(3) 比例关系推算法，即根据已知的某一时期、某一地区或某一单位的某种指标与其相关指标的比例关系，推算另一时期、另一地区或另一单位的指标；或者根据总体组成部分的比例关系，推算总体资料。应用比例关系推算法，必须注意作为推算依据的事物与所推算的事物之间具有同类性，即时间、地区或单位等各方面条件要比较相近，有一定可比性。如果条件相差太远，推算的结果将失去可靠性。

第二节　相对指标

一、相对指标的意义

相对指标是由两个有联系的指标数值对比而成，用来说明现象总体相对规模、相对水平和工作质量的指标。通过对比，可以更深刻地说明事物之间的联系，提供事物之间共同的比较基础。相对指标通常用相对数形式表现。

客观世界是联系着的世界。不仅总体内部各部分之间、部分与总体之间存在着数量联系，而且总体与总体之间也存在着数量联系。比如，人口总体中，男女性别比例是客观存在的，社会再生产过程中，第三产业产值在国民生产总值中的比重也是客观存在的。

相对指标的意义就在于揭示总体内部的结构、比例、比重等数量关系，确定相关事物之间的数量联系程度。

相对指标在社会经济生活中的应用很广泛，其作用主要表现在以下几方面。

(1) 相对指标能够表明现象的相对水平，现象的发展过程与程度。

(2) 相对指标可以使那些利用总量指标不能直接对比的现象，找到可比基础，从而准确分析事物之间的差别程度。

(3) 通过相对指标可以表明事物的内部结构与比例关系，从而深刻揭示事物的本质特征。

(4) 相对指标是进行经济管理与考核企业经济活动成果的主要指标。

二、相对指标的表现形式

相对指标的表现形式有两种，即无名数和有名数。

1. 无名数

无名数是一种抽象化的数值，多以系数、倍数、成数、百分数、千分数等表示。

（1）系数和倍数是将对比的基数抽象化为 1 而计算出来的相对数。在两个数字对比时，其分子数值与分母数值相差不大时，常用系数表示，如工资等级系数等。如果分子的数值比分母的数值大很多时，则可使用倍数表示。

（2）成数是将对比的基数抽象化为 10 而计算出来的相对数。如今年粮食产量比去年增长一成以上，即增长 1/10 以上。

（3）百分数是将对比的基数抽象化为 100 而计算出来的相对数，是计算相对指标最常用的一种表现形式。通常以符号%表示。在实际工作中，增长百分数多以百分点表示，存款利率提高了 1 个百分点，则表明银行利率提高了 1%。

（4）千分数是将对比的基数抽象为 1000 而计算出来的相对数。通常以符号‰表示。当对比的分子数值比分母数值小很多时，宜用千分数表示。如人口出生率多以千分数表示。

2. 有名数

有名数主要是指强度相对指标的计量单位。它是将相对数中的分子与分母指标的计量单位同时并列，以表明事物的强度、密度、普遍程度等。例如，人口密度用“人/千米”表示等。

三、相对指标的计算

相对指标，按照对比的标准不同，一般来说，可以分为以下六种，即结构相对指标、比例相对指标、比较相对指标、计划完成相对指标、动态相对指标和强度相对指标。

（一）结构相对指标

结构相对指标是在资料进行分组的基础上，以总体总量作为比较标准，求出各组总量占总体总量的比重，来反映总体内部构成比重的综合指标。其计算公式为

$$\text{结构相对指标} = \frac{\text{某组总量}}{\text{总体总量}} \times 100\% \tag{4-1}$$

其中，总体总量可以是总体单位总量，也可以是总体标志总量。计算结果用百分数或成数表示，各组比重总和等于 100%或 1。分子与分母不能颠倒。

结构相对指标用以研究总体内各组成部分的分配比重及其变化情况，从而深刻认识事物各个部分的特殊性质及其在总体中所占有的地位和地位的变化。把不同时间的结构相对指标进行对比分析，可以说明现象的变化过程和规律。

例如，表 4-1 中的资料反映了我国 2010 年国内生产总值的构成情况。

表 4-1 2010 年国内生产总值构成表

项目	总值/亿元	比重/%
国内生产总值	397 983	100
第一产业	40 497	10.2
第二产业	186 481	46.8
第三产业	171 005	43.0

其中：

$$\text{第一产业增加值占国内生产总值的比重}=\frac{\text{第一产业增加值总额}}{\text{国内生产总值}}\times 100\%$$

$$=\frac{40\ 497}{397\ 983}\times 100\%=10.2\%$$

其他结构指标的计算方法与此类似。

反映某一部分占全体比重的结构相对数也叫比率，在社会经济统计中被广泛应用。例如，产品合格率、设备利用率等。

若总体总量很小，不宜计算结构相对指标。

（二）比例相对指标

总体内各个组成部分之间存在着一定的联系，并在客观下保持适当的比例。比例相对指标是同一总体中一部分数值与另一部分数值之比，表明总体范围内各个局部之间的比例关系和协调平衡状况。其计算公式如下：

$$\text{比例相对指标}=\frac{\text{总体中某一部分数值}}{\text{总体中另一部分数值}} \tag{4-2}$$

例如，2010 年第六次全国人口普查显示我国总人口为 1 370 536 875 人，其中，男性人口 686 852 572 人，女性人口 652 872 280 人。则

$$\text{人口性别比例}=\frac{686\ 852\ 572}{652\ 872\ 280}=105.20:100$$

或男性人口数为女性人口数的 105.20%。

比例相对指标一般用比例或百分数的形式表示。比例相对指标的分子与分母位置可以互换，从不同的角度说明事物发展变化的程度。在国民经济中，客观上存在着各种各样的比例关系。计算比例相对指标对于分析研究国民经济的平衡比例关系，保持国民经济稳定协调发展具有重要意义。

比例相对指标和结构相对指标之间存在着一定的联系，二者都需要在统计分组的基础上进行计算，但二者对比的方法和侧重点不同。

（三）比较相对指标

比较相对指标是指在同一时期，不同空间条件下，两个性质相同的总体之间的不同数量表现的对比，反映现象发展水平的差别程度。比如经济发展速度，黑龙江省和广东省进行对比等。

比较相对指标说明某种现象在各个单位发展的不平衡程度和事物在不同条件下的数量对比关系。其计算公式为

$$比较相对指标=\frac{某一事物的指标值}{另一事物的同类指标值} \tag{4-3}$$

例如，甲乙两公司2010年的商品销售额分别为5.4亿元和3.6亿元，甲公司平均每一职工销售额为21.6万元，乙公司平均每一职工销售额为23.2万元，则甲公司商品销售额为乙公司的1.5倍，即5.4/3.6=1.5，甲公司的销售效率为乙公司的0.93倍，即21.6/23.2=0.93。从计算结果可以看出，虽然甲公司销售额比乙公司多，但劳动效率却比乙公司低，因此甲公司应该在提高劳动效率方面做更多的努力，以达到提高经济效益的目的。

比较相对指标可以是绝对数对比，也可以是相对数或平均数对比，既可用于不同国家、行业、地区、单位比较，也可用于先进与落后的比较，也可用于与标准水平或平均水平等的比较。进行比较有助于揭露矛盾、找出差距、挖掘潜力，促进事物的进一步发展。比较时以哪个指标作为比较的基础，可以根据不同研究目的而定。一般情况下，比较相对指标的分子和分母可以互相对换，从不同的出发点看问题。总之，比较相对指标是将比较对象典型化而计算的相对指标，在经济管理工作中广泛应用。

比例相对指标和比较相对指标的区别在于对比指标的分子和分母是否属于同一总体。分属于两个总体的同类指标对比是比较相对指标，而属于同一总体的两个指标对比则为比例相对指标。比例相对指标一般有一个客观的标准，需要各部分比例协调发展，不符合这个比例标准就会造成经济上的破坏和损失；而比较相对指标只是反映客观事物的大小、多少及达到某一标准的情况，不存在比例关系是否协调的问题。

（四）计划完成程度相对指标

计划完成程度相对指标又称为计划完成相对数或计划完成百分比，它是各社会经济现象在某一段时间的实际完成数与计划数对比的结果，用于表明预期目的的实现程度。

计划完成相对指标是实行计划管理的特有指标。计划管理不同于计划体制，在社会主义市场经济体制下，计划管理不能削弱，而且应该加强。

计划完成相对指标的数值通常用百分数表示，一般公式为

$$计划完成相对指标=\frac{实际完成数}{计划数}\times 100\% \tag{4-4}$$

在使用这一公式时，要注意以下几点。

第一，实际完成数值和计划数值的指标含义、计算范围、口径、方法、计量单位以及时间长度等都要求一致。所谓时期一致，包括两个方面：一方面计划期有多长、我们就用该段时期内的实际完成数与之进行对比；另一方面，在检查计划完成进度时，也可以采用计划期内某一段时期的累计实际完成数与全期计划数进行对比。

第二，该指标的分子、分母不能互换。即不能用计划数比实际数。因为计划

数是用来衡量计划完成情况的标准。所以分子总是实际完成数，而分母总是计划指标。

第三，判断计划完成程度的好坏应视指标的类型而定。当为正指标时（即数值越大越好的指标，如利润等），等于、大于100%为完成和超额完成计划，小于100%为未完成计划；而为逆指标时（即数值越小越好的指标，如单位产品成本等），等于、小于100%为完成和超额完成计划，大于100%为未完成计划。

根据统计研究目的和任务的不同，计划完成程度相对数的分母（计划数）可以是绝对数，也可以是相对数。

例如，假设某市有三个超市，表4-2中①、②、③、④栏为已知数字资料，利用这些资料来计算分析该市三个超市第一季度零售额计划完成情况以及上半年零售额计划累计完成情况。

表4-2 某市三个超市第一季度零售额计划完成情况及上半年零售额计划累计完成情况

超市	计划零售额/万元		实际零售额/万元		第一季度零售额计划完成/%	上半年累计完成计划进度/%
	全年	第一季度	第一季度	第二季度		
	①	②	③	④	⑤=③÷②	⑥=（③+④）÷①
甲超市	500	100	110	150	110	52
乙超市	650	150	150	110	100	40
丙超市	1000	250	237.5	262.5	95	50

（1）分析该市三个超市第一季度零售额计划完成情况。其计算式为

第一季度零售额计划完成百分数（%）=第一季度实际零售额/第一季度计划零售额×100%

通过计算，该市甲、乙、丙三个超市第一季度零售额计划完成百分数分别为110%、100%、95%。由此可以看出，该市三个超市中，第一季度零售额以甲超市完成计划最好，超额10%；乙超市次之，刚好完成计划；丙超市完成计划较差，只完成了计划任务的95%，没有完成预期的计划数。如果再结合超市其他经营情况，比如说劳动用工情况等，可以进一步总结分析该市三个超市第一季度零售额计划超额完成或未完成的原因。

（2）分析该市三个超市上半年零售额计划累计完成情况。其计算式为

上半年累计完成计划进度（%）=累计到第二季度止实际完成数/全年计划数×100%

通过计算，累计到第二季度止，甲、乙、丙三个超市分别完成全年计划的52%、40%和50%。结合三个超市第一季度零售额计划完成情况，可以分析说明如下：甲超市上半年零售额计划完成得最好，不仅第一季度超额完成计划10%，且累计到第二季度止，也已完成全年计划的一半以上。乙超市虽然第一季度完成了计划数，但累计到第二季度止，只完成了全年计划的40%，说明乙超市上半年经营情况存在问题；丙超市虽然第一季度未完成计划数，但通过总结经验，采取措施，使上半年零售额完成了全年计

划的一半。说明丙超市上半年经营情况总的趋势是好的。

计划完成相对指标不仅可以检查、分析部门或企业制订的年或季计划执行情况，而且可以检查、分析国民经济发展的中长期（五年或更长时期）的计划执行情况。

国民经济发展的中长期计划，依经济现象的性质不同，在下达计划时，有两种情况，一种是规定计划期期末应达到的水平，另一种是规定计划期应达到的总规模。

例如，国民生产总值等指标，一般来说是逐年递增的。因而在下达计划时，只需要规定计划期最末年应达到的水平就可以了。而诸如基本建设投资总额等指标，每年的实际完成量是不均衡的，这样在制订计划时，就只能规定整个计划期内应达到的总规模。

在检查中长期计划的执行情况时，由于计划的下达方式不一样，因而检查、分析的方法也有所不同。主要有两种方法，一种是水平法，一种是累计法。

如果中长期计划规定的是计划期期末应达到的水平，就用水平法检查其计划执行情况，它包括两个方面：一是确定全期实际是否完成计划，即用计划末期实际所达到的水平和计划规定同时期应达到的水平相比较，计算计划完成的相对指标；二是确定是否提前完成计划，并计算提前完成计划的时间，即根据连续一年时间的产量和计划规定最后一年的产量相比较来确定。只要在计划期内，连续一年完成了计划产量，就算提前完成了计划。提前完成计划的时间是从达到计划水平的那一个月的次日起到计划期最后一年的 12 月止的全部时间。例如，某产品按五年计划规定，最后一年的产量应达到 45 吨，计划执行情况如表 4-3 所示。

表 4-3　某产品按五年计划产量

时间	第一年	第二年	第三年		第四年				第五年			
			上半年	下半年	第一季度	第二季度	第三季度	第四季度	第一季度	第二季度	第三季度	第四季度
产量/万吨	30	32	17	17	9	10	10	12	13	12	12	13

根据上述资料用水平法检查其计划执行情况的步骤如下。

首先，确定该产品产量是否完成了计划。该产品在计划期末年即第五年的产品产量实际达到 13＋12＋12＋13＝50（万吨）；计划规定最后一年的产量应达到 45 万吨；所以该产品的计划完成相对指标＝$\frac{50}{45}\times 100\%=111\%$，即该产品超额 11%完成了产量计划。

其次，确定该产品是否提前完成了计划。因为从第四年第二季度开始到第五年第一季度止，连续一年的产量累计已达到计划规定的 45 吨，所以可以确认该计划已提前完成。提前完成计划的时间为 3 个季度。

如果中长期计划规定的是计划期内应达到的总规模，就用累计法检查其计划执行情况。它也包括两个方面。一是确定是否完成计划，即用整个计划期间实际完成的累计数和计划数对比，计算其计划完成程度的相对指标；二是确定是否提前完成了计划。如果从计划执行之日起，累计实际数量已达到计划数，即为提前完成了计划。提前完成计划的时间是从累计达到计划数的那一个月的次日起到计划期最后一年的12月止的全部时间。例如，某地区第十一个五年规划规定其基本建设投资总额为20亿元，实际执行结果为21亿元，假定截止到2010年6月15日为止实际完成投资总额累计已达到20亿元。则用累计法检查该计划执行情况的步骤如下。

首先，计算计划完成程度的指标为 $\frac{21}{20}\times 100\%=105\%$，即超额5%完成了计划。

其次，确定是否提前完成计划。因为截至2010年6月15日，实际完成投资总额累计已达到计划规定的20亿元。因而，可以确认该地区提前完成了计划。提前完成计划的时间为6个半月。

以上所谈的计划数，都是用总量指标来规定的。此外，还有一部分计划数是用提高或降低的百分比来规定的。比如，规定劳动生产率提高百分之几等。

对于这类计划指标，计算其计划完成程度指标检查其计划完成情况时，就不能直接用实际提高率和计划提高率进行对比或者用实际降低率和计划降低率进行对比。

例如，某企业计划规定劳动生产率比上年提高10%，实际提高了15%。这时若计算计划完成程度指标为$\frac{15\%}{10\%}=150\%$，即实际比计划超额完成了50%，计算结果显然是不合理的。为什么呢？因为计划指标是在上一年实际水平的基础上规定的。假设上期的实际水平为100%，那么本期的计划水平则为（10%+100%），即110%；同样，实际提高的百分比也是以上期实际水平为基础得出的，即本期实际水平为（5%+100%），即115%。而计划完成程度指标是用实际水平和计划水平对比求得的，它说明实际水平是计划水平的多少。所以，该企业报告期劳动生产率计划完成程度的指标为

$$\frac{\text{报告期劳动生产率实际水平}}{\text{报告期劳动生产率计划水平}}\times 100\% = \frac{115}{110}\times 100\% = 104.5\%$$

即该企业报告期劳动生产率计划超额完成4.5%。这和用15%与10%直接对比计算出来的150%相去甚远。实际上，直接对比，只是实际与计划的增长部分比而不是两个水平之比，不符合计划完成程度指标的基本含义。因而计算结果是不正确的。

如果计划指标是计划降低百分比，计算计划完成程度指标时，同样不能用实际降低率和计划降低率直接对比，而应用实际水平和计划水平对比。计算出来的计划完成程度指标，若低于100%，则说明超额完成了降低计划。

总之，用相对数计算计划完成程度相对指标时一定要注意包含原有基数，还要注意百分数与百分点的区别。

（五）动态相对指标

动态相对指标也称为发展速度指标。它是指某一指标不同时间上的数值对比而得到的相对数，用来反映现象的发展速度，并据以推测现象发展变化的趋势。通常把作为比较标准的时期叫做基期，把用来与基期对比的时期叫做报告期。其

计算公式为

$$动态相对指标(\%)=\frac{报告期指标}{基期指标}\times 100\% \tag{4-5}$$

动态相对指标是一种重要的、常用的相对指标。其表现形式和计算方法将在第六章中详细介绍。

（六）强度相对指标

强度相对指标是两种性质不同而又有联系的属于不同总体的总量指标之间的对比，用于说明现象的强度、密度和普遍程度。

所谓强度，是指社会经济现象的强弱程度。它反映了一个国家的经济实力。常用的反映国家经济实力的强度指标是按人口平均的指标。

强度相对指标的计算公式为

$$强度相对指标=\frac{某现象总量指标}{另一个有联系但性质不同的现象的总量指标}\times 100\% \tag{4-6}$$

例如，2010 年第六次人口普查，我国人口总数为 137 053 万人，国土面积为 960 万平方公里，则人口密度$=\frac{137\ 053}{960}=143$（人/平方公里）。

有些强度相对指标对比的两个数值，可以互为分子和分母，因而强度相对指标有正指标和逆指标之分。正指标的数值大小与现象的发展程度或密度成正比，逆指标的数值大小与现象的发展程度或密度成反比。

强度相对指标的计量单位为复名数。但也有一些强度相对指标用“千分数”或“百分数”等无名数形式表示。如人口自然增长率用千分数表示，流通费用率用百分数表示等。

强度相对指标应用十分广泛，它可以反映国民经济和社会发展的基本情况，反映生产条件及公共设施的配备情况，也可以反映经济效益的情况。

强度相对指标和比较相对指标都是属于不同总体之间的对比，但二者又有所区别。强度相对指标说明的是性质不同的两个指标的联系程度，而比较相对指标说明的是性质相同的指标在不同单位发展水平的差异情况。

第三节　相对指标的运用

一、相对指标的应用条件

相对指标可以从多方面深刻说明社会经济现象总体的结构、比例、发展速度、联系程度等。因而，运用相对指标对社会经济现象进行对比分析是统计最常用的分析方法。正确应用相对指标必须符合以下条件。

（一）正确选择比较标准

相对指标的比较标准，是指相对指标的分母数值，它是对比的依据和标准。选择不同的比较标准其反映和说明的问题不同。

比较标准的选择。一般因研究目的和任务的不同而不同。同时，选择比较标准时要注意以下几点。

（1）对比基数的大小影响发展速度。基数小的数量，常常比基数大的数量增长快得多。

（2）在进行动态对比时，要选择能够反映具有一定特点的历史阶段，作为比较标准。以1978年为基期，能够反映改革开放以来我国迅速发展，人民生活水平提高的情况。

（3）在进行长期对比时，要选择经济与社会发展比较稳定的时期，作为比较标准。以经济和社会不稳定时期的数字作为对比标准，必然会影响计算数据的准确性，从而影响统计分析的实际效果。

（二）严格保持相对指标的可比性

相对指标是由两个有联系的指标数值对比而来，因此，这两个指标数值是否具有可比性非常重要。在实际工作中，影响相对指标可比性的因素很多，通常表现在以下几个方面：①进行对比的两个指标经济内容不同不能进行对比；②进行对比的两个指标口径范围不同不能进行对比；③进行对比的两个指标所含基数不同不能进行对比。

二、正确运用相对指标应注意的问题

社会经济现象极其复杂，单纯运用相对指标不能全面真实地反映社会经济现象总体的本质特征。因而运用相对指标进行对比分析时，要注意将相对指标与统计的其他方法及其指标相结合。正确运用相对指标要注意以下几方面的结合。

（1）注意统计分组与相对指标的结合运用。统计分组是按照某一标志将统计总体划分为性质不同的各组。只有在正确分组的基础上，才能计算和运用相对指标，对现象的内部结构及现象之间的依存关系进行正确的分析。

（2）注意相对指标与总量指标的结合运用。相对指标虽然可以有效地反映事物的联系和对比关系，但同时却把现象的绝对水平抽象化了，掩盖了现象间绝对量的差别。这就可能出现两个相同的相对指标数值，其相应的总量指标可能相差悬殊。大的相对指标背后可能隐藏着小的总量指标，而小的相对指标背后隐藏的总量指标可能很大，即每增长1%的绝对值不同。因而，在运用相对指标进行对比分析时，必须和总量指标结合起来运用，才能对社会经济现象得到比较具体而且完整的认识。

（3）注意多种相对指标结合运用。相对指标按照其反映和说明的问题不同，区分为结构相对指标、比较相对指标、比例相对指标、计划完成相对指标、动态相对指标和经济相对指标等。各种相对指标的作用各不相同，所以很难用一个相对指标分析、研究现象的全貌，同时各种相对指标之间并不互相排斥。而客观现象之间的相互联系又是错综复杂的，某一事物与另一事物之间数量的变化，往往会引起其他事物的数量变化。因此在分析问题时，常常要根据实际情况及所掌握的资料，灵活运用各种相对指标，将各种相对指标结合起来运用，从不同的角度去分析事物，这样才能认识事物的全貌。

另外，运用相对指标时，应根据事物本身的性质来评价其计算结果，不能简单地以其数值大小来判断现象发展的好坏。对比例相对指标进行评价时，必须以其是否符合事物发展的客观规律和能否促进社会发展为标准去评价，而不是数值越大越好；对动态相对指标计算结果的评价，也要看其增长程度对社会发展是否有利，也不是数值越大越好；对计划完成程度相对指标计算结果的评价，要先分析事物是正指标还是逆指标，才能判定其是否完成或超额完成计划，不能单以数值的大小来判断。

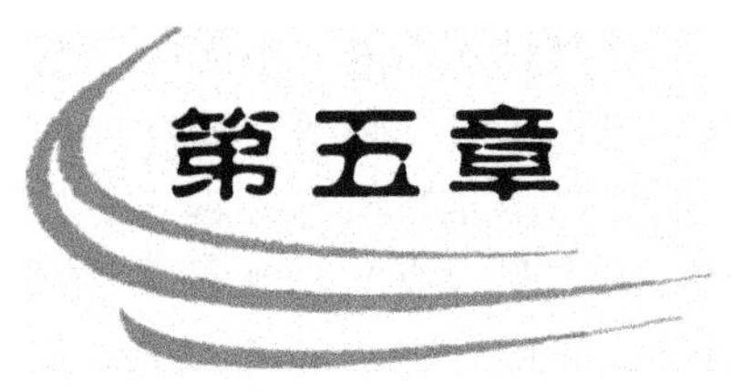

第五章

平均指标与变异指标

【本章导读】

关于平均指标的问题：美国总统活了多长？华盛顿 67 岁，林肯 56 岁，杜鲁门 88 岁，尼克松 81 岁……但是，平均起来，总统活了多少岁呢？

研究变异指标问题，如在研究美国家庭收入时，只是说 1993 年美国家庭收入的中位数是 31 241 美元，则掩盖了有 14.2%的家庭收入少于 10 000 美元和有 5.8%的家庭收入高于 100 000 美元这些事实。单单知道平均数并不能适当描述美国家庭收入的分布，有时还会误导。这样会把洛克菲勒家族和领福利金的家庭都混在资料里，显现不出来。要把一个变量的分布适当描绘出来，必须包括平均指标和变异指标的度量。

第一节　平均指标概述

一、平均指标的意义

统计对现象总体数量方面的研究，反映其基本特征和规律性，主要是通过综合指标体现的，而平均指标则是其中常用且非常重要的综合指标之一。它与总量指标、相对指标一起构成统计研究的三大基本综合指标。

（一）平均指标概念

平均指标也称统计平均数，是说明同质总体内某一数量标志在具体时间、地点条件下达到的一般水平的综合指标。

任何一个总体都是由许多总体单位构成的。在一个确定的研究目的下，各总体单位具有共同的标志和不同的标志值，在同质总体内的各个具体事物现象又具有共同的质的规定性，如果从整体上观察这些标志值，会发现这些具有差异的数值在总体中具有集中趋势，这个集中趋势的数值便可代表总体各单位的水平，可以反映总体的基本数量特征。用平均数可以代表总体的集中趋势，可见平均数是总体客观存在的一种数量特征。在统计总体中，各个总体单位受着多种因素的影响，有一些偶然的因素使各总体单位的数值千差万别，从整体来看，由必然因素来制约着各个总体单位，使它们的数量表现趋于一致，从而形成了集中趋势。因此，以一般水平代表总体各单位数量标志的具体表现是认识总体的重要方面和基本方法。

（二）平均指标的特点

由于平均指标是反映各总体单位的一般水平、抽象概括总体数量特征的指标，因此它具有以下几个特点。

（1）总体同质性。平均指标只能就同类现象计算，也就是计算平均指标的各单位必须具有同类性质，这是计算平均数的基本前提。如果把不同类现象混同起来计算平均数，就会掩盖现象间本质的差别，所得出的结论，必然不符合客观实际情况。

（2）数量抽象性。平均指标将总体各单位某一数量标志的各个差异数值进行抽象，概括地反映这一数量标志在具体时间、地点、条件下达到的一般水平，使我们无法观察各单位的具体数值。

（3）一般代表性。平均数以一般水平代表总体各单位数量标志的具体表现，是反映总体某一数量标志的典型水平或代表性水平。

二、平均指标的作用

第一，利用平均指标可以将同类现象的一般水平在不同的空间和时间上进行比较。平均指标用于同类现象在不同时间的对比，可以反映现象在时间上发展变化的规律性。

第二，利用平均指标可以分析现象之间的依存关系以及估计、推算其他有关指标。平均指标在研究现象相互关系中起着重要的作用。

利用平均指标还可以估计和推算其他有关指标。

三、平均指标的种类

平均指标有多种不同的计算方法，因而也有不同的类别。通常主要有算术平均数、调和平均数、几何平均数、中位数和众数等。其中算术平均数、调和平均数、几何平均数都是根据各单位标志值计算求得的，因而称为数值平均数。而中位数和众数却是根据标志值所处的位置来确定的，所以又称为位置平均数。

这些平均数虽然都用来反映现象的一般水平，但它们所反映的一般水平有不同的意义，同时每种平均数无论从计算方法，还是适用场合上都有各自不同的特点，以下各节将分别予以阐述。

第二节　数值平均数

数值平均数包括算术平均数、调和平均数和几何平均数。

一、数值平均数

（一）算术平均数的基本形式

算术平均数是统计学中最基本、最常用的一种平均指标。它是将总体各单位的标志值相加求其算术总和，然后被总体单位个数去除而得出的，其基本形式为

$$\text{算术平均数} = \frac{\text{总体标志总量}}{\text{总体单位总量}}$$

在社会经济现象中，有许多研究的总体，其各单位标志值的算术总和常常形成一个具有独立经济范畴的总量指标，即标志总量。如各个职工的工资总和形成工资总额，各单位面积收获量的总和形成总收获量。而算术平均数的计算方法恰与社会经济现象的这种特点相适应，即总体的标志总量等于总体各单位某一数量标志值的算术总和，所以算术平均数得以广泛应用。例如，平均工资＝工资总额/职工人数，平均成本＝总成本/总产量。

利用上面公式计算平均数时，要求总体中各单位必须是同质的，即总体标志总量与总体单位总量必须来自于同一总体，分子的标志总量应该是分母所有总体单位的标志值之和，分子与分母的范围是一致的，即分母是分子的直接承担者。这一点同强度相对数是有根本区别的。

若具备总体标志总量与总体单位总量时，可以直接利用上面的公式计算；在不具备上述条件时，可根据具体掌握资料的情况而定，通常可分简单算术平均数和加权算术平均数两种情况。

（二）算术平均数的计算方法

1. 简单算术平均数

该方法适用于总体资料未经分组整理，尚为原始资料的情况。在计算算术平均数时，若所掌握的资料是总体各单位的标志值，就可以将总体各单位的标志值简单相加求得标志总量，然后除以总体单位总量，得到平均数。这种方法通常称为简单算术平均法。用公式表示为

$$\overline{X}=\frac{X_1+X_2+\cdots+X_N}{N}=\frac{\sum_{i=1}^{N}X_i}{N} \tag{5-1}$$

式中，$\overline{X}$ 为算术平均数；X_i 为第 i 个单位标志值；N 为总体单位数；$\sum$ 为总和的符号。

例如，某售货小组有 5 个人，某天的销售额分别为 520 元、600 元、480 元、750 元、440 元，则平均每人日销售额为

$$\overline{X}=\frac{\sum X}{N}=\frac{520+600+480+750+440}{5}=\frac{2790}{5}=558(\text{元})$$

2. 加权算术平均数

该方法适用于总体资料经过分组整理，形成变量数列的情况。在计算算术平均数时，如果资料已经分组，将各组标志值乘以相应的各组单位数或权数求出各组标志总量，然后将其加总求得总体标志总量，同时把各组单位数或权数相加求出总体单位总量，最后用总体标志总量除以总体单位总量。此法计算的平均数称为加权算术平均数。计算公式为

$$\overline{X}=\frac{X_1f_1+X_2f_2+\cdots+X_mf_m}{f_1+f_2+\cdots+f_m}=\frac{\sum_{i=1}^{m}X_if_i}{\sum_{i=1}^{m}f_i} \tag{5-2}$$

式中，$\overline{X}$ 为加权算术平均数；X_i 为第 i 组的标志值或组中值；f_i 为第 i 组的次数；m 为组数。

【例 5-1】 某车间有工人 120 人，将他们每人每日生产某种零件数编制成单项式数列，如表 5-1 所示。

表 5-1　每人每日生产的零件数

工人日产量零件数 X_i /件	工人数 f_i /人	日总产量 X_if_i /件
20	10	200
22	12	264
24	25	600
26	30	780
30	18	540
32	15	480
33	10	330
合计	120	3194

$$\text{工人平均日产量}\ \overline{X}=\frac{\sum_{i=1}^{m}X_if_i}{\sum_{i=1}^{m}f_i}=\frac{3194}{120}=26.6(\text{件})$$

从上述计算过程可以看出，平均日产件数的大小，既受各组工人的日产零件多少的影响，又受各组工人数分配情况的影响。也就是说，加权算术平均数 $\overline{X}$ 不但受各组标志值大小的影响，而且也受各组次数 f_i 多少的影响。各组标志值决定平均数的变动范围，次数起着权衡轻重的作用。某组出现次数多，平均数受该组的影响就大；反之，次数少，对平均数影响也小。因此统计中常称次数 f_i 为"权数"，加权算术平均数也由此而得名。

显然，如果各组次数完全相同，则 f_i 对各组变量值产生同等的影响，那其权衡作用不复存在，加权算术平均数就等于简单算术平均数，即

$$\text{当}\ f_1=f_2=\cdots=f_m=A\ \text{时},\ \overline{X}=\frac{\sum X_if_i}{\sum f_i}=\frac{A\sum X_i}{mA}=\frac{\sum X_i}{m}$$

因此，我们说简单算术平均数实际上是加权算术平均数在权数相等时的一种特例。

既然各组的次数 f_i 起着权衡轻重的作用，那么，这个权数可用绝对数来表示，称为绝对权数，表现为次数、频数、单位数；也可用各组单位数在全部总体单位数中所占的比重来表示，称为相对权数，表现为频率、比重，其计算结果是完全一样的，即

$$\overline{X}=\frac{\sum X_if_i}{\sum f_i}=\sum X_i=\frac{f_i}{\sum f_i}$$

式中，$\dfrac{f_i}{\sum f_i}$ 为各组单位数占全部单位数的比重，也称"频率"。这样，加权算术平均数

可按各个变量值乘其次数比重后的总和的方法来计算。

【例 5-2】 某工业局所属生产同一产品的企业按工人劳动生产率高低分组的资料，计算平均劳动生产率。如表 5-2 所示。

$$\text{工人平均劳动生产率 } \overline{X}=\frac{\sum X_i f_i}{\sum f_i}=\frac{240\ 700}{3660}=65.77(\text{件 / 人})$$

表 5-2 计算平均劳动生产率

按劳动生产率分组/（件/人）	企业数/个	组中值 X /（件/人）	各组工人数 f_i /人	各组产量 $X_i f_i$ /件
50～60	8	55	1 500	82 500
60～70	5	65	1 000	65 000
70～80	3	75	700	52 500
80～90	2	85	300	25 500
90～100	1	95	160	15 200
合计	19		3 660	240 700

这种计算方法假定各组的标志值在组内是均匀分布的，这样才能用组中值代表该组的标志值。但实际上各组内的标志值往往是不会完全均匀分布的，因此，根据组距数列计算的算术平均数，只能是个近似值。

计算加权算术平均数会遇到权数的选择问题。一般来说，在分配数列条件下，次数常常就是权数，但也有例外的情况。一般由相对数或平均数求平均数时，常会遇到次数不适合做权数的情况，因而对于权数选择需慎重考虑。通常它应该同时满足两个条件：其一，它必须是标志的直接承担者；其二，它与标志值相乘所构成的标志总量应是一个真实反映实际，并具有实际意义和社会经济内容的总量指标。

（三）算术平均数的数学性质

1. 各个变量值与其算术平均数的离差之和等于零

简单算术平均数：

$$\sum(x-\bar{x})=0$$

$$\sum(x-\bar{x})=\sum x-n\bar{x}=0$$

加权算术平均数：

$$\sum(x-\bar{x})f=0$$

$$\sum(x-\bar{x})f=\sum xf-\sum\bar{x}f=\sum xf-\bar{x}\sum f=0$$

2. 如果对每个标志值加或减一个任意数 A，则算术平均数也要增加或减少那个 A 值

简单算术平均数：

$$\because \frac{\sum(x\pm A)}{n}=\frac{\sum x}{n}\pm\frac{nA}{n}=\bar{x}\pm A$$

$$\therefore \bar{x} = \frac{\sum (x \pm A)}{\sum f} \mp A$$

加权算术平均数：

$$\because \frac{\sum (x \pm A) f}{\sum f} = \frac{\sum xf}{\sum f} \pm \frac{A \sum f}{\sum f} = \bar{x} \pm A$$

$$\therefore \bar{x} = \frac{\sum (x \pm A) f}{\sum f} \mp A$$

3. 如果对每个标志值乘以或除以一个任意值 A，则平均数也要乘以或除以那个 A 值

简单算术平均数：

$$\because \frac{\sum Ax}{n} = A \cdot \frac{\sum x}{n} = A\bar{x}$$

$$\therefore \bar{x} = \frac{\sum Ax}{n} \Big/ A$$

加权算术平均数：$\bar{x} = \frac{\sum Axf}{\sum f} \Big/ A$

简单算术平均数：

$$\because \frac{\sum \left(\frac{x}{A}\right)}{n} = \frac{\frac{1}{A} \sum x}{n} = \frac{1}{A} \cdot \frac{\sum x}{n} = \frac{\bar{x}}{A}$$

$$\therefore \bar{x} = \frac{\sum \left(\frac{x}{A}\right)}{n} \cdot A$$

加权算术平均数：$\bar{x} = \frac{\sum \frac{x}{A}}{\sum f} \cdot A$

4. 各个变量值与其算术平均数的离差平方和为最小值

$\sum (x - \bar{x})^2 =$ 最小值

证明：设 x_1 、x_2 、x_3 、…、x_n 的算术平均数为 $\bar{x}$ ，x_0 为任意值，且 $x_0 \neq \bar{x}_0$ ，令 $c = \bar{x} - x_0$ 则 $x_0 = \bar{x} - c$ 。

以 x_0 为中心的离差平方和为

$$\begin{aligned} \sum (x - x_0)^2 &= \sum [x - (\bar{x} - c)]^2 = \sum [(x - \bar{x}) + c]^2 \\ &= \sum (x - \bar{x})^2 + 2c \sum (x - \bar{x}) + nc^2 = \sum (x - \bar{x})^2 + nc^2 \end{aligned}$$

$\because nc^2 \geqslant 0$

$\therefore \sum (x - \bar{x}_0)^2 \geqslant \sum (x - \bar{x})^2$

即 $\sum (x - \bar{x})^2$ 为最小值。

同理，加权算术平均数 $\sum(x-\bar{x})^2 f$ 为最小值。

5. 两个独立的同性质变量代数和的平均数等于各变量平均数的代数和

$$\overline{(x+y)}=\bar{x}+\bar{y}$$

如果 x 变量与 y 变量之间在取值上没有相互影响，那么就可以认为 x 与 y 为两个独立变量。

设：变量 x 有 n 个变量值，变量 y 有 m 个变量值，则

$$\overline{(x+y)}=\frac{\sum\limits_{n}\sum\limits_{m}(x+y)}{nm}=\frac{\sum\limits_{n}\sum\limits_{m}x+\sum\limits_{n}\sum\limits_{m}y}{nm}=\frac{m\sum\limits_{n}x+n\sum\limits_{m}y}{nm}$$

$$=\frac{\sum\limits_{n}x}{n}+\frac{\sum\limits_{m}y}{m}\bar{x}+\bar{y}$$

这个关系对于有限的 n 个变量之和也同样成立。

（四）算术平均数的特殊应用

算术平均法不仅可用于计算数量标志的平均数，还可用于计算某些品质标志的平均数，通常在实际工作中常把这些品质标志的性质差别数量化，即过渡到数量上的变异，然后计算平均，反映其一般质量水平。常见的算术平均数有以下几种情况。

1. 等级标志平均数

同种产品往往由于质量不同会划分为不同的品级，生产工人由于技术水平的高低差异也会划分出不同的级别，常说的一级品、二级品、三级品，这些等级的划分，是质量的区分。而平均等级也正是依据等级资料计算的反映总体一般质量水平的综合指标。一般平均等级指标采用加权算术平均数的形式。

2. 质量评分平均数

在对分数加权平均时，权数的选择一般是依据各标志在综合评价中的地位和作用，根据其作用大小，确定它们各自应占的比重，即比重为权数。

3. 是非标志平均数

可以用“是”、“非”或“有”、“无”表示的标志称为是非标志。是非标志有两种表现形式，通常用 1 表示具有某种属性的标志值，用 0 表示不具有该种属性的标志值，因而是非标志又称为“0、1”标志。全部总体单位数用 N 表示，具有某种属性的单位数用 N_1 表示，不具有该种属性的单位数用 N_0 表示，则 $N_1+N_0=N$ 。

两部分单位数占总体单位数比重称为成数，分别用 p 和 q 表示，则

$$p=\frac{N_1}{N};q=\frac{N_0}{N}=\frac{N-N_1}{N}=1-p;p+q=1$$

$$P(X=1)=p;p(X=0)=1-p$$

这时，我们可以认为 X 服从参数为 p 的两点分布，记为 $X\sim B(1,p)$ 。

是非标志的平均数 $\bar{X}=\sum X_i p_i=\sum X\cdot\frac{f}{\sum f}=1\times p+0\times q=p$

由此可见，在是非标志的总体上，具有某种性质的成数 p 也就是这一总体（0、1）标志的加权算术平均数。

例：某厂 2010 年生产的产品总量中，合格品占 95%，不合格品占 5%。则

$$X \sim B(1, 0.95), P(X=1)=95\%, P(X=0)=5\%$$

$$\overline{X}=\frac{\sum xf}{\sum f}=\frac{(1\times 95)+(0\times 5)}{100}=\frac{95}{100}=95\%$$

即该厂这批产品合格的平均数，就是这批产品的合格率。

二、调和平均数

调和平均数是总体各单位标志值倒数的算术平均数的倒数，又称倒数平均数。调和平均数的计算形式也分简单调和平均数和加权调和平均数两种。

（一）简单调和平均数

适用于总体资料未经分组整理，尚为原始资料的情况。简单调和平均数的公式如下：

$$\overline{X_H}=\frac{m}{\frac{1}{X_1}+\frac{1}{X_2}+\cdots+\frac{1}{X_m}}=\frac{m}{\sum \frac{1}{X}} \qquad (5\text{-}3)$$

式中，$\overline{X_H}$ 为调和平均数；m 为变量值的个数；X_i 为第 i 个变量值。

（二）加权调和平均数

适用于总体资料经过分组整理形成变量数列的情况。简单调和平均数是在各变量值平均数起同等作用条件下应用的。但在许多情况下，各变量值对平均数的作用是不同的。用公式表示：

$$\overline{X_H}=\frac{m_1+m_2+\cdots+m_m}{\frac{m_1}{X_1}+\frac{m_2}{X_2}+\cdots+\frac{m_m}{X_m}}=\frac{\sum m}{\sum \frac{1}{X}m} \qquad (5\text{-}4)$$

式中，m_i 为第 i 组的标志总量；X_i 为第 i 组的变量值。

调和平均数作为算术平均数的变形，是总体标志总量除以总体单位总量的结果，在公式的实质含义、计算结果上均与算术平均数一致，只是由于所掌握的资料不同，计算形式有别于算术平均数。

如掌握的资料 $m=Xf$ ，则

$$\overline{X_H}=\frac{\sum m}{\sum \frac{1}{X}m}=\frac{\sum Xf}{\sum \frac{1}{X}\cdot Xf}=\frac{\sum Xf}{\sum f}=\overline{X}$$

（三）由相对数或平均数计算平均数

在统计分析中，被平均的标志值除了绝对数外，有时还有相对数或平均数，由相

对数或平均数求平均指标时，必须采用加权法。通常在被平均的标志值确定后，如所掌握的权数资料是平均数的分母数值，则采用加权算术平均法，如掌握的权数资料是平均数的分子数值，则采用加权调和平均法。

1. 由相对数计算平均数

【例 5-3】 设有如表 5-3 所示的资料，现要求根据表中资料计算该地区全部商店平均流通费用率。

表 5-3 某地区 2010 年各商店以商品流转额分组的流通费用率

商店按年商品流转额分组/万元	各组商店平均流通费用率 X/%	流转额 f/万元	流通费用 $m=Xf_i$/万元
	(1)	(2)	(3)
100 以下	11.5	100	11.5
100～200	11.0	1 050	115.5
200～300	9.4	3 250	305.5
300～400	7.8	2 450	191.1
400～500	6.6	1 800	118.8
500 以上	5.7	1 100	62.7
合计		9 750	805.1

本例是由相对数求平均数的例子，平均的是六个组的流通费用率。如果只有第 1、2 栏资料，没有第 3 栏资料，就需要用加权算术平均法进行计算，即六个组的平均流通费用率为

$$\overline{X}=\frac{\sum Xf}{\sum f}=\frac{805.1}{9750}=8.257\%$$

现假定所掌握的资料中，没有第（2）栏资料，而只有第（1）、（3）栏，那么就不能直接运用加权算术平均法，需用加权调和平均法进行计算，即平均流通费用率为

$$\overline{X_H}=\frac{\sum m}{\sum \frac{1}{x}m}=\frac{11.5+115.5+305.5+191.1+118.8+62.7}{\frac{11.5}{0.115}+\frac{115.5}{0.11}+\frac{305.5}{0.094}+\frac{191.1}{0.078}+\frac{118.8}{0.066}+\frac{62.7}{0.057}}=\frac{805.1}{9750}=8.257\%$$

从本例中可以看出，两种计算方法的结果是相同的。

2. 由平均数计算平均数

【例 5-4】 已知某商品在三个市场上的平均价格及销售量资料如表 5-4 所示，现依据表中资料计算总平均价格。

表 5-4 某商品在三个市场上的平均价格及销售量资料

市场	平均价格 X/（元/千克）	销售量 f/千克	销售额 $m=Xf$/元
甲	1.80	30 000	54 000

续表

市场	平均价格 X /（元/千克）	销售量 f /千克	销售额 $m=Xf$ /元
乙	2.20	20 000	44 000
丙	1.80	25 000	45 000
合计		75 000	143 000

若已知销售量，需用加权算术平均法：

$$总平均价格=\frac{\sum Xf}{\sum f}=\frac{143\ 000}{75\ 000}=1.91（元/千克）$$

若未知销售量，直接掌握销售额，则应用加权调和平均法：

$$总平均价格=\frac{\sum m}{\sum \frac{1}{x}m}=\frac{54\ 000+44\ 000+45\ 000}{\frac{54\ 000}{1.8}+\frac{44\ 000}{2.2}+\frac{45\ 000}{1.8}}=\frac{143\ 000}{75\ 000}=1.91(元/千克)$$

以上两例计算的结果表明，加权算术平均数和加权调和平均数计算的结果完全相同，只是所依据的资料不同，计算过程不同。

三、几何平均数

几何平均数是 N 项变量值连乘积的开 N 次方根。应用的前提条件：①各个比率或速度的连乘积等于总比率或总速度；②相乘的各个比率或速度不为零或负值。因此，它是一种使用很独特的平均数。几何平均数也分简单几何平均数和加权几何平均数两种，在统计学中常用的是简单几何平均数。

（一）简单几何平均数

简单几何平均数就是 N 个标志值连乘积的 N 次方根，适用于总体资料未经分组整理，尚为原始资料的情况。其计算公式为

$$\overline{X_G}=\sqrt[N]{X_1\cdot X_2\cdots X_N}=\sqrt[N]{\prod X} \tag{5-5}$$

式中，$\overline{X_G}$ 为几何平均数；N 为变量值的个数；X_i 为第 i 个变量值。

【例 5-5】 某流水生产线有前后衔接的 5 道工序。某日各工序的合格率分别为 95%、92%、90%、85%、80%，求整个流水生产线产品的平均合格率。

解： $\overline{X_G}=\sqrt[5]{0.95\times0.92\times0.90\times0.85\times0.80}=\sqrt[5]{0.5\ 349}=88.24\%$

若上题中不是由 5 道连续作业的工序组成的流水生产线，而是 5 个独立作业的车间，且各车间的合格率同前，又假定各车间的产量均为 100 件，求该企业的平均合格率。

解： 应采用加权算术平均数公式计算，即

$$\overline{X}=\frac{\sum Xf}{\sum f}=\frac{0.95\times100+\cdots+0.80\times100}{100+\cdots+100}\times100\%=\frac{442}{500}=88.4\%$$

（二）加权几何平均数

加权几何平均数适用于总体资料经过分组整理形成变量数列的情况。当各个标志

值出现的次数不同时，应计算加权几何平均数，其计算公式为

$$\overline{X_G} = \sqrt[\sum_{i=1}^{m} f_i]{X_1^{f_1} \cdot X_2^{f_2} \cdots X_m^{f_m}} = \sqrt[\sum_{i=1}^{m} f_i]{\prod_{i=1}^{m} X_i^{f_i}} \tag{5-6}$$

式中，$\overline{X_G}$为几何平均数；f_i为第i组的次数；m为组数；X_i为第i组的标志值或组中值。

【例 5-6】 某金融机构以复利计息。近 12 年来的年利率有 4 年为 3%，2 年为 5%，2 年为 8%，3 年为 10%，1 年为 15%。求平均年利率。

解：

$$\overline{X_G} = \sqrt[(4+2+\cdots+1)]{(1+0.03)^4(1+0.05)^2\cdots(1+0.15)}$$

$$= \sqrt[12]{2.2154} = 106.85\%$$

平均年利率$=\overline{X_G}-1=106.85\%-1=6.85\%$

若上题中不是按复利而是按单利计息，且各年的利率与上题相同，设V为本金，求平均年利率。

解：应采用加权算术平均数公式计算平均年利息率，即

$$\overline{X} = \frac{\sum Xf}{\sum f} = \frac{(V\times 0.03)\times 4+\cdots+(V\times 0.15)\times 1}{V\times 4+\cdots+V\times 1}$$

$$= \frac{0.83V}{12V} = 6.92\%$$

（三）数值平均数计算公式的选用顺序

数值平均数计算公式的选用顺序如图 5-1 所示。

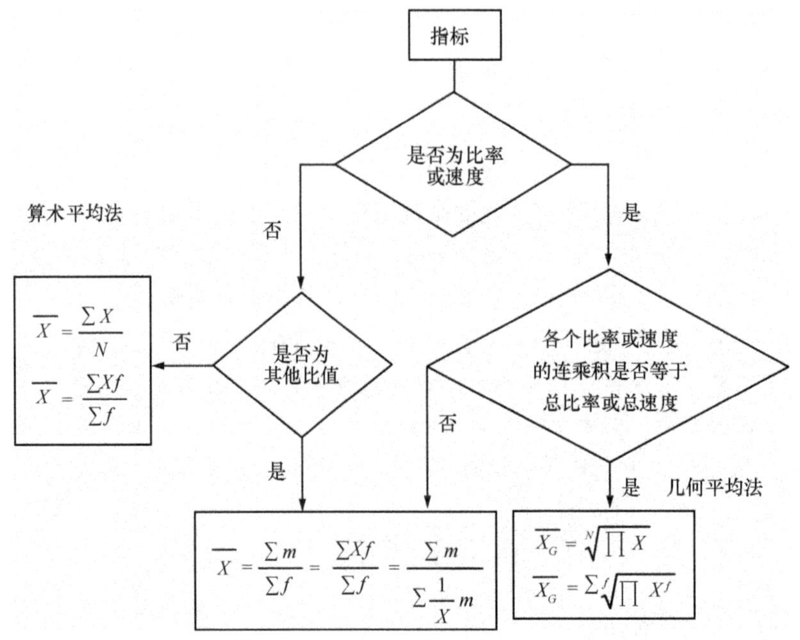

图 5-1 数值平均数计算公式的选用顺序

第三节 位置平均数

位置平均数包括众数、中位数和分位数。

一、众数

众数是指总体中出现次数最多的变量值，用 M_0 表示。它不受极端数值的影响，用来说明总体中大多数单位所达到的一般水平。

在总体单位数很多，且有明显的集中趋势的情况下，采用众数来代表现象总体数量方面的一般水平，既简便又富有代表性。对于单项式数列，不需计算，只通过大量观察，找出次数最多的标志值，即为众数。在组距数列条件下计算众数，需先确定众数的所在组，然后应用“差数法”来推算众数的近似值。

计算众数有下限公式和上限公式两种，其计算结果相同，可根据情况任选一个。

下限公式：

$$M_0 = L + \frac{\Delta_1}{\Delta_1 + \Delta_2} \times d \tag{5-7}$$

式中，M_0 为众数；L 为众数组的下限；Δ_1 为众数组次数与上一组次数之差；Δ_2 为众数组次数与下一组次数之差；d 为众数组的组距。

上限公式：

$$M_0 = U - \frac{\Delta_2}{\Delta_1 + \Delta_2} \times d \tag{5-8}$$

式中，U 为众数组的上限。

【例 5-7】 以某工厂工人生产某种零件所耗用时间的组距数列资料，来说明众数的计算方法，如表 5-5 所示。观察表中资料，发现次数最多的工人数在 4～6 分钟这一组，这就是众数组。究竟众数的具体数值是多少呢？这要用公式来推算。计算众数有下限公式和上限公式两种，其计算结果相同，可根据情况任选一个。

表 5-5 某零件所耗时间分组表

一个零件所耗时间/分钟	工人数/人
2 以下	60
2～4	140
4～6	290
6～8	280
8～10	190
10 以上	40
合计	1 000

将表 5-5 中相应的数据代入下限公式：

$$M_0 = 4 + \frac{150}{150 + 10} \times 2 = 4 + 1.875 = 5.875(\text{分钟})$$

将表 5-4 中相应的数代入上限公式：

$$M_0 = 6 - \frac{10}{150+10} \times 2 = 6 - 0.125 = 5.875(\text{分钟})$$

当数据分布存在明显的集中趋势，且有显著的极端值时，适合使用众数；当数据分布的集中趋势不明显或存在两个以上分布中心时，不适合使用众数（前者无众数，后者为双众数或多众数，也等于没有众数）。

二、中位数

将总体各单位标志值按大小顺序排列后，处于数列中点位置的标志值就是中位数，用 M_e 表示。也就是说，数列中有一半单位的标志值小于中位数，另一半单位的标志值大于中位数。

中位数的作用在于不受极端数值的影响，在总体标志值差异很大时，具有较强的代表性。

中位数的计算方法，要根据所掌握的资料而定，如果资料未经分组，一般是先把各单位的标志值按大小顺序排列后，用 $\frac{n+1}{2}$（n 代表总体单位数）的公式计算中位数所在位次，这个位次的标志值即为中位数。

在标志值已分组的情况下，变量数列以 $\frac{\sum f}{2}$ 来确定中点的位次。根据单项数列计算中位数时，先计算各组的累计次数，然后根据中点位次找出中位数。

根据组距数列计算中位数时，也要先计算各组的累计次数和确定中点位次，然后确定中位数的所在组，再应用内插法按比例来求得中位数的近似值。

通常具体计算可分下限公式或上限公式。下限公式：

$$M_e = L + \frac{\frac{\sum f}{2} - S_{m-1}}{f_m} \times d \tag{5-9}$$

式中，M_e 为中位数；L 为中位数所在组的下限；f_m 为中位数所在组的次数；S_{m-1} 为中位数所在组以下的累计次数；$\sum f$ 为总次数；d 为中位数所在组的组距。

上限公式：

$$M_e = U - \frac{\frac{\sum f}{2} - S_{m+1}}{f_m} \times d \tag{5-10}$$

式中，U 为中位数所在组的上限；S_{m+1} 为中位数所在组以上的累计次数。

仍以表 5-5 为例，说明计算方法。

中点位次 $\frac{\sum f}{2} = \frac{1000}{2} = 500$

从表 5-6 的向下累计次数或向上累计次数中，可以看出中位数的所在组是第四组，即在 6～8 分钟组内，这样可在 6～8 分钟这个组内确定中位数的具体数值。

表 5-6　组距数列求中位数计算表

一个零件所耗时间/分钟	工人数/人	工人累计数/人	
		向上累计	向下累计
2 以下	60	60	1 000
2～4	140	200	940
4～6	290	490	800
6～8	280	770	510
8～10	190	960	230
10 以上	40	1000	40
合计	1 000		

将表 5-6 中相应的数代入下限公式：

$$M_e = 6 + \frac{\frac{1000}{2} - 490}{280} \times 2 = 6 + 0.0714 = 6.0714(\text{分钟})$$

将表 5-6 中相应的数代入上限公式：

$$M_e = 8 - \frac{\frac{1000}{2} - 230}{280} \times 2 = 8 - 1.9286 = 6.0714(\text{分钟})$$

三、分位数

一般把能够将全部总体单位按标志值大小等分为 k 个部分的数值称为“ k 分位数”。其作用在于，虽然它们一般并不表明分布的集中趋势（即本身不属于位置平均数），但可以作为考察分布集中趋势和变异状况的有效工具。

（一）四分位数

四分位数是能够将全部总体单位按标志值大小等分为四部分的三个数值，分别记为 Q_1，Q_2，Q_3。第一个四分位数 Q_1 也叫“下四分位数”；第三个四分位数 Q_3 也叫“上四分位数”。四分位数的确定方法如下：

$$Q_1 \text{ 的位次为 } \frac{N+1}{4}$$

$$Q_2 \text{ 的位次为 } \frac{N+1}{2}$$

$$Q_3 \text{ 的位次为 } \frac{3(N+1)}{4}$$

如果 $N+1$ 是 4 的倍数，则按上面公式计算出来的位次都是整数，这时，各个位次上的标志值就是相应的四分位数；如果 $N+1$ 不是 4 的倍数，按上面公式计算出来的四分位数位次就可能带有小数，这时，有关的四分位数就应该是与该小数相邻的两个整数位次上的标志值的某种加权算术平均数。

（二）十分位数

十分位数是把能够将全部总体单位按标志值大小等分为十部分的九个数值，分别记为 $D_1, D_2, \cdots D_9$。第一个十分位数 D_1 也叫“下十分位数”；第九个十分位数 D_9 也叫“上十分位数”。

$$D_1 \text{ 的位次为 } \frac{N+1}{10}$$

$$D_2 \text{ 的位次为 } \frac{2(N+1)}{10}$$

$$D_3 \text{ 的位次为 } \frac{3(N+1)}{10}$$

$$\vdots$$

$$D_9 \text{ 的位次为 } \frac{9(N+1)}{10}$$

如果 $N+1$ 是 10 的倍数，则按上面公式计算出来的位次都是整数，这时，各个位次上的标志值就是相应的十分位数；如果 $N+1$ 不是 10 的倍数，按上面公式计算出来的十分位数位次就可能带有小数，这时，有关的十分位数就应该是与该小数相邻的两个整数位次上的标志值的某种加权算术平均数。

第四节　平均指标的应用

一、各种平均指标的比较

（一）算术平均数、调和平均数与几何平均数的关系

与算术平均数、调和平均数比较，几何平均数有较严格的数学公式，可以继续进行代数处理。另外，几何平均数被平均的变量值均为比率或速度，其数值相对较小，这样其受极端值的影响也比算术平均数和调和平均数轻。如果单纯从数量上考虑，同一资料用三种方法计算其结果是不同的，其中算术平均数最大，调和平均数最小，几何平均数居中，只有在所有变量值都相同的情况下，三种平均数才相等。用公式表示其关系为

$$\overline{X_H} \leqslant \overline{X_G} \leqslant \overline{X}$$

所以在选择上述三种方法计算平均数时，一定要根据社会经济现象的客观性质和研究目的，明确判断各种平均数的适用场合，以便能合理地反映现象总体的实际水平。

（二）众数、中位数与算术平均数的关系

众数、中位数、算术平均数之间的关系取决于总体内的次数分配情况。

如果次数分配是对称的钟型分配，则三者相同，即 $M_0 = M_e = \bar{x}$，如图 5-2 所示。

若次数分配是非对称的钟型分配，则众数、中位数与算术平均数就有一定差别，这种差别取决于非对称程度。非对称程度越大，它们之间差别越大。如果存在极端变

量值，变量分配就会偏斜。若分配右偏（也称正偏），则算术平均数最大，中位数次之，众数最小，如图 5-3 所示。若分配左偏（也称负偏），众数最大，中位数次之，算术平均数最小，如图 5-4 所示。

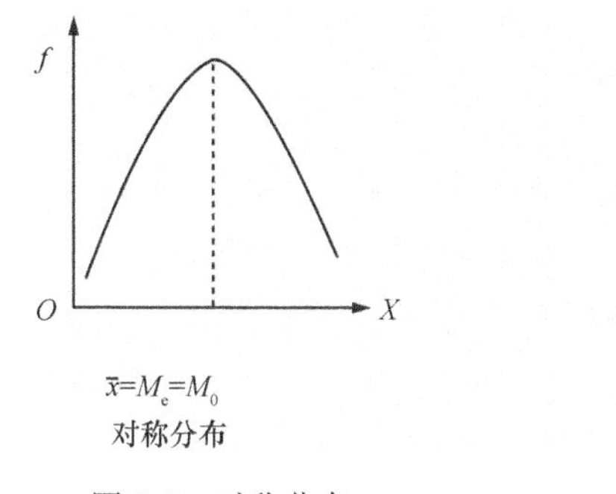

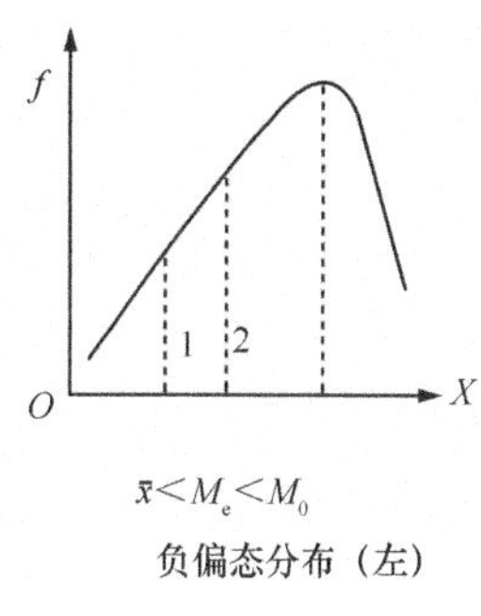

图 5-2　对称分布　　图 5-3　正偏态分布（右）　　图 5-4　负偏分布（左）

众数、中位数、算术平均数由于受极端值影响不同，形成上述各种关系。众数是次数分配最多的变量值，它不受极端值影响；中位数只受极端值的位置影响，不受其值影响；只有算术平均数根据所有变量值计算，故极端值对其影响也最大。

一般情况下，众数、中位数、算术平均数在次数分配偏斜适度情况下，不论是左偏还是右偏，中位数与算术平均数的距离约等于众数与算术平均数距离的 1/3，中位数与众数的距离约等于众数与算术平均数距离的 2/3，用公式表示为

$$M_e - M_0 = 2(\bar{x} - M_e)$$

$$M_0 = 3M_e - 2\bar{x}$$

$$M_e = \frac{M_0 - 2\bar{x}}{3}$$

$$\bar{x} = \frac{3M_e - M_0}{2} \tag{5-11}$$

根据这种关系，可以从已知的两个平均指标来推算另一个平均指标。

二、运用平均指标应注意的问题

平均指标在统计分析中应用得非常广泛，要使各种平均数充分发挥作用，应用时必须注意下列几个原则。

（1）平均数只能在同质总体中才能进行计算。这是计算平均数的必要前提条件和基本原则。所谓同质就是所研究现象总体的各个单位在某一标志上的性质是相同的。只有在同质总体中，总体各单位才具有共同的特征，从而才能计算它们的平均数来反映其一般水平。

（2）用组平均数补充说明总平均数。按同质总体所计算的总平均数，是一个“笼统平均数”，在许多情况下，还不能充分反映所研究现象的特征和规律性。也就是说在同质总体中，各单位之间还存在着其他一些性质上的重要差别，而它们对总平均数往往有着重要影响，因而我们应该重视影响总平均数的各个有关因素的作用，用有关标志对总体进行分组，计算组平均数对总平均数作补充说明，来揭示现象内部结构组成

的影响。

(3) 用分配数列来补充说明平均数。平均数只是说明现象的一般水平，它一方面将总体各单位数量差异抽象化，另一方面又掩盖了总体各单位的差异及其分布情况。为了更深入地说明问题，需按被平均标志对总体进行分组，用分配数列补充说明总平均数，这样反映问题就显得更全面、更具体。

(4) 以具体单位变动补充说明总平均变动。总平均变动说明现象变动的一般趋势，它体现了一定范围内社会经济现象的共性，但同时掩盖了社会经济现象的个性，并不显示个别单位的突出问题。因此，为了加强平均数对社会经济现象的认识作用，往往还需要以具体单位的变动来补充说明总平均变动，特别是以先进和落后的典型事实，补充平均数之不足。

第五节 变异指标

一、变异指标的基本理论

（一）变异指标的意义

变异指标是反映总体各单位标志值差异程度的综合指标，也称为标志变动度。平均指标将总体各单位标志值的数量差异抽象化了，用一个代表值反映现象的一般水平，反映的是各单位某一数量标志的共性，而不能反映它们之间的差异性。事实上在同质总体中，各单位标志值的差异还是客观存在的，所以在研究平均指标的同时，我们有必要探讨总体各单位标志值变化的差异程度，以便从另一方面说明总体的特征，即离中趋势。

离中趋势是指总体中各变量值远离分布中心的规模或程度，即反映数列中各标志值的变动范围或离差程度，用变异指标来反映。与平均指标相比，它实际上反映了现象的一种离散程度。变异指标值越大，平均指标的代表性越小；反之，平均指标的代表性越大。

（二）变异指标的作用

变异指标在统计分析研究中的作用主要有以下几个方面。

(1) 变异指标可以衡量平均数的代表性。平均指标作为数据分布的代表值，其代表性如何，取决于各变量值之间的差异程度。这种关系表现在：变异指标越大，平均指标的代表性越小；反之，变异指标越小，平均指标的代表性就越大。

(2) 变异指标是进行质量控制的基础。变异指标可以表明生产过程的节奏性和稳定性，是进行质量控制的基础。因此，在比较各种品种时，不仅要比较哪一种单产高，同时还要根据不同地块或历年单产的变动程度比较哪一种稳定性大。

(3) 变异指标是衡量风险程度的尺度。变异指标是衡量投资风险程度的尺度，如果投资收益的标准差大，说明投资收益的不确定性大，即风险大；如果投资收益的标准差小，则说明投资收益的风险性小。

（三）变异指标的种类

根据比较的标准不同，可将变异指标分为三类。

(1) 以标志值之间相互比较说明变异情况。属于这类指标的有全距、四分位差等。全距是数列中最大与最小值之差；四分位差是将数列按大小顺序排列，并分割为四等分，然后求第三分位点与第一分位点的标志值的差数的一半。这两种指标计算简单，但受极端数值的影响，只能粗略说明现象的标志变异程度，多用于产品质量稳定性的检验和经济评价。

(2) 以平均数为比较标准来说明标志的变异情况。属于这类指标的主要有平均差、方差、标准差，以及在这些指标基础上计算的说明标志变异相对程度的各种变异系数。它们都是说明标志变量对于平均数的离散程度。

(3) 以正态分布为标准说明分配数列偏离情况的指标。属于这类指标主要有偏度和峰度指标。偏度表明分配数列的偏斜程度，峰度表明分布曲线的尖峭程度。

以下分别介绍各种变异指标的计算方法以及应用特点。

二、全距、分位差和平均差

（一）全距

全距是总体单位中最大标志值与最小标志值之差，所以也称“极差”。

$$R = X_{\max} - X_{\min} \tag{5-12}$$

式中，$X_{\max}$ 为最大变量值或最高组上限或开口组假定上限；$X_{\min}$ 为最小变量值或最低组下限或开口组假定下限。

对于组距数列，计算全距一般是以最高组的上限与最低组的下限之差来计算的。

以最大值与最小值之差所表明的全距反映标志值变动范围的绝对幅度。而将全距与算术平均数对比称为全距系数，它表明标志值变动范围的相对幅度。

全距是测定标志变异程度最简单、易懂的方法，依据其值大小来说明标志值变动范围的大小。计算简单，易于了解，这是它的优点。但由于全距只使用两个极值，因而它一方面容易受数列极端值影响，同时又不能反映整个数列中间各个标志值差异程度的大小。所以其测定结果往往不能充分反映现象的实际离散情况。

在实际工作中，全距可用于工业产品质量的检查和控制，在正常生产条件下，产品质量性能指标。所以利用全距指标进行产品质量检查和控制，可以及时发现问题，采取相应措施。

（二）分位差

分位差是指从变量数列中，剔除了一部分极端值后计算的类似于极差的指标。本书主要介绍四分位差。

1. 概念

四分位差是第三个分位点与第一个分位点的标志值的差数的一半。公式为

$$Q.D=\frac{Q_3-Q_1}{2} \tag{5-13}$$

式中，Q_3 为上四分位数；Q_1 为下四分位数；Q.D为四分位差。

在总体的次数分布中，往往极端值会对总体平均数和标志变异程度产生不适当的影响，为了减少或消除极端值影响，通常舍去资料中最高的和最低的，仅就剩下的中间部分来观察总体次数分布状况，中间部分 Q_3-Q_1 ，称为四分位全距。假使集中趋势越大，此全距越小；而总体次数分布越分散，这一全距越大。统计学中常以取全距的一半来测定总体的变异程度，这就是四分位差。如图 5-5 所示。

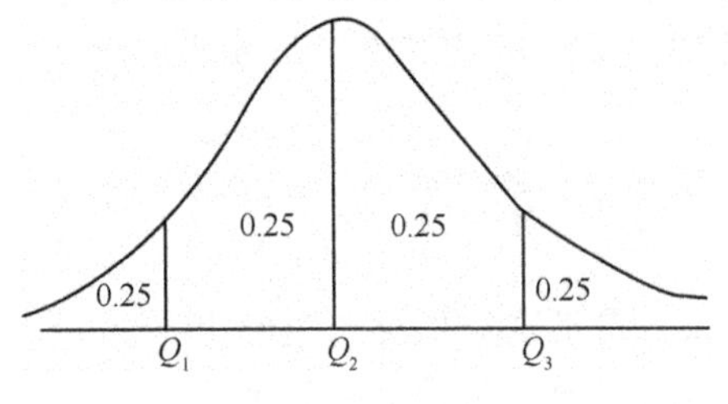

图 5-5 四分位差

2. 四分位差的计算

计算四分位差必须确定第一与第三这两个分位点的标志值，即 Q_1 和 Q_3。而第二个四分位数 Q_2 就是我们上面所讲的中位数。

下面分两种情况介绍四分位差的计算。

(1) 由未分组资料求四分位差。首先要求出 Q_1 、Q_3 所在的位置；然后根据位置确定对应标志值，即 Q_1 、Q_3 ；最后取二者差额一半，即 $\frac{Q_3-Q_1}{2}$ 为四分位差。与中位数的计算有相同之处。

$$Q_1\text{ 位置}=\frac{n+1}{4}\qquad Q_3\text{ 位置}=\frac{3(n+1)}{4}$$

(2) 对于分组资料计算四分位差。若是单项式数列，先计算各组的累计次数，然后确定分位点位置。其基本公式如下：

$$Q_1\text{ 位置}=\frac{\sum f}{4}$$

$$Q_3\text{ 位置}=\frac{3\sum f}{4}$$

根据位置找出对应标志值，最后计算出四分位差。

若是组距数列，与单项式相同按上面公式先确定 Q_1 位置与 Q_3 位置；然后找出 Q_1 与 Q_3 所在组，再应用内插法按比例来求得 Q_1 、Q_3 的近似值。计算公式如下：

$$Q_1=l_1+\frac{\frac{\sum f}{4}-S_{m_1-1}}{f_{Q_1}}\times i \tag{5-14}$$

$$Q_3=l_3+\frac{\frac{3\sum f}{4}-S_{m_3-1}}{f_{Q_3}}\times i \tag{5-15}$$

式中，l_1 ，l_3 分别代表第一和第三两个分位数所在组的下限；S_{m_1-1} ，S_{m_3-1} 分别代表第一和第三两个分位数所在组下的累计次数；f_{Q_1} ，f_{Q_3} 分别表示第一和第三两个分位数所在组的次数；i 表示第一和第三两个分位数所在组的组距。

与四分位差类似，还可以计算变量分布的八分位差、十分位差、十六分位差等。它们的作用都是排除少数极端值对分布变异范围的异常影响。分位的程度越高，分位差所排除的极端值的比例就越小。

（三）平均差

平均差是各单位标志值与平均数的离差绝对值的算术平均数，用 A.D 表示。平均差与全距不同，它考虑了总体中各单位标志值的变动影响，对整个变量值的离散趋势有较充分的代表性。平均差越大，表示标志变异程度越大；反之，就表示标志变异程度越小。

根据资料是否分组，可有简单平均式与加权平均式两种。

（1）简单平均式。计算公式：

$$\text{A.D}=\frac{|X_1-\overline{X}|+\cdots+|X_N-\overline{X}|}{N}=\frac{\sum_{i=1}^{N}|X_i-\overline{X}|}{N} \tag{5-16}$$

式中，A.D 为平均差；X_i 为第 i 个单位的变量值；N 为总体单位总数；$\overline{X}$ 为总体算术平均数。

简单平均式适用于未分组资料的计算。

【例 5-8】 以某车间甲、乙两个生产小组日产量件数资料为例，如表 5-7 所示。

表 5-7　甲、乙两个生产小组日产量的简单平均差计算

甲组 $\overline{X}=25$/件		乙组 $\overline{X}=25$/件	
生产件数 X_i	离差的绝对值 $\lvert(X_i-\overline{X})\rvert$	生产件数 X_i	离差的绝对值 $\lvert(X_i-\overline{X})\rvert$
20	5	14	11
23	2	18	7
25	0	25	0
26	1	29	4
26	1	30	5
30	5	34	9

甲组：$\text{A.D}=\frac{\sum_{i=1}^{N}|X_i-\overline{X}|}{N}=\frac{5+2+0+1+1+5}{6}=2.33(\text{件})$

乙组：$\text{A.D}=\frac{\sum_{i=1}^{N}|X_i-\overline{X}|}{N}=\frac{11+7+0+4+5+9}{6}=6(\text{件})$

即甲、乙两个生产小组日产量的平均差分别为 2.33 件和 6 件。

（2）加权平均式。

在分配数列条件下，用加权平均计算平均离差。计算公式为

$$A.D=\frac{|X_1-\overline{X}|f_1+\cdots+|X_m-\overline{X}|f_m}{f_1+\cdots+f_m}=\frac{\sum_{i=1}^{N}|X_i-\overline{X}|f_i}{\sum_{i=1}^{N}f_i} \quad (5\text{-}17)$$

式中，A. D 为加权平均差；X_i 为第 i 组变量值出现的次数；$\overline{X}$ 为总体算术平均数。

加权平均式适用于分组资料的计算。

【例 5-9】 某公司职工月工资资料如表 5-8 所示，计算其平均差。

表 5-8 某公司职工月工资表

月工资额/元	组中值 X/元	职工人数 f/人
3 000 以下	2 500	208
3 000～4 000	3 500	314
4 000～5 000	4 500	382
5 000～6 000	5 500	456
6 000～7 000	6 500	305
7 000～8 000	7 500	237
8 000～9 000	8 500	78
9 000 以上	9 500	20
合计		2 000

月职工平均工资及平均差为

$$\overline{X}=\frac{\sum Xf}{\sum f}=\frac{2500\times 280+\cdots+9500\times 2}{2000}=\frac{10\ 459\ 000}{2\ 000}=5229.5(\text{元})$$

$$A.D=\frac{\sum|X-\overline{X}|f}{\sum f}=\frac{|2500-5229.5|\times 208+\cdots|9500-5229.5|\times 20}{2000}$$

$$=\frac{2\ 778\ 936}{2\ 000}=1389.5(\text{元})$$

依据算术平均数的数学性质，各个标志值对算术平均数的离差总和恒等于 0，即 $\sum(x-\overline{x})=0$ 。因此，在计算平均差时，不取绝对值就无法计算，但是取绝对值后在数学处理上有困难，因此平均差在应用时有一定局限性。

类似极差系数，我们也可以计算平均差系数。公式如下：

$$V_{A.D}=\frac{A.D}{\overline{x}} \quad (5\text{-}18)$$

三、标准差和标准差系数

（一）标准差的意义及计算方法

标准差是离差平方和平均数的平方根，因此又称均方差，用 σ 表示。它的意义与平均

差基本相同，也是根据各个标志值对其算术平均数求平均离差后再来进行计算的，但在数学处理上比平均差更为合理和优越，它是采用离差平方的方法来消除正负离差，因此更符合数学原理的要求，标准差在实际当中比较常用，可以说它是测定标志变异程度最重要的指标，通常用 σ 表示。σ^2 称为方差，方差分析是统计中常用的分析方法。

标准差的计算也分简单标准差和加权标准差两种。

1. 简单标准差

计算公式为

$$\sigma=\sqrt{\frac{\sum_{i=1}^{N}(X_i-\overline{X})^2}{N}} \tag{5-19}$$

式中，X_i 为第 i 个单位的变量值；N 为总体单位总数；$\overline{X}$ 为总体算术平均数。

简单标准差适用于未分组资料。

【例 5-10】 仍以例 5-8 为例，如表 5-9 所示。

表 5-9 甲、乙两个生产小组日产量的简单标准差计算表

甲组 $\overline{X}=25$/件			乙组 $\overline{X}=25$/件		
生产件数 X_i	离差$(X_i-\overline{X})$	离差平方$(X_i-\overline{X})^2$	生产件数 X_i	离差$(X_i-\overline{X})$	离差平方$(X_i-\overline{X})^2$
20	−5	25	14	−11	121
23	2	4	18	−7	49
25	0	0	25	0	0
26	1	1	29	4	16
26	1	1	30	5	25
30	5	25	34	9	81
合计		56			292

$$\sigma_{甲}=\sqrt{\frac{\sum_{i=0}^{6}(X_i-\overline{X})^2}{N}}=\sqrt{\frac{56}{6}}=3.06(件)$$

$$\sigma_{乙}=\sqrt{\frac{\sum_{i=0}^{6}(X_i-\overline{X})^2}{N}}=\sqrt{\frac{292}{6}}=6.98(件)$$

通过计算可知：甲组标准差小于乙组，其标志变异程度也就小于乙组，因此，甲组平均数比乙组更有代表性。

2. 加权标准差

根据分组资料或分配数列计算标准差时，需采用加权标准差，其公式为

$$\sigma=\sqrt{\frac{\sum_{i=1}^{m}(X_i-\overline{X})^2 f_i}{\sum_{i=1}^{m}f_i}} \tag{5-20}$$

式中，X_i 为第 i 组的变量值或组中值；f_i 为第 i 组变量值出现的次数；X 为总体算术平均数。

加权标准差适用于分组资料。

【例 5-11】 仍以例 5-9 为例，计算表 5-8 中某公司职工月工资的标准差。

$$\overline{X} = \frac{2500 \times 280 + \cdots + 9500 \times 20}{2000} = \frac{10\ 459\ 000}{2000} = 5229.5(\text{元})$$

$$\sigma = \sqrt{\frac{(2500 - 5229.5)^2 \times 208 + \cdots + (9500 - 5229.5)^2 \times 20}{2000}}$$

$$= \sqrt{\frac{5\ 638\ 659\ 501}{2000}} = 1679(\text{元})$$

即该公司职工月工资的标准差为 1679 元。（比较：在例 5-19 中其工资的平均差为 1389.5 元。）

标准差的特点：不受极端数值的影响，能综合反映全部单位标志值的实际差异程度；用平方的方法消除各标志值与算术平均数离差的正负值问题，可方便地用于数学处理和统计分析运算。

一般情况下，由同一资料计算的标准差的结果一般要略大于平均差。

（二）标准差系数

以上所介绍的平均差、标准差都有具体的计量单位，它们都是从绝对量上反映现象数量的变异程度，其数值大小必然受总体单位标志值本身水平高低的影响，若直接用上面指标比较不同水平数列的变异程度显然不合理，因而需消除平均水平高低的影响，消除的办法是将各变异指标与数列自身平均水平对比，得到一个反映变异的相对数，即变异系数。实际中最常用的是标准差系数。其计算公式为

$$V_\sigma = \frac{\sigma}{x} \times 100\% \tag{5-21}$$

式中，V_σ 为标准差系数。

应用：用来对比不同水平的同类现象，特别是不同类现象总体平均数代表性的大小。即标准差系数小的总体，其平均数的代表性大；反之亦然。

例如，有两工厂工人劳动生产率资料如表 5-10 所示。

表 5-10 工人劳动生产率资料

厂名	工人平均劳动生产率 $\overline{X}$ /元	标准差 σ /元
甲厂	16 000	600
乙厂	8 000	400

要比较哪一个工厂的劳动生产率更有代表性，直接用标准差对比说明不合理，因为两个工厂生产率水平相差悬殊，需进一步计算标准差系数。

$$V_{\text{甲}} = \frac{\sigma}{\overline{X}} \times 100\% = \frac{600}{16000} \times 100\% = 3.75\%$$

$$V_{乙} = \frac{\sigma}{X} \times 100\% = \frac{400}{8000} \times 100\% = 5\%$$

甲厂标准差系数小于乙厂，因而我们说甲厂工人平均劳动生产率更有代表性。

（三）是非标志标准差和标准差系数

若以 0 表示总体中不具有某种性质的单位标志值，其在总体中所占比重为 q；以 1 表示总体中具有某种性质的单位标志值，其在总体中所占比重为 p，其中 $p+q=1$。根据上一章所讲，（0，1）的平均数 $\overline{X}=p$。则

$$\sigma = \sqrt{\frac{\sum (X-\overline{X})^2 f}{\sum f}} = \sqrt{\frac{(0-p)^2 q + (1-p)^2 p}{p+q}}$$

$$= \sqrt{p^2 q + pq^2} = \sqrt{pq(p+q)} = \sqrt{pq} = \sqrt{p(1-p)} \qquad (5\text{-}22)$$

可见，是非标志标准差是具有某一标志的单位在总体中所占比重（也叫成数）和不具有某一标志的单位在总体中所占比重的乘积的平方根。

【例 5-12】　已知某企业产品的合格率为 95%，不合格率为 5%，其标准差为

$$\sigma = \sqrt{pq} = \sqrt{0.95 \times 0.05} = 0.218(\text{或 } 21.8\%)$$

方差 $\sigma^2 = pq = p(1-p)$。当 $p=q=0.5$ 时，有 $\sigma^2_{\max}=0.25$。

标准差系数

$$V_\sigma = \frac{\sigma_p}{X_p} = \sqrt{\frac{p(1-p)}{p}} = \sqrt{\frac{1-p}{p}} = \sqrt{\frac{q}{p}} \qquad (5\text{-}23)$$

（四）方差的数学性质

标准差的平方 σ^2 称为方差，方差具有以下几个重要的数学性质。

（1）变量的方差等于变量平方的平均数减变量平均数的平方。此性质可用公式表示为

$$\sigma^2 = \frac{\sum x^2}{n} - \left(\frac{\sum x}{n}\right)^2 = \overline{x^2} - (\overline{x})^2$$

（2）变量与算术平均数计算的方差小于变量与任何其他常数的方差。这是因为变量与算术平均数差平方和具有最小的性质，在介绍算术均数的数学性质时，我们已证明过。

（3）两个独立随机变量和的方差，等于这两个随机变量方差的和。设 x，y 为两个独立随机变量，则

$$\sigma^2_{(x+y)} = \sigma^2_x + \sigma^2_y$$

（4）变量线性变换的方差等于变量的方差乘以变量系数的平方。设

$$y = a + bx$$

则有

$$\delta^2_y = b^2 \delta^2_x$$

常用的几种标志变异指标如表 5-11 所示。

表 5-11　常用的几种标志变异指标

项目	概念	计算公式	特点
全距	数列中最大值与最小值之差	$R = X_{max} - X_{min}$	优点：容易理解，计算方便 缺点：不能反映全部数据分布状况
四分位差	第三个分位点与第一个分位点的标志值的差的一半	$Q.D = \frac{Q_3 - Q_1}{2}$	优点：简明易懂，计算简便，较少受两极端数值影响 缺点：忽略左右近 50% 的数据差异，不适合代数运算，反应不够灵敏
平均差	各标志值与均值离差绝对值的算术平均	简单平均差： $A.D = \frac{\sum \mid X_i - \overline{X} \mid}{N}$ 加权平均差： $A.D = \frac{\sum \mid X_i - \overline{X} \mid f_i}{\sum f_i}$	优点：反映全部数据分布状况 缺点：取绝对值，不易进行代数运算
标准差（σ）	各标志值与均值离差平方和平均数的平方根	简单标准差： $\sigma = \sqrt{\frac{\sum_{i=1}^{N}(X_i - \overline{X})^2}{N}}$ 加权标准差： $\sigma = \sqrt{\frac{\sum_{i=1}^{m}(X_i - \overline{X})^2 f_i}{\sum_{i=1}^{m} f_i}}$	优点：反映全部数据分布状况，数学上合理 缺点：受计量单位和平均水平影响，不便于比较
标准差系数（V_σ）	标准差与均值之间，是无量纲的系数	$V_\sigma = \frac{\sigma}{\overline{X}}$	优点：适宜于不同数据集的比较 优点：对数据结构变化反应不灵敏

四、偏度与峰度

（一）偏度

1. 偏度的概念

偏度是指反映频数分布偏态方向和程度的指标，它配合平均数、标准差，从另一角度描述次数分配的性质、特点。

如将资料分配用图形表示，可以看出它有两种基本形态，即对称分布与不对称分布，其中不对称分布也就是我们上一节所讲的偏态。

平均数、中位数、众数合而为一，这是显示对称分布的一个基本特征，而在偏态分配的情况下，三者是分离的。若众数在左边，平均数在右边，则称为右向偏态，此时平均数大于众数数值，平均数与众数之差为正值，所以右向偏态也称为正向偏态（正偏）；若众数在右边，平均数在左边，则称为左向偏态，此时众数大于平均数数值，平均数与众数之差为负值，因而左向偏态也称为负向偏态（负偏）。

2. 偏度的计算

计算偏度的方法很多，主要有以下两种。

1）算术平均数与众数比较法

算术平均数与众数之间的差异情况，可以为我们了解次数分布形态提供一个基本数据，因为任何一组次数分布，其平均数与众数之间的差异与这组次数分布形态有固定关系。在完全对称分布中，算术平均数等于众数；若次数分布是右偏，则算术平均数大于众数；若分布是左偏，则算术平均数小于众数。因此，算术平均数与众数之间的距离是衡量偏态程度的一个重要尺度。

通常，算术平均数与众数之差即 $\bar{x}-M_0$ 是表明偏态的绝对数指标，其数值越大，代表非对称程度越大；数值越小，说明非对称程度越小。然而对于不同数列，由于计量单位不同，数列标志水平不同，偏态绝对数所代表的意义也不同。为了便于不同数列的相互比较，需计算偏态的相对数。

偏态相对数是偏态绝对数与其标准差对比求得，也称为偏度系数。其公式为

$$\mathrm{SK}=\frac{\bar{x}-M_0}{\sigma} \tag{5-24}$$

由以上公式可知，若 $\bar{X}=M_0$，$\bar{X}-M_0=0$，以 SK 为零，表明分布是对称的；若 $\bar{X}>M_0$，即 $\bar{X}-M_0>0$，则 $\mathrm{SK}>0$，表明次数分布右偏，且偏度系数越大表明右偏程度越大；若 $\bar{X}<M_0$，即 $\bar{X}-M_0<0$，则 $\mathrm{SK}<0$，表明次数分布左偏，且偏度系数 SK 越小左偏程度越大。

偏态系数不仅可以说明偏态大小，还可以说明偏态方向，一般偏态系数其数值变动范围在 0 与 +3 以及 0 与 −3 之间。等于 0 表示对称；+3 表示极右偏；−3 表示极左偏。

2）动差法

动差也称为矩，是物理学上用以表示力与力臂对重心关系的术语，由于它与统计学上变量与权数对平均数的关系在性质上很相似，因而被用来说明次数分配性质。

若取变量中的 a 值为中点，所有变量值与 a 之差的 k 次方的平均数。$\dfrac{\sum(x-a)^k}{n}$ 称为变量 x 关于 a 的众阶动差。当 $a=0$ 时，表明中心在原点，上式可称为原点众阶动差，用大写英文字母 M 表示，取值依次有

一阶原点动差 $M_1=\dfrac{\sum x}{n}$ 即算术平均数

二阶原点动差 $M_2=\dfrac{\sum x^2}{n}$ 即平方平均数

三阶原点动差 $M_3=\dfrac{\sum x^3}{n}$

四阶原点动差 $M_4=\dfrac{\sum x^4}{n}$

当 $a=\bar{x}$ 时，变量以算术平均数为中心，上式可称为中心 k 阶动差用小写英文字母 m 表示，取值依次有

$$一阶中心动差\ m_1=\frac{\sum(x-\bar{x})}{n}$$

$$二阶中心动差\ m_2=\frac{\sum(x-\bar{x})^2}{n}$$

$$三阶中心动差\ m_3=\frac{\sum(x-\bar{x})^3}{n}$$

$$四阶中心动差\ m_4=\frac{\sum(x-\bar{x})^4}{n}$$

将上述各中心动差展开，可以求得其与原点动差的关系：

$$m_1=M_1-M_1=0$$

$$m_2=M_2-M_2^2$$

$$m_3=M_3-3M_2M_1+2M_1^3$$

$$m_4=M_4-4M_3M_1+6M_2M_1^2-3M_1^4$$

在统计学中，以变量的三阶中心动差除以标准差的三次方，作为衡量偏斜程度的指标，用 α 表示偏度指标，其计算公式为

$$\alpha=\frac{m_3}{\sigma^3} \tag{5-25}$$

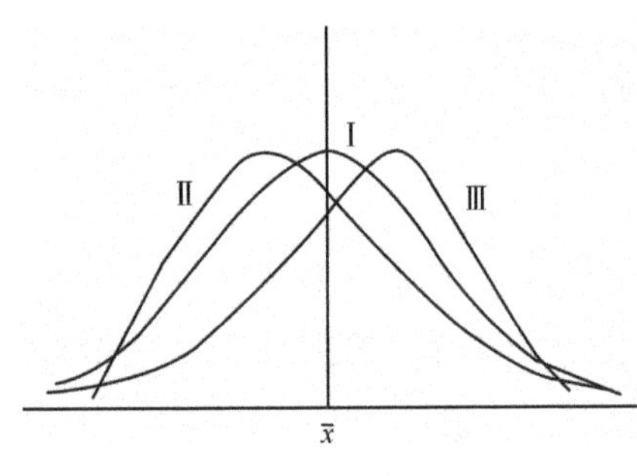

图 5-6 偏度指标

实际上，偏度指标是三阶中心动差以 σ^3 为基准的系数。

当 $\alpha=0$，说明分布数列中，大于平均数的变量次数和小于平均数的变量次数完全相等，是对称分布。如图 5-6 Ⅰ线所示。当 $\alpha<0$ 时，说明分布数列中，小于平均数的变量次数多于大于平均数的变量次数，则分布呈左偏。α 值越小，表明偏斜程度越高，如图 5-6 Ⅲ线所示。当 $\alpha>0$ 时，说明分布数列中，大于平均数的变量次数多于小于平均数的变量次数，分布呈右偏，α 值越大，偏斜程度越高。如图 5-6 Ⅱ线所示。

这里需指出，公式中之所以取三阶中心动差，是因为一阶中心动差为零，不可作为测定依据。同时，任何离差经过偶次方后（包括 2 次、4 次、6 次等）均为正值，汇总时没有抵消项，也不可作为测定依据，而在非对称条件下，每一项离差的奇次方（包括 3 次、5 次、7 次等）后，汇总时才有相互抵消项，但结果不等于 0，即 m_3、m_5、m_7 可以用来测定非对称程度，而其中 m_3 是最简便的，因而选择它。

另外，公式中除以 σ^3 的目的，是消除三阶中心动差的立方单位，将其化为无名数，即一种相对数指标，这样就可以比较不同现象次数分配的偏斜程度，使其具有广泛应

用性。

（二）峰度

1. 峰度的概念

峰度指标反映算术平均数与相邻标志值分布的集中程度，即分布曲线的尖峭程度，它是统计学中描述次数分配的另一特征指标。

2. 峰度的计算方法

峰度是用变量的四阶中心动差除以标准差的四次方而成。

$$\beta=\frac{m_4}{\sigma^4}=\frac{m_4}{\sqrt{m_2^4}}=\frac{m^4}{m_2^2} \tag{5-26}$$

若用β表示峰度指标，则当次数分布为正态分布时$\frac{m_4}{\sigma^4}=3$，即$\beta=3$，如图5-7Ⅰ线所示，以正态分布的峰度为标准；当$\beta<3$时，分布曲线是平坦峰，它表明次数分布分散程度较强，标志值的标准差大，平均数代表性低。如图5-7Ⅲ线所示；当$\beta>3$时，分布曲线呈尖态峰，表明次数分布有显著的集中趋势，标志值的标准差小，平均数有较强的代表性。如图5-7Ⅱ线所示。

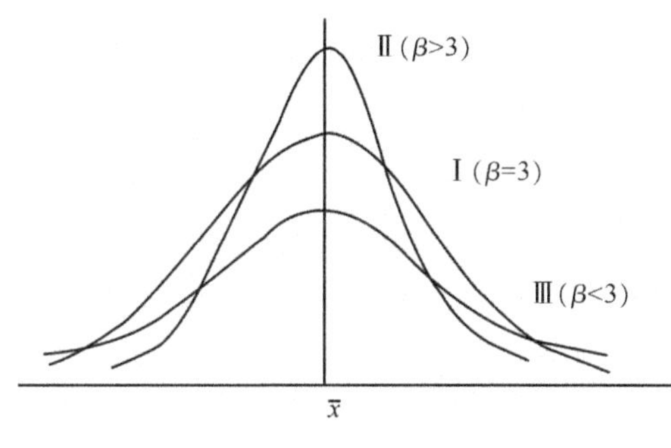

图5-7　峰度

第六章

时间序列分析

【本章导读】

大学即将毕业的郭凯同学，对某家企业的招聘信息产生了兴趣。为此，上网查询，他特意下载了如表 6-1 所示的这家企业近五年来经营的一些基本情况。

表 6-1　某企业 2006～2010 年某些指标的时间数列

项目	2006 年	2007 年	2008 年	2009 年	2010 年
增加值/万元	3 000	3 500	4 100	4 950	6 300
年末职工人数/人	500	520	555	595	650
职工月平均工资/元	1 000	1 670	2 150	2 300	3 000
科技开发投资/万元	5	6	9	12	16

那么郭凯同学该不该申请到这家公司工作呢？如果郭凯同学所学专业适合该企业招聘的相关岗位的话，对此问题的研判过程就是个时间序列分析问题。

对以上资料所构成的时间序列进行简单分析可知，这家企业五年来经营状况良好，期间平均劳动生产率为 83 964 元/人，且呈逐年上升趋势，增加值累计增长 110%，职工平均工资增长幅度很高，累计增长 100%，职工人数也累计增长了 30%，而且这家公司很重视科技开发投资（累计增长了 220%），显然是一家注重科技开发及职工待遇投入的成长型企业。若能在这样的企业里工作，发展前景比较乐观，因此，郭凯同学应该向这家企业寄出自己的应聘材料。

第一节　时间序列分析概述

一、时间序列的概念和种类

（一）时间序列的概念

所谓时间序列，就是把反映同类现象数量特征的某一变量的观察值（变量值）依时间顺序排列，所形成的一个表明现象在某阶段时间内相应数量变动状况的数列。由于它反映的是现象在不同时间上的动态变化，故又称动态数列或时间数列。例如，某工业企业近年来的有关统计指标，分别按时间先后顺序排列，就构成工业增加值、年末职工人数、年平均职工人数及全员劳动生产率数列，如表 6-2 所示，它们都属于说明该工业企业有关变量在2006～2010年内变动状况的时间序列。

表6-2　某工业企业2006～2010年某些指标的时间数列

项目	2006年	2007年	2008年	2009年	2010年
工业增加值/万元	7 050	9 980	11 420	15 090	20 000
年末职工人数/人	8 500	8 200	9 050	8 800	12 000
年平均职工人数/人	8 250	8 350	8 525	8 925	10 400
全员劳动生产率/（元/人）	8 545	11 952	13 241	16 908	19 231

从以上时间序列中可以看到，时间序列有两个基本要素：一个是现象所属的、具有先后顺序的一系列时间范畴；另一个是反映现象在不同时间上相应的统计指标数值，即变量的实际观察值。所以，也可把时间序列简单地定义为变量值依时间先后顺序排列而形成的一种变量数列。

（二）时间序列的种类

由于构成时间序列的统计指标的表现形式不同，所以一般可将时间序列分为绝对数时间序列、相对数时间序列和平均数时间序列三种。

（1）绝对数时间序列，其基本形式是以绝对数表现的总量指标值按时间先后顺序排列所形成的时间序列。根据总量指标所反映的时间状况不同，它又可以分为时期序列和时点序列。表6-2中，工业增加值序列就是时期序列，年末职工人数序列就是时点序列，特别应注意的是，绝对数时间序列中只有时期序列的各项指标数值相加才有实际意义，而时点序列的各项指标数值相加没有实际意义。这是由时期指标与时点指标的特点（见本书第四章）所决定的。

（2）相对数时间序列，是以相对数表现的一系列相对指标数值所构成的时间序列。在第五章中我们已介绍了相对指标的不同种类，与此相适应相对数的时间序列亦可作相应的分类。需注意的是，构成相对数时间序列的同一相对指标在不同时间上的数值一般不能相加，因为相加后一般没有实际意义。表6-2中全员劳动生产率序列就是相对数时间序列，而且是强度相对数时间序列。

（3）平均数时间序列，是以平均数表现的一系列平均指标数值所构成的时间序列。一般从分析的需要，可将平均数时间序列分为一般平均数时间序列和序时平均数时间序列，如表6-2中年平均职工人数数列就是序时平均数时间序列。在平均数时间序列中，一般其各项指标数值是不能相加的，因为相加后没有实际意义。如表6-2中的各年年平均职工人数相加后没有实际意义，只有在有关计算中才作相加处理。

就平均指标的表现形式——平均数而言，一般平均数和序时平均数都是将现象的数量表现差异抽象化，来反映现象集中趋势特征的代表数值。但是两者之间又有明显的区别，一般平均数是把同一时间上的总体各单位的某一标志值加以平均，如某学习小组在期末统计学考试中所得的不同成绩的一般水平——平均成绩；而序时平均数则是把同一现象在不同时间上的数值加以平均，如表6-2中年平均职工人数，其实质是对该工业企业某年中每天拥有的职工人数进行序时平均而得。一般平均数是从静态上说明研究对象在具体时间条件下的一般水平，故又称静态平均数；序时平均数则是从动态上来说明研究对象在一般时间内发展的一般水平，故又称动态平均数。关于序时平均数的计算问题在下节中我们再讲述。

在时间序列中，绝对数时间序列是基本时间序列，而相对数和平均数时间序列则是派生时间序列，因为相对数和平均数都是从相应绝对数中直接或间接派生出来的。

二、编制时间序列的原则

只有构成时间序列的各个统计指标数值具有可比性，才能利用时间序列进行分析和得出符合实际的分析结果。所以，编制时间序列时应遵循的基本原则，就是保证构成时间序列的各个统计指标数值具有可比性。由于绝对数时间序列是基本的时间序列，所以仅就绝对数时间序列编制时的可比性问题，需遵循以下原则。

（1）指标名称一致性原则。时间序列的指标名称应前后一致，这是保证指标数值具有可比性的必要条件。

（2）指标口径一致性原则。统计指标的口径有指标所包括的具体内容范围和统计的组织机构单位的隶属范围，无论是统计指标内容的改变，还是行政区划、组织机构，隶属关系的变更，都会造成各个时期的统计指标数值的口径不一致。对那些前后指标口径不一致的数值，在编制时间序列时应将基期的数值按照报告期的口径调整过来。

（3）指标的计量单位一致性原则。时间序列中的指标计量单位应前后一致，否则，编制时间序列时对那些前后计量单位不一致的统计指标数值，应作必要的换算和调整，才能保证其各项指标数值的可比性。

（4）时间界定的一致性原则。对时期数列而言，就是其各个流量指标数值（时期指标数值）所属的时期长短应相等；对时点数列而言，就是其各个存量指标数值（时点指标数值）所属的标准时点的前后一致。为便于作进一步的分析，编制的时间序列中的各项指标数值间的时间间隔也最好相等。

三、时间序列分析的意义

时间序列分析的意义可以归纳为以下三点：

（1）直观、形象地显示现象在不同时间上的发展变化过程及当前工作的进度情况；

（2）可以揭示社会，经济、自然、科技领域中不同现象的发展过程及其相互关系；

（3）可以揭示同类现象的发展变动的趋势（包括一系列已经过加工整理的时间序列和反映现象变动趋势的统计图表，如直线趋势图、曲线趋势图等），以便进一步研究其发展变化的规律，为统计预测和决策提供具有一定价值的参考资料。

第二节　时间序列的分析指标

时间序列编制出来之后，为了研究客观现象的发展水平和速度，就需要根据时间序列计算一系列分析指标，归纳起来大致可以分为两类，一类是时间序列分析的水平指标，另一类是时间序列分析的速度指标。

一、时间序列分析的水平指标

时间序列分析的水平指标主要包括发展水平、平均发展水平、增长量、平均增长量。

（一）发展水平

（1）发展水平的概念。所谓发展水平，就是指时间序列的各项指标数值，包括以绝对数、相对数及平均数表现的各种统计指标数值。如表 6-1 和表 6-2 中的每个指标值均是其时间序列的不同时间上的发展水平。而以绝对数表现的总量指标是计算相对指标和平均指标的基础，所以，以绝对数表现的发展水平，是计算时间序列各种分析指标的基础，也是反映客观现象发展过程及趋势、规律的重要分析指标之一。

（2）发展水平的不同命名。在时间序列分析中常使用报告期水平、基期水平、最初水平、最末水平等术语。①报告期水平，也称计算期水平或报告期发展水平，它是指在时间序列中我们所研究或者要计算分析的那个时间的发展水平。②基期水平，也称基期发展水平，它是指在时间序列分析时用作比较基础的发展水平。基期水平和报告期水平是相对应的。③最初水平，也称最初发展水平，如果用符号 a_1，a_2，a_3，…，a_n，代表时间序列中的各个发展水平，则 a_1 就是最初水平，即时间序列中为首的那个发展水平。譬如，表 6-2 中，2006 年的各项指标数值就是相应时间序列的最初水平。④最末水平，也称最末发展水平，它是时间序列中最后一项指标数值，常用 a_n 表示。如表 6-2 中，2010 年的各项指标数值就是相应时间序列的最末水平。而介于最初水平和最末水平之间的各期发展水平，我们就可以称之为中间发展水平或中间各期水平，即 a_2，a_3，…，a_{n-1}。

在一个具体的时间序列中，最初水平和最末水平是固定的，报告期水平和基期水平则随着研究推移的过程而变动。

（二）平均发展水平

所谓平均发展水平，就是把时间序列中若干项发展水平数值加以平均而得到的“序时平均数”或“动态平均效”。由于各类时间序列的特点不同，在不同时间序列中计算平均发展水平的方法也有所不同。下面分别加以介绍。

1. 根据绝对数时间序列计算平均发展水平

1）由时期序列求平均发展水平

其计算公式为

$$\bar{a} = \frac{\sum a}{n} \tag{6-1}$$

式中，$\bar{a}$ 为平均发展水平；n 为代表时期项数；$\sum a$ 为 $\sum\limits_{i=1}^{n} a_i = a_1 + a_2 + \cdots + a_n$ 的省略表达式，下同。

可见，若用 x 代替上式中的 a，则其就变成 $\bar{x}=\frac{x_1+x_2+\cdots+x_n}{n}=\frac{\sum x}{n}$，所以，在时期序列中求平均发展水平，实际上就是采用简单算术平均法求得，只是所平均的是不同时期上的量而已。

【例 6-1】 根据表 6-2 中的工业增加值资料，可用上式计算出该工业企业 2006～2010 年间平均每年的工业增加值水平：

$$\bar{a}=\frac{\sum a}{n}=\frac{7050+9980+11\ 420+15\ 090+20\ 000}{5}=12\ 708(\text{万元})$$

2）根据时点序列计算平均发展水平

时点序列一般可分为连续时点序列和间断时点序列。由于所有时点序列都由具有一定时间间隔的存量指标数值所组成，也就是说，时点序列中的任何两个相邻时点指标数值之间都有一定的时间间隔，所以，严格地说，时点序列都是不连续的。从统计实践意义上来看，如果时点序列是由统计分析所需要的最小时点间隔的存量指标数值依时间先后顺序排列而成，则可视其为连续时点序列，否则就视为间断时点序列。最小时点间隔的确定，要依据研究对象、过程本身的特点和统计研究目的任务的要求来具体界定。例如，在社会经济统计中，最小的时点间隔≤24 小时（可以是 1 日、1 小时等），故其通常把逐日（或小时）登记的时点指标数值所形成的时间序列当作连续时点序列看待，而把按照比日大的时点间隔逐次依时间先后顺序登记的时点指标数值所形成的时间序列则视为间断时点序列。

第一，根据连续时点序列计算平均发展水平。

（1）由未分组的连续时点序列求平均发展水平。由未分组的连续时点序列求平均发展水平，可采用简单算术平均法来计算。其计算公式为

$$\bar{a}=\frac{\sum a}{n} \tag{6-2}$$

【例 6-2】 某企业 1～6 日每天的职工人数资料如表 6-3 所示。

表 6-3 ×年×月 1～6 日每天的职工人数资料

日期	1 日	2 日	3 日	4 日	5 日	6 日
职工人数 a_i/人	98	100	99	101	108	106

则 1～6 日平均每天的职工人数为

$$\bar{a}=\frac{\sum a}{n}=\frac{98+100+99+101+108+106}{6}=102(\text{人})$$

（2）由已分组的连续时点序列求平均发展水平。如果把按最小时点间隔依时间先后顺序逐次登记的时点指标数值所形成的时点序列，经过整理分组，其结果仍然是个连续时点序列。在这样的已分组的连续时点序列中求平均发展水平，则可采用加权算术平均数法来进行计算，其计算公式为

$$\bar{a}=\frac{\sum af}{\sum f} \tag{6-3}$$

【例 6-3】　根据某企业 8 月份的产品库存量资料，计算其 8 月份的平均库存量，计算表如表 6-4 所示。

表 6-4　某企业 8 月份成品平均库存量计算表

项目	1～9 日	10～16 日	17～21 日	22～24 日	25～31 日	合计
库存量 a/千克	245	230	241	257	563	
天数 f/天	9	7	5	3	7	31
af	2 205	1 610	1 205	771	3 941	9 732

$$\bar{a}=\frac{\sum af}{\sum f}=\frac{9\ 732}{31}=313.94(\text{千克})$$

即该企业 8 月份的产品平均库存量为 313.94 千克。

第二，根据间断时点序列计算平均发展水平。在间断时点序列中，根据时点指标数值间的间隔是否相等，可分为两种情况。

（1）由间隔相等的间断时点序列求平均发展水平。若间断的间隔相等，则采用“首末折半法”计算，公式为

$$\bar{a}=\frac{\frac{1}{2}a_1+a_2+\cdots+a_{n-1}+\frac{1}{2}a_n}{n-1} \tag{6-4}$$

式中，$\bar{a}$ 为平均发展水平；a_i 为时点序列指标数值（$i=1$，2，…，n）；n 为相等间隔的项数，即时间序列的长度。

【例 6-4】　根据表 6-2 中的资料已知该企业 2005 年末职工人为 8 000 人，则其 2006～2010 年平均每年拥有职工人数为

$$\begin{aligned}\bar{a}&=\frac{\frac{1}{2}a_1+a_2+\cdots+a_{n-1}+\frac{1}{2}a_n}{n-1}\\&=\frac{\frac{8000}{2}+8500+8200+9050+8800+\frac{12\ 000}{2}}{6-1}=8910(\text{人})\end{aligned}$$

（2）由间隔不等的间断时点序列计算平均发展水平。在编制时间序列时，由于受客观条件限制，往往不能得到间隔相等的时点指标值，就得编制间隔不等的间断时点序列。对这种时点序列，就要以间隔长度为权数进行加权计算平均发展水平，其计算公式为

$$\bar{a}=\frac{\frac{a_1+a_2}{2}f_1+\frac{a_2+a_3}{2}f_2+\cdots+\frac{a_{n-1}+a_n}{2}f_{n-1}}{\sum f_i} \tag{6-5}$$

式中，$\bar{a}$ 为平均发展水平；a_i 为各时点上的指标值（$i=1$，2，…，n）；f_i 为时点间隔长度。如果上式中 $f_1=f_2=\cdots=f_n$，则其又可变为间隔相等的间断时点序列计算平均发展水平的“首末折半法”计算公式了，即

$$\bar{a}=\frac{f\left(\frac{a_1+a_2}{2}+\frac{a_2+a_3}{2}+\cdots+\frac{a_{n-1}+a_n}{2}\right)}{(n-1)f}=\frac{\frac{1}{2}a_1+a_2+\cdots+a_{n-1}+\frac{1}{2}a_n}{n-1}$$

下面根据表 6-5 的资料来看如何应用公式在间隔不等的间断时点序列中计算平均发展水平。

【例 6-5】 某牧场 2010 年各统计时点的绵羊存栏头数资料如表 6-5 所示，试计算该牧场 2010 年的平均绵羊存栏头数。

表 6-5 某牧场 2010 年各统计时点的绵羊存栏数 单位：只

统计时点	1月1日	4月1日	6月1日	9月1日	12月31日
存栏数	1 568	1 852	1 954	1 646	1 462

$$\bar{a}=\frac{\frac{a_1+a_2}{2}f_1+\frac{a_2+a_3}{2}f_2+\cdots+\frac{a_{n-1}+a_n}{2}f_{n-1}}{\sum f_i}$$

$$=\frac{\frac{1568+1852}{2}\times 3+\frac{1852+1954}{2}\times 2+\frac{1954+1646}{2}\times 3+\frac{1646+1462}{2}\times 4}{3+2+3+4}$$

$$=1721(\text{只})$$

即该牧场 2010 年绵羊平均存栏 1721 只。

以上我们介绍了在时点序列中计算平均发展水平的方法，这些方法公式的确立都有一个共同的假定条件。这个假定条件就是：在相邻时点之间，现象的后一时点指标值是在其前一个时点指标值基础上均匀变动而来的。而实际上完全符合这个条件的现象几乎不存在，所以按照上述任何一种方法在时点序列中求平均发展水平的结果，只能是现象一般水平的近似值。

2. 根据相对数时间序列计算平均发展水平

如果相对数时间序列中的每个指标数值均是由若干个相互关联的绝对数时间序列相应项对比形成的，那么由相对数时间序列求（相对数）平均发展水平，就不能直接按照前面介绍的公式方法对相对指标数值求其平均发展水平。为了方便起见，我们主要介绍直接或间接由两个绝对数时间序列相应项对比而形成的相对数时间序列中计算有关相对数平均发展水平的方法，其原理可以推广到由两个以上绝对数时间序列对应项对比所构成的静态相对指标型的相对数时间序列的情形。所谓静态相对指标型的相对数时间序列包括计划完成程度相对数时间序列、结构相对数时间序列、比较相对数时间序列及强度相对数时间序列。有关动态相对数时间序列的平均发展水平的计算留待在本节“时间序列分析的速度指标”中讲述。

如果静态相对数时间序列中的每个指标数值 c_i 是由两个相关联的绝对数时间序列相应项 a_i、b_i 相除对比而得，则相对数时间序列的平均发展水平 $\bar{c}$ 就用相对指标分子项的平均发展水平 $\bar{a}$ 和分母项的平均发展水平 $\bar{b}$ 之比来求得。即若 $c=\frac{a}{b}$，则 $\bar{c}$ 的计算公式为

$$\bar{c}=\frac{\bar{a}}{\bar{b}} \tag{6-6}$$

进行计算时，可视具体资料，分别采用由绝对数时间序列求平均发展水平的五个计算公式来分别对相对指标的分子项与分母项求序时平均数，然后再加以对比计算就可以得到静态相对数的序时平均数。

【例 6-6】 某工业企业 2006～2010 年全员劳动生产资料如表 6-2 所示，并假如已知其 1 行和 2 行资料，并知 2005 年年末职工人数为 8000 人，若要计算该企业 2006～2010 年的年平均全员劳动生产率水平，则可按如下步骤计算：

第一步，计算工业增加值的序时平均数：

$$\bar{a}=\frac{\sum a}{n}=\frac{7050+9980+11\ 420+15\ 090+20\ 000}{5}=12\ 708(\text{万元})$$

第二步，计算职工人数的序时平均数：

$$\bar{b}=\frac{\frac{b_0}{2}+b_1+b_2+\cdots+b_{n-1}+\frac{b_n}{2}}{n}$$

$$=\frac{\frac{8000}{2}+8500+8200+9050+8800+\frac{12\ 000}{2}}{5}=8910(\text{人})$$

最后计算全员劳动生产率的序时平均数：

$$\bar{c}=\bar{a}/\bar{b}=\frac{12\ 708\ \text{万元}}{8910\ \text{人}}\approx 14\ 262.6\ \text{元}/\text{人}$$

或者将以上三步合在一起计算全员劳动生产率的序时平均数：

$$\bar{c}=\frac{\bar{a}}{\bar{b}}=\frac{\sum a/n}{\left(\frac{b_0}{2}+b_1+b_2+\cdots+b_{n-1}+\frac{b_n}{2}\right)\Big/n}=\frac{\sum a}{\frac{b_0}{2}+b_1+b_2+\cdots+b_{n-1}+\frac{b_n}{2}}$$

$$=\frac{(7\ 050+9\ 980+11\ 420+15\ 090+20\ 000)\times 10^4}{\frac{8\ 000}{2}+8\ 500+8\ 200+9\ 050+8\ 800+\frac{12\ 000}{2}}=14\ 262.6(\text{元}/\text{人})$$

即该企业 2006～2010 年的平均每年全员劳动生产率水平为 14 262.6 元/人。

上例说明，若 $c=a/b$，要计算 c 的序时平均数，必须分别计算其分子项和分母项的序时平均数，才能得到 $\bar{c}=\bar{a}/\bar{b}$ 的结果。无论 a、b 是何种绝对数，只要依据绝对数时间序列中求平均发展水平的计算公式均可计算出 $\bar{a}$ 和 $\bar{b}$，则相应相对数时间序列的序时平均数便可算出。

【例 6-7】 某储蓄所某年个人存款占全部存款的比重如表 6-6 所示。试计算该年个人存款占全部存款的平均比重。

表 6-6　某储蓄所个人存款占全部存款的比重

项目	上年末	本年 3 月末	本年 5 月末	本年 10 月末	本年 12 月末
个人存款额 a/万元	60	50	90	100	150
全部存款额 b/万元	100	125	170	200	200
个人存款所占比重 $c=a/b$/%	60.0	40.0	52.9	50.0	75.0

该年个人存款占全部存款的平均比重为

$$\bar{c}=\frac{\bar{a}}{\bar{b}}=\frac{\left(\frac{a_1+a_2}{2}f_1+\frac{a_2+a_3}{2}f_2+\cdots+\frac{a_{n-1}+a_n}{2}f_{n-1}\right)\Big/\sum f}{\left(\frac{b_1+b_2}{2}f_1+\frac{b_2+b_3}{2}f_2+\cdots+\frac{b_{n-1}+b_n}{2}f_{n-1}\right)\Big/\sum f}$$

$$=\frac{\frac{a_1+a_2}{2}f_1+\frac{a_2+a_3}{2}f_2+\cdots+\frac{a_{n-1}+a_n}{2}f_{n-1}}{\frac{b_1+b_2}{2}f_1+\frac{b_2+b_3}{2}f_2+\cdots+\frac{b_{n-1}+b_n}{2}f_{n-1}}$$

$$=\frac{\frac{60+50}{2}\times 3+\frac{50+90}{2}\times 2+\frac{90+100}{2}\times 5+\frac{100+150}{2}\times 2}{\frac{100+125}{2}\times 3+\frac{125+170}{2}\times 2+\frac{170+200}{2}\times 5+\frac{200+200}{2}\times 2}$$

$$=0.5262 \text{ 或 } 52.62\%$$

即该年某储蓄所个人存款占全部存款的平均比重为 52.62%。

3. 根据平均数时间序列计算平均发展水平

前面讲过，平均数时间序列按其构成指标是一般平均数还是序时平均数，可分为一般平均数时间序列和序时平均数时间序列。

（1）由一般平均数时间序列求其平均发展水平，可参照相对数时间序列中计算平均发展水平的方法，即先分别计算分子项时间序列和分母项时间序列的平均发展水平，然后再将这两个平均发展水平作对比后求得，故不再举例。

（2）由序时平均数时间序列求平均发展水平，用下列公式计算：

$$\bar{a}=\frac{a_1f_1+a_2f_2+\cdots+a_nf_n}{\sum f_i}=\frac{\sum a_if_i}{\sum f_i} \tag{6-7}$$

式中，f_i 为序时平均数时间序列第 i 期的平均指标值所包括的时期长度（权数）；a_i 为序时平均数时间序列第 i 期的平均指标值；$\bar{a}$ 为序时平均数序列的平均发展水平。

上式中如果 $f_1=f_2=\cdots=f_n$，则有

$$\bar{a}=\frac{a_1f_1+a_2f_2+\cdots+a_nf_n}{\sum f_i}=\frac{\sum a_if_i}{\sum f_i}=\frac{f\sum a_i}{nf}=\frac{\sum a_i}{n}$$

这就是在时期长度相等的序时平均数序列中求平均发展水平的计算公式。其中，n 为序时平均数序列总的时期数。

【例 6-8】 如果已知表 6-2 中的第 3 行平均职工人数时间序列，试计算该企业 2006～2010 年平均每年拥有职工人数。

据表 6-2 资料可知，年平均职工人数时间序列是时期相等（均为 1 年）的序时平均数时间序列，故其平均每年拥有职工人数为

$$\bar{a}=\frac{\sum a_i}{n}=\frac{8250+8350+8625+8925+10\,400}{5}=8910(\text{人})$$

这与直接根据年末职工人数时点序列计算的结果是一样的。

（三）增长量

1. 增长量的意义

增长量的概念有广义和狭义之别。狭义的增长量仅指在绝对数时间序列中总量指标的报告期水平与基期水平之差，用以反映或考察现象在一定时期内总量发展水平增长或减少的绝对数量。有些现象以正增长量为好，如产量、产值增加；有些现象以负增长量为好，如财政赤字的减少、受灾面积的减少等。广义的增长量，也称增长水平，其计算公式为

$$增长水平 = 报告期水平 - 基期水平$$

在广义增长量的计算中所依据的报告期水平与基期水平，它们既包括绝对数表现的总量指标，也包括相对指标值与平均指标值，故狭义增长量仅是广义增长量的一个组成部分，在计算广义增长量时，报告期水平、基期水平宜采用有量纲的相对指标值和平均指标，如全员劳动生产率的增长量、人均拥有耕地水平的增长量、单位产品成本的负增长量（减少量）、平均工资的增长量等，这样计算出来的增长量，含义具体、明确。无论狭义还是广义的增长量，其值可正可负，故增长量亦称增减量。在本章中所介绍的增长量，是指狭义的增长量。

2. 增长量的种类

由于增长量是总量指标的报告期水平减基期水平后的差额，所以对某一特定的总量指标时间序列进行分析时，由于所选择的基期不同，增长量又可以分为逐期增长量和累计增长量两种。逐期增长量，是指总量指标的本期水平减去前一期水平之差，说明现象逐期增加的数量，有人也称之为环比增长量。累计增长量（或累积增长量），是指总量指标的本期水平减去某一固定期水平（通常为时间序列的最初水平）之差，说明现象在一定时期内的总增长量，有人也称之为定基增长量。用符号表示如下：

$$逐期增长量\quad (a_i - a_{i-1}): a_2 - a_1, a_3 - a_2, \cdots, a_n - a_{n-1}$$

$$累计增长量\quad (a_i - a_1): a_2 - a_1, a_3 - a_1, \cdots, a_n - a_1$$

由上式可以看出，累计增长量等于相应逐期增长量的代数和

$$(a_2 - a_1) + (a_3 - a_2) + \cdots + (a_n - a_{n-1}) = a_n - a_1$$

另外，相邻两个累计增长量之差也等于相应的逐期增长量，即

$$(a_{i+1} - a_1) - (a_i - a_1) = a_{i+1} - a_i$$

【例 6-9】 下面以表 6-2 资料中的第 1 行工业增加值数据为例，说明逐期增长量、累计增长量的具体计算处理方法如表 6-7 所示。

表 6-7　某工业企业 2006～2010 年生产发展情况　　单位：万元

项目		2006 年	2007 年	2008 年	2009 年	2010 年
工业增加值/万元		7 050	9 980	11 420	15 090	20 000
增长量	逐期（$a_i - a_{i-1}$）		2 930	1 440	3 670	4 910
	累计（$a_i - a_1$）		2 930	4 370	8 040	12 950

在实际统计分析工作中，为了消除季节变动的影响也常计算年距增长量，即

$$年距增长量 = 本年某期发展水平 - 去年同期发展水平$$

【例 6-10】 某食品饮料厂，今年 6 月份的饮料产量为 600 吨，5 月份产量仅为 350 吨，但根据资料又知去年 6 月份的饮料产量为 580 吨，试对此作出评价。

饮料生产受季节性因素的影响很大，只测算逐期增长量不能说明问题，而计算年距增长量却有实际意义。从年距增长量看，6 月份饮料超过去年同期 20 吨，有所增长。若不与上年同期比，只与上月比的话，则会造成产量陡增的错觉，会忽视季节因素的影响。

（四）平均增长量

平均增长量是逐期增长量的序时平均数，说明某种现象在时期内平均每期比前一期增长的绝对数量。即将各个逐期增长量相加之后，除以逐期增长量的个数，或将最末期累计增长量除以（时间数列项数－1），即

$$平均增长量 = \frac{逐期增长量之和}{逐期增长量个数} = \frac{末期累计增长量}{时间数列项数 - 1} \tag{6-8}$$

【例 6-11】 据表 6-7 资料来看，该工业企业在 2006～2010 年的工业增加值的年平均增长量为（2930＋1440＋3670＋4910）/4＝12 950/（5－1）＝3237.5（万元）。

按这种方法计算平均增长量，可以保证以基期水平 a_1 为基础，每期按平均增长量水平递增，计算的最末期即第 n 期理论水平与第 n 期的实际水平完全相等，即

$$\begin{aligned} & a_1 + 平均增长量 + 平均增长量 + \cdots + 平均增长量 \\ = & a_1 + 平均增长量 \times 逐期增长量的个数 \\ = & a_1 + 最末期累计增长量 = a_1 + (a_n - a_1) = a_n \end{aligned}$$

由于逐期增长量的总和等于最末期的累计增长量（a_n-a_1），所以按此法计算的平均增长量只和最末水平、最初水平有关，而和中间各期的水平无关，故称水平法。用这种方法来推算各期水平时可能和实际水平有很大差别，甚至不能反映实际情况，这就应考虑是否需另辟解决问题的办法。

二、时间序列分析的速度指标

时间序列分析的速度指标主要包括发展速度、增长速度、平均发展速度和平均增长速度。

（一）发展速度

发展速度，亦称动态系数。它是某一现象报告期发展水平与基期发展水平对比后而得到的动态相对指标。它是用来说明现象发展程度的指标，也就是说报告期发展水平已经发展到（或增加到）基期发展水平的百分之几或若干倍的动态相对指标。其基本计算公式为

$$发展速度 = \frac{某指标的报告期水平}{同一指标的基期水平}(\times 100\%)$$

发展速度一般用百分数表示，但是当报告期水平远远大于基期水平时，多用倍数

表示。

在计算发展速度时，由于选择的对比基期不同，发展速度可分为环比发展速度与定基发展速度两种。

（1）环比发展速度，是时间序列中的报告期水平与前一期水平之比，即选择前一期为对比基期而计算的发展速度。它说明报告期水平对前期水平来说已发展到百分之几或若干倍，也就是表明所考察现象的逐期发展的相对程度，写成公式为

$$环比发展速度=\frac{某指标的报告期水平}{同一指标报告期的前一期水平}(\times 100\%)$$

用符号表示则为

$$\frac{a_2}{a_1},\frac{a_3}{a_2},\frac{a_4}{a_3},\cdots,\frac{a_n}{a_{n-1}} \tag{6-9}$$

（2）定基发展速度，是时间序列中的报告期发展水平与某一固定基期的发展水平（通常为时间序列的最初水平）之比。它反映了被研究对象在较长的一段时间内总的发展变动程度，表明报告期水平与固定基期水平相比已经发展到百分之几或多少倍。因此，它有时也称为“总速度”，写成公式为

$$定基发展速度=\frac{某指标的报告期水平}{同一指标的固定基期水平}(\times 100\%)$$

用符号表示则为

$$\frac{a_2}{a_1},\frac{a_3}{a_1},\frac{a_4}{a_1},\cdots,\frac{a_n}{a_1} \tag{6-10}$$

不难看出，环比发展速度与定基发展速度之间存在着如下的数量对应关系：第一，环比发展速度的连乘积等于相应的定基发展速度，即

$$\frac{a_2}{a_1}\times\frac{a_3}{a_2}\times\frac{a_4}{a_3}\times\cdots\times\frac{a_n}{a_{n-1}}=\frac{a_n}{a_1}$$

第二，相邻两个时期的定基发展速度之比等于相应环比发展速度，即

$$\frac{a_{i+1}}{a_1}\div\frac{a_i}{a_1}=\frac{a_{i+1}}{a_i}$$

在实际工作中，有时也计算年距发展速度，以消除季节变动因素的影响，说明本年某期发展水平与去年同期发展水平对比达到的相对发展程度，即

$$年距发展速度=\frac{本年某期发展水平}{去年同期发展水平}(\times 100\%) \tag{6-11}$$

（二）增长速度

增长速度是表明被研究现象增长程度的指标，是增长量的相对数，即报告期增长量与基期水平之比，用以说明报告期水平比基期水平提高了（或降低了）的程度。其计算公式为

$$\begin{aligned}增长速度&=\frac{增长量}{基期水平}=\frac{报告期水平-基期水平}{基期水平}\\&=发展速度-1(或者 100\%)\end{aligned} \tag{6-12}$$

增长速度的数值通常用百分数表示，而且由于增长速度的数值可能为正数，也可

能为负数，所以也把增长速度称为增减速度或增减率。因而，当增长速度为正值时，表示真正增长速度，又称之为增长率；当增长速度为负值时，表示实际降低速度，又称降低率或下降率。

从增长速度的计算公式中可以看到，计算增长速度具有重要的实际意义。增长速度等于发展速度减 1，其中的 1 实质上就是抽象化的基期实际水平，从实际意义上说，基期已形成的事实是不能再改变的，要改变的只能是未来，而这种未来的变化必须在已经形成的基础上进行调整，能调整的部分只能是增长部分（包括负增长），这部分的数量表现则为增长量、增长速度。

计算增长速度时，由于选择对比的基础不同，也可以分为环比增长速度与定基增长速度。环比增长速度表明被研究现象逐期的增长程度，定基增长速度表明所研究现象在较长时期内总的增长程度。其计算公式如下：

$$\text{环比增长速度} = \frac{\text{逐期增长量}}{\text{前期水平}} = \text{环比发展速度} - 1$$

$$\text{定基增长速度} = \frac{\text{累计增长量}}{\text{固定基期水平}} = \text{定基发展速度} - 1$$

【例 6-12】 已知某企业厂长在两年前聘任时，曾与有关部门签订承包合同，拟在任期的三年里，使最后一年的上缴利润比基年利润提高 25%。又知第一年上缴利润比基年增长 5%，第二年上缴利润又比第一年的增加 7%，试计算厂长应使第三年上缴利润的环比增长速度达到多少方能履行合同的承诺。

解： 设基年上缴利润水平为 a_0，任期的三年里上缴利润水平分别为 a_1、a_2 及 a_3，依题意可知：$a_3/a_0=1+25\%=125\%$ $a_1/a_0=1+5\%=105\%$，$\frac{a_2}{a_1}=1+7\%=107\%$，欲求 $a_3/a_2-1=?$

$$\because \frac{a_1}{a_0}\times\frac{a_2}{a_1}\times\frac{a_3}{a_2}=\frac{a_3}{a_0},\therefore \frac{a_3}{a_2}=\frac{a_3}{a_0}\div\left(\frac{a_1}{a_0}\times\frac{a_2}{a_1}\right)=125\%\div(105\%\times107\%)$$
$$=111.26\%$$

则$\frac{a_3}{a_2}-1=111.26\%-1=11.26\%$。即厂长应使第三年上缴利润的环比增长速度达到 11.26%，方能履行合同的承诺。

在实际统计工作中，为了消除季节变动因素的影响，有时也计算年距增长速度，用以说明年距增长量与去年同期发展水平对比达到的相对增长速度即

年距增长速度＝年距增长量/去年同期水平

$$=\frac{\text{本年某期发展水平}-\text{去年同期水平}}{\text{去年同期水平}}=\text{年距发展速度}-1\ (\text{或}\ 100\%)$$

增长速度是把对比的两个指标数值抽象化为无量纲的相对指标来计算的，对于同一时间序列的环比增长速度或几个可比的类似现象的时间序列（如甲企业、乙企业的利润总额时间序列）的增长速度，由于对比基期水平不同，所以同是增长 1%，即增加一个百分点，其所代表的内容含量水平也是不同的。因此，只计算增长速度而不计算增长 1%的绝对值（或水平值），就容易出现高速度掩盖低水平的问题。因而，为了掌

握增长速度的实际效果，在分析现象的增长速度时，还运用总量指标与相对指标结合运用的原则，把增长量与增长速度结合起来，计算增长1%的绝对值（或水平值）。计算公式为

$$增长1\%的绝对值=\frac{逐期增长量}{环比增长速度}\times 1\%=\frac{逐期增长量}{\dfrac{逐期增长量}{前一期水平}}\times 1\%=\frac{前一期水平}{100} \tag{6-13}$$

【例6-13】 为说明发展速度、增长速度、增长1%的绝对值之间的关系，以表6-2中第1行的工业增加值序列为例，具体计算如表6-8所示。

表6-8　某工业企业2006～2010年工业增加值分析指标计算表

项目		2006年	2007年	2008年	2009年	2010年
工业增加值/万元		7 050	9 980	11 420	15 090	20 000
增长量/万元	逐期	—	2 930	1 440	3 670	4 910
	累计	—	2 930	4 370	8 040	12 950
发展速度/%	环比	—	141.56	114.43	132.14	132.54
	定基	—	141.56	161.99	214.04	283.69
增长速度/%	环比	—	41.56	14.43	32.14	32.54
	定基	—	41.56	61.99	114.04	183.69
增长1%的绝对值/万元		—	70.50	99.80	114.20	150.90

（三）平均发展速度

平均发展速度是各个环比发展速度的序时平均数。它说明某种现象在较长时期内逐期平均发展变化的程度。

计算平均发展速度的方法主要有水平法和累计法两种，对于时期序列的各项指标值对比而形成的环比发展速度序列，还可以采用简捷法。

1. 水平法

水平法又称几何平均法。由于现象发展的定基发展速度（总速度）不等于各期环比发展速度之和，而等于各期环比发展速度之积，所以求各期环比发展速度的序时平均数就不能对各期环比发展速度进行算术平均，一般应用几何平均数公式计算。其计算公式为

$$\begin{aligned}\bar{x}&=\sqrt[n-1]{\prod_{i=1}^{n-1}x_i}\\&=\sqrt[n-1]{\frac{a_2}{a_1}\times\frac{a_3}{a_2}\times\frac{a_4}{a_3}\times\cdots\times\frac{a_n}{a_{n-1}}}=\sqrt[n-1]{\frac{a_n}{a_1}}\end{aligned} \tag{6-14}$$

式中，$\bar{x}$ 为平均发展速度；x_i 为第 i 期环比发展速度；$\prod$ 为连乘符号；$n-1$ 为环比发展速度的个数；a_1 为最初水平（基期水平）；a_n 为最末水平（报告期水平）；a_2，a_3，…，a_{n-1} 表示中间各期水平。

由上可见，几何平均法计算的平均发展速度是要求最末一期达到某种水平 a_n，其余各期从最初水平 a_1 出发平均每期应达到的发展速度 $\overline{x}$，即

$$a_1 \cdot \overline{x} \cdot \overline{x} \cdot \overline{x} \cdot \cdots \cdot \overline{x} = a_1(\overline{x})^{n-1} = a_n$$

所以也称之为水平法。因而，按几何平均法计算的平均发展速度，可以保证按这一平均发展速度推算的最末一期理论发展水平等于这一期的实际水平。按此法计算出来的平均发展速度的连乘积也等于各时期实际环比发展速度的连乘积。由此推算的最末一期定基发展速度亦和这一期实际的定期发展速度一致。而由于这种方法计算的平均发展速度取决于最初水平和最末水平，而和中间各期的水平无关，因此采用这种方法计算出来的平均发展速度去推算各期发展水平则可能和各期的实际水平有很大差异。

【例 6-14】 从表 6-8 资料可以计算该工业企业 2006～2010 年工业增加值的年平均发展速度 $\overline{x}$：

$$\overline{x} = \sqrt[n-1]{\frac{a_n}{a_1}} = \sqrt[5-1]{\frac{20\ 000}{7\ 050}} = \sqrt[4]{2.8369} = 1.6843 \text{ 或 } 168.43\%$$

或

$$\overline{x} = \sqrt[n-1]{\prod_{i=1}^{n-1} x_i} = \sqrt[5-1]{141.56\% \times 114.43\% \times 132.14\% \times 132.54\%}$$

$$= \sqrt[4]{2.8370} = 1.6843 \text{ 或 } 168.43\%$$

两个公式计算的结果几乎一致。按环比发展速度的连乘积求得的最末期定基发展速度是 2.8370，而最末期准确的定基发展速为 2.836 879 433≈2.8369，这是由于在计算各期环比发展速度时对结果进行四舍五入所致。

如果现象发展的过程划分为几个连续时期段，同时又具有各个时期段的平均发展速度指标，要对现象发展的全过程求平均发展速度，则要以每个时期段所包含的时期数为权数，按加权几何平均法计算。计算公式为

$$\overline{x} = \sqrt[\sum f]{x_1{}^{f_1} \times x_2{}^{f_2} \times x_3{}^{f_3} \times \cdots \times x_n{}^{f_n}} = \sqrt[\sum f]{\prod x^f} \tag{6-15}$$

式中，x_i 为各时期段的平均发展速度；f 为各平均发展速度 x 所代表的时期数。

2. 累计法

累积法又称方程法。这个方法的数学依据是：从最初水平 a_0 出发，每期按照平均发展速度发展，按平均发展速度推算的各期发展水平之和等于各期实际发展水平之和，即

$$a_0\,\overline{x} + a_0\,\overline{x}^2 + a_0\,\overline{x}^3 + \cdots + a_0\,\overline{x}^n = \sum_{i=i}^{n} a_i$$

$$\overline{x} + \overline{x}^2 + \overline{x}^3 + \cdots + \overline{x}^n = \sum_{i=i}^{n} a_i / a_0 \tag{6-16}$$

式（6-16）即累计法计算平均发展速度的计算公式。这个方程的正根，就是所求的平均发展速度，故称之为方程法。

按这种方法计算的平均发展速度可以保证推算的各期发展水平的总和与各期实际发展水平总和相等，推算的各期定基发展速度总和也和各期实际定基发展速度的总和

相等，所以此法又称累计法。但是这种方法计算的平均发展速度推算出来的最末一年的理论水平不能保证等于最末一年的实际水平。

解式（6-16）这个高次方程并非易事，在实际工作中，为了简化计算手续，人们往往事先编制好方程法的平均发展（或增长）速度查对表，以便在求解时查对。

查表的方法是：先求出各期发展水平之和与最初水平的比值 $\sum_{i=i}^{n} a_i/a_0$ ，然后再用 $\sum_{i=i}^{n} a_i/a_0$ 除以时期数 n，若其商大于1，则查表中的增长速度部分，根据比值和 n 从中找出所求的平均发展速度，若其商小于1，则查表中的递减速度部分，也是根据比值和 n 从表中找出所求的平均发展速度。

【例 6-15】 根据表 6-9 资料用累计法计算 2006～2010 年某地区某种产品产量年平均发展速度

表 6-9　2005～2010 年某地区某种产品产量资料

年份	2005	2006	2007	2008	2009	2010
产量/万吨	4 337	4 680	5 205	5 602	5 918	6 124

首先计算各年发展水平总和为基期的%：

$$\sum_{i=i}^{n} a_i/a_0 = \frac{(4680+5205+5602+5918+6124)}{4337} = \frac{27\ 529}{4337}$$

$$= 634.75\% \text{ 或 } 6.3475$$

由于 6.3475/5＝1.2695>1，可知这是递增型数列，从“查对表”中的增长速度部分查出接近比值 634.75%的比值 633.59%（年数 n＝5）的对应平均每年增长速度为 8.0%（表 6-10），所以平均每年发展速度为 108.00%，即方程法所求的平均发展速度；

表 6-10　累计法查对表的一部分

平均每年增长比率/%	各年发展水平总和为基期的%				
	1 年	2 年	3 年	4 年	5 年
…	…	…	…	…	…
7.8	107.80	224.01	349.28	484.32	629.89
7.8	107.90	224.32	349.94	485.48	631.73
7.8	108.00	224.64	350.61	486.66	633.59
…	…	…	…	…	…

在没有查对表的情况下，利用式（6-16）求平均发展速度，可采用试根法计算其近似值。

试根法：令 $\bar{x}=1$，则 $\bar{x}+\bar{x}^2+\bar{x}^3+\bar{x}^4=5<6.3475$，其根必大于1；再令 $\bar{x}=1.1$，则 $\bar{x}+\bar{x}^2+\bar{x}^3+\bar{x}^4=1.1+1.21+1.331+1.4641+1.610\ 51=6.715\ 61>6.3475$，可见方程的根小于 1.1，即介于 1.0 和 1.1 之间。再依次令 $\bar{x}=1.05$、$\bar{x}=1.06$、$\bar{x}=1.07$、$\bar{x}=1.08$、$\bar{x}=1.09$ 试算下去，直到算出符合要求的近似值。若要求的精度为 0.1%，就要保留小数点后三位，即求得 $\bar{x}=1.081$ 或 108.10%。

以上我们介绍了最常用的两种计算平均发展速度的方法。在具体计算现象的平均发展速度时，要把握住两种计算方法的特点。几何平均法与方程法计算平均发展速度的出发点不同，计算结果也有所不同。前者只涉及最末水平与最初水平，而不管中间各期所达到的水平。工农业生产量、人口数等侧重考察最末期所达到的水平指标，可采用几何平均法求平均发展速度。后者要利用各期的资料，它的大小和方向取决于各期水平和最初水平之比，适用于基本建设投资、毕业生人数等侧重考察全期发展总和水平的指标。

（四）平均增长速度

平均增长速度，就是现象在若干期内的各环比增长速度的序时平均数。它表明现象在某一时期内逐期平均增长变化的程度。平均增长速度为正值时称为平均递增率，为负值时称为平均递减率或平均下降率。

平均增长速度指标是综合说明现象逐期递增（或减）的平均速度。但是，由于各期环比增长速度的连乘积并不等于总增长速度，所以不能根据各期环比增长速度来直接计算平均增长速度。必须先求现象的平均发展速度，然后再按照平均发展速度与平均增长速度的关系式求得：

$$\text{平均增长速度} = \text{平均发展速度} - 1(\text{或 } 100\%)$$

由于平均发展速度的计算一般用“水平法”与“累计法”，因而，计算平均增长速度也有“水平法”和“累计法”。可见，平均增长速度与平均发展速度是从不同角度来反映现象发展过程的两个平均速度指标，两者仅差一个基数。

【例 6-16】 根据表 6-9 资料，用水平法计算的 2006～2010 年某地区某种产品产量的年平均增长速度$=\bar{x}-1=\sqrt[5]{\dfrac{6124}{4337}}-1=1.0714-1=0.0714$ 或 7.14%。

根据表 6-9 资料，用累计法计算的 2006～2010 年某地区某种产品产量的年平均发展速度为 108.1%，则其平均增长速度=108.1%−1=8.1%。

如果 a_0，a_1，…，a_n 代表时期序列中的各期发展水平，则各环比增长速度编成时间序列，就是动态型相对数时间序列。因此，我们可以按照平均发展速度简捷法的原理，得到计算平均增长速度的简捷法。其计算公式为

$$\begin{aligned}\text{平均增长速度} &= \frac{\text{各环比增长速度分子项之和} \div \text{项数}}{\text{各环比增长速度分母项之和} \div \text{项数}} \\ &= \frac{[(a_1-a_0)+(a_2-a_1)+\cdots+(a_n-a_{n-1})]\div n}{(a_0+a_1+\cdots+a_{n-1})\div n} \\ &= \frac{a_n-a_0}{a_0+a_1+\cdots+a_{n-1}} \\ &= \frac{a_n-a_0}{\sum_{i=0}^{n-1}a_i} \qquad (6\text{-}17)\end{aligned}$$

根据表 6-9 的资料，用简捷法计算 2006～2010 年某地区某种产品产量年平均发展速度=106.94%−1=6.94%。

第三节　时间序列变动构成分析

一、时间序列变动的因素构成

各种时间序列的每一观察量，在不同时间上的数值表现会有各种不同的变化，或上升或下降或循环有序或变动无常。而每一时间序列在数量上的总变动都是由各种因素变动同时作用的结果。欲测定分析每种因素变动所施加于总变动的影响力，需对各种因素影响所形成的波动加以归纳、划分为不同的种类。为此，通常把时间序列在数量上的总变动分解为下列四种类型的数量变动。

（一）长期趋势（T）

它是指客观现象在某一个相当长的时期内持续发展变化的趋势。它是客观现象在相当长久的时期（至少四年以上）中受某些基本不变的决定性因素影响所表现出来的发展变化的趋势，主要有向上发展变化的趋势和向下发展变化的趋势，有的则向上发展或向下发展的趋势并不明显而呈稳定的水平趋势。很显然，时间序列的长期趋势，构成了时间序列总变动的主要部分。而且我们所要研究的长期趋势，主要是在特定时间、区间内现象朝单一方向持续运动的态势，正确研究和测定时间序列的长期趋势，可以揭示客观现象在过去一段相当长的时期中所表现出来的向上增长或向下降低的发展态势，从而认识和掌握现象发展变化的规律性，为统计预测提供必要条件。同时，测定长期趋势，还可以为研究时间序列的季节变动、循环变动、不规则变动时，消除长期趋势的影响提供依据。

（二）季节变动（S）

它是指客观时间序列所描述的现象，由于受到自然条件或社会条件的影响，在每一个年度之内（亦可以是一天内、一周内、一月内或一季内，但是不超过一个年度）所呈现的具有一定规律性的周期变动。这种规律性的周期变动，基本上是自然气象季节因素所致，也有的是人为因素所致。前者由于受自然界季节变化所致，可称之为自然的季节变动，如农作物的生长规律；后者由于受社会制度、人们的各种习惯、行政及法律的约束而发生的季节性变动，如我国许多商品与劳务的交易，在春节、中秋节、端午节、国庆节特别旺盛，均属人为因素所形成的季节变动，可称之为人为的季节变动。然而，人为的季节变动难免直接或间接地受自然气象季节的影响，所以也可一言以蔽之，季节变动基本上是受自然因素的影响所致。需特别注意的是，季节变动的周期长度$\leqslant$1 年，研究和测定季节变动的重要意义在于认识它、掌握它，从而为克服季节变动所引起的不良影响和合理地组织、安排一年内的生产、经营、生活等提供参考资料。

（三）循环变动（C）

它是指在某些以年度为计量单位的整个时间序列中，环绕着长期趋势周而复始的起伏波动，也称波浪式变动。这种波动为近乎规律性的从高到低，再从低到高的迂回变动，在本质上具有上升与下降反复发生的现象，而且其每一反复或循环周期，常在一年以上，并且其每一反复或循环周期不一定完全一致，它们的各自周期可长可短。各种具有循环变动的事物或现象，其变动周期的长短不同，上下波动的程度也不同，但每一周期都呈现盛衰起伏相间的状况。而对一个完整周期的循环变动，可将其进一步分解为复苏期、扩张期、收缩期及萧条期四个阶段。

可见，循环变动既有别于长期趋势，因其非朝单一方向持续运动，又有别于季节变动，因其变动周期较长且规则性较差。循环变动与季节变动的区别，以其变动的规律性高低为准。循环变动仅具有自由规律，而季节变动则有固定规律（至少自然季节如此）。另外，循环变动仅有可识别的模型，而缺乏固定周期（每一次循环的周期不完全相同）；季节变动则兼有可识别的模型与固定变动周期。研究与测定循环变动的重要意义在于探索循环变动的规律，以及某一现象与其他现象循环变动的联系，为掌握现象发展的趋向或规律及进行科学的长期预测与决策提供有效的依据。

（四）不规则变动（I）

它是指客观现象受自然或社会的偶然因素所引起的一种不规则与非循环性的变动。也称随机波动或偶然变动或意外波动。从长期时间序列的统计分析来说，全部偶然性的意外变动数值之和，将趋于零，也就是说，全部偶然性的意外变动数值几乎趋于相互抵消。但是对于某一特定历史阶段而言，对某一特定区域的观察现象受偶然变动的影响则可能相对很大。比如，某地区的农业生产由于受雨量、气温、光照等气候偶然变化的影响，会使该地区的全部或局部农业增产，也可能带来灾害。所以，研究和测定某一时间序列的不规律变动，只有把影响原历史时期的各种具体情况联系起来分析才有意义，而且由于不规则变动是偶然的，其发生的概率是不确定的，所以对于不规则变动的测定、分析，仅对于过去的历史状况分析有实际意义，而对于未来的预测分析，则仅供参考。

二、经济现象时间序列变动分析方法的基本假设

设 Y 代表时间序列的观察值（发展水平），T 代表其长期趋势，C 代表其循环变动；S 代表其季节变动；I 代表不规则变动。那么，某一具体时间序列的总变动就可视为 T、S、C、I 综合组成的结果。而对时间序列变动的分析方法则目的在于将时间序列 Y 分解为 T、S、C、I 的数量变动。那么这一分析方法的关键问题是假设 T、S、C、I 是如何结合起来而影响时间序列变动的。时间序列中各种构成变动的假设组成有很多，其中最基本的有加法模型和乘法模型。

加法模型：就是假设时间序列中的 T、S、C、I 的变动数值是各自独立而彼此互不影响的，这样，整个时间序列的每一观察值 Y 就表现为由 T、S、C、I 的相应变动数值彼此相加的结果，用一个数学关系式表达，就表现为下列公式（模型）：

$$Y=T+S+C+I$$

乘法模型：就是假设时间序列中的 T、S、C、I 的变动数值为互相依存而彼此影

响的，这样，整个时间序列的每一观察值 Y 就表现为由 T、S、C、I 的相应变动数值彼此相乘的结果，用一个数学关系式表达，就表现为下列公式（模型）：

$$Y = T \cdot S \cdot C \cdot I$$

在乘法模型中，通常 T 与 Y 的计量单位一致，而 S、C、I 通常以无名数（系数或百分数）表示。T 和 S 属于常态现象，则称 $T \times S$ 为常态变动，$C \times I$ 为剩余变动。

对于经济现象时间序列变动的分析方法，往往假设 T、S、C、I 是相互依存的，从而表现为乘法模型。从现实意义上说，乘法模型的假设要比加法模型的假设更为符合实际。所以，下面我们就以乘法模型为例，介绍时间序列变动中各因素构成变动的测定方法。

三、长期趋势的测定方法

长期趋势是指某种客观现象在一段相当长的时期内发展变动的趋势。这种趋势体现在观察值的上下波动之中，只有对其波动进行修匀后，才能体现出现象发展趋势的走向和状态。为此而对时间序列变动的各种修匀就是长期趋势的测定。

对时间序列进行修匀或对长期趋势的测定方法有很多，既有传统的纯人工修匀方法，也有融现代技术的计算机拟合法；既有数学模型方法，也有非数学模型方法。我们在这里介绍的方法有非数学模型测定方法中的随手画线法和移动平均法，数学模型测定方法中的最小平方法。

（一）随手画线法

这是测定长期趋势的最简单的一种方法。这种方法，不用数学方程式的配合与计算，但是一般需借助透明尺与坐标纸，以资描画。其具体做法是：首先，把时间序列资料绘成曲线图，即把时间序列各观察值在直角坐标系中画成动态散点图，然后再把各散点依次连接起来而成折线图，以资观察其变化趋势。其次，凭借观察者的个人经验，在折线图中央画出一条趋势线，所画趋势线应尽量使趋势线与其上方折线所围成的面积总和等于其与下方折线所围成的面积总和，同时就整个时间序列而言，其前半部分与后半部分亦需大抵相等，并且力求每一大循环的上下面积大抵相等。也就是说，趋势线上方的观察值散点垂直偏差（从散点至趋势线）总和，应与趋势线下方的观察值散点垂直偏差总和相等。

随手画线法用于测定长期趋势，具有简便、灵活、省时、省力的优点，如果资料准确、完整，画线仔细，也不失为一种有用的方法。但是也存在受观察者主观念意识的影响与画线者技术高低及经验丰富与否制约的局限性，所以这种方法只是为了粗略地描述现象的变化趋势或只是要求取得未来发展的近似预测情况时才予使用。

（二）移动平均法

移动平均法就是在扩大时距的同时，采用逐期移动的方法来计算扩大时距后的序时平均数，这样就出现了一个新的时间序列，这个派生出来的新序列是由逐期移动平均的序时平均数构成的。计算其每一序时平均数的方法就是算术平均法，而每一个逐期移动平均的序时平均数就是现象在相应时期上的趋势值（又称修匀值）。例如，对年度资料时间序列进行三年（三项）移动平均，首三年资料的平均数就作为第二年的趋势值；第二年至第四年三年资料的平均数就作为第三年的趋势值；依此类推，就可以得到一个修匀的新时间序列。在新时间序列中，短期的偶然因素引起的变动被削弱，从而呈现出现象在较长时间的基本发展趋势。

在移动平均过程中，每次移动的项数都是前后一致的，这样原时间序列经移动平均修匀后，就形成了比原数列项数要少的派生时间序列。所以，移动平均法不适宜直接进行外推预测，其最大用途则在于观察现象发展变化的趋势。而且移动平均的项数越多，呈现出来的波动越小，也就越平滑，趋势就越明显，但是同时，它离实际情况也就越远。因此，必须合理地选取移动平均的项数。

移动平均的项数取多少，应视资料的特点而定，分年资料，可采用 3 年（或 5 年、7 年）移动平均，采用奇数主要是考虑移动平均的趋势值可一次性求得并与移动序时平均的期数中间项对应。数年的分月（或季）资料一般根据一个循环周期（常用年）内的月（或季）数为移动平均的项数，以消除季节变动的因素影响，由于年内的月份数或季度数为偶数，这样第一次移动平均数只能与所平均的原数列的中间两项之间对应，如表 6-11 所示，因此还需进行一次两项的移正平均，即把移动平均数的两项作一个简单平均，使移动平均数能与原数列的值对应。

表 6-11 我国 1989～2010 年粮食产量的五年移动平均计算表 单位：万吨

年份	实际产量	五年移动平均	年 份	实际产量	五年移动平均
1989	40 754.9		2000	46 217.5	47 851.02
1990	44 624.3		2001	45 263.7	46 219.02
1991	43 529.3	43 764.62	2002	45 705.8	45 440.68
1992	44 265.8	44 515.66	2003	43 069.5	45 877.62
1993	45 648.8	44 923.16	2004	46 946.9	46 785.72
1994	44 510.1	46 308.00	2005	48 402.2	47 676.62
1995	46 661.8	47 338.26	2006	49 804.2	49 636.9
1996	50 453.5	48 454.40	2007	50 160.3	50 863.94
1997	49 417.1	49 720.10	2008	52 870.9	52 111.7
1998	51 229.5	49 631.24	2009	53 082.1	
1999	50 838.6	48 593.28	2010	54 641.0	

在表 6-11 中原数列是我国 1989～2010 年的粮食产量，现以奇数 5 年为移动平均的项数，这样移动平均后的项数＝22－5＋1＝18 项，对应 1991 年的移动平均产量值为 43 764.62 万吨，是根据 1989～1993 年的五年产量加总后除以 5 得到的，即

$$43\ 764.62=(40\ 754.9+44\ 624.3+43\ 529.3+44\ 265.8+45\ 648.8)\div 5$$

对应 1992 年的移动平均产量值为 44 515.66 万吨，是根据 1990～1994 年的五年产量加总后除以 5 得到的，即

$$44\ 515.66=(44\ 624.3+43\ 529.3+44\ 265.8+45\ 648.8+44\ 510.1)\div 5$$

依此类推，这样逐年求 5 年的移动平均，可得反映各年产量变化的移动平均的趋

势值（又称修匀值）。可见，我国粮食产量在1989～2010年具有缓慢上升发展趋势。若在图表上画出实际产量与移动平均产量的变动曲线时，将会看到经过移动平均修匀的产量起伏更小些，并在实际产量的变动曲线里穿行，如图6-1所示。移动平均法对消除各年粮食产量生产中的偶然因素，突出粮食产量变动趋势具有明显作用。

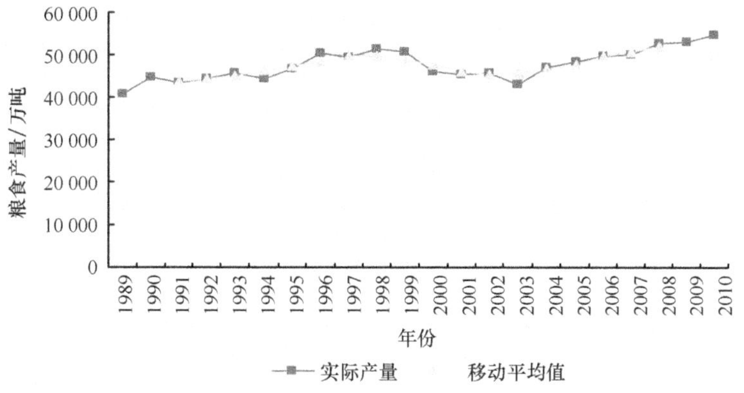

图6-1　我国1989～2010年粮食产量走势图

需指出的是，移动平均法可以采用简单移动平均，亦可采用加权移动平均。我们上面所举例题是采用简单移动平均法进行的。有关加权移动法的内容留待以后再讲。

（三）最小平方法

最小平方法是测定长期趋势最常用的方法，又称最小二乘法。它的基本原理是在时间序列各观察值（y）所绘成的动态散点图中间，作一条较为理想的趋势线（$\hat{y}$），使得原时间序列的各观察值（$\hat{y}$）与趋势线上的对应趋势值（$\hat{y}_t$）的离差（也称偏差）平方和为最小，以达到其最佳配合趋势线的目的。这种方法也要求各观察值（y_t）与趋势线上相应趋势值（$\hat{y}_t$）的离差（偏差）总和为零。因此，最小平方法含有两个条件，以数学形式表示如下：

$$\text{Ⅰ}: \sum (y-\hat{y})^2 = \min$$

$$\text{Ⅱ}: \sum (y-\hat{y}) = 0$$

上列虽然是两个条件，但是第一个条件若能满足，则第二个条件可随之自动满足。

这个方法既可以配合直线趋势，也可以配合曲线趋势。到底配合何种趋势方程，基本方法是要看实际观察值时间序列的图形状态来具体确定。如果从其图形上看，大体上呈直线发展变化的，就配合直线趋势方程；如果其图形走势大体上呈曲线发展变化的，就配合相应的曲线趋势方程。除根据所绘制的实际观察值的动态散点图来确定是配合直线还是曲线趋势方程外，还可以大致按如下一般原则进行配合：如果时间序列的逐期增长量（一次差）大体相同，可配合直线；如果时间序列的逐期增长量的逐期增长量（二级增长量或二次差）大体相同，可配合抛物线；如果时间序列的环比发展速度（或环比增长速度）大体相同，可配合指数曲线。总之，确立配合何种趋势方程，关键取决于实际观察值所反映的现象发展变化的性质和特点，下面就分别说明直线与曲线方程的建立及对长期趋势进行测定的方法。

1. 直线趋势

设直线趋势方程为 $\hat{y}=a+bt$。式中，$\hat{y}$ 为时间序列 y 的长期趋势值；t 为时间变量的代码；a 为 $t=0$ 时的 $\hat{y}$；b 为趋势直线的斜率，表示时间 t 每变动一个单位时，y 平均增加（减少）一个 b 值，即 y 的平均增减量。

根据最小平方法的要求：$\sum(y-\hat{y})^2=\min$，则令 $Q=\sum(y-\hat{y})^2=\sum(y-a-bt)^2=\min$。

把 Q 看成是待定参数 a 和 b 的函数，根据极值定理，若使 Q 有最小值，则其对 a 和 b 的一阶偏导数应等于 0，即

$$\frac{\partial Q}{\partial a}=2\sum(y-a-bt)(-1)=0$$

$$\frac{\partial Q}{\partial b}=2\sum(y-a-bt)(-t)=0$$

整理之，即得

$$\sum y-na-b\sum t=0$$

$$\sum ty-a\sum t-b\sum t^2=0$$

于是得到下列两个标准方程式：

$$\sum y=na+b\sum t$$

$$\sum ty=a\sum t+b\sum t^2$$

式中，n 为时间序列 y 的项数，其他符号代表的意义同前，解这两个标准方程，即得 a，b 值为

$$\begin{cases}a=\dfrac{\sum y}{n}-b\dfrac{\sum t}{n}=\bar{y}-b\bar{t}\\[2ex] b=\dfrac{n\sum ty-\sum t\sum y}{n\sum t^2-(\sum t)^2}\end{cases}\tag{6-18}$$

从而趋势直线方程 $\hat{y}=a+bt$ 便可确立。利用该直线方程，将时间变量 t 值代入，即可得到（测得）相应趋势值（或称估计值或理论值）。显然，所确定的 b 值，若 $b>0$，则趋势直线上升；若 $b<0$，则趋势直线下降；若 $b=0$，则表明所研究现象呈稳定的水平趋势发展。

从以上公式推导过程我们可以发现，由于 $2\sum(y-a-bt)=0$，则 $\sum(y-a-bt)=0$，亦即 $\sum(y-\hat{y})=0$，这就是最小平方法的第二个条件要求。所以说，第二个条件要求随着第一个条件要求 $\sum(y-\hat{y})^2=\min$ 的满足而自动满足，并且 $\sum y=\sum\hat{y}$。

在对时间序列按最小平方法进行趋势线配合的运算时，需计算 $\sum t$，$\sum y$，$\sum ty$，$\sum t^2$ 等项数值，为此，最好能用电子计算机与相应的软件包进行数据处理，起码也要用计算器。为使计算更简便些，常将时间变量 t 简记为 1、2、3、4……，例如，根据表 6-2 所得的趋势直线配合计算表 6-12 中，t 就分别简记为 1、2、3、4、5，其实，表 6-12 中的 t 值可视为各年份均减 2005 后的结果，即以 2005 年为坐标原点。当然也可将各年份分别作为 t 值，即 t 为 2006，2007，2008，2009，2010，那就太麻烦了，且容易出错。

表 6-12　$\hat{y}=a+bt$ 一般法求参数计算表

年份	时序	工业增加值 y/万元	ty	t^2	趋势值 $\hat{y}$/万元
2006	1	7 050	7 050	1	6 506
2007	2	9 980	19 960	4	9 607
2008	3	11 420	34 260	9	12 708
2009	4	15 090	60 360	16	15 809
2010	5	20 000	100 000	25	18 910
合计	15	63 540	221 630	55	63 540

$$\begin{cases} b=\dfrac{n\sum ty-\sum t\sum y}{n\sum t^2-(\sum t)^2}=\dfrac{5\times 221\ 630-15\times 63\ 540}{5\times 55-15^2}=3101(\text{万元}) \\ a=\dfrac{\sum y}{n}-b\dfrac{\sum t}{n}=\dfrac{63\ 540}{5}-3101\times\dfrac{15}{5}=3405(\text{万元}) \end{cases}$$

则所求工业增加值的直线趋势方程为 $\hat{y}=a+bt=3405+3101t$。将 $t=1$、2、3、4、5，分别代入所求得的直线方程，即可得到 2006～2010 年工业增加值的趋势值（如表 6-13 最后一列所示）。

另外，为使计算更加简便些，我们可利用坐标移动方法将原点 O（自变量一 t）移到时间序列的中间项，使 $\sum t=0$。当时间序列项数 n 为奇数时，中间项的 t 设为 0，则 t 值的分布…、-3、-2、-1、0、1、2、3…；当时间序列项数 n 为偶数时，中间两项的 t 设为 -1、$+1$，这样间隔（公差）便为 2，则 t 值的分布为…-5、-3、-1、1、3、5，…这样，求解趋势直线参数的两个公式就可简化为

$$\begin{cases} a=\dfrac{\sum y}{n}=\bar{y} \\ b=\dfrac{\sum ty}{\sum t^2} \end{cases} \tag{6-19}$$

这样建立趋势直线方程的方法，就是所谓的简捷法。大家应学会使用简捷法，以提高运算配合速度，避免计算上的差错。

【例 6-17】　仍以表 6-2 中工业增加值资料为例来说明其具体做法，如表 6-13。

表 6-13　$\hat{y}=a+bt$ 简捷法求参数计算表

年份	时序	工业增加值 y/万元	ty	t^2	趋势值 $\hat{y}$/万元
2006	−2	7 050	−14 100	4	6 506
2007	−1	9 980	−9 980	1	9 607
2008	0	11 420	0	0	12 708
2009	1	15 090	15 090	1	15 809
2010	2	20 000	40 000	4	18 910
合计	0	63 540	31 010	10	63 540

假定表 6-2 中工业增加值发展呈直线趋势，并设工业增加值趋势直线方程为 $\hat{y}=a+bt$，则

$$\begin{cases} a=\dfrac{\sum y}{n}=\dfrac{63\ 540}{5}=12\ 708(\text{万元}) \\ b=\dfrac{\sum ty}{\sum t^2}=\dfrac{31\ 010}{10}=3101(\text{万元}) \end{cases}$$

故所求直线趋势方程为 $\hat{y}=a+bt=12\ 708+3\ 101t$。将 2006 年的 $t=-2$ 代入所求得的直线方程，即可得到 2006 年工业增加值的趋势值：

$$\hat{y}_{2006}=12\ 708+3101\times(-2)=6506(\text{万元})$$

其他年份的趋势值依余此类推，见表 6-13。

这样由直线趋势方程 $\hat{y}=12\ 708+3101t$ 所测定的工业增加值的趋势值比原观察值所显示的发展变化趋势就更加明显，而且原观察值的波动也被修匀了，并呈直线上升趋势发展（因为 $b=3101>0$）。同时我们也应注意到，尽管各年的趋势值 $\hat{y}$ 与其相应的实际观察值 y 接近，但并不完全相等，而 $\sum y=\sum\hat{y}=63\ 540$ 万元，即满足最小平方法的第二个条件要求 $\sum(y-\hat{y})=0$（表 6-12 与表 6-13 结果一致）。

用最小平方法在对原时间序列配合相应趋势线以测定长期趋势时，通过趋势值 $\hat{y}$ 来修匀原时间序列，得到比较接近原观察值的趋势值。同时，也可利用所求的趋势方程，进行外推的近期预测。例如，根据表 6-13 求出的直线趋势方程 $\hat{y}=12\ 708+3101t$，把与 2011 年相应的 $t=3$ 代入所求的方程中，便能预测出 2011 年该工业企业的工业增加值 $\hat{y}_{2011}=12\ 708+3101\times3=22\ 011$（万元）。若利用表 6-12 所求出的趋势直线方程 $\hat{y}=3405+3101t$，把与 2011 年相应的 $t=6$ 代入 $\hat{y}=3405+3101t$ 得 $\hat{y}_{2011}=3405+3101\times6=22\ 011$（万元），结果仍然一致。

2. 曲线趋势

在现实中，大量现象发展变化的趋势是非线性的，也称其为曲线趋势，所以，研究长期趋势变动的曲线类型是十分必要的。但也应注意到，曲线实质上是由许多不同的直线连接而成的，或者说，每段直线都是曲线在某一时间区段内变化的“微分”。因此，对直线趋势的研究方法就成了对曲线趋势研究的基础。而曲线形式也多种多样，也可能是一个多项式型，如二次曲线 $\hat{y}=a+bt+ct^2$；或幂函数型，如 $\hat{y}=at^b$；或指数

曲线型，如 $\hat{y}=ab^t$，等等。

下面我们只介绍指数曲线和二次曲线两种。

1）指数曲线

指数曲线趋势方程为 $\hat{y}=ab^t$。式中，$\hat{y}$ 和 t 的含义同前所述，a、b 是参数。

若把指数曲线方程两边取对数，则有

$$\lg\hat{y} = \lg(ab^t) = \lg a + t\lg b$$

若设 $\lg\hat{y}=\hat{Y}$，$\lg a = A$，$\lg b=B$，则上式可变为

$$\hat{y} = A + Bt$$

这样，就把曲线问题转化为直线问题来解决了。只要求出 A、B，则其反对数（即真数）a、b 即可确定，那么指数曲线趋势方程便可以建立。

求解参数 A（或 $\lg a$）、B（或 $\lg b$）的两个标准方程为

$$\begin{cases}\sum Y = nA + B\sum t \\ \sum t\, Y = A\sum t + B\sum t^2\end{cases} \text{或} \begin{cases}\sum \lg y = n\lg a + \lg b\sum t \\ \sum t\, \lg y = \lg a\sum t + \lg b\sum t^2\end{cases}$$

当使用简捷法时，因 $\sum t=0$，则上式变为

$$\begin{cases}\sum Y = nA \\ \sum t\, Y = B\sum t^2\end{cases} \text{或} \begin{cases}\sum \lg y = n\lg a \\ \sum t\, \lg y = \lg b\sum t^2\end{cases} \tag{6-20}$$

【例 6-18】　仍然以表 6-2 中工业增加值时间序列为例，来说这种曲线的拟合方法（计算过程数据见表 6-14）。我们假定表 6-14 中的工业增加值时间序列是呈指数曲线趋势，并设指数曲线趋势方程为 $\hat{y}=ab^t$，则

$$\lg a = \sum \lg y/n = 20.39/5 = 4.078, \lg b = \sum t\, \lg y \Big/ \sum t^2 = 1.08/10 = 0.108$$

利用反对数表或计算器，可求得参数 $a\approx 11\ 967$（万元），$b\approx 1.28$；故，所求指数曲线趋势方程为

$$\hat{y}=11\ 967\times 1.28^t$$

把 t 值分别代入所求出的指数方程中，便可得到各个年份的趋势值，如表 6-14 所示。

表 6-14　指数曲线趋势计算表

年份	时序	工业增加值 y/万元	$\lg y$	$t\lg y$	趋势值 $\hat{y}=ab^t$/万元
2006	−2	7 050	3.85	−7.70	7 304.1
2007	−1	9 980	4.00	−4.00	9 349.2
2008	0	11 420	4.06	0	11 967
2009	1	15 090	4.18	4.18	15 317.8
2010	2	20 000	4.30	8.60	19 606.7
合计	0	63 540	20.39	1.08	63 544.8

在表 6-14 中 $\sum y=63\ 540$ 万元，而 $\sum \hat{y}=63\ 544.8$ 万元，两者相差 4.8 万元，

这是由计算过程中四舍五入的结果造成的，并非未按最小平方法要求条件求解所致。

在 $\hat{y}=11\ 967\times1.28^t$ 中，$a=11\ 967$ 是根据简捷法公式推算出来的 2008 年的工业增加值趋势值，而 $b=1.28$ 则是其年平均发展速度。

2）二次曲线（抛物线）

二次曲线适于时间序列的图形有一个转弯的情况。其方程为 $\hat{y}=a+bt+ct^2$。式中 $\hat{y}$、t 的含义同前所述，a、b、c 为方程中的三个待定参数。

因而按照最小平方法的要求，可得出下列三个标准方程式：

$$\begin{cases}\sum y = na + b\sum t + c\sum t^2 \\ \sum t\,y = a\sum t + b\sum t^2 + b\sum t^3 \\ \sum t^2 y = a\sum t^2 + b\sum t^3 + b\sum t^4\end{cases} \tag{6-21}$$

若采用简捷法，令 $\sum t=0$，由于 t 的奇次方项为奇函数，则有 $\sum t^3=0$，故简捷法求解方程中的三个待定参数 a、b、c 的方程组为

$$\begin{cases}\sum y = na + c\sum t^2 \\ \sum t\,y = b\sum t^2 \\ \sum t^2 y = a\sum t^2 + b\sum t^4\end{cases} \tag{6-22}$$

不难发现，直线与二次曲线简捷法中的参数 b 的求解公式一样，都是 $b=\dfrac{\sum t\,y}{\sum t^2}$。

【例 6-19】 仍以表 6-2 中工业增加值时间序列为例，并假定工业增加值时间序列是呈抛物线趋势，并设抛物线趋势方程为 $\hat{y}=a+bt+ct^2$，简捷法求解参数的计算项，如表 6-15 所示。

表 6-15 $\hat{y}=a+bt+ct^2$ 简捷法求参数计算表

年份	时序	工业增加值 y/万元	ty	t^2	t^4	t^2y	趋势值 $\hat{y}$/万元
2006	−2	7 050	−14 100	4	16	28 200	7 390.28
2007	−1	9 980	−9 980	1	1	9 980	9 164.86
2008	0	11 420	0	0	0	0	11 823.72
2009	1	15 090	15 090	1	1	15 090	15 366.86
2010	2	20 000	40 000	4	16	80 000	19 794.28
合计	0	63 540	31 010	10	34	133 270	63 540.00

把有关数据代入简捷法的三个标准方程：

$$\begin{cases}63\ 540 = 5a + 10\ c \\ 31\ 010 = 10\ b \\ 133\ 270 = 10a + 34b\end{cases}$$

解之，得

$$\begin{cases} a = 11\ 823.72 \\ b = 3101 \\ c = 442.14 \end{cases}$$

则所求二次曲线方程为 $\hat{y} = 11\ 823.72 + 3101t + 442.14t^2$。式中 $a = 11\ 823.72$ 为 $t=0$ 时所推算 2008 年工业增加值的趋势值，t 的单位为一年。若把各年份相应 t 值代入所求出二次曲线方程中，便可求得相应的趋势值（见表 6-15 最后一栏）。

3. 长期趋势线拟合优度检验的一般方法

对于同一实际观察值时间序列，究竟是配合趋势直线好呢，还是配合某一种趋势曲线更好呢？如果我们对某一具体时间序列，假设它属于某种趋势（如直线），并配合了一种相应的趋势线，那么所配合的趋势线确实完全符合实际观察值时间序列的发展变化的长期趋势吗？这就需要对原假设趋势进行检验，也就是所谓的长期趋势线拟合优度检验。这种检验，实质上是一种特殊的假设检验——总体服从某种指定分布的假设检验，其比较常用方法是 χ^2 检验。这留待我们以后再介绍。这里我们介绍比较通俗却又不失科学性的一般检验方法。

趋势线拟合优度检验的一般方法，可以采用图形比较法、一般原则测定法及偏差平方和最小法等。

(1) 图形比较法，就是把实际观察值的散点图（或曲线图）与所拟合的各种趋势线图形绘在同一直角坐标系中比较，以便从图形上直观看出哪一种趋势线更符合实际。但是这种方法，若所依据的观察值项数不够多，绘图时又不够细心精制等，那么，在图形上亦很难区分所假设拟合出来的各种趋势线孰好孰劣。

(2) 一般原则测定法，就是根据拟合趋势直线与曲线的一般原则来大致测定究竟是拟合直线好，还是拟合某种曲线更为恰当。而有些资料很难说与直线或曲线趋势拟合的要求达成十分的满足，这也就使得拟合优度的测定就更为棘手。例如，前面我们依据表 6-2 中工业增加值资料，拟合了趋势直线、指数曲线、二次曲线三种，那么哪一条趋势线更符合实际呢？从表 6-16 中我们可以发现，仿佛环比增长速度大致相同，比一次差、二次差的变异小，为此，我们可以说，趋势指数曲线的拟合，更符合实际，这仅是就直线、二次曲线相对而言的。如果我们依据原工业增加值资料就拟合了直线与二次曲线两种趋势线，那么仅按一般原则从一次差与二次差的变异比较中来看这两条趋势线的拟合优度，则难分伯仲。这主要是原观察值项数太少所致。

表 6-16　某工业企业工业增加值的一次差、二次差及环比增长速度计算表

年份	工业增加值 y/万元	一次差/万元	二次差/万元	环比增长速度/%
2006	7 050			
2007	9 980	2 930		41.56
2008	11 420	1 440	−1 940	14.43
2009	15 090	2 670	2 230	32.14
2010	20 000	4 910	1 240	32.54

（3）偏差平方和最小法，就是把实际观察值与所拟合的各种趋势线上的相应趋势值的偏差平方和 $\sum(y-\hat{y})^2$ 都计算出来，进行比较，其中较小者或最小者所对应的趋势线，就更接近实际，或者说其拟合优度高。这种方法虽然计算比较麻烦，但是准确性与可信度高，不失为一种长期趋势线拟合优度检验的科学方法。

【例 6-20】 我们对前述以表 6-2 中工业增加值资料配合的三条趋势线，可以分别计算偏差平方和 $\sum(y-\hat{y})^2$（见表 6-17），然后比较分析其拟合优度。

表 6-17 某工业企业工业增加值趋势线偏差平方和比较表

年份	工业增加值 y/万元	直线		指数曲线		二次曲线	
		趋势值 $\hat{y}$	偏差平方 $(y-\hat{y})^2$	趋势值 $\hat{y}$	偏差平方 $(y-\hat{y})^2$	趋势值 $\hat{y}$	偏差平方 $(y-\hat{y})^2$
2006	7 050	6 506	295 936	7 304.1	64 566.81	7 390.28	115 790.478 4
2007	9 980	9 607	139 129	9 349.2	397 908.64	9 164.86	664 453.219 6
2008	11 420	12 708	1 658 944	11 967	299 209	11 823.72	162 989.838 4
2009	15 090	15 809	516 961	15 317.8	51 892.84	15 366.86	76 651.459 6
2010	20 000	18 910	1 188 100	19 606.7	154 684.89	19 794.28	42 320.718 4
合计	63 540	63 540	3 799 070	63 544.8	968 262.18	63 540.00	1 062 205.714

表 6-17 中计算结果表明，三者的偏差平方和 $\sum(y-\hat{y})^2$ 以指数曲线的最小，二次曲线的较大，直线的最大。所以三者的拟合优度，以指数曲线最高，其次是二次曲线，最差是直线。故原时间序列以配合指数曲线更符合实际，当然这是就直线趋势、二次曲线相对而言的。

四、季节变动的测定方法

测定季节变动的方法，需依据季节变动本身的含义特点来设计。仅以周期为一年的季节变动为例，它便具有三个特点：一是有规律的变动；二是每年均重现的变动；三是各年变动的强度大致相同。据此，我们可以确定测定季节变动的大致思路。

第一，由于季节变动为每年重现，则时间序列变动中其他所有规律性成分，可予剔除，而只保留一个为期 12 个月的规则性变动；

第二，由于季节变动是一种规则性或周期性的变动，则所有不规则变动，无论是自然因素或人为因素所导致的，可概以剔除；

第三，基于季节变动的强度在各年的表现略同，则历年同月可呈现同方向与同百分比的变化。这种特性可归纳为季节变动模型。

所谓季节变动模型，就是某一时间序列在任一年的典型状态；这种状态，年复一年，或属完全相同，或属大体相同。为揭示季节变动模型，我们便可以设计一个测定季节变动的重要指标——季节比率（或称季节指数），以反映历年同月所呈现出的同方向与同程度百分比的变化规律。如若现象不存在季节变动，那么其历年同月平均数将都相同，且就等于历年各月总的平均水平，则历年同月平均水平占历年各月总平均水平的比重（或比率）也必然相同，并均为100%。如若现象存在季节变动，那么其历年同月平均数必有所差异，表现为"旺季"的历年同月平均水平远远地高于历年各月总的平均水平，"淡季"的历年同月平均水平则远远地低于历年各月总的平均水平。故此，历年同月平均水平占历年各月总的平均水平的比重，就可以反映同月所呈现出的同方向与同百分比的变动规律，因而就把这一比重称为季节比率（或季节指数）。所以，对季节变动的测定，就是根据历年各月（或季）的资料所构成的时间序列，计算出历年同月（或季）的季节指数，并作相应分析（可借助季节变动图），来揭示季节变动模型（或规律），为近期统计预测提供参考依据。

根据乘法模型$Y=T\times S\times C\times I$，测定季节变动的一般原则，就是对时间序列的实际观察值Y，除去长期趋势T、循环变动C及不规则变动I后的结果，即

$$S=Y\div(T\times C\times I)$$

依此一般原则，来计算季节指数以测定季节变动的方法很多，其中最常用的有按月（季）平均的直接测算法与12个月移动平均的间接测算法。无论采用哪一种方法，为了准确地揭示季节变动模型，需依据连续三年以上的实际观察值资料，计算各年同月（季）的季节指数。

（一）按月（季）平均的直接测算法

这种方法有些书中也称之为按月（季）平均法。它是利用原始数据直接计算季节比率而不考虑T与C影响的方法。所以，这种方法只有在所研究时间序列的季节变动极有规律，而长期趋势与循环变动的影响极为微弱，可略而不计之时，才能采用；否则将无法得到正确结果。

【例6-21】　下面以东北某商店2008～2010年各月某种商品销售额资料为例，来介绍按月（季）平均法测定季节变动的一般步骤。计算季节比率综合过程和结果如表6-18所示。

表6-18　某商品销售额季节比率计算表（按月平均直接测算法）

月份	销售额/万元			三年同月销售额合计/万元	三年同月平均销售额/万元	季节比率/%	
	2008年	2009年	2010年			未调整	调整后
1	90	94	98	282	94	140.13	140.12
2	49	50	54	144	48	71.56	71.55
3	24	26	28	78	26	38.76	38.76
4	12	13	14	39	13	19.38	19.38
5	6	7	8	21	7	10.44	10.44
6	2	2	2	6	2	2.98	2.98
7	7	8	9	24	8	11.93	11.93
8	30	35	40	105	35	52.18	52.18
9	80	82	84	246	82	122.24	122.13
10	140	145	150	435	145	216.16	216.15
11	200	210	220	630	210	313.06	313.04

续表

月份	销售额/万元			三年同月销售额合计/万元	三年同月平均销售额/万元	季节比率/%	
	2008年	2009年	2010年			未调整	调整后
12	130	134	141	405	135	201.25	201.24
总计	761	806	848	2 415	67.08	1 200.07	1 200.00

第一步，计算三年间同月的平均数。例如，1月份平均销售额＝（90＋94＋98）÷3＝94（万元）。

第二步，计算三年间总平均月销售额：

总平均月销售额＝（761＋806＋848）÷36＝67.08（万元）

或

＝（94＋48＋26＋13＋7＋2＋8＋35＋82＋145＋210＋135）÷12＝67.08（万元）

第三步，计算各月季节比率。例如：

1月份季节比率＝94÷67.08＝140.13%　（未调整）

2月份季节比率＝48÷67.08＝71.56%　（未调整）

第四步，把各月的季节比率加总，其总计数应等于1200%（若季度资料其总计数应等于400%），如果不符，则需计算调整系数（校正系数）。表6-18中的季节比率（未调整）的合计数为1200.07%，大于1200%，因此应该调整（校正）。

$$调整系数 = 1200 \div 1200.07 = 0.999\ 941\ 67$$

用这个系数分别乘各月未调整的季节比率，即得调整后的各月季节比率，列入表6-18最后一列。

这样，由各月份季节比率所组成的季节变动模型，清楚地反映了某商店某种商品的季节性变动态势。一月份为销售旺季，随着季节的变化，气候逐渐转暖，该种商品的销售额也随之由旺季转入淡季（2～8月），在6月份降至最低点；以后又随着季节的变化，气候由暖转凉至冷，该种商品销售额也由淡季（转折点8月份）转进旺季（9～12月），且在11月份达到最高点。这种规律性的变动，显现此种商品为冬令商品，若以横坐标表示月份，纵坐标表示季节比率，把表6-18的调整后季节比率绘成季节变动图，则能更明显地看出该种商品季节变动规律。而这种规律性的变动则是季节预测的一个最基本的参数。掌握了这一规律，在安排短期计划时就会心中有数，正确地组织营销活动。

（二）12个月移动平均的间接测算法

这种方法又称12个月移动平均法。这种方法就是通过对历年月度资料的12个月移动平均，完全消去季节变动及大部分不规则变动，而得到主要含有$T\times C$的移动平均数。再用此移动平均数除原资料Y，所得各月份的比率或百分数即所谓移动平均百分比，它是季节变动与不规则变动的混合相对数。用公式表达为

$$S\times I = Y \div (T\times C)$$

然后将各年同月移动平均百分比（$S\times I$）进行简单算术平均，以剔除所剩余的不

规则变动（I），所得结果即为只含季节变动的各月季节比率。

这种方法是在已知连续历年月度资料，并欲消除 $T\times C$ 非季节性因素影响，来计算季节指数的通用而又精密的方法。它具有方法客观、计算简易、统计结果不含个人判断等优点，但是也存在因 12 个月移动平均将原资料两端各损失 6 个月信息的不足。所以，当时间序列的观察值很多或者说原资料所属的连续时间跨度期间较长，且原资料的长期趋势与循环变动亦很重要，或者说 T、C 变动亦很强烈而不能略而不计之时，宜采用移动平均法来计算季节比率，测定季节变动问题。显然，这种方法要比按月平均法计算的结果精确些。

【例 6-22】 下面以表 6-19 资料为例，来介绍 12 个月移动平均法计算季节比率的一般步骤。

表 6-19　某商店某商品销售量的季节变动分析算例

年份	月份	商品销售量 Y/百件	12 个月移动		趋势值	$\frac{Y}{T\times C}$/%
			总销售量/百件	平均数/百件	$T\times C$/百件	
2007	1	40				
	2	34				
	3	36				
	4	34				
	5	35				
	6	32				
			422	35.17		
	7	28			35.09	79.79
			420	35.00		
	8	34			34.92	97.37
			418	34.83		
	9	34			35.00	97.14
			422	35.17		
	10	37			35.09	105.44
			420	35.00		
	11	38			34.88	108.94
			417	34.75		
	12	40			34.63	115.51
			415	34.58		
2008	1	38			34.66	109.62
			417	34.75		
	2	32			34.71	92.19
			416	34.67		
	3	40			34.75	115.11
			418	34.83		
	4	32			34.79	91.98
			417	34.75		
	5	32			34.67	92.30
			415	34.58		
	6	30			34.67	86.53
			417	34.75		
	7	30			34.50	86.96
			411	34.25		
	8	33			34.42	95.89
			415	34.58		
	9	36			34.46	104.48
			412	34.33		
	10	36			34.54	104.23
			411	34.75		
	11	36			34.46	104.47
			410	34.17		
	12	42			34.13	123.06
			409	34.08		

续表

年份	月份	商品销售量 Y/百件	12个月移动 总销售量/百件	12个月移动 平均数/百件	趋势值 $T\times C$/百件	$\frac{Y}{T\times C}$/%
2009	1	32			34.13	93.76
			410	34.17		
	2	36			34.17	105.36
			410	34.17		
	3	37			34.00	108.82
			406	33.83		
	4	31			33.79	91.74
			405	33.75		
	5	31			33.79	91.74
			406	33.83		
	6	29			34.25	84.67
			416	34.67		
	7	31			34.59	89.63
			441	34.50		
	8	33			34.09	96.80
			404	33.67		
	9	32			33.59	95.27
			402	33.50		
	10	35			33.42	104.73
			409	33.33		
	11	37			33.29	111.11
			399	33.25		
	12	52			33.21	156.68
			398	33.17		
2010	1	30			33.05	90.77
			395	32.92		
	2	26			32.92	78.98
			395	32.92		
	3	35			32.92	106.32
			395	32.92		
	4	29			32.80	88.41
			392	32.67		
	5	30			32.59	92.05
			390	32.50		
	6	28			31.84	87.95
			374	31.17		
	7	28				
	8	33				
	9	32				
	10	32				
	11	35				
	12	36				

第一步，根据时间序列中各年按月的实际观察值（Y）计算其12个月（若季度资料为4个季度）的移动平均数。由于是偶数项移动平均，趋势值（$T\times C$）要分两步求得（参见表6-19）。

第二步，用时间序列各月的实际观察值（Y）与相应的（$T\times C$）对比，计算移动平均百分比。例如：

2007年7月移动平均百分比＝28÷35.09＝79.79%

第三步，把移动平均百分比数值［Y÷（$T\times C$）］按月排列，形成表6-20，计算出各年同月的总数和平均数，这个平均数就是各月的季节比率（未调整的）。例如：

1月份季节比率＝（109.62＋93.76＋90.77）÷3＝98.05（%）

第四步，把各月的季节比率加起来，其总计数应等于1200%（若季度资料其总计数应等于400%），否则计算调整系数（校正系数），并调整季节比率。表6-20中，未调整的季节比率总计数为1195.24%，小于1 200%，故还需调整。

调整系数＝1200.00/1195.24＝1＝1.003 982 464

然后用1.003 982 464分别乘以各月未调整的季节比率，将结果列入表6-20中的最末一行。例如：

调整后 1 月份季节比率＝98.05×1.003 824 64≈98.44（%）

把经过调整后的季节比率绘制成图 6-2。

表 6-20　季节变动分析算例　　单位：%

		1 月	2 月	3 月	4 月	5 月	6 月	7 月
	2007							79.79
	2008	109.62	92.19	115.11	91.98	92.30	86.53	86.96
	2009	93.76	105.36	108.82	91.74	91.74	84.67	89.63
	2010	90.77	78.98	106.33	88.41	92.09	87.95	
	合计	294.15	276.53	330.25	272.13	276.09	259.15	256.38
季节	未调整	98.05	92.18	110.08	90.71	92.03	86.38	85.46
比率	调整后	98.44	92.55	110.52	91.07	92.4	86.72	85.80
		8 月	9 月	10 月	11 月	12 月	合计	
	2007	97.37	97.14	105.44	108.94	115.51		
	2008	95.89	104.48	104.23	104.47	123.06		
	2009	96.80	95.27	104.73	111.14	156.58		
	2010							
	合计	290.60	296.89	314.40	324.55	395.15		
季节	未调整	96.69	98.96	104.80	108.18	131.72	1 195.24	
比率	调整后	97.08	99.35	105.22	108.61	132.24	1 200.00	

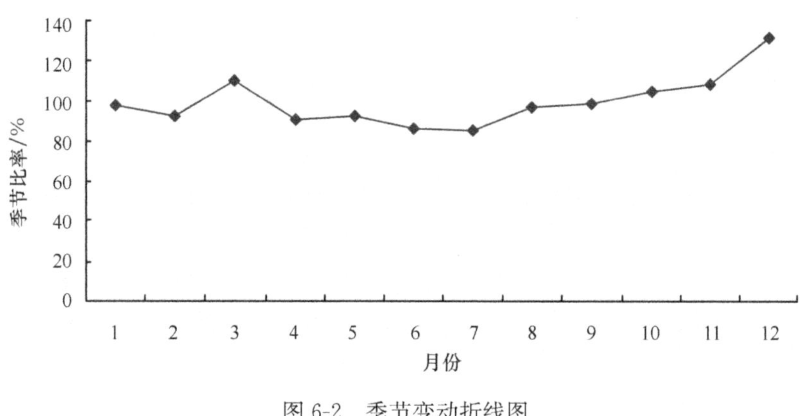

图 6-2　季节变动折线图

五、循环变动的测定方法

测定循环变动的方法很多，常用的有残余法和直接法。

（一）残余法

残余法又称剩余法。其应用的前提是时间序列的变动是按乘法模型运行，即 $Y=$

$T \times S \times C \times I$。这种方法的基本思想是对时间序列先求出长期趋势值和季节比率，然后再用原观察值除以所求出的长期趋势值与季节比率，从而得到反映循环变动与不规则变动的相对数序列，最后再采用移动平均法消去不规则变动，便可以得出反映循环变动程度的各期循环变动系数。因为对非循环因素的消除步骤不同，残余法又可分为以下四种：

其一，先消除季节变动，再消除长期趋势，最后消除不规则变动。

(1) 无季节资料$=Y \div S=T \times C \times I$。

(2) 循环与不规则变动相对数$=(T \times C \times I) \div T=C \times I$。

(3) 循环变动系数 $C=\mathrm{MA}(C \times I)$。

式中，MA 是 movingaverage（移动平均）之略，即对循环变动与不规则变动相对数 $C \times I$ 进行移动平均，消除不规则变动 I，求得循环变动相对数 C。

其二，先消除长期趋势，再消除季节变动，最后消除不规则变动。

(1) 无长期趋势影响资料$=Y \div T=(T \times S \times C \times I) \div T=S \times C \times I$。

(2) 无季节变动资料$=(T \times S \times I) \div S=C \times I$。

(3) 循环变动系数 $C=\mathrm{MA}(C \times I)$。

其一与其二统称为“连续消去法”。

其三，同时消除长期趋势与季节变动，即一次消除常态变动（$T \times S$），故称常态百分法。

(1) 循环与不规则变动$=Y \div (T \times S)=C \times I$。

(2) 循环变动系数$=\mathrm{MA}(C \times I)$。

其四，利用 12 个月移动平均数（$T \times C$）数列，剔除长期趋势 T（用最小平方法建立趋势线方程并计算趋势值 T 即 Y）后，就得到 C 值。

具体采用何种方法测定循环变动，要看方便与否而定，具体略。

（二）直接法

应用残余法测定循环变动，计算环节多，特别烦琐、费力。倘若分析循环变动的目的，仅在于计算出各期循环变动系数，粗略地观察循环变动态势，则宜采用较简单的直接法。这种方法就是用每年各月数值与上年同月数值之比，求得循环和不规则变动相对数（其实质是一个年距发展速度指标），来反映现象循环变动的方法。其计算公式为

$$(C \times I)=Y_{t,i}/Y_{t-1,i}$$

式中 $i=1, 2, 3, 4, \cdots, 11, 12$；$(C \times I)_{t,i}$为第 t 年第 i 月的循环和不规则变动相对数；$Y_{t,i}$为第 t 年第 i 月的实际观察值；$Y_{t-1,i}$为第（$t-1$）年第 i 月的实际观察值。

直接法虽然有计算简单的优点，但是由于时间序列所包含各种循环变动，在期间与大小上，均不一致，使得直接法测定的结果很难表现正确的循环变动。故此，为求精确，仍以采用残余法为宜。

六、不规则变动的测定方法

测定不规则变动的基本方法为 $I=Y \div (T \times S \times C)$。前面已介绍了关于 T、S、C

各因素的测定，只要用原时间序列中的各实际观察值除以 T、S、C 后的结果，就可以得到不规则变动程度的测定值。但是，这样所得到的不规则变动相对数必须与影响原时间序列变动的各种具体情况联系起来分析才有意义。一般来说，不规则变动相对数在 1 的上下波动。大于 1 的，对原时间序列的影响为正（即使实际观察值增加）；小于 1 的，对原时间序列的影响为负（即使实际观察值减少），离 1 越远，说明影响越大，若等于 1，则无不规则变动。

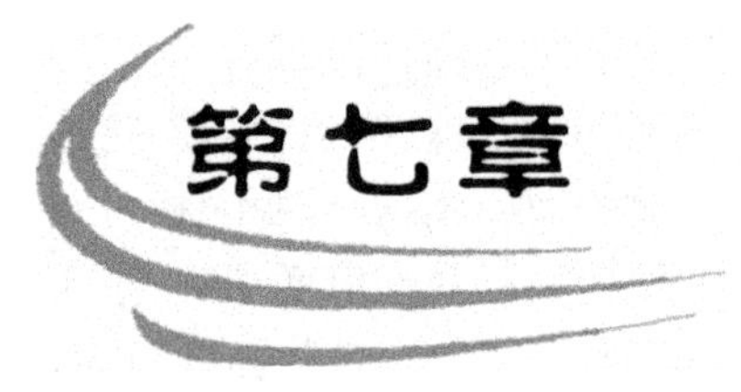

第七章

统计指数

【本章导读】

在联合国开发计划署（UNDP）于1990年首次发布的《人类发展报告（1990）》中，第一次使用了人类发展指数（human development index，HDI），来综合测量世界各国的人文发展状况。该指数由三个类指数组成，分别是平均寿命指数（也称健康指数）、教育水平指数（也称文化指数）和人均GDP指数（也称生活水平指数）。该指数采用标准化方法处理数据，指数取值在0和1之间，取值越高，表明人文发展水平越高。目前，联合国开发计划署编制的人文发展指数及其每年发表的《人类发展报告》已经得到世界的普遍认可，成为评价世界各国人文发展综合水平的重要依据。

在日常工作、生活中，我们还可能经常遇到或者需要用到各种指数，例如，居民消费价格指数（CPI）、股票价格指数、房地产价格指数等，这些指数同我们的社会经济生活关系非常密切。现在的指数不仅是分析经济现象的重要工具，而且还被应用于生活质量、综合国力、社会发展等方面的综合评价研究，因此了解指数是如何编制的，有助于我们更好地认识指数的功能与作用。

第一节　统计指数与分类

一、统计指数概念

统计指数，简称指数，是一个常用且重要的统计指标，指数的概念可以分为广义和狭义两种。广义指数是指凡是说明总体现象数量关系的各种相对数，如《大英百科全书》把指数定义为“指数是用来测定一个变量对一个特定变量大小的相对数”。如前所述的动态相对数、比较相对数和计划完成相对数，都可以称为指数。狭义指数是用来反映不能直接加总的由多要素组成的复杂总体数量综合变动的相对数，是一种特殊的相对数。例如，通过居民消费价格指数可以说明市场价格的动态及其对居民生活的影响，通过股票价格指数可以显示股票市场行情等等。本章着重讨论狭义指数的编制理论和方法。

二、统计指数的性质

指数是相对数，而且是一种特殊的相对数，其特殊的属性，表现为以下几个方面：

(1) 相对性。指数具有“相对”的性质，是所研究总体的数量特征在某种条件下的“相对”程度，比较的结果以比率的形式表现出来，通常是以百分数来表示的。

（2）综合性。指数具有“综合”的性质，综合是指指数比较的是总体各单位受各种因素影响的总的数量表现，而不是总体中某一个体的数量表现。

（3）平均性。指数所进行比较的量，是作为个体量的代表来计算的，实际上具有“平均”的性质。以零售物价指数为例，它不仅是各种零售商品价格受若干因素影响的综合结果之比，而且是各种零售商品价格涨落变动的平均水平之比。

（4）代表性。指数是通过比较来反映总体在不同场合下综合的、平均的数量变化，但是要将总体中的每一个个体的数量特征都包括在对比的指标值中，有时却是困难的，甚至是不可能的。例如，计算零售商品物价指数，必须从成千上万种商品中选择出若干种商品作为“代表”来计算。从这个意义上说，指数又是一个代表的数字。

三、统计指数的作用

指数的作用主要包括以下方面。

（1）指数可以反应复杂总体综合数量变动状况。通过指数，可以解决现象的量不能直接相加、对比的问题，获得反映其一般水平的指标。它反映总体在数量上的变动程度、变动方向和这种变动所带来的绝对效果。例如，要了解全国居民生活消费品价格水平的总变动，由于不同的消费品使用价值不同、计量单位和单位价格不同，就不能把所有消费品的单价直接进行加总并对比，而单件消费品价格的变化又不能反映整体消费品价格的变化，因此必须通过统计指数法，找到某种能综合反映整体消费品价格变化的指数，例如，我国 2010 年全国居民消费价格总水平比上年上涨 3.3%，就表明了居民所有消费数量的总变动方向和程度。

（2）指数可以测定和分析总变动中各个因素变动的影响方向、影响程度和影响的绝对效果。在现实中，很多现象的某种数量变动都要受多种不同因素的影响，根据总体内各因素之间的数量联系，利用经济方程和指数体系，可以分析各因素对总体变动的影响。例如，企业生产总成本的变动受产品总产量和产品单位成本这两个基本因素变动的影响，通过统计指数不仅可以反映企业生产总成本的变动情况，而且还可以分别从产品总产量变动和产品单位成本变动这两个方面对总成本变动的影响作出分析，包括影响的方向、影响的程度和影响的绝对效果。

（3）指数可以分析总体数量特征的长期变动趋势。用连续编制的动态指数所形成的指数序列，可以反映、分析所研究总体某一数量特征的长期趋势，还可以反映、分析相互联系而性质不同的指数数列的变动关系。例如，把历年的居民消费价格指数加以排列，就可以清楚地表明居民消费品价格的长期变化过程、所呈现的规律和可能的发展趋势。

四、统计指数的分类

统计指数是对有关现象进行比较分析的一种相对比率，这是所有指数的共性。但是，不同的统计指数往往还有一些不同的特性。通过对指数进行分类，有助于更加深入地了解这些特性。统计指数的主要分类有：

（1）根据指数的对比性质不同，分为动态指数和静态指数。动态指数又称时间指数，是将不同时间（时期或时点）的同类现象水平进行比较的结果，反映现象在时间上的变化过程和程度。静态指数包括空间指数和计划完成程度指数，空间指数是将不同空间（如不同国家、地区、部门、企业等）的同类现象水平进行比较的结果，反映现象在空间上的差异程度。计划完成程度指数是由同一地区或单位的实际水平和计划水平对比而形成的指数，反映计划的执行程度。

（2）根据指数考察范围和计算方法的不同，分为个体指数和总指数。个体指数是考察总体个别现象或个别项目的数量对比关系的指数，如市场上某种商品的价格指数或销售量指数。个体指数实质上就是一般的相对数，包括动态相对数、比较相对数和计划完成相对数。总指数是考察整个总体现象数量对比关系的指数，如市场上多种商品价格指数或销售量指数。这时常面临着总体中个别现象的数量不能直接加总或不能简单综合对比的问题。这正是统计指数所研究的问题。总指数与个体指数有一定的关系，可以用个体指数计算相应的总指数。

（3）根据指数化指标性质不同，分为数量指标指数和质量指标指数。所谓“指数化指标“就是在指数中反映其数量变化或对比关系的那个变量。例如，物价指数的指数化指标就是商品或产品的价格，销售量指数的指数化指标就是商品销售量。如果一个指数的指数化指标具有质量指标的特征（也即表现为平均数或相对数的形式），它就属于质量指标指数，如物价指数、股价指数和成本指数等都是质量指标指数。如果一个指数的指数化指标具有数量指标的特征（也即表现为总量或绝对数的形式），它就属于数量指标指数，如销售量指数和生产指数等都是数量指标指数。但是，诸如商品的销售额指数、产品的成本总额指数或总产值指数等，它们所对比的现象虽然都属于数量指标，却具有价值总额的特殊形式，这些价值总额通常可以分解为一个数量因子与一个质量因子的乘积，而相应的指数则反映了两个因子共同变化的影响。因此，在指数分析中，它们既不属于数量指标指数，也不属于质量指标指数，可以单独列为一个类别，通常称之为总值指数。

（4）根据总指数编制方式不同，分为综合指数、平均指数。综合指数是将指数化指标加总之后进行对比的结果，采用“先综合，后对比”的方式编制，它是总指数计算的基本形式。而平均指数则是对个体指数进行加权平均的结果，采用“先对比，后平均”的方式编制。

（5）根据指数序列对比基准的方式不同，分为定基指数，环比指数。将一系列性质相同的指数按时间顺序排列起来，就形成了指数序列，反映现象在时间上不断变化情况。在一个指数序列中，如果各期指数的对比基期是固定不变的，则此类指数为定基指数，如果各期指数的对比基期是可变的且以它的前一期作为基期的，则为环比指数。

五、总指数编制的基本问题

统计指数的编制是一个方法多样、内容丰富的理论问题，以一个例子加以说明。

【例 7-1】 假定某市场上 5 种商品的销售价格和销售量资料如表 7-1 所示。表中商品价格为 p，销售量为 q；下标“0”表示基期，下标“1”表示计算期。为了反映市场物价的动态和商品销售量的变动情况，可以依据这些资料编制有关的指数。

表 7-1　商品价格和销售量资料

商品类别	计量单位	商品价格/元		销售量		指数/%	
		基期 p_0	计算期 p_1	基期 q_0	计算期 q_1	基期 p_1/p_0	计算期 q_1/q_0
大米	百公斤	300.0	360.0	2 400	2 600	120.00	108.33
猪肉	公斤	18.0	20.0	84 000	95 000	111.11	113.10
食盐	斤	1.0	0.8	10 000	15 000	80	150.00
服装	件	100.0	130.0	24 000	23 000	130.00	95.83
电视机	台	4 500.0	4 300.0	510	612	95.56	120.00

如果需要考察的是个别商品的价格和销售量的变动情况，那么问题非常简单：只需将计算期与基期的价格或销售量资料直接对比，即可得反映个别商品价格或销售量变动程度的相应指数，也就是个体指数。由表中最后两栏可知，公式为

$$k_p = \frac{p_1}{p_0} \tag{7-1}$$

$$k_q = \frac{q_1}{q_0} \tag{7-2}$$

如果所要考察的不是个别商品，而是全部商品的价格和销售量的变动情况，问题就没有那么简单了。在此，所要编制的指数是全部 5 种商品的价格总指数和销售量总指数，为了编制出这些总指数，就必须慎重考虑怎样适当对各种商品的价格或销售量资料进行综合比较的问题。

（一）先综合、后对比的方式

如果根据某几种商品价格和销售量资料，研究全部商品的价格和销售量变动情况。首先将各种商品的价格或销售量资料加总起来，然后通过对比得到相应的总指数，这种方法通常称为综合（总和）指数法。此时总指数计算中存在着两个问题：一是不同商品的数量和价格不能直接加总，或者说，直接加总的结果没有实际经济意义；二是用简单综合法编制的指数明显地受到商品计量单位的影响。用简单综合法计算的指数，与其说是反映了商品价格或销售量的变化，不如说是反映了计量单位的变化。因此，上述两种情况都出现不同商品价格或销售量都是“不同度量”的现象，它构成了不能直接相加的“复杂现象总体”，倘若不解决有关现象总体的同度量问题就将其直接加总，显然难以得到适当的指数计算结果。

例如，对于上面的资料运用综合指数法，容易计算 5 种商品的价格总指数为

$$k_p = \frac{\sum p_1}{\sum p_0} = \frac{48\ 010.8}{4919} = 97.80\%$$

而销售量总指数为

$$k_q = \frac{\sum q_1}{\sum q_0} = \frac{136\ 212}{120\ 910} = 112.66\%$$

这样得到的指数称为简单综合（总和）指数。计算表明 5 种商品的价格平均下跌了 2.2%，而销售量平均增长了 12.66%。

显然，如果将上例中大米的实物计量单位由百公斤改为吨，即计量单位扩大为原来的 10 倍，则两期的销售量就分别是 240 吨和 260 吨，而两期的销售价格分别是每吨 3000 元和 3600 元（注意，这种计量单位的变化仅仅改变了资料的表现形式，而并未改变所掌握资料的实质内容）。现在重新计算 5 种商品的价格总指数，得到的结果是

$$k_p = \frac{\sum p_1}{\sum p_0} = \frac{8050.8}{7619} = 105.67\%$$

而销售量总指数则为

$$k_q = \frac{\sum q_1}{\sum q_0} = \frac{133\,872}{118\,750} = 112.73\%$$

在这里，一种商品的计量单位的改变，就有可能显著地影响到指数的计算结果。这样计算的指数显然不符合客观事实。

（二）先对比、后平均的方式

首先将各种商品的价格或销售量资料进行对比（计算个体指数），然后通过个体指数的平均得到相应的总指数。这种方法通常称为平均指数法。当将各种商品的个体指数做简单平均时，没有适当地考虑不同商品的重要性程度。从经济分析的角度看，各种商品的重要性程度是有差异的，简单平均指数不能反映这种差异，因而难以反映经济分析的需要。

例如，对于上面的资料运用平均指数法，容易计算 5 种商品的价格总指数为

$$k_p = \frac{\sum \frac{p_1}{p_0}}{n} = \frac{536.67}{5} = 107.33\%$$

而销售量总指数为

$$k_q = \frac{\sum \frac{q_1}{q_0}}{n} = \frac{587.26}{5} = 117.45\%$$

这样得到的指数称为简单平均指数。计算表明，5 种商品的价格平均上涨了 7.33%，而销售量平均增长了 17.45%。

容易看出，这里得到的结果与综合指数法存在差异，甚至有可能截然相反。究其原因，一方面是由于简单综合法存在问题，但另一方面，也是由于简单平均法本身存在不足之处。归纳起来，简单综合指数与简单平均指数都存在方法上的缺陷。但是，迄今为止，综合指数法与平均指数法仍然是编制统计指数的两种基本方法。为了运用综合指数法编制总指数，必须首先考虑比较的各现象是否同度量、怎样同度量的问题。因此，编制总指数的基本问题是“同度量”的问题，解决这一问题的方法就是编制加权综合指数。而为了运用平均法编制总指数，又必须首先考虑被比较各现象的重要性程度是否相同、怎样衡量的问题（此外，还有选择何种平均数形式的问题）。因此，编

制平均指数的基本问题之一是“合理加权”的问题，解决这一问题的方法就是编制加权平均指数。

早在18世纪中叶，简单综合指数与简单平均指数这两种形式就分别被法国经济学家杜托（C. F. Dutot，1738）和意大利经济学家卡利（G. R. Carli，1764）提出来了。从那以后，众多的经济学家和统计学家们一直都在试图从不同的角度、用不同的方式对这些指数加以改造和完善，这些努力极大地丰富和发展了指数的理论与方法。而且，许多经济分析问题，常常最终归结为相应的指数方法问题。

第二节 综合指数

一、综合指数的编制原理

综合指数是总指数的基本形式之一，用来反映复杂现象的总变动。

编制综合指数的基本方式是先综合，后对比，也即首先加总个别现象的指数化指标，然后通过综合对比得到总指数。由于复杂现象总体的指数化指标是不能直接加总（不同度量）的，因而必须寻找一个适当的媒介因素，使其转化为可以加总（同度量）的形式。那么，应该通过什么媒介因素，使指数化指标转化为何种同度量的形式呢？解决这类问题有一般的规律可循。

以上述讨论过的各种商品销售情况为例，不同商品价格和销售量都不能直接相加，因为它们是不能同度量的现象，而每种商品的价格乘以其销售量即为该商品的销售额，它们是同度量的，是不受以上平均计量单位影响的。商品销售额的变化又恰好反映了价格涨跌和销售量增减的影响。因此，在编制多种商品价格总指数时，就可以通过销售量这个媒介因素将指数化指标（价格）转化为同度量的销售额形式；而在编制多种商品销售量总指数时，则可以通过价格这个媒介因素将指数化指标（销售量）转化为同度量的销售额形式。这就解决了不同商品的价格和销售量不能直接加总的问题，同时也引出综合指数编制的基本原理。

(1) 引入同度量因素，使复杂总体中不能直接加总的量过渡到能直接加总。所谓同度量因素，是指在总指数计算的过程中，为解决总体的指数化指标不能直接加总（即不能同度量）的问题而使用的一个媒介因素或转化因素。其作用是：①同度量作用，即使不能加总的量过渡到可以加总。②权数作用，即在形成总指数过程中，其对总指数的大小有权衡轻重的作用。

(2) 固定同度量因素，为了反映复杂总体中指数化因素的变动，就需要将相应的同度量因素固定在某一水平上。在反映销售量总的变动中，一般将引入的同度量因素——商品价格固定在某一水平上（如固定在基期或计算期等），以便进行对比，单纯看指数化因素的变动。如果要反映各种商品价格的变动，也需将对应的商品销售量固定在某一水平上。

(3) 综合指数的基本形式。综合指数是由两个总量指标相对比形成的指数，且将其中一个或一个以上同度量因素固定下来，仅观察另外一个指数化指标的变动程度。

可见，在综合指数的构造中，同度量因素的适当引入具有关键性的作用。它所起到的主要作用就是将不同度量的现象转化为同度量的现象。同度量因素不仅仅是指数化指标的媒介转化因素，还必须是一个水平相对固定的因素（即在同一综合指数的分子和分母中具有相同的水平），否则，它就不是同度量因素，而成为指数化指标了。在综合指数中，由于同度量因素同时还起到对指数化指标加权的作用，因而也被称为综合指数的权数；相应地，具有同度量因素或权数的综合指数就是加权综合指数。

在编制综合指数时，首先必须适当确定同度量因素的指标性质，这是由指数化指标的性质决定的。一般而言，当编制质量指标指数时，其指数化指标是 p，而其同度量因素必须是一个与之相应的数量指标 q，两者的乘积 pq 则是一个与指数化指标 p 密切联系的价值总量；当编制数量指标指数时，其指数化指标是 q，而其同度量因素必须是一个与之相应的质量指标 p，两者的乘积 pq 则是一个与指数化指标 q 密切联系的价值总量。

在同度量因素的指标性质确定之后，还必须具体选择同度量因素的水平。尽管在同一个综合指数中，同度量因素的水平应该是固定不变的，但是其固定的水平却需要具体地加以选择，而且常常可以作不同的考虑，由此就得到不同的综合指数编制形式。

二、综合指数编制

综合指数的编制方法主要有两类，拉氏指数和帕氏指数。

（一）拉氏指数，基期加权综合指数

拉氏指数是最主要的加权综合指数公式之一，拉氏价格指数的制定是德国经济统计学家拉斯佩雷斯（E. Laspeyress），其有关公式被推广到各种质量指标指数和数量指标指数的计算。拉氏指数公式是将同度量因素固定在基期水平上，即基期加权综合指数。相应地质量指标指数和数量指标指数的公式分别为

$$\text{质量指标指数}\quad \overline{K}_p=\frac{\sum p_1q_0}{\sum p_0q_0} \tag{7-3}$$

$$\text{数量指标指数}\quad \overline{K}_q=\frac{\sum q_1p_0}{\sum q_0p_0} \tag{7-4}$$

【例 7-2】 现以表 7-2 为例，计算如下。

表 7-2 商品销售额计算表

商品类别	计量单位	商品价格/元		销售量		销售额/百元			
		p_0	p_1	q_0	q_1	p_0q_0	p_1q_1	p_0q_1	p_1q_0
大米	百公斤	300. 0	360.0	2 400	2 600	7 200	9 360	7 800	8 640
猪肉	公斤	18. 0	20.0	84 000	95 000	15 120	19 000	17 100	16 800
食盐	斤	1. 0	0.8	10 000	15 000	100	120	150	80
服装	件	100. 0	130.0	24 000	23 000	24 000	29 900	23 000	31 200
电视机	台	4 500.0	4 300.0	510	612	22 950	16 316	27 540	21 9301
合计						69 370	84 696	75 590	78 650

5 种商品价格指数 $\overline{K}_p = \dfrac{\sum p_1 q_0}{\sum p_0 q_0} = \dfrac{78\ 650}{69\ 370} = 113.38\%$

5 种商品销售量指数 $\overline{K}_q = \dfrac{\sum q_1 p_0}{\sum q_0 p_0} = \dfrac{75\ 590}{69\ 370} = 108.97\%$

这表明，5 种商品综合起来，其价格平均上涨了 13.38%，销售量平均增长了 8.97%。

综合指数不仅可以反映现象的相对变动程度，还可以进行绝对数分析，即用于测定指数化指标变动所引起的相应总值的绝对变动差额。对于上面的资料，有

$$\sum p_1 q_0 - \sum p_0 q_0 = 78\ 650 - 69\ 370 = 9280(\text{百元})$$

$$\sum q_1 p_0 - \sum q_0 p_0 = 75\ 590 - 69\ 370 = 6220(\text{百元})$$

即由于价格上涨 13.38%，使销售额增加了 92.8 万元；又由于销售量增长了 8.97%，使销售额增加了 62.2 万元。

（二）帕氏指数，计算期加权综合指数

与拉氏指数一样，帕氏指数也是最主要的加权综合指标之一，帕氏价格指数制定者是另一位德国经济统计学家帕煦（H. Paasche），其有关公式也被推广到各种质量指标指数和数量指标指数的计算，帕氏指数公式是将同度量因素固定在计算期水平上，即计算期加权综合指数。相应地质量指标指数和数量指标指数的公式分别为

$$\overline{K}_p = \frac{\sum p_1 q_1}{\sum p_0 q_1} \tag{7-5}$$

$$\overline{K}_q = \frac{\sum q_1 p_1}{\sum q_0 p_1} \tag{7-6}$$

【例 7-3】 以表 7-2 为例计算如下：

5 种商品价格指数 $\overline{K}_p = \dfrac{\sum p_1 q_1}{\sum p_0 q_1} = \dfrac{84\ 696}{75\ 590} = 112.05\%$

5 种商品销售量指数 $\overline{K}_q = \dfrac{\sum q_1 p_1}{\sum q_0 p_1} = \dfrac{84\ 696}{78\ 650} = 107.69\%$

这表明，5 种商品综合起来，其价格平均上涨了 12.05%，销售量平均增长了 7.69%。

$$\sum p_1 q_1 - \sum p_0 q_1 = 84\ 696 - 75\ 590 = 9106(\text{百元})$$

$$\sum q_1 p_1 - \sum q_0 p_1 = 84\ 696 - 78\ 650 = 6046(\text{百元})$$

即由于价格上涨 12.05%，使销售额增加了 91.06 万元；又由于销售量增长了 7.69%，使销售额增加了 60.46 万元。

(三）拉氏指数与帕氏指数的比较

从上面的计算结果不难看出两者之间仍然存在着明显差异，那么这种差异如何解释，它在实际经济分析中又有什么意义呢?

首先，拉氏指数与帕氏指数选择同度量因素固定时期不同，即使利用同样资料编制指数，计算结果一般也还会产生差异。

其次，拉氏指数与帕氏指数的同度量因素水平和计算结果的不同，表明它们具有不完全相同的经济分析意义。以价格指数为例，拉氏价格指数以基期商品销售量为同度量因素，这说明它是在基期的销售数量和销售结构的基础上来考察各种商品价格的综合变动程度的；而帕氏价格指数以计算期商品销售量作为同度量因素，则说明它是在计算期的销售量和销售结构的基础上来考察各种商品价格的综合变动程度的。尽管两者的基本作用都是反映价格水平的综合变动，但怎样反映，在什么基础上反映，两者又是存在差别的。

从经济分析意义的角度看，拉氏指数与帕氏指数孰优孰劣，其实并无绝对的判别标准，关键在于能够辨别两者的细微差异，并明确利用有关指数具体是要说明什么样的问题。无论是数量指标指数还是质量指标指数，由于同度量因素时期选择不同，而有不同的指数公式和计算结果。

因此，在实践中，按照指数体系和现象分析的需要，通常同度量因素时期选择的一般原则为：在编制数量指标综合指数时，采用拉氏指数公式，即采用基期的质量指标作为同度量因素，基本公式为$\overline{K}_q=\dfrac{\sum q_1p_0}{\sum q_0p_0}$；在编制质量指标综合指数时，采用帕氏指数公式，即采用计算期的数量指标作为同度量因素，基本公式为$\overline{K}_p=\dfrac{\sum p_1q_1}{\sum p_0q_1}$。即按照表 7-2 资料为例，求解 5 种商品销售价格和销售量指数应该为

5 种商品价格指数为 $\overline{K}_p=\dfrac{\sum p_1q_1}{\sum p_0q_1}=\dfrac{84\ 696}{75\ 590}=112.05\%$

$$\sum p_1q_1-\sum p_0q_1=84\ 696-75\ 590=9106(\text{百元})$$

即由于价格上涨 12.05%，使销售额增加了 91.06 万元；

5 种商品销售量指数为 $\overline{K}_q=\dfrac{\sum q_1p_0}{\sum q_0p_0}=\dfrac{75\ 590}{69\ 370}=108.97\%$

$$\sum q_1p_0-\sum q_0p_0=75\ 590-69\ 370=6220(\text{百元})$$

又由于销售量增长了 8.97%，使销售额增加了 62.2 万元。

三、采用综合指数的必要条件

综合指数是由两个有经济意义的绝对数相比，它不仅能从相对数的角度综合反映复杂经济现象变动的方向和程度，而且还能从分子分母的绝对差额中来反映现象变动

所产生的实际效果。这是综合指数的最大优点。而且这两类综合指数的计算公式并不复杂，只要有资料，计算并不难。但它对资料的要求较高，因此应用综合指数必须具备两个条件：

(1) 要具有全面的材料。如果根据非全面资料用综合指数计算总指数，不能计算出现象变动产生的实际效果，而且变动程度的准确性也难以保证。因此综合指数的计算必须建立在全面调查的基础上，掌握全面的资料。

(2) 要有相对应的不同时期的数据资料。无论选择什么指数公式，都要计算一个假定的商品销售额，即 $\sum p_0 q_1$，分别取得不同时期的价格和销售量资料，直接按综合公式编制经济指数成为难题。因而往往需把综合指数一般形式加以变动，用平均指数的形式计算。

第三节 平均指数

一、平均指数的编制原理

平均指数是计算总指数的另一种形式，与综合指数恰好相反，编制平均指数的基本方式是先对比，后平均，也即首先通过对比计算个别现象的个体指数，然后将个体指数加以平均得到总指数。由于总体中的不同个体常常具有不同的重要性程度，因而，平均指数的编制过程中必须对个体指数进行适当加权。

归纳起来，加权平均指数的基本编制原理是：①为了对复杂现象总体进行对比分析，首先对构成总体的个别元素计算个体指数，所得到的无量纲化的相对数是编制总指数的基础；②为了反映个别元素在总体中的重要性的差异，必须以相应的总量指标作为权数对个体指数进行加权平均，就得到说明总体现象数量对比关系的总指数。显然，加权平均指数比简单平均指数更能反映现象的实际数量对比关系，在经济分析上更有现实意义，因而，在可能的条件下，应尽可能地采用加权的平均指数方法。由于加权平均方法有两种，即加权算术平均指数和加权调和平均指数。

二、加权算术平均指数

加权算术平均指数是以计算加权算术平均数的方法来计算的指数，其实质是个体指数的加权算术平均，以此来说明个体指数的综合平均变动。基本公式为

$$\text{加权算术平均指数} = \frac{\sum kw}{\sum w} \tag{7-7}$$

式中，k 为代表个体指数；w 为代表权数（绝对数或相对数）。

显然，如果加权算术平均指数公式中 k 代表个体数量指标指数，即 $k = k_q = \dfrac{q_1}{q_0}$，$w$ 代表基期总值即 $w = p_0 q_0$，则

$$\text{加权算术平均指数} = \frac{\sum kw}{\sum w} = \frac{\sum k_q \cdot p_0 q_0}{\sum p_0 q_0} = \frac{\sum q_1 p_0}{\sum q_0 p_0} = \overline{K}_q$$

【例 7-4】 仍以表 7-2 资料为例，计算如表 7-3 所示。

表 7-3 商品销售额计算表

商品类别	计量单位	指数/%		销售额/百元			
		p_1/p_0	q_1/q_0	p_0q_0	p_1q_1	p_0q_1	p_1q_0
大米	百公斤	120.00	108.33	7 200	9 360	7 800	8 640
猪肉	公斤	111.11	113.10	15 120	19 000	17 100	16 800
食盐	斤	80	150.00	100	120	150	80
服装	件	130.00	95.83	24 000	29 900	23 000	31 200
电视机	台	95.56	120.00	22 950	16 316	27540	21 930
合 计				69 370	84 696	75 590	78 650

$$5\text{ 种商品销售量指数 }\overline{K}_q=\frac{\sum k_q\cdot p_0q_0}{\sum p_0q_0}=\frac{75\ 590}{69\ 370}=108.97\%$$

不难看出，其计算结果与前面拉氏数量指标指数给出的结果完全相同。此时加权算术平均指数也可作为拉氏数量指标综合指数的变形，即数量指标综合指数：

$$\overline{K}_q=\frac{\sum p_0q_1}{\sum p_0q_0}=\frac{\sum k_q\cdot p_0q_0}{\sum p_0q_0}$$

在指数编制的实践中，由于通常都要运用指标选样方法和附加权数资料来简化指标编制工作，此时个体指数与权数之间并不存在严格的一一对应关系。因此，平均指数仍然是一种相对独立的总指数编制方法，而不仅仅是综合指数的变形。

算术平均指数不仅可以用绝对数（总值）加权，也可以用相对数（总值比重）加权，而且，采用相对权数具有很多优越性。

三、加权调和平均指数

加权调和平均指数是以计算加权调和平均数的方法来计算的指数，其实质是个体指数的加权调和平均，基本公式为

$$\text{加权调和平均指数}=\frac{\sum w}{\sum \frac{w}{k}} \tag{7-8}$$

式中，k 为个体指数，w 为权数（绝对数或相对数）。

显然，如果加权调和平均指数公式中 k 代表个体质量指标指数，即 $k=k_p=\frac{p_1}{p_0}$。w 代表报告期总值即 $w=p_1q_1$，则

$$\text{加权调和平均指数}=\frac{\sum w}{\sum \frac{w}{k}}=\frac{\sum p_1q_1}{\sum \frac{p_1q_1}{k_p}}=\frac{\sum p_1q_1}{\sum p_0q_1}=\overline{K}_p$$

【例 7-5】　仍以表 7-3 资料为例计算如下：

$$5\text{种商品价格指数}\ \overline{K}_p=\frac{\sum p_1q_1}{\sum \frac{p_1q_1}{k_p}}=\frac{84\ 696}{75\ 590}=112.05\%$$

不难看出，其计算结果与前面帕氏质量指标指数给出的结果完全相同。此时加权调和平均指数也可作为帕氏质量指标综合指数的变形，即质量指标综合指数 $\overline{K}_p=\frac{\sum p_1q_1}{\sum p_0q_1}=\frac{\sum p_1q_1}{\sum \frac{p_1q_1}{k_p}}$。但当个体指数与权数之间不存在严格的一一对应关系时，调和平均指数仍是一种相对独立的总指数编制方法。

第四节　平均指标指数

前面讲述的综合指数和平均指数，都是从绝对总量的对比上反映总体的变动程度和变动方向。在实际问题的研究中，常常需要对总体的每个平均指标的变动进行对比分析，这样所形成的相对数属于广义的指数范畴，通常称为平均指标指数。

在总体分组条件下，平均数的变动受到两个因素的影响：一是各组变量水平，二是总体的结构（频率），即

$$\bar{x}=\frac{\sum xf}{\sum f}=\sum x\cdot\frac{f}{\sum f}\begin{cases}x\\ \dfrac{f}{\sum f}\end{cases}\tag{7-9}$$

由此可根据平均数及其构成因素分别编制指数。

一、可变构成指数

可变构成指数，又称可变组成指数，表明总体某一数量标志值平均水平变动的相对数。

【例 7-6】　以某公司 500 名员工在一次工资调整前后的有关资料如表 7-4 为例计算如下：

表 7-4　某公司员工工资情况表

工资等级	月工资 x			员工数/人		月工资×员工数/元		
	基期/元	计算期/元	增幅/%	基期	计算期	x_0f_0	x_0f_1	x_1f_1
1	800	850	6.25	50	40	40 000	32 000	34 000
2	1 000	1 050	5.00	100	85	100 000	85 000	89 250
3	1 200	1 300	8.33	200	170	240 000	204 000	221 000
4	1 500	1 600	6.67	70	125	105 000	187 500	200 000
5	2 000	2 150	7.50	50	55	100 000	110 000	118 250
6	2 500	2 650	6.00	30	25	75 000	62 500	66 250
合计			10.42	500	500	660 000	681 000	728 750

根据表中资料计算：

计算期员工平均工资 $\bar{x}_1=\dfrac{\sum x_1 f_1}{\sum f_1}=\dfrac{728\ 750}{500}=1457.5$（元）

基期员工平均工资 $\bar{x}_0=\dfrac{\sum x_0 f_0}{\sum f_0}=\dfrac{660\ 000}{500}=1\ 320$（元）

$$\text{平均工资可变构成指数 } K_{\text{可变}}=\frac{\bar{x}_1}{\bar{x}_0}=\frac{\dfrac{\sum x_1 f_1}{\sum f_1}}{\dfrac{\sum x_0 f_0}{\sum f_0}}=\frac{1457.5}{1320}=110.42\%$$

结果表明，计算期员工平均工资比基期提高了 10.42%，平均每人增加工资 137.5 元（1457.5－1320）。

显然，上述平均工资可变构成指数既受各级员工工资水平变动影响，又受各级员工结构影响，应分别进行测算。

二、固定构成指数

固定构成指数，又称固定组成指数。它是在总体平均水平的变动分析中，固定总体结构，只反映变量值或各组水平变动影响的相对数。

假定期员工平均工资 $\bar{x}_{\text{假定}}=\dfrac{\sum x_0 f_1}{\sum f_1}=\dfrac{681\ 000}{500}=1362$（元）

$$\text{固定构成指数 } K_{\text{固定}}=\frac{\bar{x}_1}{\bar{x}_{\text{假定}}}=\frac{\dfrac{\sum x_1 f_1}{\sum f_1}}{\dfrac{\sum x_0 f_1}{\sum f_1}}=\frac{1457.5}{1362}=107.01\%$$

计算结果表明，计算期各等级员工的工资水平比基期提高 7.01%，平均每人增加工资 95.5 元（1475.5－1362）。

三、结构影响指数

结构影响指数，又称结构变动指数，它是在总体水平变动分析中，固定变量值或各组水平，只反映结构变动影响的相对数。

$$\text{结构影响指数 } K_{\text{结构}}=\frac{\bar{x}_{\text{假定}}}{\bar{x}_0}=\frac{\dfrac{\sum x_0 f_1}{\sum f_1}}{\dfrac{\sum x_0 f_0}{\sum f_0}}=\frac{1362}{1320}=103.18\%$$

计算结果表明，计算期各级员工结构变化而使总平均工资提高 3.81%，平均每人增加工资 42 元（1362－1320）。

第五节　指数体系与因素分析

一、指数体系

（一）指数体系概念

指数是一种用于总体对比分析的统计指标，而一个指数通常只能说明某一方面问题，统计所研究总体数量特征包括许多方面，它们之间存在着内在联系，这便形成了相应的指数体系。

指数体系是指若干个指数存在着内在联系而形成的体系。它可以从两方面说明，一是广义的指数体系，泛指由若干个内容上相互关联的统计指数所结成的体系，如市场物价指数体系，企业经济效益指数体系等；二是狭义的指数体系，仅指几个指数之间在一定的经济联系基础上所结成的严密的数量关系式。例如：

销售额指数＝销售量指数×销售价格指数

总产值指数＝产量指数×产品价格指数

总成本指数＝产量指数×单位产品成本指数

增加值指数＝员工人数指数×劳动生产率指数×增加值率指数

销售利润指数＝销售量指数×销售价格指数×销售利润率指数

显然，这些指数体系都是建立在有关指数化指标之间的经济联系基础之上的，因而它们具有非常实际的经济分析意义。

（二）指数体系的作用

指数体系的作用主要有两个：一是根据指数体系可以进行指数间的相互推算，即根据已知指数推算未知指数；二是指数体系是因素分析的基础，即从相对数和绝对数两方面进行因素分析，说明各个影响因素对总变动的影响变动方向和影响程度。

二、因素分析

因素分析是统计指数的延伸，是以综合指数的编制原理为依托，以指数体系为基础，分析在受多个因素影响的总体某一数量特征的变动中，各个因素变动的影响方向、程度和影响的效果。对其理解要掌握以下要点：

（1）因素分析测定的是各影响因素变动对总体某一数量特征变动的影响方向、程度和影响效果。

（2）在分析过程中，假定只有一个指数化因素，在测定指数化因素影响时，其余因素均视为同度量因素，并根据综合指数原理来确定同度量因素所属时期。

（3）指数体系分析的各个影响因素指数的乘积必须等于其受影响的总体某一数量特征的总变动指数；各影响因素差额之和必须等于总体某一数量特征的总变动差额。

（4）对因素分析的结果必须作文字说明。

三、总量指标变动的因素分析

对现象总量指标变动进行因素分析的方法很多，根据影响因素多少不同分为以下几种。

（一）总量指标变动的两因素分析

根据指数体系和因素分析的概念，当总量指标可以分解为两个因素的乘积时，可进行两因素的指数分析。

【例 7-7】 以表 7-2 的资料为例，对每种商品销售额和所有商品销售额进行因素分析，存在下列关系：

销售额=销售价格×销售量

销售额指数=销售价格指数×销售量指数

1. 对于一种商品分析

$$\frac{p_1q_1}{p_0q_0}=\frac{p_1}{p_0}\times\frac{q_1}{q_0}=k_p\times k_q \tag{7-10}$$

如大米：

$$\frac{9360}{7200}=\frac{360}{300}\times\frac{2600}{2400}$$

$$130\%=120\%\times108.33\%$$

这表明，由于大米的价格上涨 20%，销售量增长 8.33%，两者共同作用使得大米的销售额增长 30%，即增长 21.6 万元的销售额。在这里，销售额的变动是价格变动和销售量变动共同影响的结果，因而，价格指数与销售量指数的乘积应该等于销售额指数。

如果进一步分析，在实际增长 21.6 万元大米销售额中，由于销售价格上涨 20%，销售量增长 8.33%，分别使销售额增加多少？这时必须使用指数分析法中假定原则，建立一个分析框架。这里通常运用“连锁替换法”。

$$p_0q_0\xrightarrow{q_{变化}}\sum p_0q_1\xrightarrow{p_{变化}}\sum p_1q_1$$

则有

销售量变化影响 $p_0q_1-p_0q_0=(q_1-q_0)p_0$ (7-11)

销售价格变化影响 $p_1q_1-p_0q_1=(p_1-p_0)q_0$ (7-12)

两者共同作用影响 $p_1q_1-p_0q_0=(q_1-q_0)p_0+(p_1-p_0)q_0$ (7-13)

个体指数体系及因素分析为

$$\begin{cases}\dfrac{p_1q_1}{p_0q_0}=\dfrac{p_1q_1}{p_0q_1}\times\dfrac{p_0q_1}{p_0q_0}\\ p_1q_1-p_0q_0=(p_1-p_0)q_1+(q_1-q_0)p_0\end{cases} \tag{7-14}$$

$$\begin{cases}130\%=120\%\times108.33\%\\ 2160\text{ 百万元}=1560\text{ 百万元}+600\text{ 百万元}\end{cases}$$

这表明，由于销售价格增长 20%，使销售额增加 15.6 万元，而由于销售量增长 8.33%，使销售额增长 6 万元，两者共同影响结果使销售额增加 21.6 万元。

2. 对多种商品分析

$$\frac{\sum p_1q_1}{\sum p_0q_0}=\frac{\sum p_1q_1}{\sum p_0q_1}\times\frac{\sum p_0q_1}{\sum p_0q_0}=\overline{K}_p\times\overline{K}_q \tag{7-15}$$

【例 7-8】　以表 7-2 资料为例计算，则有

$$\frac{84\ 696}{69\ 370}=\frac{84\ 696}{75\ 590}\times\frac{75\ 590}{69\ 370}$$

$$122.09\%=112.05\%\times108.97\%$$

这表明，由于多种商品价格上涨 12.05%；销售量增长 8.97%，两者共同作用使得商品的销售额增长了 22.09%，即增加了 153.26 万元。在这里多种商品销售额的变动是多种商品价格和销售量变动共同影响的结果。

如果进一步分析多种商品销售额总变动 153.26 万元中，分别受价格和销售量影响时，则仍采用“连锁替换法”：

$$\sum p_0q_0\xrightarrow{q_{变化}}\sum p_0q_1\xrightarrow{p_{变化}}\sum p_1q_1$$

多种商品销售价格变动影响 $\sum p_1q_1-\sum p_0q_1$

$$=84\ 696-75\ 590=91.06(万元)$$

多种商品销售量变动影响 $\sum p_0q_1-\sum p_0q_0$

$$=75\ 590-69\ 370=62.20(万元)$$

显然，多种商品指标体系和因素分析为

$$\begin{cases}\dfrac{\sum p_1q_1}{\sum p_0q_0}=\dfrac{\sum p_1q_1}{\sum p_0q_1}\times\dfrac{\sum p_0q_1}{\sum p_0q_0}\\ p_1q_1-p_0q_0=\left(\sum p_1q_1-\sum p_0q_1\right)+\left(\sum p_0q_1-\sum p_0q_0\right)\end{cases} \tag{7-16}$$

$$\begin{cases}122.09\%=112.05\%\times108.97\%\\ 153.26\text{ 万元}=91.06\text{ 万元}+62.20\text{ 万元}\end{cases}$$

说明由于多种商品价格上涨 12.05%，使销售额绝对增加 91.06 万元，而由于多种商品销售量增长 8.97%，使销售额绝对增加 62.2 万元，两者共同作用结果使商品销售总额增长 22.09%，绝对增加 153.26 万元。

（二）总量指标变动的多因素分析

当总量指标可以分解为三个或三个以上因素的乘积时，可进行多因素的指数分析，同时也适用于连锁替代法。在多因素分析中，必须遵循一个基本原则，即总量指标各影响因素指标排序，按照任何两个相邻因素指标乘积都应该有实际意义。并注意从外延到内涵，从数量到质量，从基础因素到派生因素。只有这样才能保证对同一现象按不同方式进行分解或归并之后，所得到的结论相互一致。

假如对某企业生产活动的增加值进行因素分析，则可将增加值按以下分解：

$$增加值=\overbrace{员工人数(a)\times劳动生产率(b)}^{总产值}\times\underbrace{增加值率(c)}_{}$$

（其中“劳动生产率(b)×增加值率(c)”为按增加值计算的劳率）

依据连锁替换法，对增加值进行三因素分析的程序为

$$a_0b_0c_0 \xrightarrow{a_{变化}} a_1b_0c_0 \xrightarrow{b_{变化}} a_1b_1c_0 \xrightarrow{c_{变化}} a_1b_1c_1$$

据此得到的个体指数体系为

$$\begin{cases}\dfrac{a_1b_1c_1}{a_0b_0c_0}=\dfrac{a_1b_0c_0}{a_0b_0c_0}\times\dfrac{a_1b_1c_0}{a_1b_0c_0}\times\dfrac{a_1b_1c_1}{a_1b_1c_0} \\ a_1b_1c_1-a_0b_0c_0=(a_1b_0c_0-a_0b_0c_0) \\ \qquad +(a_1b_1c_0-a_1b_0c_0)+(a_1b_1c_1-a_1b_1c_0)\end{cases} \tag{7-17}$$

假定对某企业生产活动的原材料消耗额进行因素分析，一般企业生产多种产品，则产量多少、不同产品的消耗水平及各种原材料价格等都会影响到原材料消耗额。则各种产品原材料消耗额按下述方式分解：

$$原材料消耗总额=\overbrace{产量(a)\times单位产品消耗量(b)}^{原材料消耗量}\times原材料价格(c)$$

（其中“单位产品消耗量(b)×原材料价格(c)”为单位产品原材料消耗量）

依据连锁替代法，对原材料消耗总额进行三因素分析的程序为

$$\sum a_0b_0c_0 \xrightarrow{a_{变化}} \sum a_1b_0c_0 \xrightarrow{b_{变化}} \sum a_1b_1c_0 \xrightarrow{c_{变化}} \sum a_1b_1c_1$$

据此得到多因素综合指数体系，它们可以从相对数和绝对数两方面进行较为完整的多因素分析：

$$\begin{cases}\dfrac{\sum a_1b_1c_1}{\sum a_0b_0c_0}=\dfrac{\sum a_1b_0c_0}{\sum a_0b_0c_0}\times\dfrac{\sum a_1b_1c_0}{\sum a_1b_0c_0}\times\dfrac{\sum a_1b_1c_1}{\sum a_1b_1c_0} \\ \sum a_1b_1c_1-\sum a_0b_0c_0=(\sum a_1b_0c_0-\sum a_0b_0c_0) \\ \qquad +(\sum a_1b_1c_0-\sum a_1b_0c_0)+(\sum a_1b_1c_1-\sum a_1b_1c_0)\end{cases} \tag{7-18}$$

【例 7-9】 某企业集团中有甲、乙、丙三个企业均生产某种产品，产量及原材料消耗资料如表 7-5 所示。

表 7-5 某企业集团产品产量、消耗资料

企业	产品产量/万件		单位产品原材料消耗量/千克		单位原材料购进价格/元	
	基期	计算期	基期	计算期	基期	计算期
甲	90	100	20	18	8	9
乙	85	90	21	19	8	9
丙	80	90	22	19	8	9

下面分析该企业集团生产产品的原材料支出总额指数及其影响因素，如表 7-6 所示。

表 7-6 原材料支出计算表

企业	产量/万件		单耗/千克		单价/元		原材料支出总额/万元			
	a_0	a_1	b_0	b_1	c_0	c_1	$a_0b_0c_0$	$a_1b_1c_1$	$a_1b_0c_0$	$a_1b_1c_0$
甲	90	100	20	18	8	9	14 400	16 200	16 000	14 400
乙	85	90	21	19	8	9	14 280	15 390	15 120	13 680
丙	80	90	22	19	8	9	14 080	15 390	15 840	13 680
合计							42 760	46 980	46 960	41 760

(1) 原材料支出总额总变动。

$$\text{原材料支出总额指数}=\frac{\sum a_1b_1c_1}{\sum a_0b_0c_0}=\frac{46\ 980}{42\ 760}=109.87\%$$

$$\text{增加额}=\sum a_1b_1c_1-\sum a_0b_0c_0=46\ 980-42\ 760=4220\text{(万元)}$$

(2) 对各影响因素的分析。

$$\text{产品产量指数}=\frac{\sum a_1b_0c_0}{\sum a_0b_0c_0}=\frac{46\ 960}{42\ 760}=109.82\%$$

$$\text{影响额}=\sum a_1b_0c_0-\sum a_0b_0c_0=46\ 960-42\ 760=4200\text{(万元)}$$

$$\text{单位产品原材料消耗指数}=\frac{\sum a_1b_1c_0}{\sum a_1b_0c_0}=\frac{41\ 760}{46\ 960}=88.93\%$$

$$\text{影响额}=\sum a_1b_1c_0-\sum a_1b_0c_0=41\ 760-46\ 960=-5200\text{(万元)}$$

$$\text{单位原材料购进价格指数}=\frac{\sum a_1b_1c_1}{\sum a_1b_1c_0}=\frac{46\ 980}{41\ 760}=112.50\%$$

$$\text{影响额}=\sum a_1b_1c_1-\sum a_1b_1c_0=46\ 980-41\ 760=5220\text{(万元)}$$

(3) 综合分析。

$$\frac{\sum a_1b_1c_1}{\sum a_0b_0c_0}=\frac{\sum a_1b_0c_0}{\sum a_0b_0c_0}\times\frac{\sum a_1b_1c_0}{\sum a_1b_0c_0}\times\frac{\sum a_1b_1c_1}{\sum a_1b_1c_0}$$

$$109.87\%=109.82\%\times 88.93\%\times 112.50\%$$

$$\begin{aligned}\sum a_1b_1c_1-\sum a_0b_0c_0 &= \left(\sum a_1b_0c_0-\sum a_0b_0c_0\right)\\ &\quad+\left(\sum a_1b_1c_0-\sum a_1b_0c_0\right)\\ &\quad+\left(\sum a_1b_1c_1-\sum a_1b_1c_0\right)\end{aligned}$$

$$4220\text{(万元)}=4200+(-5200)+5220$$

分析结果表明原材料支出总额增加了 9.87%，是由于产品总产量增长 9.82%，单位产品原材料消耗下降 11.07%和单位原材料进价提高 12.05%三个因素共同影响的结果。绝对额分析表明：单纯靠产量增加使原材料总支出增加了 4200 万元，由于单位产品原材料消耗降低，使原材料总支出下降5200万元，由于原材料购进价格上涨使原材料总支出增加5220万元，三个因素综合作用的结果使原材料总支出增加4220万元。

利用本例资料还可以通过个体指数体系，进行甲、乙、丙三个企业之间原材料支出额、产量、单位产品的原材料消耗和单位原材料购进价的对比分析，分别说明三个企业各自的变化。由于个体指数因素分析方法与上述分析大体相同，计算更为简单，本节不再详述。

四、平均指标变动的因素分析

从平均指标指数分析可知，可变构成指数、固定构成指数、结构影响指数之间构成了一个相互联系的平均指标指数体系。

可变构成指数=固定构成指数×结构影响指数

$$\frac{\sum x_1 f_1}{\sum f_1}:\frac{\sum x_0 f_0}{\sum f_0}=\left(\frac{\sum x_1 f_1}{\sum f_1}:\frac{\sum x_0 f_1}{\sum f_1}\right)\times\left(\frac{\sum x_0 f_1}{\sum f_1}:\frac{\sum x_0 f_0}{\sum f_0}\right) \tag{7-19}$$

$$\left[\frac{\sum x_1 f_1}{\sum f_1}-\frac{\sum x_0 f_0}{\sum f_0}\right]=\left[\frac{\sum x_1 f_1}{\sum f_1}-\frac{\sum x_0 f_1}{\sum f_1}\right]+\left[\frac{\sum x_0 f_1}{\sum f_1}-\frac{\sum x_0 f_0}{\sum f_0}\right] \tag{7-20}$$

利用这一体系，可以从相对数和绝对数差额两个方面，对总体平均数的变动进行因素分析。

【例 7-10】 仍以表7-4的资料为例，计算结果为

$$\begin{cases}110.42\%=103.18\%\times107.01\%\\137.5=42+95.5\ (\text{元})\end{cases}$$

计算结果表明，由于员工工资分布的结构变化，使平均工资提高3.18%，即增加了42元；而由于各等级工资水平的变化，使平均工资提高7.01%，即增加了95.5元；两者共同影响，使得全公司员工的总平均工资提高10.42%，即增加了137.5元。

应该注意到，在上面的举例中，全公司员工的总平均工资提高了10.42%，但是，由表7-4中观察，在全部6个工资等级中，调资增幅最大的也仅为8.33%，没有任何一个等级的调资增幅达到或超过10.42%的水平。那么，总平均工资的增幅为什么会这么高呢？就是因为相应的可变构成指数中包含了结构变动的影响。如果按固定的构成指数计算，平均工资的增幅仅为7.01%，这恰好就是各等级工资增幅的加权算术平均数，其中排除了总体的结构变动的影响。

五、总量指标与总平均指标变动因素分析的结合应用

总量指标与总平均指标的变动相结合分析，使得指数的因素分析范围进一步扩展。其分析的基本原理是：由于总体标志总量是由总体单位总数和总体平均数两者共同决定的。若分别考察两因素对标志总量的影响，仍可按连锁替换法来分析。

$$\text{已知}\ \bar{x}=\frac{\sum xf}{\sum f}\text{，则有}\ \sum xf=\sum f_1\cdot\bar{x}$$

$$\sum f_0 \cdot \bar{x}_0 \xrightarrow{\sum f_{变化}} \sum f_1 \cdot \bar{x}_0 \xrightarrow{\bar{x}_{变化}} \sum f_1 \cdot \bar{x}_1$$

由此可建立总量变动因素分析框架为

$$\begin{cases} \dfrac{\sum x_1 f_1}{\sum x_0 f_0} = \dfrac{\sum f_1}{\sum f_0} \times \dfrac{\bar{x}_1}{\bar{x}_0} \\ \sum x_1 f_1 - \sum x_0 f_0 = (\sum f_1 - \sum f_0) \cdot \bar{x}_0 + (\bar{x}_1 - \bar{x}_0) \sum f_1 \end{cases} \tag{7-21}$$

进一步引入平均指标变动的因素分析方法，得到如下更为完整的框架：

$$\frac{\sum x_1 f_1}{\sum x_0 f_0} = \frac{\sum f_1}{\sum f_0} \times \left(\frac{\bar{x}_{假定}}{\bar{x}_0} \times \frac{\bar{x}_1}{\bar{x}_{假定}}\right) \tag{7-22}$$

$$\sum x_1 f_1 - \sum x_0 f_0 = (\sum f_1 - \sum f_0) \cdot \bar{x}_0 + (\bar{x}_{假定} - \bar{x}_0) \sum f_1 + (\bar{x}_1 - \bar{x}_{假定}) \sum f_1 \tag{7-23}$$

【例 7-11】 已知某矿区 3 个矿井的有关生产资料如表 7-7 所示。试对全矿区的工人劳动生产率和煤炭总产量的变动进行因素分析。

表 7-7 某矿区煤炭生产情况表

矿井	工人数/人		人均产量/（吨/人）		原煤总产量/吨		
	基期 f_0	计算期 f_1	基期 x_0	计算期 x_1	$x_0 f_0$	$x_0 f_1$	$x_1 f_1$
1 号井	150	190	200	202	30 000	38 000	38 380
2 号井	160	170	180	185	28 800	30 600	31 450
3 号井	180	150	160	168	28 800	24 000	25 200
合计	490	510			87 600	92 600	95 030

依据表中资料，首先计算有关的平均数：

$$\bar{x}_0 = \frac{\sum x_0 f_0}{\sum f_0} = \frac{87\,600}{490} = 178.776\text{（吨/人）}$$

$$\bar{x}_{假定} = \frac{\sum x_0 f_1}{\sum f_1} = \frac{92\,600}{510} = 181.569\text{（吨/人）}$$

$$\bar{x}_1 = \frac{\sum x_1 f_1}{\sum f_1} = \frac{95\,030}{510} = 186.333\text{（吨/人）}$$

依据式（7-22）、式（7-23），则有以下的基本分析数据：

$$\frac{95\,030}{87\,600} = \frac{510}{490} \times \left(\frac{181.569}{178.776} \times \frac{186.333}{181.569}\right)$$

进一步计算就得到：

$$\begin{cases}108.48\%=104.08\%\times(101.56\%\times102.62\%)\\7430=3576+(1424+2430)\end{cases}$$

计算结果表明：由于工人总数增加4.08%，使该矿的原煤总产量增加了3576吨；由于各矿井工人结构的调整，使全矿的劳动生产率（人均产量）提高1.56%，增加原煤总产量1424吨；又由于各矿井通过挖掘潜力或减员增效等方式，使劳动生产率提高2.62%，增加原煤总产量2430吨。以上各种因素共同影响，使得全矿区的原煤总产量增长8.48%，即增加了7430吨，其中，劳动生产率的提高是一个重要影响因素，由于劳动生产率提高4.23%而增加的原煤产量为3854吨，占原煤增长量的一半以上。但是，劳动生产率的提高只有一部分是各矿井内部因素作用的结果，还有一部分则是整个矿区合理配置劳动力资源（外部因素影响）的结果。

总之，运用指数体系的方法可以对各种各样的现象进行因素分析，其具体分析形式千变万化，关键在于掌握指数法的基本原理，并将其灵活应用于有关实际中。

第六节 几种常用的经济指数

指数作为一种重要的经济分析指标和方法，在实践中获得了广泛应用。但在不同场合，往往需要运用不同的指数形式。一般而言，选择指数形式的主要标准应该是指数的经济分析意义，除此而外，有时还要考虑实际编制工作的可行性，以及对指数分析性质的某些特殊要求。现以国内外常见的主要经济指数为例，对指数方法的具体应用加以介绍。

一、居民消费价格指数

居民消费价格指数（consumer price index，CPI）是度量一组代表性消费商品及服务项目价格水平随着时间而变动的相对数，反映居民家庭购买的消费品及服务价格水平的变动情况。它是宏观经济分析和决策、价格总水平监测和调控以及国民经济核算的重要经济指标。其按年度计算的变动率通常被用来作为反映通货膨胀（或紧缩）程度的指标。这一指标影响政府制定货币、财政、消费、价格、工资、社会保障等政策。同时也直接影响居民的生活水平评价。

我国从2000年起价格指数的统计、公布和使用由以商品零售价格指数为主改为以居民消费价格指数为主，从2001年1月1日起由每月变动对比基期改为对比基期固定在2000年，以后每5年或10年变动一次对比基期，采用链式拉氏公式计算。

我国居民消费价格指数主要有三种分类方法：

（1）按照城乡居民收入水平和消费构成不同分为城市居民消费价格指数和农村居民消费价格指数。

（2）按消费品和服务项目用途不同分为居民食品消费价格指数、居民烟酒及用品消费价格指数、居民衣着消费价格指数、居民家庭设备及维修服务费消费价格指数、居民医疗保健及个人消费价格指数、居民交通和通信消费价格指数、居民娱乐教育文化用品及服务消费价格指数、居民居住消费价格指数等八大类。

(3) 按指数计算方法不同分为定基指数、环比指数、同比指数、年度指数。

我国居民消费价格指数的编制步骤：

（一）选择代表商品和代表规格品

代表商品和代表规格品的选择原则：销售数量大；价格变动趋势和变动强度有较强代表性；代表品间价格变动相关性低；合格品。根据居民家庭消费支出调查资料，确定大约600种代表规格品。

（二）选择调查市县和调查点

居民消费价格指数采用划类选择法抽选价格调查市县和价格调查点。

（三）价格的调查与计算

价格调查的原则是同一规格的价格必须同质可比、采集实际成交价格、调查频率与商品价格变动频繁有关。价格调查方法采用定人、定点、定时直接调查。代表规格品的平均价格采用简单算术平均法计算。

【例 7-12】　某市某月大米（基本分类）中的特粳散装大米这种规格品平均价格的计算，如表 7-8 所示。

表 7-8　某市某月特粳散装大米（规格品）价格采集表

大米	单位	规格等级	第一次调查	第二次调查	第三次调查
某农贸市场	千克	特粳散装	2.60	2.60	2.60
某粮油商店	千克	特粳散装	2.13	2.20	2.20
某集市贸易	千克	特粳散装	2.20	2.20	2.20

则某月特粳散装大米平均价格为（2.60＋2.13＋2.22＋2.60＋2.20＋2.20＋2.60＋2.20＋2.20）÷6＝2.33（元/千克）。

将报告期平均价格除以基期平均价格便是代表规格品的单项指数（即个体指数）。

如已知该地上月特粳散装大米每千克为 2.22 元，这种规格大米的单项指数为（2.33÷2.22）×100%＝105.1%。

（四）权数的确定

居民消费价格指数的计算权数根据10万多户城乡居民家庭消费支出构成确定。其中全省（区）城市和农村权数分别根据全省（区）城镇居民家庭生活消费支出调查资料和农村居民家庭生活消费现金支出资料整理计算。全省（区）权数根据城市和农村权数按城乡人均消费支出金额和人口加权平均计算。全国权数根据各省、自治区、直辖市的权数按各地人均消费支出金额和人口加权平均计算。大类、中类和基本分类的权数依次分层计算，即以各类支出额占所在类别支出额的比重。

【例 7-13】 说明居民消费价格指数权数的计算，如表 7-9 所示。

表 7-9 某市某年居民消费价格指数食品大类的权数计算表

类别及品名	消费品零售额或居民购买食品支出额/元	权数/‰
一、食品	1 773 120.43	1000
1. 粮食	140 659.37	79
大米	55 298.36	393
面粉	58 272.85	414
粮食制品	4 326.52	31
其他	22 761.64	162
2. 淀粉及薯类	23 307.92	13
3. 干豆类及豆制品	33 578.26	19
4. 油脂	72 273.66	41
5. 肉禽及其制品	388 620.82	219
6. 蛋	129 694.39	73
7. 水产品	16 007.76	9
8. 菜	196 281.13	111
9. 调味品	35 963.18	20
10. 糖	19 566.59	11
11. 茶及饮料	92 453.22	52
12. 干鲜瓜果	109 449.84	62
13. 糕点饼干	174 043.14	98
14. 奶及奶制品	60 003.07	34
15. 在外用膳食品	29 749.62	17
16. 其他食品及加工服务费	251 468.46	142

大类权数为大类支出额占所有大类支出额之和的比重；中类权数为中类支出额占所在大类支出额的比重；基本分类权数为基本分类支出额占所在中类支出额的比重。例如：

大米（基本分类）权数=55 298.36/140 659.37×1000‰=393‰

粮食（中类）权数=140 659.37/1 773 120.43×1000‰=79‰

（五）价格指数的计算

1. 基本分类指数的计算

（1）月环比指数的计算。根据所属代表规格品价格变动相对数，采用几何平均法计算，计算公式为

$$K_t = \sqrt[n]{G_{t1} \times G_{t2} \times \cdots \times G_{tn}} \times 100\% \tag{7-24}$$

式中，G_{t1}，G_{t2}，…，G_{tn}分别为第 1 个至第 n 个规格品报告期（t）价格与上期（$t-1$）价格对比的相对数。

（2）定基指数的计算。

$$I_{基} = K_1 \times K_2 \times \cdots \times K_t \tag{7-25}$$

式中，K_1，K_2，…，K_t 分别为基期至报告期间各期的月环比指数。

首轮基期为2000年，每5年更换一次基期。

2. 类别及总指数逐级加权平均计算

计算公式为

$$L_t = (\sum W_{t-1} \frac{P_t}{P_{t-1}}) \times L_{t-1} \tag{7-26}$$

式中，W 为权数；P 为价格；t 和 $t-1$ 分别为报告期和报告期的上一时期；P_t/P_{t-1} 为本期环比指数。

3. 全省（区）指数的计算

全省（区）指数根据全省（区）城市和农村指数按城乡居民人均消费支出金额和人口数加权平均计算。

4. 全国指数计算

全国城市（农村）指数根据各省（自治区、直辖市）指数按各地人均消费支出金额和人口数加权平均计算。全国指数根据全国城市和农村指数按城乡居民人均消费支出金额和人口数加权平均计算。

【例7-14】 说明居民消费价格指数的计算步骤，如表7-10所示。

表7-10 某市某月居民消费价格指数计算表（以2000年为基期）

类别及品名	规格等级	计量单位	权数/‰	本月环比指数/%	上月定基指数/%	本月定基指数/%
居民消费价格指数			1000	102.96	99.2	102.14
一、食品			561	106.05	98.0	103.93
1. 粮食			79	102.07	97.2	99.21
大米			414	103.1	96.5	99.49
	特粳散装大米	千克		105.1		
	乐惠牌（10公斤袋装）	千克		101.14		
面粉			393	103.79	97.3	100.99
粮食制品			31	100.8	97.4	98.18
其他			162	95.5	98.1	93.69
2. 淀粉及薯类			13	101.2	98.2	99.4
3. 干豆类及豆制品			19	100.3	98.9	99.2
……	……	……	……	……	……	……
16. 其他食品及加工服务费			142	103.0	97.1	100.0
二、烟酒及用品			132	98.9	100.5	99.4
三、衣着			84	98.4	98.2	96.6
四、家庭设备用品及维修服务费			22	97.6	99.6	97.2
五、医疗保健及个人用品			13	98.6	99.2	97.8
六、交通和通信			44	98.0	100.0	98.0
七、娱乐教育文化用品及服务			66	98.5	101.8	100.3
八、居住			78	101.3	99.1	100.4

第一步，首先由各代表规格品的单项指数计算基本分类环比指数，然后根据基本分类环比指数和基本分类上月定基指数计算基本分类本月定基指数。

例如，大米包括两种代表规格品，这一基本分类的环比指数为

$$K^{(大米)}=\sqrt{G_1\times G_2}\times100\%=\sqrt{1.051\times1.0114}\times100\%=103.1\%$$

大米（基本分类）的定基指数为 $I_t^{(大米)}=K^{(大米)}\times I_{t-1}^{(大米)}=103.1\%\times96.5\%=99.49\%$

第二步，根据基本分类的环比指数计算中类环比指数和中类定基指数。例如，粮食中类环比指数为

$$\begin{aligned}L_{环比}^{(粮食)}&=\sum W_{t-1}\frac{P_t}{P_{t-1}}\\&=1.031\times\frac{414}{1000}+1.0379\times\frac{393}{1000}+1.008\times\frac{31}{1000}+0.955\times\frac{162}{1000}\\&=102.07\%\end{aligned}$$

粮食中类定基指数为

$$\begin{aligned}L_t^{(粮食)}&=\left(\sum W_{t-1}\frac{P_t}{P_{t-1}}\right)\times L_{t-1}^{(粮食)}\\&=1.0207\times0.972=99.21\%\end{aligned}$$

第三步，根据中类环比指数计算大类环比指数和定基指数。例如，食品大类的环比指数为

$$\begin{aligned}L_{环比}^{(食品)}&=1.0207\times\frac{79}{1000}+1.012\times\frac{13}{1000}+\cdots+1.03\times\frac{142}{1000}\\&=106.05\%\end{aligned}$$

食品大类的定基指数为

$$\begin{aligned}L_t^{(食品)}&=1.0605\times0.98\\&=103.93\%\end{aligned}$$

最后，根据八个大类的环比指数计算居民消费价格环比指数和定基指数。该市某月居民消费价格环比指数为

$$\begin{aligned}L_{环比}&=1.061\times\frac{561}{1000}+0.989\times\frac{132}{1000}+\cdots+1.013\times\frac{78}{1000}\\&=102.96\%\end{aligned}$$

该市某月居民消费价格定基指数为

$$\begin{aligned}L_t&=1.0296\times0.992\\&=102.14\%\end{aligned}$$

（六）指数的换算

$$L_{环比}=\frac{报告期(月)定基指数}{上期(月)定基指数}\tag{7-27}$$

$$L_{同比}=\frac{报告期(月)定基指数}{上年同期(月)定基指数}\tag{7-28}$$

$$L_{年度}=\frac{本年累计定基指数的平均数}{上年累计定基指数的平均数} \tag{7-29}$$

二、商品零售价格指数

商品零售价格指数（retail price index，RPI）是反映城乡商品零售价格变动趋势的经济指数。计算商品零售价格指数，可从一个侧面对上述经济活动进行观察和分析，同时还可以在此基础上编制其他各种派生价格指数。

商品零售价格指数的编制步骤如下：

（1）选择代表商品和代表规格品；

（2）选择调查市县和调查点；

（3）价格调查；

（4）权数的确定；

（5）价格指数的计算。

【例 7-15】 说明商品零售价格指数的计算步骤，如表 7-11 所示。

表 7-11　某月某市商品零售价格指数计算表

类别及品名	计量单位	平均价格		权数（W）	以上年同月价格为 100	
		上年同月（p_0）	本月（p_1）		指数（K）	指数×权数
甲	乙	1	2	3	4=2÷1×100	5=4×3
商品零售价格指数				1 000	114.6	
一、食品				341	123.7	42 181.7
1. 粮食				108	129.5	13 986
（1）细粮				716	132.9	95 156.4
面粉	千克	1.260	1.665	300	132.1	39 630
大米	千克	1.315	1.804	483	137.2	66 267.6
江米	千克	1.800	2.150	113	119.4	13 492.2
挂面	千克	1.000	1.300	104	130.0	13 520
（2）粗粮				284	121.0	34 364
……						
2. 油脂				64	162.6	10 406.4
……						
10. 餐饮业				220	112.8	24 816
二、饮料烟酒				44	107.6	4 734.4
……						
十四、机电产品				72	95.1	6 847.2

第一步，计算单项商品价格指数。如面粉价格指数

$$K=\frac{p_1}{p_0}=\frac{1.665}{1.260}=1.321=132.1\%$$

第二步，计算小类价格指数。如细粮小类价格指数

$$
\begin{aligned}
K &= \frac{\sum KW}{\sum W} \\
&= \frac{132.1 \times 300 + 137.2 \times 483 + 119.4 \times 113 + 130.0 \times 104}{(300 + 483 + 113 + 104) \times 100} \\
&= \frac{132\ 909.8}{100\ 000} = 132.9\%
\end{aligned}
$$

第三步，计算中类价格指数。如粮食类价格指数

$$
\begin{aligned}
K &= \frac{\sum KW}{\sum W} \\
&= \frac{132.9 \times 716 + 121.0 \times 284}{(716 + 284) \times 100}
\end{aligned}
$$

第四步，计算大类指数。如食品大类价格指数

$$
\begin{aligned}
K &= \frac{\sum KW}{\sum W} = \frac{95\ 156.4 + 34\ 364}{100\ 000} = 129.5\% \\
&= \frac{129.5 \times 108 + 162.6 \times 64 + \cdots\cdots + 112.8 \times 220}{(108 + 64 + \cdots\cdots + 220) \times 100} \\
&= \frac{123\ 704.5}{100\ 000} = 123.7\%
\end{aligned}
$$

第五步，计算总指数。总指数

$$
\begin{aligned}
K &= \frac{\sum KW}{\sum W} \\
&= \frac{123.7 \times 341 + 107.6 \times 44 + \cdots\cdots + 108.7 \times 26 + 95.1 \times 72}{(341 + 44 + \cdots\cdots + 26 + 72) \times 100} \\
&= \frac{114\ 584.2}{100\ 000} = 114.6\%
\end{aligned}
$$

三、农业生产资料价格指数

农业生产资料价格指数（agricultural means of production price index，AMPI）是反映一定时期内农业生产资料价格变动趋势和程度的相对数。农业生产资料价格指数按指数基期选择的不同，有定基指数和环比指数之分。农业生产资料价格指数的商品主要分 11 个大类、23 个小类，小类和不分小类的大类之下分列商品及代表规格品。

各省（直辖市、自治区）农业生产资料价格总指数根据各调查商品的全省（直辖市、自治区）综合平均价格和相应的单项商品价格指数，以报告期收购额为权数，按照自下而上、分层计算、逐步汇总的原则，采用加权调和平均公式计算得

$$
\overline{K} = \frac{\sum p_1 q_1}{\sum \frac{1}{K} p_1 q_1} \tag{7-30}
$$

式中，$\overline{K}$ 为农业生产资料价格总(类)指数；K 为单项价格指数；p_1q_1 为报告期各类农产品实际收购额。

四、工业生产者出厂价格指数

工业生产者出厂价格指数（product price index，PPI）是反映全部工业产品出厂价格总水平的变动趋势和程度的相对数，包括工业企业售给本企业以外所有单位的各种产品和直接售给居民用于生活消费的产品简称。

工业生产者出厂价格指数是我国价格体系的重要组成部分，是观测与分析产品差比价关系的依据，是国民经济计划管理与预测的依据，是测量一定地区、一定时期对工业品货币购买力的依据，是计算不变价工业增加值和工业发展速度的依据。

工业生产者出厂价格总指数采用个体价格指数加权平均的方法。其公式如下：

$$\overline{K}=\frac{\sum KW}{\sum W} \tag{7-31}$$

五、股票价格指数

股票价格指数（stock price index，简称股价指数），是用来反映股票市场价格变动的一种专用经济指标。股价指数上升，表明股价趋上扬之势；股价指数下降，则是股价回落的象征，人们形象地称之为市场经济的"晴雨表"。

股价指数可以按年、季、月来编制，但因股价涨跌迅速，一般要求编制当日指数。它是以某年某月某一日的股价作为基期股价，这一日成为基日，基日指数统称定位100，以后各日的股价同基日股价计算出百分数，即为各日股价指数。

股价指数的编制方法多种多样，各有所长，综合指数是其中的一种重要编制方法。

设入编指数的各种股票的价格 p，相应股票的发行量（或交易量）为 q，则综合形式的股价指数为

$$\overline{K}_p=\frac{\sum p_1q}{\sum p_0q} \tag{7-32}$$

其中，同度量因素通常固定在基期水平上（即采用拉氏公式），为的是简便和可比；但也可以固定在计算期水平上（即采用帕氏公式）。

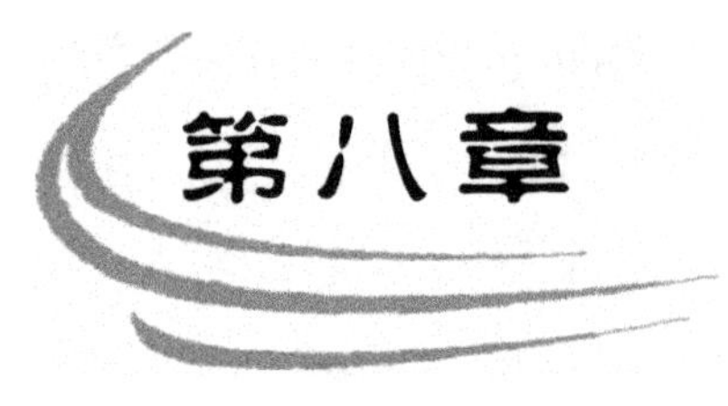

第八章 抽样推断

【本章导读】

某食品厂准备上市一种新产品，并配合以相应的广告宣传，企业想通过调查孩子们对其品牌的认知情况来评估广告的效用，以制定下一步的市场推广计划。他们在该地区随机抽取350个小孩作访问对象，进行儿童消费者行为与消费习惯调查，其中有一个问句是“你听说过这个牌子吗”，在350个孩子中，有112个小孩的回答是“听说过”。根据这个问句，可以分析这一消费群体对该品牌的认知情况。食品厂市场部经理要求，根据这些样本，给定95%的置信度，如何来估计该地区孩子认知该品牌的比例。这正是本章所要解决的问题。

第一节 抽样推断的一般问题

一、抽样推断的概念和应用场合

（一）抽样推断的概念和特点

抽样推断是遵循随机原则，从总体中抽取一部分单位进行观察，并依据所获得数据的处理结果，对总体的数量特征作出具有一定可靠程度的估计和判断，从而达到对总体的分布状况及其数量特征认识的目的。从统计调查范围来看，它属于一种非全面调查；从统计分析意义上来说，它是一种统计推断方法。与其他非全面调查相比，它具有以下特点。

(1) 遵循随机原则。所谓随机原则，是指在总体中抽选调查单位时，调查单位的确定完全排除调查者主观意愿的影响，不能有意识地抽取哪些单位或不抽取哪些单位，要保证总体中所有单位都有被抽中的同等可能性。只有严格遵守随机原则，才能保证所抽取出来的那部分单位的整体结构和分布与总体的结构和分布相同，具有充分的代表性，才能在抽样推断中具有一定的可靠程度。

(2) 它是由部分推断总体的一种研究方法。抽样的目的不在于了解样本本身的数量特征，而在于借助样本的数量特征，估计和检验总体的数量特征，即根据被抽取的一部分调查单位的资料，对总体的数量特征作出科学的估计和推断。

(3) 抽样推断的误差可以事先计算和控制。抽样推断是以部分资料推算总体，必然产生一定的误差，但它与其他统计估算不同，这种误差可以按照抽样原理事先通过一定的资料加以计算出来，并且可以采取一定的组织设计来控制这个误差范围，保证抽样推断的结果达到一定的可靠程度。

（二）抽样推断的应用场合

抽样推断具有相对调查费用低、时间快、适用面广等优点，所以其应用范围非常广泛。

(1) 适用于无法采用或不必采用全面调查的现象。如对于具有破坏性的电子管的使用寿命、轮胎的行驶里程等产品质量检验，只能采用抽样调查；再如居民生活水平调查，理论上或实际上都可以采用全面调查，但由于抽样调查的优点，人们大多还是选择了抽样调查。

(2) 对全面调查的结果进行复核。全面调查中，由于调查单位多、工作量大，参加人员多，因此工作误差相对讲比较大。所以，一般需在大规模全面调查之后进行随机抽样加以核对和补充。例如，在人口普查后，按照规定抽取一定比例的人口数重新进行调查，用以推算普查的重复率和遗漏率，据此修正普查的结果，提高普查的数据质量。

(3) 可以进行生产过程的质量控制。目前，被广泛采用的工业产品质量控制系统，就是应用了随机抽样方法，判断生产过程中的产品质量的差异起因，进而作为分析生产过程是否失去控制，是否发生某些系统偏差的依据，以便采取措施，保证生产质量稳定。

(4) 对总体的假设进行检验。利用随机抽样，判断总体的某种假设的真伪，是抽样推断的一项重要内容。

此外，对于要求资料及时性很强的现象，如产品验收检查、农作物收割前产量预计调查等，也只有采用抽样调查才能满足需要。

二、抽样推断中的几个基本概念

（一）全及总体和样本总体

(1) 全及总体。全及总体又称母体，简称总体，它是指所要认识的，具有某种共同性质的许多单位的集合体。总体单位数用 N 表示。例如，要研究全国职工家庭的平均年收入，那么全国所有职工家庭就是全及总体。

(2) 样本总体。样本总体又称子样，简称样本，是从全及总体中随机抽取出来，代表全及总体的那部分单位的集合体。例如，从所有待检验的产品中抽选出来的 300 件产品。从一个城市的所有职工家庭中抽选出来的 500 个职工家庭，等等。样本总体的单位数称为样本容量，通常用小写英文字母 n 来表示。

通常将样本单位数不少于 30 个的样本称为大样本，不及 30 个的样本称为小样本。社会经济统计的抽样调查多属于大样本调查。

对于一次抽样调查，全及总体是唯一确定的，而样本总体则不是这样，样本是不确定的，一个全及总体可能抽出很多个样本总体，样本的个数和样本的容量有关，也和抽样的方法有关。

（二）总体参数和样本统计量

1. 总体参数

总体参数又称为全及指标，是根据全及总体各个单位的标志值或标志属性计算的，反映总体某种属性或特征的综合指标。一个总体可以有多个参数，这些参数从不同角度反映总体分布的状况和主要特征。一般情况下，在抽样中，总体参数往往是未知的，是需要用样本统计量去估计的。常用的全及指标有总体平均数（或总体成数）、总体标准差（或总体方差）。

总体平均数：
$$\overline{X}=\frac{1}{N}\sum_{i=1}^{N}X_i \tag{8-1}$$

总体方差：
$$\sigma^2=\frac{1}{N}\sum_{i=1}^{N}(X_i-\overline{X})^2 \tag{8-2}$$

总体标准差：
$$\sigma=\sqrt{\frac{1}{N}\sum_{i=1}^{N}(X_i-\overline{X})^2} \tag{8-3}$$

设总体中具有某一标志的单位数为 N_1 则

总体成数：
$$P=\frac{N_1}{N} \tag{8-4}$$

总体成数的方差：
$$\sigma_P^2=P(1-P) \tag{8-5}$$

2. 样本统计量

样本统计量又称样本指标，由样本总体各单位标志值计算出来反映样本特征，用来估计全及指标的综合指标（抽样指标）。统计量是样本变量的函数，是一个随机变量，用来估计总体参数，因此与总体参数相对应，统计量有样本平均数（或抽样成数）、样本标准差（或样本方差）。

样本平均数：
$$\bar{x}=\frac{1}{n}\sum_{i=1}^{n}x_i \tag{8-6}$$

样本方差：
$$s^2=\frac{1}{n-1}\sum_{i=1}^{n}(x_i-\bar{x})^2 \tag{8-7}$$

样本标准差：
$$s=\sqrt{\frac{1}{n-1}\sum_{i=1}^{n}(x_i-\bar{x})^2} \tag{8-8}$$

样本成数：
$$p=\frac{n_1}{n} \tag{8-9}$$

样本成数的方差：
$$s_p^2=p(1-p) \tag{8-10}$$

对于一次抽样调查，全及总体是唯一确定的，所以某一问题的全及指标也是唯一确定的，全及指标也称为参数，它是待估计的数。而统计量则是随机变量，它的取值随样本的不同而发生变化。

（三）抽样方法和样本的可能数目

1. 抽样方法

（1）根据取样方式不同，可分为重复抽样和不重复抽样。重复抽样是从 N 个总体单位中抽取一个单位进行观察、记录后，再放回总体中，然后再抽取下一个单位，这样连续抽取 n 个单位组成样本的方法。

不重复抽样是从 N 个总体单位中抽取一个单位进行观察、记录后，不放回总体中，在余下的总体中抽取下一个单位，这样连续抽取 n 个单位组成样本的方法。

（2）根据对样本的要求不同，分考虑顺序的抽样和不考虑顺序的抽样。考虑顺序的抽样，是从总体 N 个单位中抽取 n 个单位构成样本，不但要考虑各单位的不同性质，而且还要考虑不同性质各单位的中选顺序。相同构成成分的单位，由于顺序不同，也作为不同的样本。不考虑顺序的抽样，是从总体 N 个单位中抽取 n 个单位构成样本，只考虑样本各单位的组成成分如何，而不考虑各单位的抽选顺序。如果样本的成分相同，不论顺序有多大不同，也作为一种样本。

2. 样本的可能数目

（1）考虑顺序的不重复抽样，样本的可能数目为

$$A_N^n = N(N-1)(N-2)\cdots(N-n+1) = \frac{N!}{(N-n)!} \tag{8-11}$$

（2）考虑顺序的重复抽样，样本的可能数目为

$$B_N^n = N^n \tag{8-12}$$

（3）不考虑顺序的不重复抽样，样本的可能数目为

$$C_N^n = \frac{N(N-1)(N-2)\cdots(N-n+1)}{n!} = \frac{N!}{n!(N-n)!} \tag{8-13}$$

（4）不考虑顺序的重复抽样，样本的可能数目为

$$D_N^n = C_{N+n-1}^n \tag{8-14}$$

三、抽样误差

（一）统计误差的种类

统计误差是指统计数据与客观实际数量之间的差距，有两种情况：

（1）登记性误差，指在调查、整理过程中，由于各种主客观原因引起的登记上的差错所造成的误差。如由于测量错误、记录错误、计算错误、抄录错误，以及被调查者所报不实等原因，所产生的误差。

（2）代表性误差，指由于样本单位的结构情况不足以代表总体所产生的误差。又分两种：①系统性误差，指由于违反了抽样调查的随机原则而产生的误差。如有意地多选较好的单位或较差的单位，就会发生样本指标偏高或偏低现象。对系统性误差应采取措施防止其发生，或把它降到最低。②随机性误差。由于遵守抽样的随机原则，但可能抽到不同的样本而产生的误差。这种误差是抽样本身所固有的，是无法消除的。

但可以通过抽样设计程序加以控制。它又分两种：实际误差，指某一样本指标与总体指标之间的差异；平均误差，指所有可能出现的样本指标与总体指标的平均离差。

（二）抽样平均误差

1. 抽样平均误差的概念

抽样平均误差指由于抽样随机性所产生的所有可能出现的样本指标与总体指标的平均离差，反映了抽样误差的一般水平，其实质含义是抽样平均数（或成数）的标准差，即它反映了抽样指标与总体指标的平均离差程度。

$$\sigma_{\bar{x}}=\sqrt{\frac{\sum(\bar{x}-\bar{X})^2}{\text{样本的可能数目}}}=\sqrt{\frac{\sum(\bar{x}-\bar{\bar{x}})^2}{\text{样本的可能数目}}} \tag{8-15}$$

$$\sigma_p=\sqrt{\frac{\sum(p-P)^2}{\text{样本的可能数目}}}=\sqrt{\frac{\sum(p-\bar{p})^2}{\text{样本的可能数目}}} \tag{8-16}$$

【例 8-1】 某机械厂某工组日产某种零件数据如表 8-1 所示。

表 8-1 某机械厂数据

工人	甲	乙	丙	丁	戊	$\bar{X}$
日产零件数/件	16	18	20	22	24	20

计算日产零件数的抽样平均误差。

解： 样本的可能数目为

$$C_N^n=\frac{N!}{n!(N-n)!}$$

$$C_5^2=\frac{5!}{2!(5-2)!}=\frac{5\times4\times3\times2\times1}{2\times1\times3\times2\times1}=10$$

抽样平均误差为

$$\sigma_{\bar{x}}=\sqrt{\frac{\sum(\bar{x}-\bar{X})^2}{\text{样本的可能数目}}}=\sqrt{\frac{\sum(\bar{x}-\bar{\bar{x}})^2}{\text{样本的可能数目}}}=\sqrt{\frac{30}{10}}=1.7321(\text{件})$$

2. 抽样平均误差的计算

根据前面抽样误差的定义，抽样平均误差是无法计算的。因为无法掌握所有可能出现的样本指标以及与总体指标之间的离差资料，但根据数理统计的理论与方法，可以导出计算抽样平均误差的公式。下面以简单随机抽样为例，介绍抽样平均误差的计算公式。

（1）样本平均数的抽样平均误差。

重复抽样计算公式：
$$\sigma_{\bar{x}}=\sqrt{\frac{\sigma^2}{n}}=\frac{\sigma}{\sqrt{n}} \tag{8-17}$$

不重复抽样计算公式：
$$\sigma_{\bar{x}}=\sqrt{\frac{\sigma^2}{n}(\frac{N-n}{N-1})} \tag{8-18}$$

式中，$\sqrt{(\frac{N-n}{N-1})}$ 称为有限总体不重复抽样修正系数，当 N 很大时，可采用 N 代替 $N-1$，不重复抽样计算公式可简单化为

$$\sigma_{\bar{x}}=\sqrt{\frac{\sigma^2}{n}(1-\frac{n}{N})} \tag{8-19}$$

（2）样本成数的抽样平均误差。

重复抽样计算公式：$\sigma_p=\sqrt{\frac{p(1-p)}{n}}$ (8-20)

不重复抽样计算公式：$\sigma_p=\sqrt{\frac{p(1-p)}{n}(\frac{N-n}{N-1})}$ (8-21)

当 N 很大时的简单化公式为：$\sigma_p=\sqrt{\frac{p(1-p)}{n}(1-\frac{n}{N})}$ (8-22)

计算抽样平均误差时，要使用总体方差 σ^2 和 $P(1-P)$，这个资料经常是没有的。通常有以下几种解决办法：第一，用样本方差 S^2 和 $p(1-p)$ 代替；第二，用过去调查的资料代替；第三，用估计资料代替；第四，用小规模试验性调查资料代替。

【例 8-2】 某企业生产一批灯泡共 10 000 只，随机抽取 500 只做耐用时间试验。测算结果，平均寿命为 5000 小时，样本标准差 300 小时，500 只中发现 10 只不合格。求平均数和成数的抽样平均误差。

解： 由于不知道总体标准差，用样本资料代替，可以用重复抽样与不重复抽样两种公式计算。

样本平均数的抽样误差计算如下。采用重复抽样方法，抽样平均误差为

$$\sigma_{\bar{x}}=\frac{\sigma}{\sqrt{n}}=\frac{s}{\sqrt{n}}=\frac{300}{\sqrt{500}}=13.42\text{（小时）}$$

采用不重复抽样方法，抽样平均误差为

$$\sigma_{\bar{x}}=\sqrt{\frac{\sigma^2}{n}(1-\frac{n}{N})}=\sqrt{\frac{s^2}{n}(1-\frac{n}{N})}=\sqrt{\frac{300^2}{500}(1-\frac{500}{10000})}=13.08\text{（小时）}$$

样本成数的抽样平均误差计算如下。采用重复抽样方法，抽样平均误差为

$$\sigma_p=\sqrt{\frac{p(1-p)}{n}}=\sqrt{\frac{\frac{500-10}{500}(1-\frac{500-10}{500})}{500}}=0.63\%$$

采用不重复抽样方法，抽样平均误差为

$$\sigma_p=\sqrt{\frac{p(1-p)}{n}(1-\frac{n}{N})}=\sqrt{\frac{\frac{500-10}{500}(1-\frac{500-10}{500})}{500}(1-\frac{500}{10\,000})}=0.61\%$$

3. 影响抽样平均误差的主要因素

通过以上抽样平均误差的计算可知，影响抽样平均误差的因素主要有以下几点：

（1）样本容量。在其他条件相同的情况下，样本容量愈大，则抽样平均误差愈小。

（2）全及总体标志变异程度。全及总体标志变异程度越大，抽样误差越大，全及总体变异程度越小，抽样误差越小。

（3）抽样方法。一般说，不重复抽样的抽样误差小于重复抽样的抽样误差。

（4）抽样组织形式。采用不同的抽样组织形式，也会有不同的抽样误差。这个因素下面将单独介绍。

第二节 参数估计

一、抽样估计的理论基础

（一）正态分布

设连续型随机变量 X 的概率密度为

$$f(x)=\frac{1}{\sqrt{2\pi}\sigma}e^{-\frac{(x-\mu)^2}{2\sigma^2}} \qquad -\infty<x<+\infty$$

式中 $\mu,\sigma>0$ 为常数，则称 X 服从参数为 μ,σ 的正态分布。记为 $X\sim N(\mu,\sigma^2)$。

根据密度函数可以求出服从正态分布的随机变量 X 的分布函数：

$$F(x)=\frac{1}{\sqrt{2\pi}\sigma}\int_{-\infty}^{x}e^{-\frac{(t-\mu)^2}{2\sigma^2}}dt \tag{8-23}$$

同时 X 在区间（a，b）内取值的概率为

$$P(a<x\leqslant b)=\frac{1}{\sqrt{2\pi}\sigma}\int_{a}^{b}e^{-\frac{(t-\mu)^2}{2\sigma^2}}dt \tag{8-24}$$

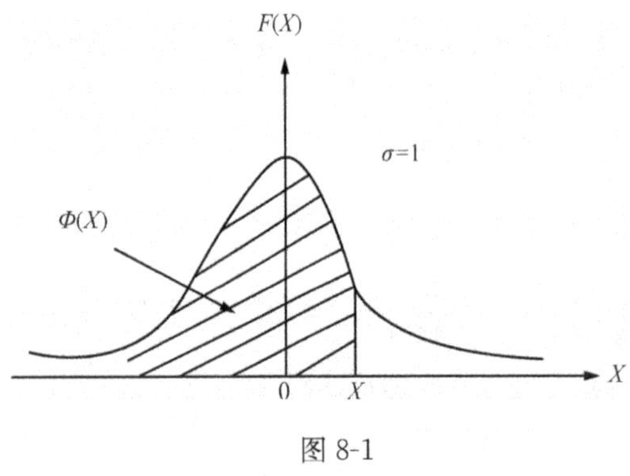

图 8-1

正态分布的密度函数曲线像一个钟形，且是对称的。见图 8-1。

对正态分布的密度函数作进一步的分析可以发现正态分布的如下特征：

（1）服从正态分布的随机变量，取值区域是整个 x 轴，曲线无论向左或向右延伸均以 x 轴为渐近线。

（2）密度曲线在 x 轴的上方，它和 x 轴所围成的面积为 1。

（3）在 $x=\mu$ 处，曲线达到最大值 $f(\mu)=\frac{1}{\sqrt{2\pi}\sigma}$。

（4）曲线以 $x=\mu$ 为对称轴，在距离对称轴两边相同距离 $\mu\pm\sigma$ 处，各有一个拐点。参数 μ 称为均值，σ^2 称为方差。

称 $\mu=0,\sigma=1$ 的正态分布为标准正态分布，一般习惯用 $\varphi(x)$ 表示它的概率密度，$\Phi(x)$ 表示它的概率分布函数，其公式为

$$\varphi(x)=\frac{1}{\sqrt{2\pi}}e^{-\frac{x^2}{2}} \tag{8-25}$$

$$\Phi(x)=\int_{-\infty}^{x}\frac{1}{\sqrt{2\pi}}e^{-\frac{t^2}{2}}dt \tag{8-26}$$

标准化：若 $X\sim N(\mu,\sigma^2)$，则可以将其标准化，即

$$z=\frac{X-\mu}{\sigma}\text{服从标准正态分布。} \tag{8-27}$$

（二）Chebyshev 大数定律

设随机变量序列 $x_1,x_2,\cdots,x_n$ 相互独立，且具有相同的数学期望和方差：

$$E(x_i)=\mu,D(x_i)=\sigma^2,i=1,2,\cdots$$

则对于任意小数 $\varepsilon>0$ 有

$$\lim_{n\to\infty}P\left(\left|\frac{1}{n}\sum_{i=1}^{n}x_i-\mu\right|<\varepsilon\right)=1 \tag{8-28}$$

或

$$\lim_{n\to\infty}P\left(\left|\frac{1}{n}\sum_{i=1}^{n}x_i-\mu\right|\geqslant\varepsilon\right)=0 \tag{8-29}$$

（三）中心极限定律（central limit theorem）

给出一个任意形式的总体，其平均值 μ 和方差 σ^2 为有限值，在对总体进行抽样时，随着样本容量 n 的增大，由这些样本算出的平均数 $\bar{x}$ 的抽样分布将近似服从平均值为 μ 和方差为 $\frac{\sigma^2}{n}$ 的正态分布。或者说，若统计量充分大时，则 Z 近似标准正态分布。

$$z=\frac{\bar{x}-\mu}{\sigma}$$

定理一：如果变量 X 服从于其总体平均数为 $\bar{X}$，总体标准差为 σ_X 的正态分布，则从这个总体中抽取容量为 n 的样本，样本平均数 $\bar{x}$ 也服从正态分布，其平均数为 $\bar{X}$，标准差为 $\sigma_{\bar{x}}$。样本变量为

$$t=\frac{\bar{x}-\bar{X}}{\sigma_{\bar{x}}} \tag{8-30}$$

服从标准正态分布 $N(0,1)$。

定理二：如果变量 X 的分布是非正态的，甚至是不知道的，但只要它存在有限的平均数 $\bar{X}$ 和标准差 σ_X，则从这个总体中抽取容量为 $n(n>30)$ 的样本，样本平均数 $\bar{x}$ 的分布随着 n 的增大而趋近于以平均数为 $\bar{X}$，标准差为 $\sigma_{\bar{x}}$ 的正态分布。样本变量为

$$t=\frac{\bar{x}-\bar{X}}{\sigma_{\bar{x}}} \tag{8-31}$$

服从标准正态分布 $N(0,1)$。

二、参数估计

参数估计就是用样本统计量来估计总体参数，可分为点估计和区间估计两类。

（一）点估计

点估计就是将样本指标直接作为未知的总体指标的估计值。

假设在 X 总体中，θ 为未知参数（均值、方差、成数等）。由样本 $x_1,x_2,\cdots,x_n$ 构造统计

量,估计未知参数 θ。称 $\hat{\theta}=\hat{\theta}(x_1,x_2,\cdots,x_n)$ 为 θ 的点估计量。

点估计量的评价准则:

(1) 无偏性。如果样本统计量的期望值等于总体的期望值,则称这个估计量为无偏估计。设总体的参数为 θ,其估计量为 $\hat{\theta}$,如 $E(\hat{\theta})=\theta$,即估计量 $\hat{\theta}$ 的数学期望等于被估计的总体参数,我们称估计量 $\hat{\theta}$ 是参数 θ 的无偏估计量。

(2) 一致性。随着样本容量的增大,估计量会越来越接近被估计的参数,即对任意的 $\varepsilon>0$,有 $\lim\limits_{n\to\infty}P\{|\hat{\theta}-\theta|\leqslant\varepsilon\}=1$ 则称 $\hat{\theta}$ 是参数 θ 的一致估计量。

(3) 有效性。是指估计量的离散程度。如果有两个估计量都是无偏的,其中方差较小的(对给定样本容量而言)就可以认为相对来说更有效。有效性可用下述比率决定:$\sigma_{\hat{\theta}_2}^2/\sigma_{\hat{\theta}_1}^2$ 。其中 $\sigma_{\hat{\theta}_1}^2$ 是较小的方差。

(二) 区间估计

设 $x_1,x_2,\cdots x_n$ 是从总体 X 中抽出的样本,θ 是总体的未知参数。根据样本构造统计量 $\hat{\theta}=T_1(x_1,x_2\cdots,x_n)$ 和 $\hat{\theta}_2=T_2(x_1,x_2\cdots,x_n)$,且 $\hat{\theta}_1<\hat{\theta}_2$,如果对给定的常数,有

$$P\{\hat{\theta}_1<\theta<\hat{\theta}_2\}=1-\alpha \tag{8-32}$$

则称区间($\hat{\theta}_1,\hat{\theta}_2$)为 θ 的置信水平为 $1-\alpha$ 的置信区间,称 α 为估计的显著性水平,分别为上下置信限。

(三) 总体平均数的区间估计

根据估计条件的不同,估计的公式也不一样,也就是说,要根据是否知道总体的分布、是否知道总体的方差、是大样本还是小样本,是重复抽样还是不重复抽样来确定。参数估计的基础是抽样分布理论。

1. 样本取自总体方差已知的正态分布

如果样本来自正态分布总体,即 $X\sim N(\mu,\sigma^2)$,则

$$\bar{x}\sim N(\mu,\frac{\sigma^2}{n})$$

经变换,$z=\dfrac{\bar{x}-\mu}{\sigma_{\bar{x}}}$ 服从标准正态分布,即 $z=\dfrac{\bar{x}-\mu}{\sigma_{\bar{x}}}\sim N(0,1)$ 。进行总体均值的置信区间估计,就是要求得

$$P(\mu_1<\mu<\mu_2)=1-\alpha$$

对于标准正态分布,就是要求得

$$P(-z_{\frac{\alpha}{2}}<\frac{\bar{x}-\mu}{\sigma_{\bar{x}}}<z_{\frac{\alpha}{2}})=1-\alpha$$

由此可以推出

$$\bar{x}-z_{\frac{\alpha}{2}}\sigma_{\bar{x}}<\mu<\bar{x}+z_{\frac{\alpha}{2}}\sigma_{\bar{x}}$$

在重复抽样的情况下,$\sigma_{\bar{x}}=\sigma/\sqrt{n}$ 。由此可以推出

$$\bar{x}-z_{\frac{\alpha}{2}}\frac{\sigma}{\sqrt{n}}<\mu<\bar{x}+z_{\frac{\alpha}{2}}\frac{\sigma}{\sqrt{n}} \tag{8-33}$$

故所求的 100 (1－ α)%的置信区间为

$$(\bar{x}-z_{\frac{\alpha}{2}}\frac{\sigma}{\sqrt{n}},\bar{x}+z_{\frac{\alpha}{2}}\frac{\sigma}{\sqrt{n}})$$

记 $\Delta_{\bar{x}}=Z_{\frac{\alpha}{2}}\sigma_{\bar{x}}=Z_{\frac{\alpha}{2}}\frac{\sigma}{\sqrt{n}}$ 表示以样本指标 $\bar{x}$ 为中心向左、向右的最大误差，称为极限误差或允许误差。

在进行不重复抽样时有

$$\sigma_{\bar{x}}=\frac{\sigma}{\sqrt{n}}\sqrt{\frac{N-n}{N-1}} \tag{8-34}$$

【例 8-3】 某保险公司欲了解某个险种投保人的平均年龄，随机抽取 24 人，计算出 24 人的平均年龄为 39 岁，总体标准差 7.2 岁。试以 95%的置信度估计该险种投保人的平均年龄。已知投保人的年龄 $X\sim N(\mu,\sigma^2)$，且 σ^2 已知，$x_1,x_2,\cdots,x_n$ 是 X 的一个样本。

解：由样本得样本均值 $\bar{x}=39$，标准差 $\sigma=7.2$ 对于给定的置信度 95%，有 $\alpha=0.05$ 查标准正态分布表确定临界值 $z_{0.025}=1.96$。所以有

$$\left(39-1.96\times\frac{7.2}{\sqrt{24}},\ 39+1.96\times\frac{7.2}{\sqrt{24}}\right)$$
$$=(39-2.866,\ 39+2.866)=(36.134,\ 41.866)$$

投保人的年龄以 95%的可靠程度在 36.134～41.866 岁。

2. 样本取自总体方差已知的非正态分布

根据中心极限定理，对于非正态分布总体，当样本容量 n 足够大时，无论总体服从什么分布，$\bar{x}$ 的抽样分布都近似服从正态分布。因此，仍可以用 $(\bar{x}\pm z_{\frac{\alpha}{2}}\sigma_{\bar{x}})$ 或 $(\bar{x}\pm z_{\frac{\alpha}{2}}\frac{\sigma}{\sqrt{n}})$ 来近似求出非正态分布总体的均值 μ 的置信区间。

3. 总体方差未知且小样本时（正态分布）

上述方法只能在总体标准差 σ 已知的情况下才能使用。若总体服从正态分布，标准差 σ 不知道，则要用样本的方差 s_{n-1}^2 来代替总体方差 σ^2 建立置信区间。这时，新的统计量不服从标准正态分布，而是服从自由度为 $n-1$ 的 t 分布。所以构造

$$t=\frac{\bar{x}-\mu_{\bar{x}}}{s_{\bar{x}}}=\frac{\bar{x}-\mu_{\bar{x}}}{s/\sqrt{n}} \tag{8-35}$$

它服从自由度为 $n-1$ 的 t 分布。因此 μ 的置信区间为

$$(\bar{x}\pm t_{\frac{\alpha}{2}}(n-1)s_{\bar{x}})\text{ 或 }(\bar{x}\pm t_{\frac{\alpha}{2}}(n-1)\frac{s}{\sqrt{n}})$$

【例 8-4】 某手表厂生产的精益牌手表，其走时误差为正态分布（单位：秒/日）。检验员从装配线上随机抽出 9 只进行检验，检测的结果如下：

－4.0，3.1，2.5，－2.9，0.9，1.1，2.0，－3.0，2.8

取置信水平为 0.95，求该品牌手表的走时，误差的均值和方差的置信区间。

解：$\bar{x}=\frac{1}{9}\sum_{i=1}^{9}x_i=\frac{-4.0+3.1+\cdots+2.8}{9}=0.27$

$$S=\sqrt{\frac{\sum_{i=1}^{9}(x_i-\bar{x})^2}{9-1}}=2.79 \qquad t_{0.025}(8)=2.306$$

置信区间为

$$\bar{x}\pm t_{\frac{\alpha}{2}}(n-1)\frac{s}{\sqrt{n}}=0.27\pm 2.306\times\frac{2.79}{\sqrt{9}}$$

4. 总体方差未知且大样本时

若 $n>30$,则可用正态分布来近似 t 分布,即均值 μ 的置信区间为$(\bar{x}\pm z_{\frac{\alpha}{2}}\sigma_{\bar{x}})$或$(\bar{x}\pm z_{\frac{\alpha}{2}}s_{\bar{x}})$来近似求出非正态分布总体。

(四) 总体成数的区间估计

设从成数为 P 的总体 X 中随机抽出容量为 n 的样本,其中 n_1 是样本中具有某种统计特性的单位的数量,则样本的成数为 $p=\frac{n_1}{n}$。样本成数的抽样分布服从平均值为 p,标准差为 $\sigma_{\bar{p}}=\sqrt{p(1-p)}$ 的正态分布。在给定的置信度 $1-\alpha$ 下,总体成数的置信区间为

$$\left(p-z_{\frac{\alpha}{2}}\sqrt{\frac{P(1-P)}{n}},p+z_{\frac{\alpha}{2}}\sqrt{\frac{P(1-P)}{n}}\right) \tag{8-36}$$

在估计总体的成数时,总体的成数是未知的,所以在置信上下限中的 P 可以用样本成数代替,当样本容量足够大,误差很小。

【例 8-5】 为了研究我国所生产的丝绸产品在国外的销路,在纽约所举办的丝绸展销会上,对 1000 名成年人进行了调查,得知 600 人喜欢这种产品。试以 95%的置信度估计纽约市成年人喜欢此种产品的比率获得置信区间。

解: $p=\frac{600}{1000}=0.6 \qquad z_{\frac{\alpha}{2}}=1.96$

$$p\pm z_{\frac{\alpha}{2}}\sqrt{\frac{p(1-p)}{n}}$$

$$0.60\pm 1.96\sqrt{\frac{0.6\ (1-0.6)}{1000}}\quad (56.96\%,\ 63.36\%)$$

第三节 抽 样 设 计

一、抽样设计的基本原则

如何科学地组织抽样调查,保证随机抽样条件的实现,并合理有效地取得各项实际数据,是抽样中的一个至关重要的问题。

抽样推断的基础是样本。而样本的抽取是按随机原则要求的,抽样方案的设计应该保证总体中每个单位都有同等被选中的机会,这是首先要考虑的问题。

其次是样本单位数的多少。如前所述,样本单位数越多,抽样误差越小;样本单

位数越少，抽样误差越大。当然抽样误差越小，越能保证抽样效果。但是样本单位数的多少取决于对抽样推断可靠性的要求，而抽样推断可靠性的要求又因所研究问题的性质和对抽样结果的用途而不同。所以对于现象的属性、抽样误差和样本数目多少之间的关系，在抽样方案设计中必须认真加以考虑。

另外，还要注意到，不同的抽样方法会有不同的抽样误差，因而抽样效果也是不同的。因此抽样方案设计必须选择合适的抽样方法，并对所用方法而产生的抽样误差作出正确的估计。

最后，在抽样设计中还必须重视调查费用这个因素。任何一项抽样调查都是在一定费用的限制下进行的，抽样方案设计应该力求调查费用最省。但提高精度的要求往往和节省费用有矛盾，抽样误差要求愈小，则调查费用也就愈大。在抽样设计中，并非抽样误差最小的方案就是最好的方案，许多情况是允许一定的误差范围就能够满足分析的要求，我们的任务就是在满足一定误差要求下选择费用最少的样本设计。

综上所述，样本抽样设计必须遵循两个基本原则：

(1) 保证实现抽样的随机性原则，即总体的各个单位 $X_1, X_2, \cdots, X_N$ 相互独立，任何一个单位被抽中的机会都是相等的。

(2) 保证实现最大的抽样效果原则，即在一定的调查费用条件下，选取抽样误差最小的方案。

这一节我们讨论几种常用的抽样组织形式。有简单随机抽样、分层随机抽样、等距抽样、整群抽样、多阶段抽样。不同的抽样组织形式对误差的影响不同，因而它们有各自的抽样误差计算公式。

二、简单随机抽样

简单随机抽样又称纯随机抽样，是直接从总体 N 中按随机性原则抽容量为 n 的样本，每一个总体单位有相同的可能性被抽中。它适用于均匀总体。

简单随机抽样的具体方法有直接抽选法、抽签法、随机数表法、计算机模拟抽取。

简单随机抽样的抽样误差，前面已介绍过。

重复抽样：

$$\sigma_{\bar{x}} = \frac{\sigma}{\sqrt{n}} \qquad \sigma_p = \sqrt{\frac{p(1-p)}{n}}$$

不重复抽样：

$$\sigma_{\bar{x}} = \sqrt{\frac{\sigma^2}{n}(1-\frac{n}{N})} \qquad \sigma_p = \sqrt{\frac{p(1-p)}{n}(1-\frac{n}{N})}$$

样本容量的确定方法如下。

（一）估计总体均值时的样本容量

用 Δ 表示允许误差，σ 表示总体标准差，另给定，$1-\alpha$ 和 $z_{\alpha/2}$

在重复抽样的情况下：

$$\because \Delta_{\bar{x}} = z_{\frac{\alpha}{2}} \frac{\sigma}{\sqrt{n}} \qquad \therefore n = \frac{z_{\frac{\alpha}{2}}^2 \sigma^2}{\Delta_{\bar{x}}^2} \tag{8-37}$$

在不重复抽样的情况下：

$$\because \Delta_{\bar{x}} = z_{\frac{\alpha}{2}} \frac{\sigma}{\sqrt{n}} \sqrt{\frac{N-n}{N-1}} \qquad \therefore n = \frac{N z_{\frac{\alpha}{2}}^2 \sigma^2}{(N-1)\Delta_{\bar{x}}^2 + z_{\frac{\alpha}{2}}^2 \sigma^2} \tag{8-38}$$

注意：确定样本容量时，无论是总体还是样本方差均是未知的，所以要用其他的替代。若历史资料有若干个可供选择的，应该选最大的。

（二）估计总体成数时的样本容量

在重复抽样的情况下：

$$\because \Delta_p = z_{\frac{\alpha}{2}} \sqrt{\frac{p(1-p)}{n}} \qquad \therefore n = \frac{z_{\frac{\alpha}{2}}^2 p(1-p)}{\Delta_p^2} \tag{8-39}$$

在不重复抽样的情况下：

$$\because \Delta_p = z_{\frac{\alpha}{2}} \sqrt{\frac{p(1-p)}{n}} \sqrt{\frac{N-n}{N-1}} \qquad \therefore n = \frac{N z_{\frac{\alpha}{2}}^2 p(1-p)}{(N-1)\Delta_p^2 + z_{\frac{\alpha}{2}}^2 p(1-p)} \tag{8-40}$$

【例 8-6】 某地区组织职工家庭生活抽样调查，已知职工家庭平均每人生活费收入的标准差为 11.5 元，要求把握程度为 0.9545，允许误差为 1 元，问需要抽选多少户进行调查。

解：$n = \frac{z_{\frac{\alpha}{2}}^2 \sigma^2}{\Delta_{\bar{x}}^2} = \frac{2^2 \times 11.5^2}{1^2} = 529$（户）

【例 8-7】 某机械厂日产 10 000 只标准件，过去几次的抽样调查的一等品率为 90%，现在要求误差范围在 2%，把握程度为 0.9545，求在不重复抽样条件下的抽样单位数目。

解：
$$n = \frac{N z_{\frac{\alpha}{2}}^2 p(1-p)}{(N-1)\Delta_p^2 + z_{\frac{\alpha}{2}}^2 p(1-p)}$$
$$= \frac{2^2 \times 10\,000 \times 0.9(1-0.9)}{10\,000 \times 0.0004 + 4 \times 0.9 \times 0.1} = \frac{3600}{4.36} = 826\text{（只）}$$

不重复抽样的样本容量和重复抽样的样本容量的关系为

$$n_{\text{不}} = \frac{\dfrac{N Z_{\frac{\alpha}{2}}^2 \sigma^2}{N \Delta_{\bar{x}}^2}}{\dfrac{N \Delta_{\bar{x}}^2 + Z_{\frac{\alpha}{2}}^2 \sigma^2}{N \Delta_{\bar{x}}^2}} = \frac{n_{\text{重}}}{1 + \dfrac{n_{\text{重}}}{N}}$$

$$n_{\text{不}} = \frac{\dfrac{N Z_{\frac{\alpha}{2}}^2 P(1-P)}{N \Delta_p^2}}{\dfrac{N \Delta_p^2 + Z_{\frac{\alpha}{2}}^2 P(1-P)}{N \Delta_p^2}} = \frac{n_{\text{重}}}{1 + \dfrac{n_{\text{重}}}{N}}$$

注意：确定样本容量时，无论是总体还是样本成数均是未知的，所以要用其他的替代。若历史资料有若干个可供选择的，应该选最靠近 50%的。

（三）影响样本容量的因素

(1) 总体方差σ^2影响。σ^2越大，n就越大。若$\sigma^2=0$，则只抽取一个样本就够了。

(2) 允许误差Δ大小的影响。允许误差Δ越大，样本容量越小；反之，允许误差Δ越小，样本容量越大。

(3) 概率保证程度大小的影响。概率保证程度$1-\alpha$说明了估计的可靠程度。所以，在其他条件不变的情况下，如果要求较高的可靠度，就要增大样本容量；反之，可以相应减少样本容量。

(4) 抽样方法的不同。在相同条件下，重复抽样的抽样平均误差比不重复抽样的抽样平均误差大，所以需要的样本容量也就不同。

(5) 抽样的组织形式的影响。一般来说，采用分层抽样、等距抽样等方式，比简单随机抽样可以少抽一些。

【例 8-8】 某灯泡厂对一批灯泡的平均使用寿命和合格品率进行检验，要求置信度为95%，前几批的经验数据资料有：平均使用寿命的标准差为200小时、250小时、300小时，合格品率为92%、93%、95%。要求：推断平均寿命的抽样误差不超过50小时，推断合格率的误差不超过5%，试问应至少抽多少只灯泡。

解： $n_{\bar{x}}=\dfrac{Z_{\frac{\alpha}{2}}^2\sigma^2}{\Delta_{\bar{x}}^2}=\dfrac{1.96^2\times 300^2}{50^2}=138.3$（只）

$$n_p=\frac{Z_{\frac{\alpha}{2}}^2P(1-P)}{\Delta_p^2}=\frac{1.96^2\times 92\%\times 8\%}{(5\%)^2}=113.1\text{（只）}$$

为了满足两者共同的需要，应抽取139只进行调查。

三、分层抽样

（一）分层抽样的意义

1. 分层抽样的概念

分层抽样又称类型抽样。首先将总体单位按某一个标志分层，然后在各层按随机抽样的方法分别抽出各层的样本。设总体由N个单位组成，把总体划分为K组，使得$N_1+N_2+\cdots+N_i+\cdots+N_k=N$。然后从每组的$N_i$中抽取$n_i$个单位构成样本容量为$n$的抽样总体，使得$n_1+n_2+\cdots+n_i+\cdots+n_k=n$。这样的抽样方法称为类型抽样。

2. 分层抽样的特点

分层抽样在层内是抽样调查，层间是全面调查，所以分层时应该尽量让每层内的变异程度小，而层间的变异程度大。分层抽样的抽样误差较简单随机抽样小，样本具有很好的代表性。

3. 各层样本容量的确定

(1) 比例分配法。考虑每层中的总体单位数，按比例在每层中抽出相同比例的样本，即

$$\frac{n}{N}=\frac{n_1}{N_1}=\cdots=\frac{n_k}{N_k}=\text{常数} \tag{8-41}$$

每层的样本容量为

$$n_i=n\times\frac{N_i}{N} \qquad N_1+N_2+\cdots+N_k=N$$

(2) 奈曼最佳分配法。考虑每层中总体单位的变异程度不同，在样本容量一定的条件下，变异大的层样本容量也大，变异小的层样本容量也小。每层的样本容量为

$$n_i=n\times\frac{N_i\sigma_i}{\sum_{i=1}^{k}N_i\sigma_i}(\sigma_i\text{ 为各层的标准差}) \tag{8-42}$$

(3) 经济分配法。既考虑每层中总体单位的变异程度不同，又考虑每层的调查费用。所以在样本容量一定的条件下，标志变异大的层样本容量也大一些，调查费用大的层，样本容量相对小些。则

$$n_i=n\times\frac{N_i\sigma_i/\sqrt{C_i}}{\sum_{i=1}^{k}(N_i\sigma_i/\sqrt{C_i})} \tag{8-43}$$

(二) 抽样平均数的计算

已知：$N_1+N_2+\cdots+N_i+\cdots+N_k=N$，现由各类取样，则有

$n_1+n_2+\cdots+n_i+\cdots+n_k=n$

设第 i 组（类）第 j 个样本单位的标志值为 x_{ij}，则

各组样本平均值：$\bar{x}_i=\frac{1}{n_i}\sum_{j=1}^{n_i}x_{ij}$

总样本平均值：$\bar{x}=\frac{1}{n}\sum_{i=1}^{k}n_i\bar{x}_i$ (8-44)

如果在按比例抽样的条件下：

$$W_i=\frac{N_i}{N}=\frac{n_i}{n}$$

$$\bar{x}=\sum_{i=1}^{k}W_i\bar{x}_i=\frac{1}{N}\sum_{i=1}^{k}N_i\bar{x}_i=\frac{1}{n}\sum_{i=1}^{k}n_i\bar{x}_i \tag{8-45}$$

(三) 抽样平均数的抽样误差 $\sigma_{\bar{x}}$ 的计算

设 $\sigma_{\bar{x}_i}$ 表示第 i 组的抽样平均误差；σ_i 表示第 i 组的总体标准差；W_i 为第 i 组的总体单位数比重，根据方差定理有

$$\sigma_{\bar{x}}^2=\sum_{i=1}^{k}W_i^2\sigma_{\bar{x}_i}^2$$

式中，

$$\sigma_{\bar{x}_i}^2=\sigma_i^2/n_i\text{。} \tag{8-46}$$

在重复抽样的条件下：

$$\sigma_{\bar{x}}^2 = \sum_{i=1}^{k} W_i^2 \sigma_{\bar{x}_i}^2 = \sum_{i=1}^{k} W_i^2 \frac{\sigma_i^2}{n_i} = \sum_{i=1}^{k} W_i^2 \frac{s_i^2}{n_i}$$

$$\sigma_{\bar{x}} = \sqrt{\sum_{i=1}^{k} W_i^2 \frac{\sigma_i^2}{n_i}} = \sqrt{\frac{1}{N^2}\sum_{i=1}^{k} \frac{\sigma_i^2 N_i^2}{n_i}} \tag{8-47}$$

在按比例抽样下：

$$\sigma_{\bar{x}} = \sqrt{\sum_{i=1}^{k} \frac{n_i}{n^2}\sigma_i^2} = \sqrt{\frac{1}{n}\sum_{i=1}^{k} \frac{n_i}{n}\sigma_i^2} = \sqrt{\frac{\overline{\sigma_i^2}}{n}} \qquad W_i = \frac{N_i}{N} = \frac{n_i}{n} \tag{8-48}$$

在不重复抽样的条件下：

$$\sigma_{\bar{x}} = \sqrt{\frac{1}{N^2}\sum_{i=1}^{k} \frac{\sigma_i^2 N_i^2}{n_i}\left(\frac{N_i - n_i}{N_i - 1}\right)}$$

$$\sigma_{\bar{x}} = \sqrt{\frac{1}{N^2}\sum_{i=1}^{k} \frac{\sigma_i^2 N_i^2}{n_i}\left(1 - \frac{n_i}{N_i}\right)} \tag{8-49}$$

在按比例抽样下：

$$\sigma_{\bar{x}} = \sqrt{\frac{1}{n}\sum_{i=1}^{k} \frac{N_i}{N}\sigma_i^2\left(1 - \frac{n_i}{N_i}\right)} = \sqrt{\frac{1}{n}\sum_{i=1}^{k} \frac{N_i}{N}\sigma_i^2\left(1 - \frac{n}{N}\right)} \tag{8-50}$$

$$\sigma_{\bar{x}} = \sqrt{\frac{1}{n}\sum_{i=1}^{k} \frac{n_i}{n}\sigma_i^2\left(1 - \frac{n}{N}\right)} = \sqrt{\frac{\overline{\sigma_i^2}}{n}\left(1 - \frac{n}{N}\right)} \tag{8-51}$$

（四）抽样成数的抽样误差 σ_p 的计算

在重复抽样的条件下：

$$\sigma_p = \sqrt{\frac{1}{N^2}\sum_{i=1}^{k} \frac{P_i(1-P_i)N_i^2}{n_i}} \tag{8-52}$$

在按比例抽样下：

$$\sigma_p = \sqrt{\frac{1}{N}\sum_{i=1}^{k} \frac{P_i(1-P_i)N_i}{N}} = \sqrt{\frac{1}{n}\sum_{i=1}^{k} \frac{p_i(1-p_i)n_i}{n}} = \sqrt{\frac{\overline{P_i(1-P_i)}}{n}} \tag{8-53}$$

在不重复抽样的条件下：

$$\sigma_p = \sqrt{\frac{1}{N^2}\sum_{i=1}^{k} \frac{P_i(1-P_i)N_i^2}{n_i}\left(\frac{N_i - n_i}{N_i - 1}\right)} = \sqrt{\frac{1}{N^2}\sum_{i=1}^{k} \frac{P_i(1-P_i)N_i^2}{n_i}\left(1 - \frac{n_i}{N_i}\right)} \tag{8-54}$$

在按比例抽样下：

$$\sigma_p = \sqrt{\frac{1}{N}\sum_{i=1}^{k} \frac{P_i(1-P_i)N_i}{N}\left(1 - \frac{n}{N}\right)} = \sqrt{\frac{\overline{P_i(1-P_i)}}{n}\left(1 - \frac{n}{N}\right)} \tag{8-55}$$

【例 8-9】 某地区耕地面积 5000 公顷，按平原和山区面积的比例抽取样本 630 公顷，计算的各组平均亩产和标准差如表 8-2 所示。求样本平均单产和抽样平均误差。

表 8-2 某地区耕地数据

地形分组	全部面积/公顷	样本面积/公顷	样本平均单产 $\overline{x_i}$/千克	单产标准差 S/千克
平原	4 000	504	7 200	1 500
山区	1 000	126	5 625	3 000
合计	5 000	630		

解： 由于是等比例分层抽样，所以抽样平均单产水平为

$$\bar{x}=\frac{\sum\overline{x_i}n_i}{n}=\frac{7200\times504+5625\times126}{630}=6885(\text{千克 / 公顷})$$

无总体方差资料，用样本方差代替，平均组内方差为

$$\overline{S_i^2}=\frac{\sum S_i^2n_i}{n}=\frac{1500^2\times504+3000^2\times126}{630}=3\ 600\ 000(\text{千克})$$

抽样平均误差：

重复抽样时 $\sigma_{\bar{x}}=\sqrt{\frac{S_i^2}{n}}=\sqrt{\frac{3\ 600\ 000}{630}}=75.59$ （千克/公顷）

不重复抽样时 $\sigma_{\bar{x}}=\sqrt{\frac{S_i^2}{n}(1-\frac{n}{N})}=\sqrt{\frac{3\ 600\ 000}{630}\ (1-\frac{630}{5000})}=70.67$ （千克/公顷）

四、等距抽样

（一）等距抽样的概念和特点

等距抽样又称机械抽样或系统抽样，是先将全及总体各单位按某一标志排队，然后按相等的距离或等间隔来抽取样本单位。

等距抽样是不重复抽样，通常可以保证被抽取的单位在总部总体中分布均匀，缩小各单位之间的差异程度，提高样本代表性，等距抽样的误差大小与总体各单位的排列顺序有关。因此，需对总体结构有一定的了解，利用已有的信息对总体单位排列后再进行抽样，就能提高抽样效率。

（二）等距抽样的方法

因为排队所依据的标志不同，有两种等距抽样方法。

（1）无关标志排队法，即排队的顺序与所研究的标志是无关的。例如，调查职工收入水平时，按姓氏笔画排队进行抽样。显然，职工收入水平与姓氏笔画之间没有必然的联系。

（2）有关标志排队法，即排队时，采用与调查项目有关的标志作为排队依据。例如，调查职工收入水平按职工收入的高低排队等。

排队后，需计算出抽样距离，计算公式为

$$K=\frac{N}{n}\tag{8-56}$$

式中，K 代表抽样距离或抽样间隔。然后随机确定第一样本单位作为起点，根据抽样距离每隔一定距离抽取一个样本单位，直到抽到最后一个样本单位为止。

（三）等距抽样误差的计算

无关标志排队法等距抽样近似于简单随机抽样。因此，可以按简单随机抽样的方法计算抽样平均误差。有关标志排队法等距抽样实质上可以看作是一种特殊的分层抽样，不同的是分组更细，组数更多，而且在每一组内只抽取一个样本单位。因此，可以采用分层抽样的误差公式计算抽样平均误差。

等距抽样是不重复抽样，但为简单化计算，也可采用重复抽样的平均抽样误差公式计算误差。

（1）平均数的抽样平均误差公式为

$$\text{重复抽样：}\sigma_{\bar{x}}=\sqrt{\frac{\overline{\sigma_i^2}}{n}} \tag{8-57}$$

$$\text{不重复抽样：}\sigma_{\bar{x}}=\sqrt{\frac{\overline{\sigma_i^2}}{n}\left(1-\frac{n}{N}\right)} \tag{8-58}$$

（2）成数的抽样平均误差公式为

$$\text{重复抽样：}\sigma_p=\sqrt{\frac{\overline{P_i(1-P_i)}}{n}} \tag{8-59}$$

$$\text{不重复抽样：}\sigma_p=\sqrt{\frac{\overline{P_i(1-P_i)}}{n}\left(1-\frac{n}{N}\right)} \tag{8-60}$$

【例 8-10】 有 12 块小麦地，从中选出 4 块进行调查，抽样距离 $K=\frac{N}{n}=\frac{12}{4}=3$，即每隔 3 块抽 1 块，或理解为 3 块地为一组，每组抽一块，各组抽中的地块距离相等。根据过去资料，12 块地分为 4 组，每组的组内方差为 $\sigma_1^2=100$ 千克，$\sigma_2^2=100$ 千克，$\sigma_3^2=100$ 千克，$\sigma_4^2=100$ 千克 。

则平均组内方差：$\overline{\sigma_i^2}=\frac{\sum\sigma_i^2N_i}{N}=\frac{(100+100+100+300)\times3}{12}=150$（千克）

按重复抽样计算的抽样平均误差：$\sigma_{\bar{x}}=\sqrt{\frac{\overline{\sigma_i^2}}{n}}=\sqrt{\frac{150}{4}}=6.12$（千克）

五、整群抽样

（一）整群抽样的概念和特点

整群抽样是将总体先分为若干群，然后按随机原则，成群地抽取样本单位，对抽中的群内所有单位进行调查的一种抽样组织形式。

前面讲述的简单随机抽样、分层抽样和等距抽样，都是从全及总体中抽取样本单位，整群抽样则是抽取由若干样本单位组成的群。在缺乏总体抽样框的情况下，宜采用整群抽样方式。整群抽样的组织工作比较简单，节约费用，一般都采用不重复抽样，但抽样误差往往较大。

整群抽样的实质上以群代替总体单位，以群平均数代替总体单位标志值的简单随机不重复抽样。

（二）整群抽样的方法

整群抽样，首先要对全及总体根据需要划分成若干群，分群的基本原则是，在可能的情况下，使群内方差尽可能大，群间方差尽可能小；其次将各群按时间顺序或空间顺序排列，再根据随机原则抽选样本群。这里总体所划分成的若干群所包含的总体单位数可能相等，也可能不相等，这里仅介绍群相等的情况下抽样误差的计算。

（三）整群抽样的抽样误差的计算

1. 平均数的抽样平均误差

$$\sigma_{\bar{x}} = \sqrt{\frac{\delta_{\bar{x}}^{\ 2}}{r}\left(\frac{R-r}{R-1}\right)} \tag{8-61}$$

式中，R 为总体群数；r 为样本群数；$\delta_{\bar{x}}^{\ 2}$ 为总体平均数的群间方差。

$$\delta_{\bar{x}}^{\ 2} = \frac{\sum(\overline{X_i}-\overline{X})^2}{R} \qquad \overline{X} = \frac{\sum_{i=1}^{R}\overline{X_i}}{R}$$

式中，$\overline{X_i}$ 为全及总体各群平均数。缺乏全及总体资料，可用样本数据计算。

$$\delta_{\bar{x}}^{\ 2} = \frac{\sum_{i=1}^{r}(\overline{x_i}-\overline{x})^2}{r}$$

式中，$\overline{x_i}$（$i=1, 2, \cdots, r$）为样本各群平均数。样本平均数公式为

$$\overline{x} = \frac{\sum_{i=1}^{R}\overline{x_i}}{r}$$

2. 成数的抽样平均误差

$$\sigma_p = \sqrt{\frac{\delta_P^2}{r}\left(\frac{R-r}{R-1}\right)} \tag{8-62}$$

式中，δ_P^2 为总体成数的群间方差。

$$\delta_p^2 = \frac{\sum_{i=1}^{r}(P_i-P)^2}{R} \qquad P = \frac{\sum_{i=1}^{R}P_i}{R}$$

式中，P_i 为全及总体各群成数。缺乏全及总体资料，可用样本数据计算。

$$\delta_p^2 = \frac{\sum_{i=1}^{r}(p_i-p)^2}{r} \qquad p = \frac{\sum_{i=1}^{r}p_i}{r}$$

式中，p_i（$i=1, 2, \cdots, r$）为样本各群成数；p 为样本成数。

式中，当 R 得数目较大时，$\frac{R-r}{R-1}$ 可用 $1-\frac{r}{R}$ 代替。

【例 8-11】 某地区有 300 个村，根据历史资料估算，各村平均单产的方差为 180 千克，现抽取 30 个村进行农产量调查，根据整群抽样计算抽样平均误差为

$$\sigma_{\bar{x}}=\sqrt{\frac{\delta_{\bar{x}}^{2}}{r}\left(\frac{R-r}{R-1}\right)}=\sqrt{\frac{180}{30}\left(\frac{300-30}{300-1}\right)}=2.33(\text{千克})$$

【例 8-12】 某企业大量连续生产，即 24 小时连续生产，为掌握某月份某产品的一级品率，采用整群抽样方法，在全月连续生产的 720 小时中，每隔 24 小时抽取 1 小时的产品进行检验。调查结果为，一级品率为 85%，群间方差为 6%，抽样平均误差为

$$\sigma_{p}=\sqrt{\frac{\delta_{p}^{2}}{r}\left(\frac{R-r}{R-1}\right)}=\sqrt{\frac{0.06}{30}\left(\frac{720-30}{720-1}\right)}=0.044\text{ 或 }4.4\%$$

式中，$r=720\div24=30$ 。

六、多阶段抽样

前面介绍的四种抽样方式都属于单阶段抽样，即只经过一次随机抽选就可以直接确定样本单位的抽样方法。在调查范围较小，调查单位比较集中时通常采用这种方式。

在社会经济调查中，一般调查对象中调查单位很多，分布面很广，直接抽选择样本单位是很困难的，这种情况要采用多阶段抽样。

多阶段抽样就是把抽取样本单位的过程分为两个或更多个阶段进行。先从总体中抽选若干大的样本单位也叫第一阶段单位，然后，从被抽中若干大的单位中抽选较小的样本单位，也叫第二阶段单位。以此类推，直到最后抽出最终样本单位。如果第二阶段单位是最终样本单位就是两阶段抽样，如果第三阶段单位是最终样本单位就是三阶段抽样……

下面以两阶段抽样为例说明多阶段抽样的误差计算。两阶段抽样有两种情况，这里只介绍比较简单的一种。

假设全及总体有 R 个小组，各组单位数如下：

组别：$1,2,3,\cdots,R$

各组单位数：$M_1,M_2,M_3,\cdots,M_R$

各组单位数可能相等也可能不等，这里假设是相等的，即 $M_1=M_2=M_3=\cdots=M_R=M$。显然 $RM=N$。

第一阶段抽样，是从总体 R 个组中随机抽取 r 个组，即 r 个第一阶段单位。各组的单位数如下：

被抽中各组编号：$1,2,3,\cdots,r$

各组单位数：$M_1,M_2,M_3,\cdots,M_r$

第二阶段抽样，从被抽中的各组第一阶段单位中随机抽选第二阶段单位即最终单位数是 $m_1,m_2,m_3,\cdots,m_r$。各第一阶段单位中抽选的第二阶段单位数可能相等也可能不等，这里假设是相等的，即 $m_1=m_2=\cdots=m_r$。显然，$rm=n$。

各第一阶段单位的第二阶段单位的平均数是 $\overline{x_1},\overline{x_2},\overline{x_3},\cdots,\overline{x_r}$，成数是 $p_1,p_2,\cdots,p_r$。

影响两阶段抽样平均误差的方差由两部分组成:① 总体 R 组中抽取 r 组产生的组(群)间方差 $\delta_{\bar{x}}^{2}(\delta_p^2)$;② 由抽中的 r 组中,从每组的 M 个单位中抽取 m 个单位产生的组内方差 σ_i^2 或 $P_i(1-P_i)$,以及平均组内方差 $\overline{\sigma_i^2}$ 或 $\overline{P_i(1-P_i)}$。

(一) 重复抽样的抽样平均误差

1. 抽样平均数抽样平均误差

$$\sigma_{\bar{x}}=\sqrt{\frac{\overline{\sigma_i^2}}{rm}+\frac{\delta_{\bar{x}}^{2}}{r}} \tag{8-63}$$

式中,r 为第一阶段单位数;m 为第二阶段单位数;$\delta_{\bar{x}}^{2}$ 为总体或样本平均数群间方差;$\overline{\sigma_i^2}$ 为总体或样本各组数量标平均组内方差。

其中,

$$\delta_{\bar{x}}^{2}=\frac{\sum_{i=1}^{r}(x_i-x)^2}{r}$$

$$\overline{\sigma_i^2}=\frac{\sum_{i=1}^{r}\sigma_i^2}{r}$$

显然,$\bar{x}=\dfrac{\sum_{i=1}^{r}\overline{x_i}}{r}$。

2. 抽样成数抽样平均误差

$$\sigma_p=\sqrt{\frac{\overline{p_i(1-p_i)}}{rm}+\frac{\sigma_p^2}{r}} \tag{8-64}$$

式中,δ_p^2 为总体或样本成数群间方差;$\overline{P_i(1-P_i)}$ 为总体或样本是非标志平均组内方差。

其中,

$$\delta_p^2=\frac{\sum_{i=1}^{r}(p_i-p)^2}{r}$$

$$\overline{p_i(1-p_i)}=\frac{\sum_{i=1}^{r}p_i(1-p_i)}{r}$$

显然,$p=\dfrac{\sum_{i=1}^{r}p_i}{r}$。

(二) 不重复抽样的抽样平均误差

抽样平均数的平均误差为

$$\sigma_{\bar{x}}=\sqrt{\frac{\overline{\sigma_i^2}}{rm}\left(\frac{M-m}{M-1}\right)+\frac{\delta_{\bar{x}}^{2}}{r}\left(\frac{R-r}{R-1}\right)} \tag{8-65}$$

抽样成数的平均误差为

$$\sigma_p = \sqrt{\frac{\overline{p_i(1-p_i)}}{rm}\left(\frac{M-m}{M-1}\right) + \frac{\delta_p^2}{r}\left(\frac{R-r}{R-1}\right)} \tag{8-66}$$

【例 8-13】 对某学院学生每周文体活动时间进行调查，该院有 30 个班，每班学生 40 名，现采用两阶段抽样方法，从 30 个班中随机抽选 6 个班，并从中选的班中各抽选 5 人组成样本，样本单位资料如表 8-3 所示，试计算样本学生平均每周文体活动时间及抽样平均误差。

表 8-3 某学院学生资料

中选班序号	中选学生编号	每周文体活动时间/小时	中选班序号	中选学生编号	每周文体活动时间/小时
	1	9		1	6
	2	8		2	8
1	3	11.5	4	3	9
	4	13		4	10
	5	6		5	7
	1	9		1	11
	2	10		2	13
2	3	13	5	3	10
	4	8		4	9
	5	5		5	12
	1	15		1	10.5
	2	12		2	12
3	3	9	6	3	10
	4	10		4	8
	5	14		5	12

解： 已知 $R=30, r=6, M=40, m=5$，则各第一阶段单位的第二阶段单位的平均数及样本平均数为

$$\overline{x_1} = \frac{9+8+11.5+13+6}{5} = 9.5\text{（小时）}$$

$$\overline{x_2} = \frac{9+10+13+8+5}{5} = 9.0\text{（小时）}$$

$$\overline{x_3} = \frac{15+12+9+10+14}{5} = 12.0\text{（小时）}$$

$$\overline{x_4} = \frac{6+8+9+10+7}{5} = 8.0\text{（小时）}$$

$$\overline{x_5} = \frac{11+13+10+9+12}{5} = 11.0\text{（小时）}$$

$$\overline{x_6} = \frac{10.5+12+10+8+12}{5} = 10.5\text{(小时)}$$

$$\overline{x} = \frac{9.5+9.0+12.0+8.0+11.0+10.5}{6} = 10.0\text{(小时)}$$

各第一阶段单位的组内方差及平均组内方差为

$$\sigma_1^2 = \frac{(9-9.5)^2+(8-9.5)^2+(11.5-9.5)^2+(13-9.5)^2+(6-9.5)^2}{5} = 6.2$$

$$\sigma_2^2 = \frac{(9-9)^2+(10-9)^2+(13-9)^2+(8-9)^2+(5-9)^2}{5} = 6.8$$

$$\sigma_3^2 = \frac{(15-12)^2+(12-12)^2+(9-12)^2+(10-12)^2+(14-12)^2}{5} = 5.2$$

$$\sigma_4^2 = \frac{(6-8)^2+(8-8)^2+(9-8)^2+(10-8)^2+(7-8)^2}{5} = 2.0$$

$$\sigma_5^2 = \frac{(11-11)^2+(13-11)^2+(10-11)^2+(9-11)^2+(12-11)^2}{5} = 2.0$$

$$\sigma_6^2 = \frac{(10.5-10.5)^2+(12-10.5)^2+(10-10.5)^2+(8-10.5)^2+(12-10.5)^2}{5} = 2.2$$

$$\overline{\sigma_i^2} = \frac{6.2+6.8+5.2+2.0+2.0+2.2}{6} = 4.0667$$

第一阶段单位的组间方差为

$$\delta_x^2 = \frac{(9.5-10)^2+(9-10)^2+(12-10)^2+(8-10)^2+(11-10)^2+(10.5-10)^2}{6} = 1.75$$

抽样平均误差为

$$\sigma_{\bar{x}} = \sqrt{\frac{\overline{\sigma_i^2}}{rm}\left(\frac{M-m}{M-1}\right)+\frac{\delta_{\bar{x}}^2}{r}\left(\frac{R-r}{R-1}\right)} = \sqrt{\frac{4.0667}{6\times5}\times\frac{40-5}{40-1}+\frac{1.75}{6}\times\frac{30-6}{30-1}} = 0.60\text{(小时)}$$

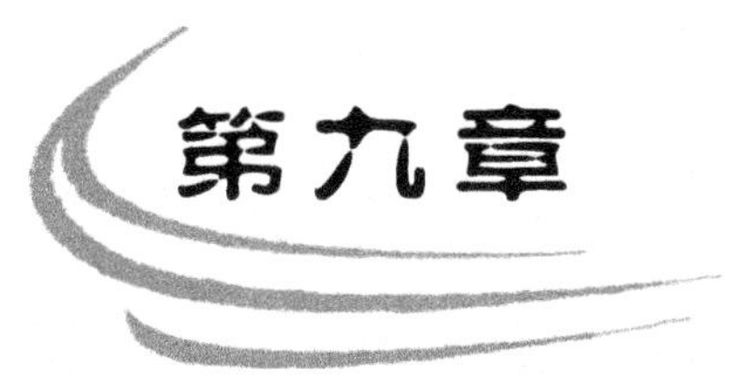

第九章 假设检验

【本章导读】

生活中存在大量的统计应用的假设检验，一个众所周知的例子就是对罪犯的审讯。当一个人被控告为罪犯时，他将面临审讯。控告方提出控诉后，陪审团必须根据证据作出决策。事实上，陪审团就进行了假设检验。这里有两个要被证明的假设。第一个称为原假设，用 H_0 表示。它表示

H_0:被告无罪

第二个假设称为备择假设，用 H_1 表示。在罪犯审讯中，它表示

H_1:被告有罪

当然，陪审团不知道哪个假设是正确的，他们根据控辩双方所提供的证据作出判断。这里只有两种可能：判定被告有罪或无罪释放。在统计应用中，判定被告有罪就相当于拒绝原假设；而判定被告无罪也就相当于不能拒绝原假设。应当注意，我们并不能接受原假设。在罪犯审判中，接受原假设意味着发现被告无罪。在我们司法系统中，并不允许这样的判定。我们把这些概念引申到统计假设检验中。在罪犯审讯的例子中，“足够的证据”定义为“超越合理怀疑的证据”。在统计学中，我们需要利用检验统计量的样本分布来定义“足够的证据”。这正是本章所要解决的问题。

第一节　假设检验概述

一、假设检验的原理

参数估计和假设检验是抽样推断的两个组成部分，它们都是利用样本对总体进行某种推断，但推断的角度不同。例如，在参数估计中，目的是用样本指标去估计全及指标，如用 $\bar{x}$ 去估计 $\overline{X}$，在估计前 $\overline{X}$ 是未知的。而在假设检验中，则是先对总体指标的数值提出一个假设，如 $\overline{X} \leqslant 20$，然后用样本资料去判断这个假设 $\overline{X} \leqslant 20$ 是否成立。

假设检验也称显著性检验，是对总体分布函数形式或分布中某些未知参数作出某种假设，然后抽取样本，构造适当的统计量，对假设的正确性进行判断的一种统计方法，包括参数检验和非参数检验。如果进行假设检验时总体的分布形式已知，仅对总体的未知参数进行假设检验，称为参数检验；如果事先对总体分布形式所知甚少，而假设其具体分布形式的检验，称为非参数检验。本书只讨论参数检验问题。

二、假设检验的步骤

假设检验可分为以下五个步骤。

（一）建立关于总体的假设

假设检验中，应事先明确提出总体参数的假设数值，这个作为要检验的假设称为原假设，用 H_0 表示。抽出样本资料，构造统计量，经检验，若被认为通过了检验，就是确认或“接受”了原假设。若样本未能支持原假设，即“否定”了原假设，这时就得另外有一个可以接受的假设，称这一假设为备择假设，用 H_1 表示。

假设检验可以分为双侧检验与单侧检验。如果提出的原假设是总体参数等于某一数值，如 $\overline{X}=\overline{X_0}$，那么只要 $\overline{X}>\overline{X_0}$ 或 $\overline{X}<\overline{X_0}$ 两者之中有一个成立，就可以否定原假设，这种假设检验称为双侧检验。平均数和成数的双侧检验的原假设与备择假设为

$$H_0:\overline{X}=\overline{X_0};H_1:\overline{X}\neq\overline{X_0} \tag{9-1}$$

$$H_0:P=P_0;H_1:P\neq P_0 \tag{9-2}$$

如果提出的原假设是总体参数不小于某一数值，这种假设检验称为单侧检验。平均数和成数的单侧检验的原假设与备择假设为

$$H_0:\overline{X}\geqslant\overline{X_0};H_1:\overline{X}<\overline{X_0} \tag{9-3}$$

$$H_0:P\geqslant P_0;H_1:P<P_0 \tag{9-4}$$

或

$$H_0:\overline{X}\leqslant\overline{X_0};H_1:\overline{X}>\overline{X_0} \tag{9-5}$$

$$H_0:P\leqslant P_0;H_1:P>P_0 \tag{9-6}$$

（二）确定适当的检验统计量

在假设检验中，要用样本资料计算统计量进行统计推断。由于假设检验的统计量称为检验统计量。选用什么统计量作为检验统计量与总体分布有关。例如，总体为正态分布，σ^2 已知时，对总体平均数进行检验，可选用 Z 作为检验统计量，计算公式为

$$Z=\frac{\bar{x}-\mu_0}{\frac{\sigma}{\sqrt{n}}}\sim N(0,1) \tag{9-7}$$

总体为正态分布，σ^2 未知时，对总体平均数进行检验，可选用 t 作为检验统计量，计算公式为

$$T=\frac{\bar{x}-\mu_0}{\frac{S}{\sqrt{n}}}\sim t(n-1) \tag{9-8}$$

其他检验统计量将在以后结合具体问题作介绍。

（三）规定显著水平

假设检验所依据的基本原理，是小概率事件的实际推断原则。如果一个事件发生的概率很小，就称它为小概率事件。通常要根据所研究的具体问题预先规定一个界限，

即显著水平 $\alpha(0<\alpha<1)$。若某事件发生的概率小于等于 α，就可以认为该事件是小概率事件。小概率事件在一次试验中几乎不可能出现。在假设检验中，如果不大可能发生的事件在一次试验中居然发生了，就有理由怀疑原来对该事件提出的假设，即原假设的正确性，从而拒绝原假设。否则，就应接受原假设。

概率要小到如何程度才足以拒绝原假设呢，即如何确定显著水平 α 要根据研究问题的性质和对结论准确性的要求而有所不同。通常规定 $\alpha=0.1$，$\alpha=0.05$，$\alpha=0.01$ 等。

由于拒绝或接受原假设是以样本资料为依据，这一依据可能由于随机抽样的原因而偶然产生与实际特征不一致的结果。因此，在作接受或者拒绝原假设的决策时，存在着接受错误假设或拒绝正确假设的风险。计算这种偶然因素的风险（即这种偶然因素出现的概率），就是该检验的显著水平。风险越低，即偶然因素发生的概率很小（如 $\alpha=0.001$），则显著性越高，样本资料的可信度越大；反之，犯错误的风险越大，即偶然因素发生的机会越多，则显著性越低，样本资料的可信度越小。当原假设 H_0 为真而却被拒绝时，称之为“弃真”风险，或 α 错误，通常称之为犯第一类错误；当原假设 H_0 非真而被接受时，为“取伪”风险或 β 错误，通常称之为犯第二类错误。而犯第二类错误的概率 $\beta=1-\alpha$。当样本容量 n 增大时，α、β 将同时缩小，当样本容量大到与总体一样时（此时就不再是随机抽样了，而是全面调查），这两类错误就不会再出现了。

在实际显著性检验问题时，人们总是希望犯上述两类错误的风险或概率都小为好，但难以两全。因为，在样本容量确定后，减少 α 的风险就意味着增大 β 的风险，反之减少 β 的风险就会引起 α 风险的增大。对此，一般的方法是事先规定允许犯第一类错误的概率 α，即显著水平（一般认为 $\alpha=0.05$ 是“显著”的，$\alpha=0.01$ 的水平是高显著的），然后再尽量减少第二类错误的概率 β。因此，显著性检验是对风险的一种估计，其各种可能结果如表 9-1 所示。

表 9-1 两类错误表

检验结果		总体的情况	
		H_0 为真	H_0 为非真
判断	接受 H_0	正确	β 错误（第二类错误）
	拒绝 H_0	α 错误（第二类错误）	正确

（四）抽取样本，计算检验统计量的值

当 H_0、H_1 均已提出，检验统计量已选定，显著水平也规定后，就要根据样本观察值计算检验统计量的值。

（五）用检验统计量的值与临界值比较，判断原假设是否成立

在双侧检验时，应将规定的显著水平 α，按对称分布原理平均分配到左右两方。选用 Z 作为检验统计量时，左右两方各为 $\frac{\alpha}{2}$，查正态分布概率表可相应得到临界值 $Z_{\frac{\alpha}{2}}$。若 $|Z|\geqslant Z_{\frac{\alpha}{2}}$ 时就拒绝 H_0，若 $|Z|<Z_{\frac{\alpha}{2}}$ 时，就接受 H_0。双侧检验的示意图如图 9-1

所示。

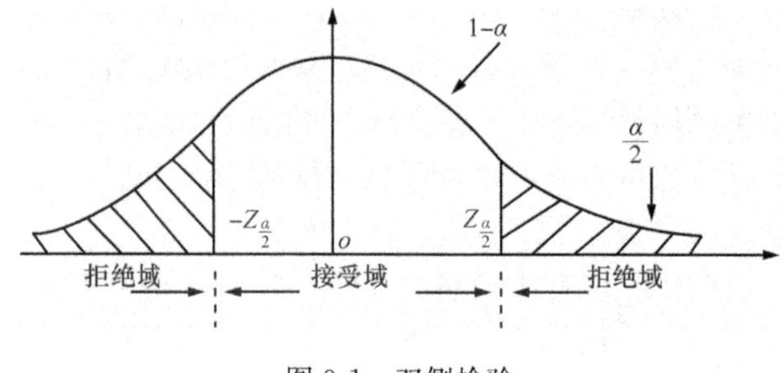

图 9-1 双侧检验

在单侧检验中，若原假设是假设总体参数不小于某一数值，称为左侧检验。此时临界值在分布曲线左侧，临界值为 $-Z_\alpha$ 。若 $Z\leqslant -Z_\alpha$ 则拒绝 H_0，若 $Z>-Z_\alpha$，则接受 H_0 。如图 9-2 所示。

在单侧检验中，若原假设是假设总体参数不大于某一数值，称为右侧检验。此时临界值在分布曲线的右侧，临界值为 Z_α。若 $Z\geqslant Z_\alpha$ 则拒绝 H_0，若 $Z<Z_\alpha$，则接受 H_0。如图 9-3 所示。

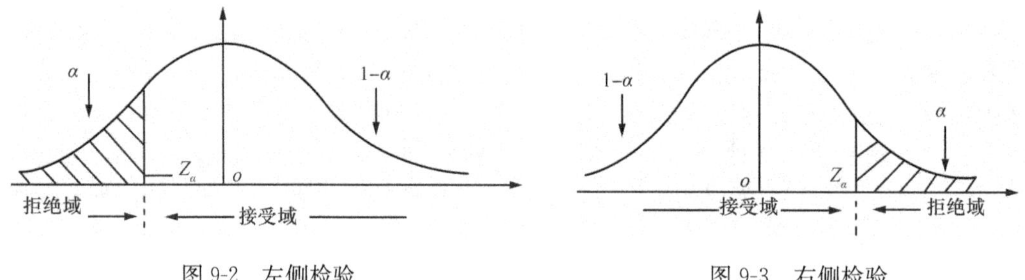

图 9-2 左侧检验　　　　图 9-3 右侧检验

若选用 t 作为检验统计量，可查 t 分布表得相应临界值，判断标准与 Z 检验统计量的情况相同。如果检验统计量来自大样本，不论总体分布是否已知，是否为正态分布，均可用 Z 近似地作为检验统计量。

第二节 总体均值检验

一、单个正态总体均值的检验

样本 $x_1,x_2,\cdots,x_n$ 来自正态总体 $N(\mu,\sigma^2)$。

（一）如果总体方差 σ^2 已知——z 检验

构造检验统计量：

$$Z=\frac{\overline{x}-\mu_0}{\sigma/\sqrt{n}}\sim N(0,1) \tag{9-9}$$

当 $\mu=\mu_0$ 时，z 服从 $N(0,1)$。给定显著性水平 α，则有

$$H_0:\mu=\mu_0 \qquad H_1:\mu\neq\mu_0$$

检验规则为当 $|z| \geqslant z_{\frac{\alpha}{2}}$ 时，拒绝 H_0；当 $|z| < z_{\frac{\alpha}{2}}$ 时，不能拒绝 H_0

$$H_0: \mu \leqslant \mu_0 \qquad H_1: \mu > \mu_0$$

检验规则为：当 $z \geqslant z_\alpha$ 时，拒绝 H_0；当 $z < z_\alpha$ 时，不能拒绝 H_0

$$H_0: \mu \geqslant \mu_0 \qquad H_1: \mu < \mu_0$$

检验规则为当 $z \leqslant -z_\alpha$ 时，拒绝 H_0；当 $z > -z_\alpha$ 时，不能拒绝 H_0

【例 9-1】 某制药厂生产的一种抗生素，根据以往的经验，当生产正常时，该抗生素主要指标 X（单位：毫克）服从正态分布 $N(50,3.8^2)$。某天开工一段时间后，为检验生产是否正常，随机地抽测了 50 瓶，算得 $\bar{x}=51.26$。假定方差没有什么变化。试分别在 $\alpha_1=0.05, \alpha_2=0.01$ 下，检验该日生产是否正常？

解：建立假设

$H_0: \mu=50$，$H_1: \mu \neq \mu_0$。

由于 σ^2 已知，因此应选择检验统计量

$$Z=\frac{\bar{x}-\mu_0}{\sigma/\sqrt{n}} \sim N(0,1)$$

又由 $\alpha_1=0.05$ 及 $\alpha_2=0.01$，查正态分布表，得临界值

$$z_{\alpha_1/2}=z_{0.025}=1.96, z_{\alpha_2/2}=z_{0.005}=2.58。$$

而 $$|z|=\frac{|\bar{x}-\mu_0|}{\sigma/\sqrt{n}}=\frac{|51.26-50|}{3.8/\sqrt{50}}=2.34。$$

因此，$|z|=2.34>1.96$，但 $|z|=2.34<2.58$，故在检验水平 $\alpha_1=0.05$ 下，应当拒绝 H_0，接受 H_1，即认为该日生产不正常；而在检验水平 $\alpha_2=0.01$ 下，应当接受 H_0，即认为该日生产是正常的。

【例 9-2】 假设某种元件使用寿命（单位：h）$X \sim N(\mu,\sigma^2)$，其中 μ 为待验参数，$\sigma^2=100$ 为已知。按照某种标准，该种元件使用寿命不得低于 1000 小时，今从一批这种元件中随机抽取 25 件，测得其寿命的平均值为 950 小时。试在显著性水平 $\alpha=0.05$ 下确定这批元件是否合格？

解：元件的使用寿命合格，即元件的使用寿命应不显著低于标准值 $\mu_0=1000$ 小时，因而属单边左侧检验。元件的使用寿命合格，即要求 $\mu \geqslant 1000$，故待验假设应为

$$H_0: \mu \geqslant 1000, H_1: \mu < 1000$$

由 σ^2 已知，因此检验统计量为

$$Z=\frac{\bar{x}-\mu_0}{\sigma/\sqrt{n}} \sim N(0,1)$$

由于检验水平 $\alpha=0.05$，查正态分布表，得临界值 $z_{0.05}=1.645$。

而由样本观察值具体计算得 $$z=\frac{950-1000}{\frac{100}{\sqrt{25}}}=-2.5<-1.645。$$

所以，拒绝 H_0，因此不能认为这批元件合格。

（二）如果总体方差 σ^2 未知——t 检验

构造检验统计量：

$$T=\frac{\overline{x}-\mu_0}{s/\sqrt{n}} \sim t(n-1) \qquad \text{其中 } s \text{ 是样本标准差} \tag{9-10}$$

当 $\mu=\mu_0$ 时，根据抽样分布理论，统计量 t 服从 $t(n-1)$ 。给定显著性水平 α，则有

$$H_0:\mu=\mu_0 \qquad H_1:\mu\neq\mu_0$$

检验规则为当 $|t|\geqslant t_{\frac{\alpha}{2}}(n-1)$ 时，拒绝 H_0 ；当 $|t|< t_{\frac{\alpha}{2}}(n-1)$ 时，不能拒绝 H_0 。

$$H_0:\mu\leqslant\mu_0 \qquad H_1:\mu>\mu_0$$

检验规则为当 $t\geqslant t_\alpha(n-1)$ 时，拒绝 H_0 ；当 $t<t_\alpha(n-1)$ 时，不能拒绝 H_0 。

$$H_0:\mu\geqslant\mu_0 \qquad H_1:\mu<\mu_0$$

检验规则为当 $t\leqslant -t_\alpha(n-1)$ 时，拒绝 H_0 ；当 $t>-t_\alpha(n-1)$ 时，不能拒绝 H_0 。

【例 9-3】 某种柴油发动机，使用每升柴油的运转时间服从正态分布 $N(\mu,\sigma^2)$，μ 和 σ^2 未知，现测试装配好的 6 台发动机的运转时间（单位：分钟）分别为 28，27，31，29，30，27。按设计要求，平均每升柴油运转时间应在 30 分钟以上。根据测试结果，在显著性水平 $\alpha=0.05$ 之下，能否说明该种发动机是符合设计要求的?

解: 设 X 表示使用一升柴油的发动机运转时间，则 $X\sim N(\mu,\sigma^2)$，由于 σ^2 未知，要检验 μ，使用 t 检验法。由题设知，应选择单边左侧检验，即待检假设为

$$H_0:\mu\geqslant 30,\ H_1:\mu<30\text{ 。}$$

检验统计量为

$$T=\frac{\overline{x}-\mu_0}{S/\sqrt{n}} \sim t(n-1)$$

由显著性水平 $\alpha=0.05$ 下，查自由度为 6−1=5 的 t 分布得临界值 $t_{0.05}$（5）=2.015。

根据样本观测值算得

$$\overline{x}=\frac{1}{6}\sum_{i=1}^{6}x_i=\frac{1}{6}(28+27+31+29+30+27)=28.67$$

$$s^2=\frac{1}{6-1}\sum_{i=1}^{6}(x_i-\overline{x})^2=1.633^2$$

于是，统计量 T 的观察值 t 为

$$t=\frac{\overline{x}-30}{s/\sqrt{6}}=\frac{28.67-30}{1.633/\sqrt{6}}=-2.00$$

由于 $-t_{0.05}(5)=-2.015<t=-2.00$，所以，应当接受原假设 H_0，即认为所装配的这种发动机符合原设计的要求。

t 检验一般用于小样本检验，往往是已知服从正态总体但方差未知。随着样本容量 n 的增大，t 分布趋近于标准正态分布，有些 t 分布表就编到 30 为止，超过 30 的就查正态分布表了。所以在大样本情形下，总体方差未知时对总体均值的假设检验可近似采用 z 检验。对于非正态总体，大样本的情况下，在对总体均值假设检验时，也可采用 z 检验。如果 σ 未知，可以用 s 替代。

二、两个正态总体均值之差的检验

样本 $x_1, x_2, \cdots, x_{n_1}$ 来自正态总体 $N(\mu_1, \sigma_1^2)$，$y_1, y_2, \cdots, y_{n_2}$ 来自正态总体 $N(\mu_2, \sigma_2^2)$。

（一）如果两个总体方差 σ_1^2 和 σ_2^2 已知

构造检验统计量：

$$Z = \frac{\overline{x} - \overline{y}}{\sqrt{\frac{\sigma_1^2}{n_1} + \frac{\sigma_2^2}{n_2}}} \sim N(0,1) \tag{9-11}$$

当 $\mu_1 = \mu_2$ 时，z 服从 $N(0,1)$ 。因此，采用 z 检验。

【例 9-4】 假设某种羊毛的含脂率服从正态分布，且处理前后的方差均为 36。处理前采 10 个样，测得平均含脂率为 27.3，处理后采 8 个样，测得平均含脂率为 13.75，问处理前后羊毛含脂率有无显著变化（$\alpha = 0.05$）?

解：建立假设

$$H_0: \mu_1 = \mu_2 \qquad H_1: \mu_1 \neq \mu_2$$

检验统计量

$$z = \frac{\overline{x} - \overline{y}}{\sqrt{\frac{\sigma_1^2}{n_1} + \frac{\sigma_2^2}{n_2}}} = \frac{27.3 - 13.75}{\sqrt{\frac{36}{10} + \frac{36}{8}}} = 4.76$$

由标准正态分布表，得 $z_{0.025} = 1.96$ 。从而拒绝 H_0，即认为处理前后羊毛含脂率有显著变化。

（二）如果两个总体方差 σ_1^2 和 σ_2^2 未知但相等，即 $\sigma^2 = \sigma_1^2 = \sigma_2^2$

构造检验统计量：

$$T = \frac{\overline{x} - \overline{y}}{\sqrt{\frac{(n_1 - 1)S_1^2 + (n_2 - 1)S_2^2}{n_1 + n_2 - 2}}\sqrt{\frac{1}{n_1} + \frac{1}{n_2}}} \sim t(n_1 + n_2 - 2) \tag{9-12}$$

当 $\mu_1 = \mu_2$ 时，t 服从 $t(n_1 + n_2 - 2)$ 。因此，采用 t 检验。

【例 9-5】 为了试验两种不同的谷物的种子的优劣，选取了 10 块土质不同的土地，并将每块土地分为面积相同的两部分，分别种植这两种种子，设在每块土地的两部分人工管理等条件完全一样，表 9-2 给出的是各块土地上的产量。

表 9-2 各块土地产量

土地	1	2	3	4	5	6	7	8	9	10
种子 $A(x_i)$	23	35	29	42	39	29	37	34	35	28
种子 $B(y_i)$	26	39	35	40	38	24	36	27	41	27

假定两种谷物的产量分别服从同方差的正态分布，试问：以这两种种子种植的谷物的产量是否有显著的差异（$\alpha=0.05$）？

解：这是考察二总体均值差异的显著性，因此建立假设

H_0：$\mu_1=\mu_2$，H_1：$\mu_1\neq\mu_2$。

由于二总体的方差未知且相等，故选用检验统计量为

$$T=\frac{\bar{x}-\bar{y}}{\sqrt{\frac{(n_1-1)S_1^2+(n_2-1)S_2^2}{n_1+n_2-2}}\sqrt{\frac{1}{n_1}+\frac{1}{n_2}}}\sim t(n_1+n_2-2)$$

此时，$\alpha=0.05\Rightarrow t_{\alpha/2}=t_{0.025}(18)=2.1009$，而现在，由题中所给数据算得：

$$\bar{x}=33.1, s_1=5.7629; \bar{y}=33.3, s_2=6.5668$$

$$t=\frac{33.1-33.3}{\sqrt{\frac{9\times 5.7629^2+9\times 6.5668^2}{10+10-2}}\sqrt{\frac{1}{10}+\frac{1}{10}}}=-0.07$$

由于 $|t|=0.07<t_{0.025}(18)=2.1009$，因此接受 H_0，即认为以这两种种子种植的谷物的产量无显著的差异。

三、两个非正态总体均值之差的检验

样本 $x_1,x_2,\cdots,x_{n_1}$ 和 $y_1,y_2,\cdots,y_{n_2}$ 来自两个非正态总体，当样本容量 n_1 和 n_2 较大（$\geqslant 30$）时，构造检验统计量

$$z=\frac{\bar{x}-\bar{y}}{\sqrt{\frac{\sigma_1^2}{n_1}+\frac{\sigma_2^2}{n_2}}} \text{ 或 } z=\frac{\bar{x}-\bar{y}}{\sqrt{\frac{s_1^2}{n_1}+\frac{s_2^2}{n_2}}} \tag{9-13}$$

当 $\mu_1=\mu_2$ 时，z 近似服从 $N(0,1)$。因此，两个非正态总体均值之差的检验可采用 z 检验。

第三节 总体成数的检验

一、单个总体成数的检验

已知总体成数 P，总体方差 $P(1-P)$。相应的样本成数为 p。在大样本情况下，并且 $np>5$、$nq>5$，根据中心极限定理，p 近似服从 $N\left(P,\frac{P(1-P)}{n}\right)$。如果要检验的假设为 $H_0:P=P_0,H_1:P\neq P_0$（或 $P>P_0,P<P_0$），则我们可以构造检验统计量

$$z=\frac{p-P_0}{\sqrt{\frac{P_0(1-P_0)}{n}}} \tag{9-14}$$

当 $P=P_0$ 时，z 近似服从标准正态分布 $N(0,1)$，因此，总体成数的大样本检验采 z 检验。

【例 9-6】 在过去的一年内，某公司的生意有 30%是赊账交易，70%是现金交易，最近一个含有 100 笔交易的样本显示有 40 笔是赊账交易，若取显著性水平为 0.05，问该

公司的赊账交易政策是否有所变化?

解: 建立假设

$$H_0:P=30\% \qquad H_1:P\neq 30\%$$

由题意可得样本成数为 $p=\frac{40}{100}=40\%$，根据检验统计量

$$z=\frac{p-P_0}{\sqrt{\frac{P_0(1-P_0)}{n}}}=\frac{40\%-30\%}{\sqrt{\frac{30\%\times 70\%}{100}}}=2.18$$

因为 $z_{0.025}=1.96$，从而拒绝 H_0，即认为该公司的赊账交易政策已经有所变化。

【例 9-7】 某公司负责人发现开出去的发票有大量笔误，而且断定这些发票中，错误的发票占 20%以上。随机检查 400 张，发现错误的发票占 25%。这是否可以证明负责人的判断正确（显著性水平为 0.05)?

解: 建立假设

$$H_0:P\leqslant 0.2 \qquad H_1:P>0.2$$

检验统计量

$$z=\frac{p-P_0}{\sqrt{\frac{P_0(1-P_0)}{n}}}=\frac{0.25-0.2}{\sqrt{\frac{0.2\times 0.8}{400}}}=2.5$$

因为 $z_{0.05}=1.65$，从而拒绝 H_0，即负责人的判断是正确的。

二、两个总体成数之差的检验

在大样本条件下，两个样本成数之差的抽样分布近似为正态分布。若令

$$z^*=\frac{p_1-p_2}{\sqrt{\frac{P_1(1-P_1)}{n_1}+\frac{P_2(1-P_2)}{n_2}}} \tag{9-15}$$

由于 z^* 含有未知参数 P_1 和 P_2，所以不能成为检验统计量。当 $P_1=P_2$ 时，P_1 和 P_2 的联合估计值为 $p=\frac{n_1p_1+n_2p_2}{n_1+n_2}$，故 p_1-p_2 标准差的估计值为 $\sqrt{\frac{p(1-p)}{n_1}+\frac{p(1-p)}{n_2}}$。

取检验统计量

$$z=\frac{p_1-p_2}{\sqrt{\frac{p(1-p)}{n_1}+\frac{p(1-p)}{n_2}}} \tag{9-16}$$

于是，在大样本条件下，当 $P_1=P_2$ 时，z 近似服从标准正态分布 $N(0,1)$。因此，两个总体成数之差的检验可采用 z 检验。

【例 9-8】 为了研究地势对小麦锈病发病率的影响，调查了低洼地麦田小麦 378 株，其中锈病株 342 株，还调查了高坡地麦田小麦 396 株，其中锈病株 313 株。若取显著性水平为 0.01，比较两块麦田小麦锈病发病率是否有显著差异。

解: 建立假设

$$H_0:P_1=P_2 \qquad H_1:P_1\neq P_2$$

$$p_1=\frac{342}{378}=0.905，p_2=\frac{313}{396}=0.790$$

$$p=\frac{n_1p_1+n_2p_2}{n_1+n_2}=\frac{342+313}{378+396}=0.846$$

检验统计量

$$z=\frac{p_1-p_2}{\sqrt{\frac{p(1-p)}{n_1}+\frac{p(1-p)}{n_2}}}=\frac{0.905-0.790}{\sqrt{\frac{0.846\times0.154}{378}+\frac{0.846\times0.154}{396}}}=4.423$$

取 $\alpha=0.01$，$z_{0.005}=2.58$，$z>z_{0.005}$，从而拒绝 H_0，即认为两块麦田小麦锈病发病率有显著差异。

第四节　总体方差的检验

一、一个正态总体方差的检验

总体方差 σ^2 是用样本方差 s^2 来估计的。根据抽样分布理论，检验统计量

$$\chi^2=\frac{(n-1)s^2}{\sigma_0^2} \tag{9-17}$$

服从 $\chi^2(n-1)$。给定显著性水平 α，则有：

$$H_0:\sigma^2=\sigma_0^2 \qquad H_1:\sigma^2\neq\sigma_0^2$$

检验规则为当 $\chi^2\geqslant\chi^2_{\frac{\alpha}{2}}(n-1)$ 或 $\chi^2\leqslant\chi^2_{1-\frac{\alpha}{2}}(n-1)$ 时拒绝 H_0，否则不能拒绝 H_0

$$H_0:\sigma^2\leqslant\sigma_0^2 \qquad H_1:\sigma^2>\sigma_0^2$$

检验规则为当 $\chi^2\geqslant\chi^2_{\alpha}(n-1)$ 时拒绝 H_0，否则不能拒绝 H_0

$$H_0:\sigma^2\geqslant\sigma_0^2 \qquad H_1:\sigma^2<\sigma_0^2$$

检验规则为当 $\chi^2\leqslant\chi^2_{1-\alpha}(n-1)$ 拒绝 H_0，否则不能拒绝 H_0

以上三个假设检验的拒绝区域如图 9-4 所示，拒绝区域的面积为 α。

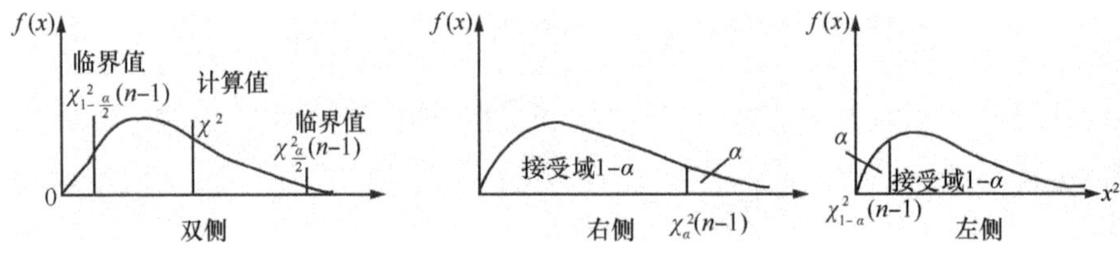

图 9-4　双侧检验和单侧检验的卡方临界值

【例 9-9】　根据设计要求，某零件的内径标准差不得超过 0.30（单位：厘米），现从该产品中随意抽验了 25 件，测得样本标准差为 0.36，问检验结果是否说明该产品的标准差明显增大（显著性水平为 0.05)?

解： 建立假设

$$H_0:\sigma^2\leqslant0.30^2 \qquad H_1:\sigma^2>0.30^2$$

检验统计量

$$\chi^2=\frac{(n-1)s^2}{\sigma_0^2}=\frac{(25-1)\times 0.36^2}{0.30^2}=34.56$$

显著性水平 $\alpha=0.05$，$\chi_\alpha^2(n-1)=36.4$，因此，不能拒绝原假设 H_0，即没有理由认为该产品的标准差超过了 0.30 厘米。

二、两个正态总体方差之比的检验

根据抽样分布理论，检验统计量为

$$F=\frac{s_1^2}{s_2^2} \tag{9-18}$$

服从 $F(n_1-1,n_2-1)$ 。给定显著性水平 α，则有

$$H_0:\sigma_1^2=\sigma_2^2 \qquad H_1:\sigma_1^2\neq\sigma_2^2$$

检验规则为当 $F\geqslant F_{\frac{\alpha}{2}}(n_1-1,n_2-1)$ 或 $F\leqslant F_{1-\frac{\alpha}{2}}(n_1-1,n_2-1)=1/F_{\frac{\alpha}{2}}(n_2-1,n_1-1)$ 时拒绝 H_0，否则不能拒绝 H_0

$$H_0:\sigma_1^2\leqslant\sigma_2^2 \qquad H_1:\sigma_1^2>\sigma_2^2$$

检验规则为当 $F\geqslant F_\alpha(n_1-1,n_2-1)$ 时拒绝 H_0，否则不能拒绝 H_0

$H_0:\sigma_1^2\geqslant\sigma_2^2 \qquad H_1:\sigma_1^2<\sigma_2^2$

检验规则为当 $F\leqslant 1/F_\alpha(n_2-1,n_1-1)$ 拒绝 H_0，否则不能拒绝 H_0

【例 9-10】 甲、乙两台机床加工产品的直径服从正态分布，现测得样本数据如下：$n_1=9$，$s_1^2=0.17$；$n_2=6$，$s_2^2=0.14$ 。问这两个正态分布的方差是否相等？（$\alpha=0.1$）

解：建立假设

$H_0:\sigma_1^2=\sigma_2^2 \qquad H_1:\sigma_1^2\neq\sigma_2^2$

检验统计量

$$F=\frac{s_1^2}{s_2^2}=\frac{0.17}{0.14}=1.214$$

当 $\alpha=0.1$ 时，

$$F_{\frac{\alpha}{2}}(8.5)=4.82,\ F_{1-\frac{\alpha}{2}}(8.5)=\frac{1}{F_{\frac{\alpha}{2}}}(5,8)=\frac{1}{3.69}=0.27$$

由于 $0.27<1.214<4.82$，所以不能拒绝 H_0，即没有理由认为两个正态分布的方差不相等。

第十章

相关与回归分析

【本章导读】

“回归”一词源于19世纪末英国生物学家葛尔登教授对人体遗传特征的实验研究。他根据实验数据，发现个子高的父母其子女也较高，但平均看来，却不比他们的父母高；同样，个子矮的父母其子女也较矮，但平均地看，却不比他们的父母矮，即子代的平均高度向中心回归了。正是因为子代的身高有回到同龄人平均身高的这种趋势，才使人类的身高在一定时间内相对稳定，没有出现父辈个子高其子女更高，父辈个子矮其子女更矮的两极分化现象。尽管“回归”这个名称的由来具有特定的含义，但现在绝大部分研究中，变量之间的关系并不具有这种回归的含义，现在的回归分析主要研究两个变量或多个变量之间的统计关系。后来葛尔登在其所著《自然遗传》一书中又提出了“相关”的概念，由此逐步形成有独特理论和方法体系的回归分析。本章对相关与回归分析将作专门的介绍，由于回归分析已作为一门方法论课程，因此本章不可能面面俱到，讲述回归分析的所有方法。基于经典回归假定的回归分析是本章的基本内容，对于经典回归假定被破坏情况下的回归分析方法留待其他课程讲授。本章不注重于方法的推导，而注重于回归分析基本思想的讲授。

第一节　相关分析

在现实世界中，任何事物或现象都不是孤立存在的，而是相互联系、相互制约、相互依存的。当某些现象发生变化时，另一现象也会随之发生变化。

一、相关关系的概念

相关关系是客观现象之间相互关系的一种形式。它是指现象之间确实存在的，但关系数值不固定的相互依存关系。现象之间的依存关系可以分为以下两种类型。

一种是确定性关系，即函数关系。它是指一个变量能被另外一个或是几个其他变量按某一规律唯一地确定。其特点是：变量之间的数值以确定的关系相对应。对于某一变量的每一个数值，都有另一个变量的确定的值与之相对应。变量之间的关系可以用一个公式来反映。例如，圆的面积和它的半径之间的依存关系（$S=\pi R^2$），当半径 R 变化时，则必然有一个确定的圆面积 S 和它相对应。在函数关系中，有自变量和因变量之分。作为影响因素的变量被称为自变量或解释变量，发生对应变化的变量被称为因变量或被解释变量。函数关系通常用数学分析的方法进行研究，它是统计学的主要研究对象。

另一种是非确定性关系，即相关关系。它是指自变量与因变量之间的具体关系值是不确定的。当自变量 x 给定某一数值时，因变量 y 可能有许多数值与之相对应。

相关关系具有如下特点：

(1) 相关关系是指现象之间确实存在的数量上的相互依存关系。就是说在两个现象之间，如果一个现象发生了数量上的变化，另一个现象也会相应地发生数量上的变化。例如，在农业生产中，随着施肥量的增加，农作物的产量也会相应提高。

(2) 现象之间数量关系的具体关系值不是固定的。在这种关系中，对于某个变量的某个数值，另一个变量可以有若干个数值与之对应，这些数值表现出一定的波动性。

二、相关关系的种类

变量之间的相关关系是很复杂的，它们可以以不同的方式和程度相互作用，表现出不同的类型和形态。

(1) 按相关关系涉及变量的多少可分为单相关、复相关和偏相关。单相关是指两个变量之间的相关关系。复相关是指一个变量对两个或两个以上其他变量的相关关系。例如，商品进口额和国内生产总值、国内商品价格、汇率之间的相关关系就是复相关。当研究某一变量与两个以上变量的相关时，当假定其他变量不变时，其中两个变量的相关关系就称为偏相关。例如，在假定家庭收入水平不变的条件下，市场价格水平与家庭的消费支出的关系就是一种偏相关。

(2) 按相关关系的表现形式分，可以分为线性相关和非线性相关。若相关的两个变量对应值的散点在直角坐标图上围绕直线波动，称为线性相关或直线相关。若相关的两个变量对应值的散点在直角坐标图上围绕曲线波动，称为非线性相关或曲线相关。

(3) 按相关关系的方向分为正相关和负相关。如果变量之间按相同的方向变动，这种相关关系被称为正相关。如果变量之间按相反的方向变动，这种相关关系被称为负相关。

(4) 按相关关系的程度分，可以分为完全相关、不完全相关和不相关三种。如果两个现象中一个现象的数量变化完全由另一个现象的数量变化所决定，则称为完全相关。如果两现象彼此互不影响，其数量变化各自独立，称为不相关。如果两个现象之间的关系介于完全相关和不相关之间，称为不完全相关。

(5) 按变量之间因果关系的方向分为单向因果关系、双向因果关系和虚假相关。如果一个变量的变化是由另一个变量的变化引起的，而该变量的变化却并不引起另一个变量的变化，这种相关关系称为单向因果关系。如果一个变量的变化是由另一个变量的变化引起的，该变量的变化又引起另外一个变量的变化，这种相关关系称为双向因果关系。如果变量之间虽然存在相关关系，但每个变量的变化都不是由另一个变量的变化引起的，这种相关关系就是虚假相关。

各种相关关系如图 10-1 所示。

三、相关分析的主要内容

对客观现象具有的相关关系进行分析研究，称为相关分析。其目的在于分析现象之间相关关系的形式和密切程度以及依存变动的规律性。具体来说，相关分析的主要内容有以下几点。

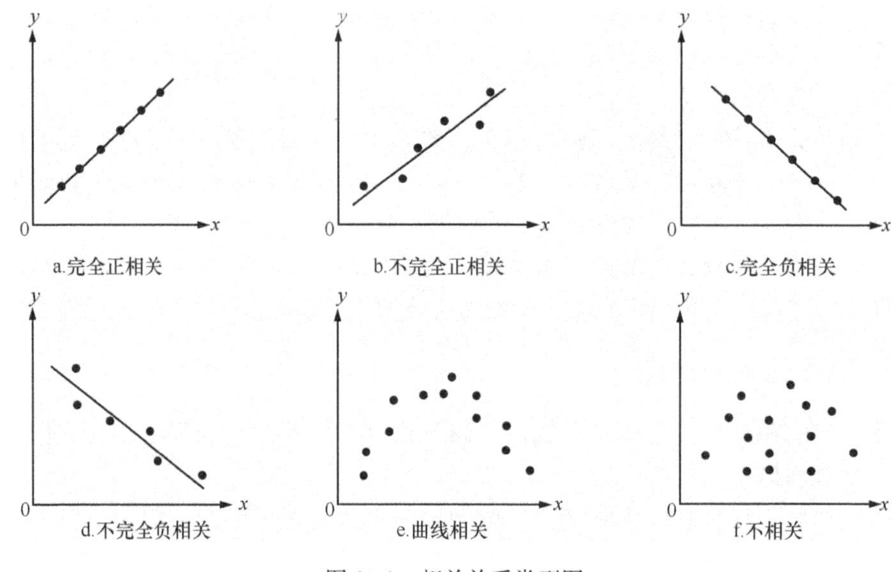

图 10-1　相关关系类型图

(1) 判断确定现象之间有无关系以及相关关系的具体表现形式。在进行相关分析时，首先，通过理论定性的方法或利用图表观察的方法判断现象之间是否有关系。其次，判断现象之间相关关系的形态，以便在之后的分析中选择相应的分析方法。

(2) 确定相关关系的密切程度。根据变量数据的类型，选择适当的方法，计算出相关系数，确定现象之间相关关系的密切程度，为进一步的分析提供依据。

(3) 检验现象统计相关的显著性，包括检验相关关系的存在性、检验相关关系强度是否达到一定水平，检验两对现象相关程度的差异性，估计相关系数的取值。

(4) 广义地说，相关关系分析还包括对相关关系的数学形式加以描述，即拟合回归方程，检验回归方程的合理性，并且应用回归模型进行统计分析、预测和控制。

四、相关分析方法

在进行相关分析时，需要对现象之间是否存在依存关系进行定性分析，然后再利用相关表和相关图来粗略地反映相关变量之间依存关系的形式、方向，要比较准确地了解相关变量之间的密切程度，还应计算相关系数。

(一) 相关表和相关图

相关表和相关图是研究相关关系的直观工具。一般在进行详细的定量分析之前，可以先利用它们对现象之间存在的相关关系的方向、形式和密切程度作大致的判断。相关表和相关图主要有以下几种。

1. 简单相关表和相关图

根据若干对自变量与因变量的材料，按照一定顺序（通常按自变量的大小排列），编制成一张表示自变量与因变量两者关系的相关表，称为简单相关表。取直角坐标系，以 x 轴代表自变量，以 y 轴代表因变量，根据相关表所画的图形称为相关图或叫散点图。

例如，已知某八家企业月产量和生产费用的资料，将其编制成相关表和相关图，如表 10-1（正相关）所示。

表 10-1　企业生产量与生产费用的关系

企业编号	月产量/万吨	生产费用/万元
1	1.2	62
2	2.0	86
3	3.1	80
4	3.8	110
5	5.0	115
6	6.1	132
7	7.2	135
8	8.0	160
合计	36.4	180

通过相关图 10-2，可以看出：

(1) 两个现象之间有无关系存在，关系的密切程度如何。

(2) 两个现象之间的关系呈何种形式，是直线相关还是曲线相关。

(3) 两个现象之间关系的性质，是正相关还是负相关。

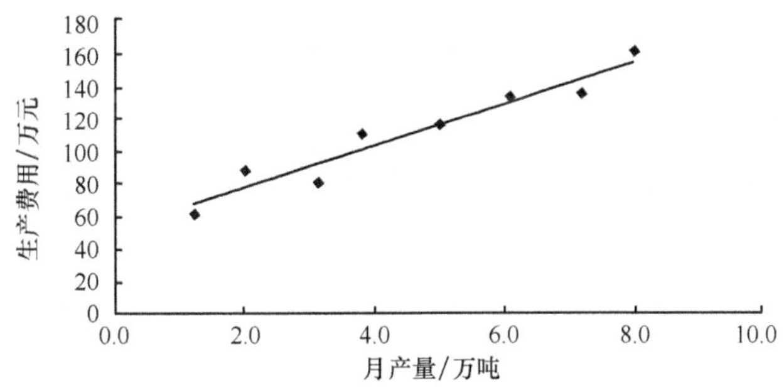

图 10-2　某企业生产量与生产费用相关图

2. 分组相关表和相关图

如果原数据很多，用简单相关表则很难表现了，相关图也不好绘制，这时就要将原始资料进行分组，然后编制相关表，这种相关表称为分组相关表。

根据分组情况的不同，分组相关表可以分为单变量分组表、双变量分组表和三变量分组表。

(1) 单变量分组表。具有相关关系的两个变量中，只按一个变量（通常是影响因素）进行分组，另一个变量不进行分组，只计算次数和各组被影响现象的平均数，这种表称为单变量分组表。单变量分组表又可分为单项式分组表和组距式分组表两种。

【例 10-1】　有 40 个田块的收获率和耕作深度的依存关系数据，试编制相关表（表 10-2），得到图 10-3。

表 10-2　40 个田块的收获率和耕作深度的单项式分组表

按耕作深度分组/厘米	田块数/个	每公顷平均收获率/千克
8	3	6 000
10	6	7 500
12	14	7 500
14	11	9 000
16	5	10 800
18	1	12 000
合计	40	52 800

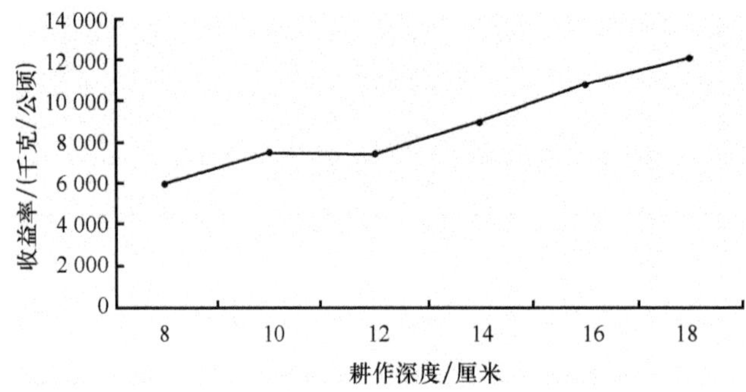

图 10-3　收获率与耕作深度相关图

【例 10-2】　2010 年某企业所属各门市部流通费用率与销售规模的关系资料如表 10-3 所示，得到图 10-4。

表 10-3　组距式分组表

企业按销售额分组/万元	流通费用率/%
4 以下	9.65
4～8	7.68
8～12	7.25
12～16	7.00
16～20	6.86
20～24	6.73

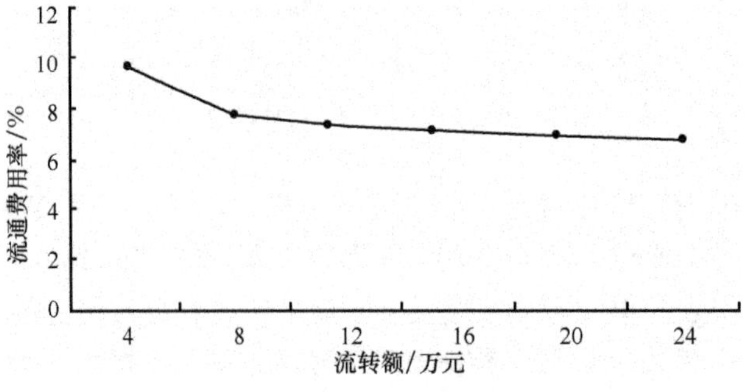

图 10-4　流通费用率与流转额相关图

（2）双变量分组表。对具有相关关系的两个变量都进行分组，交叉排列，并列出两种变量，两个组的共同次数，这种统计表称双变量分组表。

【例 10-3】 40 个商店利润率和费用率相关表如表 10-4 所示，得到图 10-5。

表 10-4 双变量分组表

按流通费用率（分组）/%	按利润率（分组）/%				合格
	1.0～1.5	1.5～2.0	2.0～2.5	2.5～3.0	
4.5～5.0	8				8
4.0～4.5	2	7			9
3.5～4.0		3	4		7
3.0～3.5			6	1	7
2.5～3.0				9	9
合计	10	10	10	10	40

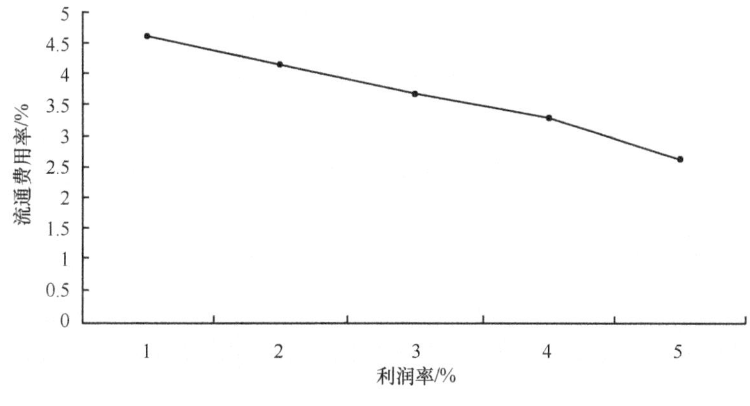

图 10-5 流通费用率与利用率相关图

（3）三变量分组表。有时，双变量分组表不能反映两变量之间的真实关系，这时需要加入第三个变量作进一步分析。假定对于某项私家车购买意向的调查，以教育水平、私家车拥有情况以及收入变量，作三变量的交叉列表分析，如表 10-5 所示。

表 10-5 教育程度、收入与私家车拥有状况的三变量分析

私家车拥有状况	收入水平			
	低收入 教育程度		高收入 教育程度	
	本科及以上	本科以下	本科及以上	本科以下
有	20%（20）	20%（140）	40%（60）	40%（20）
没有	80%（80）	80%（560）	60%（90）	60%（30）
列合计/%	100	100	100	100
被调查者人数/人	100	700	150	50

从表 10-5 可以看出，收入才是影响私家车拥有量的真正原因，对于收入，不论是低收入者还是高收入者，文化程度高低在购买私家车方面没有差异。

（二）相关系数

通过相关表和相关图可以基本判断变量间相关关系的方向和程度，但这只是分析的开始。进一步分析，可以用相关系数来判定变量间的线性关系的密切程度。

1. 相关系数的种类

相关系数是反映客观现象之间相关关系及关系密切程度的统计分析指标。根据线性相关变量的多少，分析问题的角度不同，相关系数可以分为简单相关系数、偏相关系数、复相关系数。

反映两个变量之间线性相关程度的相关系数称为简单相关系数或单相关系数。

在多元相关分析中，如果不考虑其他因素的影响，或假定其他影响因素不存在的情况下，也可以计算单相关系数来反映其中两个变量之间的相关密切程度，但往往不够准确。偏相关系数就是在既考虑其他影响因素的存在，又假定其不变的情况下，计算出来的反映某两个变量之间相关程度的统计分析指标。

反映一个因变量与由两个或两个以上自变量组成的一组自变量之间的依存关系密切程度的相关系数称为复相关系数，也叫线性复相关系数。复相关系数越大，表明要素或变量之间的线性相关程度越密切。本书仅介绍简单相关系数的计算。

2. 简单相关系数的计算方法

1）基本方法

英国统计学家卡尔·皮尔逊为了正确测定两个现象之间相关关系的密切程度，用积差法定义出了相关系数，这就是通常所说的皮尔逊积差相关系数，其基本公式为

$$r=\frac{\sigma_{xy}^{2}}{\sigma_{x}\sigma_{y}}=\frac{\sum(x-\bar{x})(y-\bar{y})}{\sqrt{\sum(x-\bar{x})^{2}}\sqrt{\sum(y-\bar{y})^{2}}} \tag{10-1}$$

式中，r 为积差相关系数；σ_{xy}^2 为 x 与 y 两变量数列的协方差；σ_x 为 x 变量数列的标准差；σ_y 为 y 变量数列的标准差。

$$\sigma_{xy}^{2}=\frac{1}{n}\sum(x-\bar{x})(y-\bar{y})$$

$$\sigma_{x}=\sqrt{\frac{1}{n}\sum(x-\bar{x})^{2}}$$

$$\sigma_{y}=\sqrt{\frac{1}{n}\sum(y-\bar{y})^{2}}$$

【例 10-4】 现以表 10-6 的资料为例，说明相关系数的计算。

表 10-6　集材距离与成本变化之间相关系数计算表

序号	集材距离/千米 x	单位成本/元 y	$x-\bar{x}$ ($\bar{x}=0.69875$)	$y-\bar{y}$ ($\bar{y}=3.375$)	$(x-\bar{x})^2$	$(y-\bar{y})^2$	$(x-\bar{x})\times(y-\bar{y})$
1	0.200	1.40	−0.499	−1.98	0.249	3.92	0.988
2	0.390	1.60	−0.309	−1.78	0.096	3.17	0.550
3	0.500	2.50	−0.198	−0.88	0.039	0.77	0.174
4	0.700	3.10	0.101	−0.28	0.010	0.08	−0.028
5	0.800	3.30	0.001	−0.08	0	0.01	0
6	0.850	4.40	0.151	1.03	0.023	1.06	0.156
7	0.950	5.00	0.251	1.63	0.063	2.66	0.409
8	1.200	5.70	0.501	2.33	0.251	5.43	1.167
合计	5.590	27.00	—	—	0.731	17.10	3.472

$$\sigma_x=\sqrt{\frac{1}{n}\sum(x-\bar{x})^2}=\sqrt{\frac{1}{8}\times 0.731}=0.302$$

$$\sigma_y=\sqrt{\frac{1}{n}\sum(y-\bar{y})^2}=\sqrt{\frac{1}{8}\times 17.10}=1.462$$

$$\sigma_{xy}^2=\frac{1}{n}\sum(x-\bar{x})(y-\bar{y})=\frac{1}{8}\times 3.472=0.434$$

则

$$r=\frac{\sigma_{xy}^2}{\sigma_x\sigma_y}=\frac{0.434}{0.302\times 1.462}=\frac{0.434}{0.442}=0.982$$

通过图 10-6 可以得出如下几个结论。

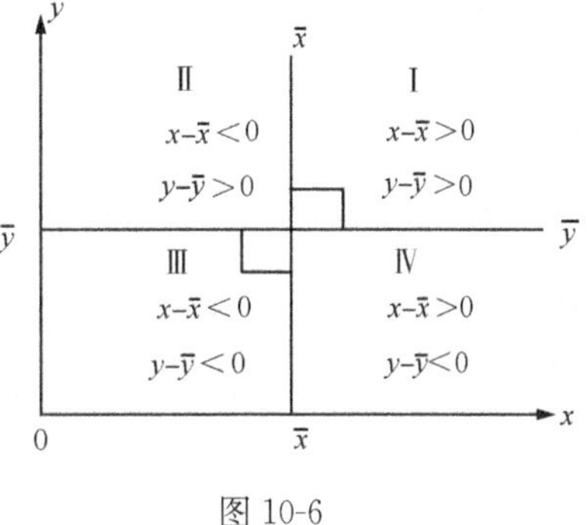

图 10-6

(1) 根据 $(x-\bar{x})(y-\bar{y})$ 的乘积为正数、负数或零,可以判断各相关点是属于正相关、负相关或零相关。

相关点落在 Ⅰ、Ⅲ 象限为正相关;相关点落在 Ⅱ、Ⅳ 象限为负相关;$x=\bar{x}$ 或 $y=\bar{y}$ 时,$(x-\bar{x})\times(y-\bar{y})=0$,属于零相关。

(2) 根据离差乘积总和 $\sum(x-\bar{x})(y-\bar{y})$ 为正数、负数或零,可以判断两个现象是正相关、负相关或零相关。所有点都是正相关,加总结果为正数:$\sum(x-\bar{x})(y-\bar{y})>0$,说明两现象是正相关;所有点都是负相关,加总结果为负数:$\sum(x-\bar{x})(y-\bar{y})<0$,说明两现象是负相关;点既有正相关,也有负相关,加总的结果正数和负数会相互抵消。抵消后的结果为正则为正相关,为负则为负相关,为零是零相关。

(3) 离差乘积总和 $\sum(x-\bar{x})(y-\bar{y})$ 受项数多少的影响。项数多,数值可能就大;项数少,数值可能就小。它还不能说明关系是否密切。将这个总和除以项数就可以消除项数多少的影响，即得出平均每一项的离差乘积，这就是协方差$\sum(x-\bar{x})(y-\bar{y})/n=\sigma_{xy}^2$。

(4) 从协方差中消除变量值大小和离差值大小的影响。协方差是用绝对数表现的平均数。它的数值大小除和变量值本身数值大小有关外，也和离差值大小有关系，而且和采用什么样的计量单位有关系。因此，单用协方差的绝对值，还不能说明密切程度，需要消除变量值大小和离差值大小的影响。这就是为什么要将协方差和σ_x、σ_y的乘积相比较的原因。

经过这样的比较，r的数值正好介于-1和$+1$之间，给人一个十分明确的概念。$|r|\leqslant 1$证明如下：

由于

$$2r=\frac{2\sum(x-\bar{x})(y-\bar{y})}{n\sigma_x\sigma_y}=\frac{2\sum\left(\frac{x-\bar{x}}{\sigma_x}\right)\left(\frac{y-\bar{y}}{\sigma_y}\right)}{n}$$

对上式配方，则有

$$2r=\frac{1}{n}\sum\left(\frac{x-\bar{x}}{\sigma_x}+\frac{y-\bar{y}}{\sigma_y}\right)^2-\frac{1}{n}\sum\left(\frac{x-\bar{x}}{\sigma_x}\right)^2-\frac{1}{n}\sum\left(\frac{y-\bar{y}}{\sigma_y}\right)^2$$

由于

$$\frac{1}{n}\sum\left(\frac{x-\bar{x}}{\sigma_x}+\frac{y-\bar{y}}{\sigma_y}\right)^2\geqslant 0$$

所以

$$2r+\frac{1}{n}\sum\left(\frac{x-\bar{x}}{\sigma_x}\right)^2+\frac{1}{n}\sum\left(\frac{y-\bar{y}}{\sigma_y}\right)^2$$

$$=\frac{1}{n}\sum\left(\frac{x-\bar{x}}{\sigma_x}+\frac{y-\bar{y}}{\sigma_y}\right)^2\geqslant 0$$

或

$$2r+\frac{1}{n}\sum\left(\frac{x-\bar{x}}{\sigma_x}\right)^2+\frac{1}{n}\sum\left(\frac{y-\bar{y}}{\sigma_y}\right)^2\geqslant 0$$

又由于

$$\frac{1}{n}\sum\left(\frac{x-\bar{x}}{\sigma_x}\right)^2=\frac{\sigma_x^2}{\sigma_x^2}=1,\ \frac{1}{n}\sum\left(\frac{y-\bar{y}}{\sigma_y}\right)^2=\frac{\sigma_y^2}{\sigma_y^2}=1$$

所以

$$2r+2\geqslant 0\quad r\geqslant -1。$$

同理

$$-2r=-\frac{2\sum\left(\frac{x-\bar{x}}{\sigma_x}\right)\left(\frac{y-\bar{y}}{\sigma_y}\right)}{n}$$

配方有

$$-2r=\frac{1}{n}\sum\left(\frac{x-\bar{x}}{\sigma_x}+\frac{y-\bar{y}}{\sigma_y}\right)^2-\frac{1}{n}\sum\left(\frac{x-\bar{x}}{\sigma_x}\right)^2-\frac{1}{n}\sum\left(\frac{y-\bar{y}}{\sigma_y}\right)^2$$

移项得

$$-2r+\frac{1}{n}\sum\left(\frac{x-\bar{x}}{\sigma_x}\right)^2+\frac{1}{n}\sum\left(\frac{y-\bar{y}}{\sigma_y}\right)^2$$

$$= \frac{1}{n}\sum\left(\frac{x-\bar{x}}{\sigma_x}+\frac{y-\bar{y}}{\sigma_y}\right)^2 \geqslant 0$$

所以 $-2r+2\geqslant 0, r\leqslant 1$。

相关系数的变动范围在±1之间。一般而言，r 愈接近±1，两变量间的线性相关程度愈高。如果计算相关系数的原始数据在50个以上，则相关关系密切程度的判断标准如下：

$0\leqslant |r| \leqslant 0.3$　　微相关(或称无相关)

$0.3 < |r| \leqslant 0.5$　　低度相关

$0.5 < |r| \leqslant 0.8$　　显著相关

$0.8 < |r| \leqslant 1.0$　　高度相关

相关系数的正负表示相关关系的相关方向，r 为正值时，称正相关；r 为负值时，称负相关。

2）简单相关系数的简捷计算法

积差法相关系数在计算过程中要使用两个数列的平均数，这两个平均数可能成为除不尽的小数。这样影响计算的准确性。我们可以在计算过程中避免使用平均值，使计算过程既简捷又比较准确。简捷法计算公式如下：

$$r = \frac{n\sum xy - (\sum x)(\sum y)}{\sqrt{n\sum x^2-(\sum x)^2}\sqrt{n\sum y^2-(\sum y)^2}} \tag{10-2}$$

3）根据分组表计算的相关系数

（1）单变量分组表计算相关系数。和简单相关表不同的是要进行加权，因而计算过程复杂一些。公式为

$$r = \frac{\sum(x-\bar{x})(y-\bar{y})f}{\sqrt{\sum(x-\bar{x})^2 f}\sqrt{\sum(y-\bar{y})^2 f}} \tag{10-3}$$

简捷公式为

$$r = \frac{\sum f\sum xyf - (\sum xf)(\sum yf)}{\sqrt{\sum f\sum x^2 f-(\sum xf)^2}\sqrt{\sum f\sum y^2 f-(\sum yf)^2}} \tag{10-4}$$

将表10-6扩大，得到表10-7来说明积差法的计算过程：

$$\begin{aligned} r &= \frac{\sum(x-\bar{x})(y-\bar{y})f}{\sqrt{\sum(x-\bar{x})^2 f}\sqrt{(y-\bar{y})^2 f}} \\ &= \frac{830}{\sqrt{172.8}\sqrt{4698.44}} \\ &= \frac{830}{13.1453\times 68.5452} \\ &= \frac{830}{901.0472} \\ &= 0.9212 \end{aligned}$$

表 10-7 集材距离单位成本与集材量相关系数计算表

序号	集材距离	单位成本	集材量 f	$x-\bar{x}$ ($\bar{x}=0.70$)	$y-\bar{y}$ ($\bar{y}=3.26$)	$(x-\bar{x})^2 f$	$(y-\bar{y})^2 f$	$(x-\bar{x})(y-\bar{y})f$
1	0.20	1.40	100	−0.50	−1.86	25.00	345.96	93.00
2	0.39	1.60	500	−0.31	−1.66	48.05	1 377.80	257.30
3	0.50	2.50	700	−0.20	−0.76	28.00	404.32	106.40
4	0.70	3.10	1 000	0.10	−0.16	10.00	25.60	−16.00
5	0.80	3.30	900	0	0.04	0	1.44	0
6	0.85	4.40	800	0.15	1.14	18.00	1 039.68	136.80
7	0.95	5.00	300	0.25	1.74	18.75	908.28	130.50
8	1.20	5.70	100	0.50	2.44	25.00	595.36	122.00
合计			4 400			172.80	4 698.44	830.00

(2) 双变量分组表计算相关系数。当原始数据比较多，自变量和因变量都进行了分组，计算相关系数公式为

$$r=\frac{\sum(x-\bar{x})(y-\bar{y})f_{xy}}{\sqrt{\sum(x-\bar{x})^2 f_x}\sqrt{(y-\bar{y})^2 f_y}} \tag{10-5}$$

式中，f_x 为 x 组的频数；f_y 为 y 组的频数；f_{xy} 为 x 与 y 交错组的频数。

$$\sum f_x=\sum f_y=\sum f_{xy}=N$$

（三）简单相关系数的显著性检验

当变量 y 与 x 不相关时，利用样本数据计算得到的 r 值不一定为 0，有时还会比较大，这时会产生虚假相关现象。为了使计算的 r 值能正确表明变量之间的关系，应在计算之前，从性质上首先判断两个变量是否有关联。

在实际的社会经济现象分析研究中，往往是利用样本数据计算 r 值，因而带有一定的随机性，样本容量越小随机性越大，如当变量 y 与 x 各只有 2 个样本数据时，相关系数总是 1，但这并不等于两个变量完全相关，因此需要进行检验，这就是相关系数的显著性检验。

样本数据个数 $n\leqslant 30$ 时，通常采用 t 检验来检验 r 的显著性。其方法步骤如下。计算相关系数 r 的 t 值：

$$t=\frac{r\sqrt{n-2}}{\sqrt{1-r^2}} \tag{10-6}$$

根据给定的显著性水平（通常采用 $\alpha=0.05$）和自由度 $(n-2)$，查 t 分布表，找到相应的临界值 $t_{\alpha/2}$。若 $|t|\geqslant t_{\alpha/2}$，则表明 r 在统计上是显著的。若 $|t|<t_{\alpha/2}$，则表明 r 在统计上是不显著的。

【例 10-5】 对例 10-4 中集材距离与单位成本的相关系数进行显著性检验。

解：计算相关系数 r 的 t 值：

$$t = \frac{r\sqrt{n-2}}{\sqrt{1-r^2}} = \frac{0.982\sqrt{8-2}}{\sqrt{1-0.982^2}} = 12.7269$$

选择显著性水平 $\alpha = 0.05$,根据自由度 $(n-2) = 6$ 查找 t 分布表,得到

$$t_{\alpha/2} = 2.447$$

结论:由于 $t > t_{\alpha/2}$,所以认为相关系数 r 在统计上是显著的,即集材距离与单位成本确实存在线性相关关系。

第二节　一元线性回归分析

一、回归分析的含义及特点

在前一节中讨论了相关分析，进行相关分析的主要方法是在定性分析基础上计算相关系数，但相关系数只能说明相关关系的方向和紧密程度，而不能说明变量之间存在的主从关系或因果关系。当自变量给出一个数值时，因变量可能取值是多少，这是相关分析不能解决的。这需要通过新的方法，即回归分析来解决。

所谓回归分析，就是依据相关分析的具体形态，选择一个合适的数学模型，来近似的表达变量之间的平均变化关系。进行回归分析的前提是变量之间必须存在显著的相关关系，否则将会得出错误的结论。

一元线性回归分析的特点如下：

(1) 在两个变量中，必须根据研究目的确定其中一个为因变量，另一个为自变量。相关分析可以不用区分自变量和因变量。

(2) 回归分析中，要求因变量是随机的，自变量的值则是给定的；而在相关分析中，两个变量要求都是随机的。

(3) 在两个变量互为根据，或是没有明显因果关系的情况下，可以有两个回归方程。但两个方程的含义是不同的。这和用以说明两个变量之间关系密切程度的相关关系只能计算一个是不相同的。

(4) 回归方程的主要作用在于给出自变量的数值来估计因变量的可能值。一个回归方程只能做一种推算。

二、一元线性回归的数学模型

如果根据相关图表或相关系数判断出两个变量之间确实存在线性相关，那么就可以对这两个变量建立一元线性回归模型。所谓一元线性回归模型是指只有一个自变量和一个因变量的回归模型。设变量 Y 与 X 之间有如下的结构式：

$$Y_i = \alpha + \beta X_i + \varepsilon_i \qquad (i = 1,2,\cdots,n) \tag{10-7}$$

式中,α 为常数项或截距项,它表示当自变量为 0 时 Y 的取值;β 为斜率系数,表示当 X 增加一单位时 Y 平均增加的数量;ε_i 为随机误差项,又称随机干扰项,它是一个特殊的随机变量,反映未列入方程中的其他各因素对因变量影响的总效应。

在线性回归模型中加入随机误差项是基于以下原因:① 模型不可能包含所有的解释变量。② 模型的设定误差。③ 测量误差的影响。④ 其他随机因素的影响。

由式(10-7)可知，线性回归模型由两部分构成，确定性部分和随机性部分。$\beta_0 + \beta_1 x_i$ 为确定性部分，它给出了 y 在给定 x 之后的值，称为 y 对于给定 x 值的期望值，可以写为

$$(y \mid x) = \beta_0 + \beta_1 x_1 \tag{10-8}$$

三、一元线性回归模型的基本假定

假定 1：误差项 ε 是一个期望值为 0 的随机变量。即 $E(\varepsilon) = 0$，对于一个给定的 x 值，y 的期望值为 $E(y) = a + bx$。

假定 2：对所有的 x 值，ε 的方差 σ^2 都相同。

假定 3：误差项 ε 是服从正态分布的随机变量，且相互独立，即 $\varepsilon \sim N(0, \sigma^2)$。

四、一元线性回归模型的参数估计 —— 最小二乘法

总体回归模型 $y = \alpha + \beta x + \varepsilon$ 中的回归参数 α，β 是未知的，必须用样本数据去估计。为了得到这些估计值而最为广泛使用的方法就是普通最小二乘法。

所谓普通最小二乘法就是通过最小化残差的平方和而计算估计值的一种回归估计技术。其基本思想是：由于描述 n 组数据的直线有多条，需要按照一定的原则确定一条最优直线来代表两个变量间的关系。利用这种方法得到的估计值 a，b 称为 α，β 的最小平方估计，得到一元线性样本回归方程：

$$\hat{y}_i = a + bx_i \tag{10-9}$$

它表示 y 同给定的诸 x 间的平均变动关系，称为 y 对 X 的线性回归。式中，a，b 是常数，它们确定了直线的位置，a 是直线的截距，b 是直线的斜率，即 x 每变动一个单位所引起的 y 的平均变动，它是 y 对 x 的回归系数。

事实上，对于每一个给定的 x_i 值，利用 $\hat{y}_i = a + bx_i$ 计算得到的回归值 $\hat{y}_i$，往往并不与观察值 y_i 相等，而是存在一定的偏差，即有

$$e_i = y_i - \hat{y}_i$$

偏差 e_i 称为残差，它可为正数，也可为负数。显然，全部观察值 y_i 与回归值 $\hat{y}_i$ 的离差平方和刻画了全部观察值与回归值的离差程度。最小二乘法的意义在于使

$$Q = \sum e_i^2 = \sum (y_i - \hat{y}_i)^2 = \sum (y_i - a - bx_i)^2$$

达到最小来确定 a，b。根据微积分学的极值原理，对 e 分别求对应于 a、b 的偏导数，并令其等于 0(这是一阶条件，还应该考虑它的二阶导数是不是小于零)，即可求得 a、b：

$$\frac{\partial Q}{\partial a} = 2\sum (y_i - a - bx_i) = 0$$

$$\frac{\partial Q}{\partial b} = 2\sum (y_i - a - bx_i)x_i = 0$$

经简化得到求解 a、b 方程组

$$\begin{cases} \sum y_i = na + b\sum x_i \\ \sum x_i y_i = a\sum x_i + b\sum x_i^2 \end{cases}$$

解方程可得

$$\begin{cases} b = \dfrac{n\sum x_i y_i - \sum x_i \sum y_i}{n\sum x_i^2 - (\sum x_i)^2} \\ a = \dfrac{\sum y_i}{n - b}\left(\dfrac{\sum x_i}{n}\right) = \bar{y} - b\bar{x} \end{cases} \tag{10-10}$$

【例 10-6】 研究某工厂里学徒的日产量问题中，将学徒的学徒时间(年) 记为 x，日产量(件) 记为 y，收集 9 名学徒的相关数据(表 10-8)，试估计学徒期对日产量的影响。

表 10-8　学徒期和日产量计算表

编号	学徒期 x/年	日产量 y/件	xy	x^2	$\hat{y}$	$(y-\hat{y})^2$
1	0.5	50	25	0.25	44.58	29.376 4
2	1	80	80	1	88.33	69.388 9
3	1	100	100	1	88.33	136.188 9
4	1.5	130	195	2.25	132.08	4.326 4
5	2	150	300	4	175.84	667.705 6
6	2	170	340	4	175.84	34.105 6
7	2	180	360	4	175.84	17.305 6
8	2.5	220	550	6.25	219.58	0.176 4
9	2.5	240	600	6.25	219.58	416.976 4
合计	15	1320	2 550	29	1 320	1 375.55

根据表 10-8 的数据和公式得

$$b = \frac{n\sum x_i y_i - \sum x_i \sum y_i}{n\sum x_i^2 - (\sum x_i)^2} = \frac{9 \times 2550 - 15 \times 1320}{9 \times 29 - 15^2} = \frac{3150}{36} = 87.5$$

$$a = \bar{y} - b\bar{x} = \frac{1320}{9} - 87.5 \times \frac{15}{9} = 0.83$$

最终可得出日产量对学徒期的一元线性回归方程：$\hat{y} = 0.83 + 87.5x$。

计算表明，该回归直线的斜率为 87.5，即学徒期每增加一年，日产量平均增加 87.5 件。

在回归分析中，不要试着对常数项进行解释，原因有两点：首先，随机误差项部分是由于忽略了许多边缘自变量而生成的，这些变量的平均效应被置于常数项中。其次，常数项是当所有自变量与误差项为 0 时，因变量的值，但是自变量与随机误差项的值几乎从不等于 0，因为用作经济分析的变量通常是正的。

值得注意的是，从理论上 $\sum(x_i - \bar{x}) = 0$，$\sum(y_i - \bar{y}) = 0$，但在具体计算中，由于四舍五入的原因，这两个和值未必等于 0。

五、一元线性回归估计的标准误差

当自变量 x 的值确定后，就可根据回归直线方程推算出因变量的估计值 $\hat{y}$，$\hat{y}$ 与实际值 y 之间的离差 $y-\hat{y}$ 称为估计误差。因此，需对估计值的代表性进行评价，通常采用计算估计标准误差的方法。估计标准误差是指实际值 y 与估计值 $\hat{y}$ 的平均离差。其定义公式如下：

$$S_y^2=\frac{\sum e_i^2}{n-2}=\frac{\sum(y_i-\hat{y}_i)^2}{n-2} \tag{10-11}$$

为最小平方残差 e_i 的方差。而

$$S_y=\sqrt{\frac{\sum e_i^2}{n-2}}=\sqrt{\frac{\sum(y_i-\hat{y}_i)^2}{n-2}} \tag{10-12}$$

就叫作 y_i 对 x_i 的最小平方回归估计标准误差。

【例 10-7】 根据表 10-8 中有关资料计算日产量对学徒期回归的估计标准误差。

解：根据表 10-8 中的数据和式（10-12）得

$$S_y=\sqrt{\frac{\sum e_i^2}{n-2}}=\sqrt{\frac{\sum(y_i-\hat{y}_i)^2}{n-2}}=\sqrt{\frac{1375.55}{7}}\approx 14\text{ 件}$$

结果表明，回归直线估计的日产量的标准误差为 14 件。

从式（10-12）S_y 的定义以及上述算例可以看出，回归估计标准误是给定 x 值时，y 的实际观测值对其估计值的平均离差。显然，S_y 的数值越小，说明估计值的代表性越大，观测点越靠近回归直线，其离散程度就越小。特别地，当 $S_y=0$ 时，说明 y 和 $\hat{y}$ 完全一致，在散点图上表现为所有的观测点都落在回归直线上。反之，S_y 越大，说明观测点的离散程度越大，回归直线方程的代表性越差，回归估计结果就越不精确。

式（10-12）的含义比较明确，但计算过程比较烦琐，如果已经求得直线回归方程的参数 a 和 b 之值，就可以利用以下简捷公式来计算回归估计标准误差：

$$S_y=\sqrt{\frac{\sum y_i^2-a\sum y_i-b\sum x_iy_i}{n-2}} \tag{10-13}$$

六、一元线性回归模型的显著性检验

利用 n 项有关 y 与 x 的样本数据，采用最小二乘法得到的回归系数 b 以及回归方程 $\hat{y}_i=a+bx_i$ 是否符合回归模型的基本假设。当 x 值给定时，能否根据方差作出对 y 值的预测，还需要进行统计检验，即回归系数的显著性检验、方程的显著性检验等。

（一）拟合程度的测定

直线 $\hat{y}_i=a+bx_i$ 给出了 y 与给定的诸 x 间关系的一个概况测度，但它不能度量这种关系的强度。关系的强度取决于直线对这种关系描述的好坏，即各观察值点聚在直线周围的紧密程度，我们把它称为直线对样本数据点的拟合程度。判定系数是测度拟合优度的常用方法之一。

变量 y 的各个观察值 $y_1, y_2, \cdots, y_n$ 之间是不同的，这种差异由两方面原因所引起，一是自变量 x 的取值不同，二是除 x 以外的其他因素影响。如图 10-7 所示，观察值 y_i 与其均值 $\bar{y}$ 的离差 $(y_i - \bar{y})$ 可以分解为两部分：一部分是回归值 $\hat{y}_i$ 与均值 $\bar{y}$ 的离差 $(\hat{y}_i - \bar{y})$，它可以看作是由回归直线所能解释的部分，称为解释变差；另一部分是观察值 y_i 与回归值 $\hat{y}_i$ 的离差 $(y_i - \hat{y}_i)$，亦即残差 e_i，它不能由回归直线加以解释，称为未解释的变差，对某一项观察值 y_i 有

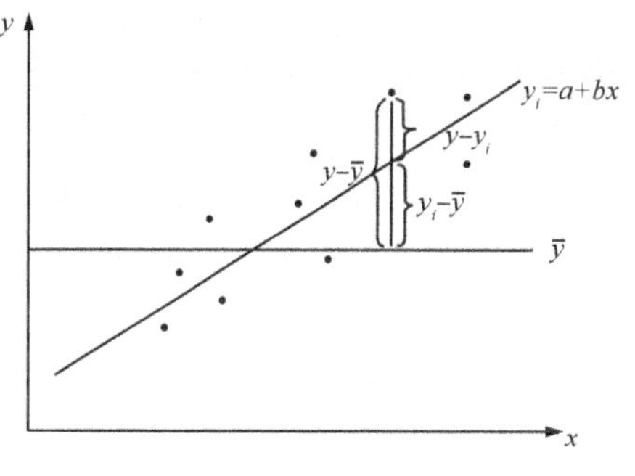

图 10-7　变差分解图

$$y_i - \bar{y} = (\hat{y}_i - \bar{y}) + (y_i - \hat{y}_i) = (\hat{y}_i - \bar{y}) + e_i \tag{10-14}$$

而观察值 y_i 与其均值 $\bar{y}$ 离差的平方和 $\sum (y_i - \bar{y})^2$ 是 n 个观察值之间差异的一个测量。因此有

$$\sum (y_i - \bar{y})^2 = \sum (\hat{y}_i - \bar{y})^2 + \sum (y_i - \hat{y}_i)^2 + 2\sum (\hat{y}_i - \bar{y})(y_i - \hat{y}_i) \tag{10-15}$$

能够证明

$$\sum (\hat{y}_i - \bar{y})(y_i - \hat{y}_i) = 0$$

这样则

$$\sum (y_i - \bar{y})^2 = \sum (\hat{y}_i - \bar{y})^2 + \sum (y_i - \hat{y}_i)^2 \tag{10-16}$$

即

$$\text{SST} = \text{SSR} + \text{SSE} \tag{10-17}$$

式中，SST（total sum of squares）是总的变差平方和；SSR（regression sum of squares）是由回归直线可以解释的那一部分变差平方和，称为回归平方和；SSE（residual sum of squares error）是用回归直线无法解释，或者说是由 x 以外其他影响因素造成的变差平方和，称为剩余平方和，亦即残差平方和。SSR 测量了由直线 $\hat{y}_i = a + bx_i$ 所解释的各个值的变差数额，回归直线拟合的好坏取决于 SSR 及 SSE 的大小，或者说取决于回归平方和（SSR）在总平方和（SST）中的比例（SSR/SST）的大小。显然，各个点与这条直线越靠拢，SSR 与 SSE 的比就越大，直线拟合的程度越好。现在我们定义判定系数（也称测定系数）r^2，用以计量 y 的总变差中可以归因于 x 与 y 之间关系的比例：

$$r^2 = \frac{\text{SSR}}{\text{SST}} = 1 - \frac{\text{SSE}}{\text{SST}} \tag{10-18}$$

即

$$r^2 = \frac{\sum (\hat{y}_i - \bar{y})^2}{\sum (y_i - \bar{y})^2} \tag{10-19}$$

判定系数 r^2 是回归直线对各观察值点拟合程度的测定。若全部观察值 y_i 都落在直线上，剩余平方和 $\sum e_i^2$ 为 0，$r^2 = 1$。若 x_i 完全无助于解释 y_i 的变差，则 $\sum e_i^2 = \sum (y_i -$

$\hat{y}_i)^2$，从而 $r^2=0$。r^2 的变动范围在[0,1]。r^2 越接近于1，表明回归平方和占总变差平方和的比例越大，回归直线与各观察值点越接近，用 x_i 的变化来解释 y_i 值变差的部分就越多，回归直线的拟合程度就越高。

回归直线拟合程度的另一测度是线性相关系数 r。在一元线性回归中，相关系数 r 实际上是判定系数 r^2 的平方根，即

$$
\begin{aligned}
r &= \sqrt{\frac{\sum(\hat{y}_i-\bar{y})^2}{\sum(y_i-\bar{y})^2}}=\sqrt{\frac{\sum b^2(x_i-\bar{x})^2}{\sum(y_i-\bar{y})^2}} \\
&= b\sqrt{\frac{\sum(x_i-\bar{x})^2}{\sum(y_i-\bar{y})^2}}=\frac{\sum x_iy_i-n\bar{x}\bar{y}}{\sqrt{\sum x_i^2-n\bar{x}^2}\sqrt{y_i^2-n\bar{y}^2}} \\
&= \frac{\frac{\sum x_iy_i}{n}-\overline{xy}}{\sigma_x\sigma_y}
\end{aligned} \tag{10-20}
$$

r 的正负号与 b 正负号相同，$|r|$ 越接近于1，表明回归直线对样本数据点拟合得越好，即拟合优度越高。但用 r 说明回归直线的拟合程度要慎重，因为 r 的绝对值总是大于判定系数 r^2 的值(除 $r=1$ 或 $r=0$ 两种情况外)。

【例 10-8】 根据表 10-8 中的数据计算回归判定系数。

解：根据估计出来的回归方程 $\hat{y}=0.83+87.5x$，将 x 值代入，可求得与每一 x 相对应的 $\hat{y}$，然后经计算得出回归平方和为 30 626.7502，残差平方和为 1375.55，总平方和为 32 002，可计算出判定系数。

$$
r^2=\frac{\sum(\hat{y}_i-\bar{y})^2}{\sum(y_i-\bar{y})^2}=\frac{30\ 626.7502}{32\ 002}=0.9570
$$

可以说在日产量的问题中有 95.7%的变动能够用学徒期和日产量之间的关系来说明。

（二）回归方程的显著性检验

检验自变量和因变量之间的线性关系是否显著。具体方法是将回归离差平方和（SSR）同残差平方和（SSE）加以比较，应用 F 检验来分析两者之间的差别是否显著，若显著，两者之间存在线性关系，否则，两者之间不存在线性关系。具体步骤如下。

（1）提出假设，H_0：线性关系不显著。

（2）计算检验统计量 F。

$$
F=\frac{\text{SSR}/1}{\text{SSE}/n-2}=\frac{\sum(\hat{y}_i-\bar{y})^2/1}{\sum(y_i-\hat{y}_i)^2/n-2}\sim F(1,n-2) \tag{10-21}
$$

（3）确定显著性水平 α，并根据分子自由度 1 和分母自由度 $n-2$ 找到临界值 F_α 作出决策，若 $F\geqslant F_\alpha$，拒绝 H_0；若 $F\leqslant F_\alpha$，接受 H_0。

【例 10-9】 根据例 10-6 中的回归方程，对回归方程进行整体显著性检验。

解：建立原假设

$H_0:\beta_1=0$ 计算 F 统计量。

选取显著性水平 $\alpha=0.05$，再根据自由度(1,7)，查 F 分布表可得临界值 $F_{0.05}(1,7)=5.59$。

因为 $F=\dfrac{\text{SSR}/1}{\text{SSE}/n-2}=\dfrac{\sum(\hat{y}_i-\bar{y})^2/1}{\sum(y_i-\hat{y}_i)^2/n-2}=133.595>5.59$，故拒绝 H_0，说明回归方程在整体上是显著的。

在一元回归分析中，F 统计量等于 t 统计量的平方。

（三）回归系数的显著性检验

回归系数 b 与 0 是否有显著性差异，若 $\beta=0$，总体回归直线就是一条水平线，X 与 Y 之间无线性关系，违背了一元线性回归模型的基本假设；若 $\beta\neq0$，即 X 与 Y 之间存在着线性关系，符合假设条件，所建立的一元线性回归方程可以认为符合变量间的变化规律。回归系数的显著性检验就是要验证变量 X 与 Y 之间是否真正存在线性关系。其检验步骤如下：

(1) 建立原假设，即

$$H_0:b=0\qquad H_1:b\neq0$$

(2) 计算检验统计量值：

$$t_b=\frac{b}{S_b}$$

式中，S_b 为回归系数 b 的标准差，可用下式算出：

$$S_b=\sqrt{\frac{S_y^2}{\sum(x-\bar{x})^2}}\tag{10-22}$$

回归估计标准误差

$$S_y=\sqrt{\frac{\sum e_i^2}{n-2}}$$

(3) 确定显著性水平 α(通常 $\alpha=0.05$)，并根据自由度($n-2$) 查找 t 分布表中相应的临界值 $t_{\alpha/2}$。

(4) 得出检验结果：若 $|t_b|>t_{\alpha/2}$ 则拒绝 H_0，回归系数 $b=0$ 的可能性小于 5%(当 $\alpha=0.05$) 可得出 $\beta\neq0$ 的结论。若 $|t_b|\leqslant t_{\alpha/2}$ 则回归系数 $b=0$ 的可能性大于 5%(当 $\alpha=0.05$)，这时不能拒绝 H_0。

【例 10-10】　根据例 10-6 的回归方程，对其回归系数的显著性进行检验。

解： 建立统计假设：

$H_0:b=0$；　　$H_1:b\neq0$

计算检验统计量 t 值：

$$t_b=\frac{b}{S_b}=\frac{87.5}{7}=12.5$$

取显著性水平 $\alpha=0.05$，根据自由度 $n-2=7$，查 t 分布表得临界值 $t_{0.025}(7)=2.363$。

由于 $|t|=12.5>2.363$，故拒绝 H_0，说明回归系数是显著的，即学徒期对日产量的影响是显著的。

七、利用回归方程进行预测

若回归系数和回归方程均显著，回归方程拟合得好，就可以利用它来进行预测。

对任一给定的 x_0，由回归方程可得回归值：

$$\hat{y}_0 = a + bx_0 \tag{10-23}$$

但我们知道 y_0 的实际值与估计值 $\hat{y}_0$ 有随机误差，因而要对 y_0 的实际值进行预测，就应该在一定的置信水平 $1-\alpha$ 下给出 y_0 的置信区间。y_0 值的 $1-\alpha$ 的置信区间为

$$\hat{y}_0 \pm t_{\alpha/2} S_y \sqrt{1 + \frac{1}{n} + \frac{(x_0 - \bar{x})^2}{\sum (x_i - \bar{x})^2}} \tag{10-24}$$

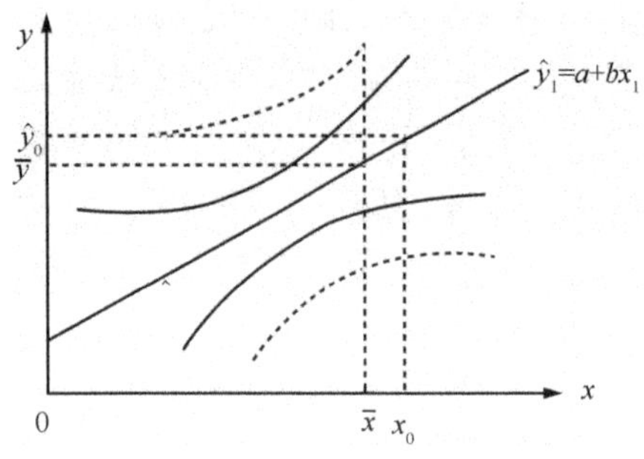

图 10-8　回归估计的置信区间

这里需要强调指出的是，x_0 可以是任意给定的。如果 x_0 是样本点 $x_1, x_2, \cdots, x_n$ 之内的，上述预测过程称为内检验，否则称之为外推预测。实际进行预测时，必须注意外推的危险性。外推之所以危险，是由两方面的原因造成的：一是数学上的原因，从上述公式描述的图形(图 10-8)可以显而易见，当 x_0 远离了 $\bar{x}$ 时，置信区域就逐渐变宽，不管你构造的数学模型如何正确，可信程度实际上是降低了；第二方面的原因是实际情况的变化，所构造的数学模型只不过是反映样本的状况，因此数学模型总是对客观总体的一种近似，当你选择的样本已经不反映总体情况的时候，仍用此样本模型进行预测，当然是不可信的了。

【例 10-11】 以表 10-8 中的资料为例，在 95%的概率保证下，求学徒工的学徒期为 3 年时的平均日产量以及其置信区间。

因为 $\hat{y} = 0.83 + 87.5x$，当 $x_0 = 3$ 时，$\hat{y} = 0.83 + 87.5 \times 3 = 263.33$ 件；

已算得 $S_y = 14$ 件，又知当 $f(t) = 95\%$ 时，$t = 1.96$，取 $x_0 = 3$，所以根据公式

$$\hat{y}_0 \pm t_{\alpha/2} S_y \sqrt{1 + \frac{1}{n} + \frac{(x_0 - \bar{x})^2}{\sum (x_i - \bar{x})^2}}$$

可得

$$263.33 - 1.96 \times 14 \times 1.0929 \leqslant y \leqslant 263.33 + 1.96 \times 14 \times 1.0929$$

得 $233.34 \leqslant y \leqslant 293.32$。即在 95%的概率保证下，学徒期为 3 年的学徒平均日产量的置信区间为 233.34～293.32 件。

第三节　多元线性回归分析

多元线性回归是研究在线性相关条件下两个或两个以上自变量对一个因变量的数量变动关系，表现这个数量关系的数学公式，称为多元线性回归模型。

一、多元线性回归的数学模型

假如某一个经济系统中的经济变量 Y 与另外 K 个变量 $X_1, X_2, \cdots, X_k$ 之间的内在联

系是线性相关的，那么，它们之间的线性回归模型可以表示成

$$Y_i = \beta_0 + \beta_1 X_{i1} + \beta_2 X_{i2} + \cdots + \beta_k X_{ik} + \varepsilon_i \tag{10-25}$$

式中，K 为解释变量的个数；$(Y_i, X_{1i}, X_{2i}, X_{3i} \cdots X_{ki})$ 为第 i 次观测样本值；$\beta_j (j = 1, 2, \cdots, k)$ 为模型的参数；ε_i 为随机误差项。

多元线性回归模型与简单线性回归模型基本类似，只不过自变量由一个增加到多个。由于多个自变量会同时对因变量 Y 的变动发挥作用，因此，如果要考察其中的某个自变量对 Y 的影响，就必须使其他的自变量保持不变。

在总体线性回归函数中，各个回归系数都是未知的。我们知道，对于总体的实际值是不可能知道的，因此其总体回归方程也是不能得到的，只能用样本观测值对之进行估计。如果将因变量的样本条件均值表示为各个自变量的线性函数，就得到多元线性样本回归函数

$$\hat{y}_i = b_0 + b_1 x_1 + b_2 x_2 + \cdots + b_k x_k \tag{10-26}$$

多元回归中，由样本回归函数得到的因变量估计值 $\hat{y}_i$ 与实际观测值 y_i 之间通常也存在偏差，即残差 ε_i。多元线性样本回归函数也可以表示为

$$y_i = b_0 + b_1 x_{i1} + b_2 x_{i2} + \cdots + b_k x_{ik} + e_i \tag{10-27}$$

二、多元线性回归模型的基本假定

多元线性回归模型的基本假定和一元线性回归模型的基本假定是相同的，这里我们把基本假定矩阵表示出来。

零均值假定可以表示为

$$E(u) = \begin{bmatrix} E(u_1) \\ E(u_2) \\ \vdots \\ E(u_n) \end{bmatrix} = 0 \tag{10-28}$$

同方差和无序列相关可以表示为

$$\operatorname{cov}(u) = \begin{bmatrix} \operatorname{var}(u_1) & \operatorname{cov}(u_1, u_2) & \cdots & \operatorname{cov}(u_1, u_n) \\ \operatorname{cov}(u_2, u_1) & \operatorname{var}(u_2) & \cdots & \operatorname{cov}(u_2, u_n) \\ \vdots & \vdots & & \vdots \\ \operatorname{cov}(u_n, u_1) & \operatorname{cov}(u_n, u_1) & \cdots & \operatorname{var}(u_n) \end{bmatrix}$$

$$\operatorname{cov}(u) = \begin{bmatrix} E(u_1) & \operatorname{cov}(u_1, u_2) & \cdots & \operatorname{cov}(u_1, u_n) \\ \operatorname{cov}(u_2, u_1) & E(u_2) & \cdots & \operatorname{cov}(u_2, u_n) \\ \vdots & \vdots & & \vdots \\ \operatorname{cov}(u_n, u_1) & \operatorname{cov}(u_n, u_1) & \cdots & E(u_n) \end{bmatrix}$$

$$= \begin{bmatrix} \sigma^2 & 0 & \cdots & 0 \\ 0 & \sigma^2 & \cdots & 0 \\ \vdots & \vdots & & \vdots \\ 0 & 0 & \cdots & \sigma^2 \end{bmatrix} = \sigma^2 I$$

随机误差项服从正态分布可以表示为

$$u \sim N(0,\sigma^2 I) \tag{10-29}$$

解释变量与随机误差项不相关假定可表示为

$$E(X'u) = 0 \tag{10-30}$$

或

$$E\begin{bmatrix} \sum u_i \\ \sum X_{1i}u \\ \vdots \\ \sum X_{ki}u_i \end{bmatrix} = \begin{bmatrix} \sum Eu_i \\ \sum X_{1i}u_i \\ \vdots \\ \sum X_{ki}Eu_i \end{bmatrix} = 0 \tag{10-31}$$

解释变量之间不存在多重共线性可表示为

$$\text{rank}\ (X)\ = k+1 \tag{10-32}$$

式（10-32）等价于 rank（$X'X$）$= k+1$，也就是要求系数行列 $|X'X| \neq 0$。k 个自变量 $x_1, x_2 \cdots, x_k$ 之间不存在较强的线性关系假定。

三、多元线性回归模型的参数估计

与简单线性回归模型的估计方法一样，可以用残差平方和最小准则即最小二乘法去估计模型的回归参数。令残差 Q 最小，即

$$\begin{aligned} Q &= \sum (y_i - \hat{y}_i)^2 \\ &= \sum (y_i - b_0 - b_1 x_1 - b_2 x_2 - \cdots - b_k x_k)^2 = \text{最小值} \end{aligned}$$

根据微积分学中的极值定理 $b_0, b_1, \cdots b_k$ 应是下列方程组的解

$$\begin{cases} \dfrac{\partial Q}{\partial b_0} = -2\sum (y_i - \hat{y}_i) = 0 \\ \dfrac{\partial Q}{\partial b_j} = -2\sum (y_i - \hat{y}_i)x_j = 0 \end{cases} \quad (j = 1,2,\cdots,k) \tag{10-33}$$

若自变量只有两个：x_1, x_2 则

$$\begin{cases} -2\sum (y - b_0 - b_1 x_x - b_2 x_2) = 0 \\ -2\sum (y - b_0 - b_1 x_x - b_2 x_2)x_1 = 0 \\ -2\sum (y - b_0 - b_1 x_x - b_2 x_2)x_2 = 0 \end{cases} \tag{10-34}$$

它可进一步化为

$$\begin{cases} nb_0 + b_1 \sum x_1 + b_2 \sum x_2 = \sum y \\ b_0 \sum x_1 + b_1 \sum x_1^2 + b_2 \sum x_1 x_2 = \sum x_1 y \\ b_0 \sum x_2 + b_1 \sum x_1 x_2 + b_2 \sum x_2^2 = \sum x_2 y \end{cases} \tag{10-35}$$

解此方程组可得到 b_0、b_1 及 b_2 的数值。

用矩阵研究多元线性回归是方便的。令

$$y=\begin{bmatrix}y_1\\y_2\\\vdots\\y_n\end{bmatrix}\quad b=\begin{bmatrix}b_0\\b_1\\\vdots\\b_k\end{bmatrix}\quad e=\begin{bmatrix}e_1\\e_2\\\vdots\\e_n\end{bmatrix}\quad x=\begin{bmatrix}1 & x_{11} & x_{12} & \cdots & x_{k1}\\1 & x_{12} & x_{22} & \cdots & x_{k2}\\\vdots & \vdots & & & \vdots\\1 & x_{1n} & x_{2n} & \cdots & x_{kn}\end{bmatrix}$$

则多元线性回归模型可以写出矩阵形式

$$y=xb+e \tag{10-36}$$

在多元线性回归分析中，参数的最小二乘估计仍然是使残差平方和达到最小。由样本回归模型 $Y=X\hat{\beta}+e$ 和样本回归方程 $\hat{Y}=X\hat{\beta}$，可得残差向量为

$$e=Y-\hat{Y} \tag{10-37}$$

因此残差平方和为

$$\begin{aligned}\sum e_i^2&=e'e=(Y-X\hat{\beta})(Y-X\hat{\beta})\\&=Y'Y-\hat{\beta}X'Y-Y'X\hat{\beta}+\hat{\beta}X'X\hat{\beta}\end{aligned} \tag{10-38}$$

式（10-38）右边每一项均为标量，因此

$$e'e=Y'Y-2\hat{\beta}X'Y'+\hat{\beta}X'X\hat{\beta} \tag{10-39}$$

式（10-39）两边分别对 $\hat{\beta}'$ 求一阶导数，并令一阶偏导数为零，得

$$\frac{\partial\,(e'e)}{\partial\,\hat{\beta}'}=-2X'Y+2X'X\hat{\beta}=0 \tag{10-40}$$

由假定 $|X'X|\neq 0$，可以得到参数估计量为

$$\hat{\beta}=(X'X)^{-1}X'Y \tag{10-41}$$

在多元线性回归条件下，参数的最小二乘估计仍然具有线性、无偏性和最小方差性。

由于 $\hat{\beta}=(X'X)^{-1}X'Y$，可以看出 $\hat{\beta}$ 具有线性特性，$\hat{\beta}$ 不仅是 Y 的线性组合，稍加变换，它还是 u 的线性组合。

$$\begin{aligned}E(\hat{\beta})&=E(\beta+(X'X)^{-1}X'u)\\&=\beta+(X'X)^{-1}X'E(u)\\&=\beta\end{aligned} \tag{10-42}$$

由此可见，$\hat{\beta}$ 是无偏的。

而最小方差性的证明超出了本书的范围，有兴趣的读者可参考有关回归分析或计量经济学教材。

四、回归方程的假设检验

（一）拟合优度检验

在多元线性回归模型中，总平方和仍可分解为回归平方和与残差平方和，因为总平方和是因变量对其均值离差的平方和，与自变量个数多少没有关系。多重判定系数定义为

$$R^2=\frac{\mathrm{SSR}}{\mathrm{SST}}=1-\frac{\mathrm{SSE}}{\mathrm{SST}}=1-\frac{\sum(\hat{y}_i-\bar{y})^2}{\sum(y_i-\hat{y}_i)^2} \tag{10-43}$$

其中，总平方和反映了因变量观测值总离差的大小；回归平方和反映了因变量回归估计值与均值之间总离差的大小，残差平方和反映了因变量观测值与估计值之间总离差的大小，是因变量观测值总离差中未被解释的那部分。多重判定系数是介于 0 和 1 之间的一个数 R^2，越接近 1，模型对数据的拟合程度就越好。

判定系数 R^2 是样本回归线拟合优度的一项测度，它测定在 y 的总变差中由于回归所造成的变差的比例。但在小样本中它会夸大由回归所解释的 y 的变差的真实比例，因而通常采用调整的 R^2 与其共同使用。调整的 R^2 定义为

$$\bar{R}^2 = 1 - \frac{\sum (y_i - \hat{y}_i)^2/(n-k)}{\sum (y_i - \bar{y}_i)^2/(n-1)} = 1 - (1 - R^2)\frac{n-1}{n-k} \tag{10-44}$$

由此式可以看出，当 $k > 1$ 时，$\bar{R}^2 < R^2$，这意味着随着解释变量的增加，$\bar{R}^2$ 将小于 R^2。

需要指出，R^2 的定义式是在回归模型为一般线性模型即模型包含有常数项且回归系数采用普通最小二乘估计的条件下给出的。对于不同于一般线性模型的模型和其他估计方法，按照式$\left(R^2 = \frac{\text{SSR}}{\text{SST}} = 1 - \frac{\text{SSE}}{\text{SST}}\right)$计算出的判定系数可能并不具有准确衡量模型拟合优度的功能。

（二）回归系数的显著性检验

在多元回归中，仅满足于线性回归方程显著是远远不够，因为回归方程显著并不意味着每个自变量 $X_1, X_2\cdots, X_k$ 对因变量 Y 的影响都是重要的。为此，需要对每个变量进行考察。显然，若每个变量 X_j 对因变量 Y 的作用不显著，那么，多元线性回归模型中，它的系数 β_j 就可能取值为零。因此，检验变量 X_j 是否显著等价于检验回归系数是否显著。多元线性回归中回归系数的显著性检验与一元线性回归相同，也采用 t 检验。假设

$$H_0: \beta_j = 0 \quad (j = 1, 2, \cdots, k)$$

计算每个回归系数的 t 值

$$t_{bj} = \frac{b_j}{S_{bj}} \tag{10-45}$$

根据给定的显著性水平 α，自由度 $k, n-k-1$，查找 t 分布表中的临界值 $t_{\alpha/2}$，若

$$|t_{bj}| > t_{\frac{\alpha}{2}}$$

则在显著性水平 α 下，拒绝 H_0，认为回归系数 b_j 是显著的，若

$$|t_{bj}| \leqslant t_{\frac{\alpha}{2}}$$

则在显著性水平 α 下，不能拒绝 H_0，回归系数 b_j 不显著，相应的变量 x 就被认为在回归方程中不起什么作用，应从方程中剔除，重新建立更为简单的线性回归方程。在多元线性回归中，某些系数 t 检验通不过，可能是由于自变量间有共线性所致。

（三）回归方程的显著性检验

尽管 r^2 衡量了回归方程的总体拟合程度，但它并没有提供关于总体拟合程度的规范的假设检验，这样的检验可以通过 F 检验来完成。变量 x_i 与 y_i 之间是否存在线性关系，还

可以以方差分析法为基础进行检验判定，这就是回归方程的显著性检验也叫 F 检验。F 检验将原假设定为所有的斜率系数同时为 0 而实现总体的显著性检验。对于含有 k 个自变量的方程而言，F 检验的基本步骤如下。

(1) 建立原假设

$$H_0: \beta_1 = \beta_2 = \cdots = \beta_k = 0$$

由于备择假设和原假设是对立的，所以备择假设为至少有一个 β_i 不为 0。

(2) 计算回归方程的 F 统计量：

$$F = \frac{\mathrm{SSR}/k}{\mathrm{SSE}/(n-k-1)} = \frac{\sum (\hat{y}_i - \bar{y})^2/k}{\sum (y_i - \hat{y}_i)^2 (n-k-1)} \tag{10-46}$$

(3) 确定显著性水平 α（一般取 $\alpha = 0.05$），并根据两个自由度查 F 分布表，得到相应的临界值 F_α。

(4) 得出检验结果。若 $F > F_\alpha$，则拒绝 H_0，说明回归方程在整体上是显著的；若 $F \leqslant F_\alpha$，则接受原假设，认为线性回归方程无显著意义。这时，需进一步查明原因，根据实际情况进行处理。

第四节　非线性回归分析

一、非线性回归模型的定义

长期以来，关于什么是非线性模型的界定并不一致，概括起来大致有两种观点：一种认为，只要模型的总体回归函数是自变量的非线性函数，则即为非线性计量经济模型；另一种认为，只有当模型的总体回归函数是未知待估计参数的非线性函数时，才算为非线性计量经济模型。其实这两种观点都不对，它们都只是从模型的总体回归函数的形式来定义的，并没有触到非线性模型的本质。

那么，什么是非线性回归分析模型的本质呢？非线性回归分析模型的本质，取决于可否通过某种数量变换或数学变换化成线性回归模型，并从而可进行 OLS 估计。而这取决于模型总体回归函数，或者通过某种数量变换或数学变换后的总体回归函数，关于未知待估计参数的导数是否至少含有一个未知待估计参数。若至少含有一个未知待估计参数，则原模型为严格非线性回归模型，否则，则不能算是非线性回归模型。充其量可算是一个可线性化的非线行回归模型。

非线性回归模型可以表示为

$$Y_t = f(X_t, \theta) + u_t \tag{10-47}$$

式中，f 是期望函数；X_t 为第 t 个自变量向量，由式(10-47) 描述的模型的期望函数是关于参数的非线性函数，即对于非线性模型来讲，至少存在一个期望函数关于参数的导数，该导数至少依赖于参数。

二、可线性化回归模型

现实社会经济现象之间，往往并不都是线性关系而大多是非线性关系。这时，选择合适的曲线模型比配合一条直线更符合实际情况。通常，非线性回归模型可以通过某些简单的变量代换，转化为线性回归模型来解。常见的可线性的曲线回归模型及线性化方法见表 10-9。

表 10-9　可线性化曲线回归模型

曲线回归模型	变换	变换后模型	参数
$y = a + b/x$	$v = 1/x$	$y = a + bv$	
$1/y = a + b/x$	$w = 1/y, v = 1/x$	$w = a + bv$	
$y = a + b\ln x$	$v = \ln x$	$y = a + bv$	
$y = b_0 + b_1x + b_2x^2$	$x_1 = x, x_2 = x^2$	$y = b_0 + b_1x_1 + b_2x_2$	
$y = b_0 + b_1x + b_2x^2 + b_3x^2$	$x_1 = x, x_2 = x^2, x_3 = x^3$	$y = b_0 + b_1x + b_2x_2 + b_3x_3$	
$y = ax^b$	$\ln y = \ln a + b\ln x$ $w = \ln y, a = \ln a$ $v = \ln x$	$w = a + bv$	$a = e^{\alpha}$
$y = ae^{bx}$	$\ln y = \ln a + bx$ $w = \ln y, a = \ln a$	$w = a + bx$	$a = e^{\alpha}$

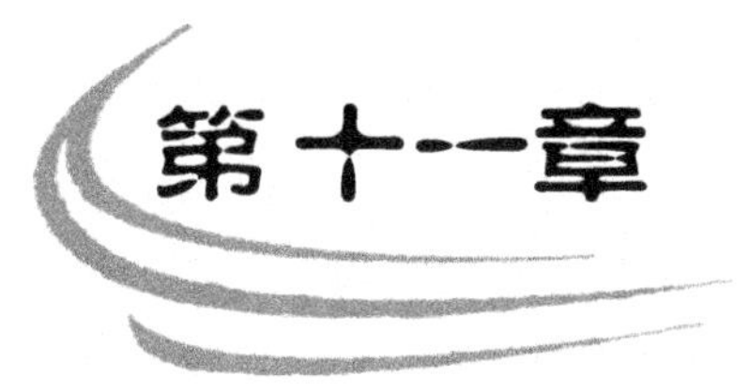

第十一章

统计综合评价

【本章导读】

无论在现实生活中，还是在经济管理和经济决策中，对一个事物的评价常常涉及多个因素或多个指标，综合评价问题似乎无处不存在。以前，人们忽略了这一问题，事实上，无论你作出什么决策，在你的头脑里都有一个综合评价问题。

从个人的素质（能力）、企业的经营业绩到城市的建设、国家的综合国力，小至个人，大至国家，可以说综合评价问题无处不在。

假如你买一台电脑，你必须将不同品牌的电脑的性能、容量、外观、适用程度以及价格做一个综合比较才能决定购买何种电脑。经常会出现从这几个指标看甲品牌优于乙品牌，从那几个指标看，乙品牌优于丙品牌，从其他指标看，丙品牌又优于甲品牌的情况，使分析者难以评价谁优谁劣。你到底会选择哪一种品牌的电脑呢？你一定会将这些品牌的电脑的性能、容量、外观、适用程度以及价格等方面作出较为全面的比较才能作出决定。一个企业的经济效益不仅表现为劳动生产率的高低，还表现在产品销售率、资金利税率、成本利税率、增加值率、资金周转速度等方面。当比较不同企业的经济效益或考察某个企业经济效益的完成程度时（必须有参考系），都必须采用综合评价。一个国家的经济发展水平不仅表现为人均国内生产总值的高低，还表现为产业结构、居民福利、资源利用等多方面。

对于上述问题，需要把多个指标加以综合，以一个综合评价值作为评判事物优劣、快慢、强弱的依据，这种解决方法就是统计综合评价法。

第一节　统计综合评价概述

统计是研究总体现象数量特征及其变化规律的。作为最基本的数量描述和分析的工具是统计指标，虽然多种多样，在从数量方面描述、分析、评价现象总体的状况中发挥着相应的作用，但是从功能上来讲，还都有相应局限性，主要是表现在：无论实物指标，还是价值指标，也无论是总量指标、相对指标，还是平均指标、抑或是由多个相互联系的指标所组成的指标体系，都不能给研究对象一种整体性的数量描述结论，即不能把各方面的数量描述结果进行有效的合成，从而形成一个整体性的数量概念，而这样的问题，在研究社会问题和经济问题的时候又很必要，也正因为如此，促使人们去探索综合评价的手段、方法。这种方法就是把说明被评价事物的主要指标的信息通过某种方式进行综合，变换成为一个综合评价值，以这个综合评价值作为评判事物优劣、快慢、强弱的依据。

所谓综合评价即对评价对象的全体，根据所给的条件，采用一定的方法，给每个评价对象赋予一个评价值，再据此择优或排序。其目的是希望能对若干对象，按一定意义进行排序，从中挑出最优或最劣对象。对于每一个评价对象，通过综合评价和比较，可以找到自身的差距，也便于及时采取措施，进行改进。

综合评价方法是对多指标进行综合分析的一系列有效方法的总称。它具备以下特点：它的评价包含了若干个指标，这多个评价指标分别说明被评价事物的不同方面，评价方法最终要对被评价事物作出一个整体性的评判，用一个总指标来说明被评价事物的一般水平。评价是为了决策，而决策需要评价。从某种意义上讲，没有评价就没有决策，评价过程是一种认知过程，也是一种决策过程。综合评价是科学决策的前提，是科学决策中的一项基础性工作。

一、综合评价法步骤

尽管各种综合评价方法特点各异，但基本步骤大致相同。综合评价过程一般包括以下一些基本步骤。

（一）明确综合评价的主题

综合评价工作，往往是针对某一主题而展开的，如经济效益、生活质量、经济发展水平、技术开发能力、国力等。综合评价的主题不能泛泛，要突出，因为它直接影响着评价指标和指标体系的建立。

（二）分析影响因素，建立评价指标体系

统计指标和指标体系是综合评价的基础。围绕综合评价而建立的指标体系就是评价指标体系。有关评价指标体系的构建在下面将会具体讲到。

（三）确定评价指标的定值与转换方法

这个步骤实际上就是将各评价指标的实际值转化为评价值的过程，也可称为无量纲化过程。之所以要这样，就是因为评价指标体系中的各指标表示方法不统一。各指标基础、范围、计量单位（量纲）都不一样，要想将这些评价指标进行综合得到一个综合评价值，就必须首先对这些指标进行处理，这是综合评价时合成的需要。

指标定值和转换即无量纲化过程，从内容上看包括三项。

(1) 逆向指标正向化，即把评价指标体系中那些越小越好的统计评价指标，如流动资金周转天数、人口死亡率、待业率等通过一些具体的方法转换成越大越好的指标值。

(2) 定性指标定量化转换，即把评价指标体系中的那些主观评价指标，如精神文明程度、生活安全程度等的结果采用能表示出等级、优劣的量化系数来表达。例如，文明程度最高用 1 表示，最差用 0 表示，其余介于 1 与 0 之间。

（3）定量指标的定值处理，即把评价指标体系中的那些定量指标的实际值按照某种转换方法进行统一的折算，变成评价值。从技术角度看，对评价指标的定值与转换是比较复杂的和难以处理的，缺乏统一的衡量标准。

（四）确定各评价指标的权重

在综合评价过程中，各评价指标的作用并不是相同的，有的对评价主题的影响比较直接一些，有的则相对间接一些。不同的评价指标在综合评价过程中的重要性、影响力就是通过给不同的评价指标以不同的权数体现出来的。对评价主题影响力比较大的更为直接的一些指标值将会被赋予较大的权数。

（五）进行综合评价分析

对各指标评价的加权合成通常采用的是加权平均法，或者是加权算术平均形式，或者是加权几何平均的形式。加权算术平均形式一般称为加法合成，一般适用于各评价指标间相互独立的场合，各评价指标对综合水平的贡献彼此是没有什么影响的。加权几何平均形式一般称为乘法合成，适用于各评价指标间有强烈关联的场合。还有的人提出用加乘混合合成形式。除此之外，对于各指标评价值的加权合成方法还会随着综合评价方法研究的深入产生一些新的方法。

综合评价的最终目的是为了提高人们的鉴别能力，是为管理和决策服务的。因此在各个被评价对象的综合评价值确定后，要注意静态和动态比较，根据综合评价值的大小，将各被评价对象进行比较和排序排出先后，以便从整体上认识到各评价对象在评价主题上的差距、发展变化状况，为科学管理、制定计划目标提供依据。

二、指标体系构建

进行综合评价，首先要确定评价的指标体系，这是综合评价的基础。指标的选择好坏对分析对象常有举足轻重的作用。指标的多少的确定也很重要，指标太多，事实上是重复的指标，会有干扰；太少了，可能所选取的指标缺乏足够的代表性，会产生片面性。指标体系是由多个相互联系、相互作用的评价指标，按照一定层次结构组成的有机整体。评价指标体系是联系评价专家与评价对象的纽带，也是联系评价方法与评价对象的桥梁。只有科学合理的评价指标体系，才有可能得出科学公正的综合评价结论。

一般来说，在建立评价指标体系时，应遵循以下原则：

（1）指标宜少不宜多，宜简不宜繁。评价指标并非多多益善，关键在于评价指标在评价过程中所起作用的大小。指标体系应涵盖所需要研究的全部内容，指标的精炼可减少评价的时间和成本，使评价活动易于开展。

（2）指标应具有独立性。每个指标要内涵清晰、相对独立；同一层次的各指标间应尽力不相互重叠，相互间不存在因果关系。指标体系要层次分明，简明扼要。

（3）指标要具有代表性，能很好地反映研究对象某方面的特性。指标间也应具有明显的差异性，也就是具有可比性。

(4) 指标应可行，符合客观实际水平，有稳定的数据来源，易于操作，也就是应具有可测性。评价指标含义要明确，数据要规范，口径要一致，资料收集要简便易行。

以上几条原则供在解决实际问题时参考，在实际运用中要灵活考虑。

指标体系的确定具有很大的主观随意性，虽然指标体系的确定有经验确定法和数学方法两种，但多数研究中均采用经验确定法。当然，确立指标体系的数学方法可以降低选取指标体系的主观随意性，但由于所采用的样本集合不同，也不能保证指标体系的唯一性。

专家调研法是一种常用的方法，即向专家发函，征求其意见。评价者可根据评价目标及评价对象的特征，在所涉及的调查表中列出一系列的评价指标，分别征询专家对所设计的评价指标的意见，然后进行统计处理，并反馈咨询结果，经几轮咨询后，如果专家意见趋于集中，则由最后一次咨询确定出具体的评价指标体系。此法可适用于所有评价对象，它的优点是专家不受任何心理因素的影响，可以充分发挥自己的主观能动性，在大量广泛信息的基础上，集中专家们的集体智慧，最后就可以得到合理的评价指标体系。这种方法的主要缺点是它所需要的时间较长，耗费的人力物力较多，该法的关键是物色专家以及确定专家的人数。

在初步建立的评价指标集合当中也可能存在着一些“次要”的评价指标，这就需要按某种原则进行筛选，分清主次，合理组成评价指标集。

三、指标赋权法

在综合评价中，权数的确定是一个基本的步骤。各指标赋权值的高低直接影响着综合评价值的大小，权数值的变动可能会引起被评价对象优劣顺序的改变。因而，科学地确定各评价指标的权数在综合评价中是非常重要的。

权数是以某种数量形式对比，权衡被评价事物总体中诸因素相对重要性的量值。诸因素的相对重要性是可以从不同角度加以考察的，考察的角度不同，重要性差异也会不同。因此，权数的表现形式也就不止一种。在综合评价中，各指标的相对重要性，主要从这样几个方面来考察：信息量的多少、独立性的大小、可靠性的高低和评价者的主观判断等。与此相对应，从不同方面反映指标相对重要性的权数也就包括信息量权数、独立性权数、可靠性权数和估计权数等。

不同的权数赋权方法也不一样，下面简要介绍一下信息量权数和独立性权数的赋权方法。

（一）信息量权数的赋权方法

对综合评价而言，指标体系中的各个指标所包含的信息量是不同的，即各指标对评价单位的分辨力是有区别的。某些指标在各被评单位之间差异较大，其分辨能力较强，包含的信息量也就多；而某些指标在各被评单位之间差异较小，其分辨能力较弱，包含的信息量也就少。一般来说，如果某指标包含的信息量越多，在综合评价中的作用越大，其权数也应较大；反之，就应较小。特别是，如果某指标的实际值在各评价对象之间都是相同的，那么，这项指标就无助于区分各被评价对象，就不具备什么分辨信息，它在综合评价中毫无作用，应当被淘汰，也就将这项指标赋以零权。

这种权数的赋权过程大致如下：

该指标体系中包含 m 个评价指标，$x_1, x_2, \cdots, x_m$ 有 n 个被评单位。令

$$\bar{x}_i = \frac{1}{n}\sum_{j=1}^{n} x_{ij} (i = 1,2,\cdots,m) \tag{11-1}$$

$$\sigma_i^2 = \frac{1}{n}\sum_{j=1}^{n} (x_{ij} - \bar{x}_i)^2 (i = 1,2,\cdots,m) \tag{11-2}$$

方差虽然可以有效地衡量各指标的差异程度，但由于各指标计量单位上和水平上的不同，方差不具有可比性。因此，选用各指标的变异系数，这是可比的。各指标的变异系数为

$$w_i = v_i / \sum_{j=1}^{n} v_i \tag{11-3}$$

（二）独立性权数的赋权方法

在综合评价中，如何处理指标间的重复信息是比较困难的。虽然设置指标体系时已注意到消除指标间重复信息的问题，但由于影响现象因素的复杂性所致，指标体系中各指标间总是有部分重复信息。

一般来说，某指标与指标体系中其他指标的信息重复越严重，它在综合评价中的作用越小，其权数应越小；反之，其权数应越大，衡量指标间重复信息大小的尺度一般是用指标间的相关系数。若两个指标间的相关系数越接近于 1，则它们的信息重复越严重；越接近 0，则它们之间重复信息越少。但要注意，对于具有负相关的两个指标而言，它们之间不存在重复信息，因为它们是属于异质信息。

在综合评价中，指标体系包含的指标往往不止两个，在这种情况下，相关系数矩阵将是可以利用的工具。利用各指标间相关系数矩阵生成独立性权数的大致过程如下。

设用于综合评价的指标体系包含 m 个指标，r_{ij} 表示第 i 个指标与第 j 个指标的相关系数，R 表示相关系数矩阵，则

$$R = \begin{bmatrix} 1 & r_{12} & r_{13} & \cdots & r_{1m} \\ r_{21} & 1 & r_{23} & \cdots & r_{2m} \\ \vdots & \vdots & \vdots & & \vdots \\ r_{m1} & r_{m2} & r_{m3} & \cdots & 1 \end{bmatrix} \tag{11-4}$$

将 R 中的负相关系数以零代替，然后按列求和，得到一个反映各指标与其他指标间信息重复程度的行向量$\left(\sum_{i=1}^{m} r_{i1}, \sum_{i=1}^{m} r_{i2}, \cdots, \sum_{i=1}^{m} r_{im}\right)$。该行向量的直观意义是 $\sum_{i=1}^{m} r_{ij} (j = 1, 2, \cdots, m)$，较大者，其相应的指标 x_j 与其他指标重复的信息较多。

基于这种认识，只要将上述行向量求列数并作归一化处理即可得到对应的权数向量。这一权数向量的意义就是说明与其他指标信息重复越严重的指标，其对应的权数越小。因此，该权数向量反映了各指标的独立性程度，所以称此种权数为独立性权数。经过归一化处理的第 j 个指标的权数为

$$w_j = \frac{\frac{1}{\sum_{i=1}^{m} r_{ij}}}{\sum_{j=1}^{m} \frac{1}{\sum_{i=1}^{m} r_{ij}}} \tag{11-5}$$

可靠性权数主要是根据各指标数据资料的准确性、可靠性高低来赋予各指标的权数。

估价权数主要是根据有关专家的判断而分别赋予各指标的权数。对各专家、每个指标相对重要性的判断可采用层次分析法进行处理。

上述各种赋权方法分别从不同侧面反映了各指标在综合评价中的相对重要性，但是最终用于求综合评价值的权数只能有一个，必须将上述方法求得的几种权数综合成一个用于求综合评价值的权数。由于上述几种权数相互独立地反映了各指标在不同方面的相对重要性，而且它们之间相互补偿作用甚弱，因此可以考虑用简单几何平均法对各种权数进行综合。

四、综合评价法的局限性

(1) 综合评价结果不具有唯一性。综合评价可采用的方法有多种，选择不同的评价方法，可能有不同的结果。即使采用同一种方法，也会由于评语等级的拟定，各等级所赋予分值的拟定、权数的确定，各个单项目评价方法的选择，各个单项目评价结果的合成等环节上的不同而出现不同的综合评价结果。

(2) 综合评价结果具有相对性。综合评价尽管采用了一定的数学模式，其结果用数值表示，但只有相对的意义，只适用于在性质相同的对象之间进行比较和排序。

(3) 综合评价结果带有主观性。在综合评价中，须依据权数向量对各单项目评价结果进行综合，而权数大部分是依评判人员主观确定的，由此，综合评价的结果，往往带有一定的主观性。

第二节 统计综合评价常规方法

统计综合评价的方法很多，常用的方法有总分评定法、指数综合法、功效系数法、层次分析法、模糊综合评价法等，本节仅介绍常规的总分评定法和功效系数法。

一、总分评定法

总分评定法亦称综合计分法，它是对各项目采用有量纲的指标进行综合评价。

总分评定法的步骤可以归纳如下：

(1) 根据评价的目的和评价对象的特点，选择若干个评价项目或评价指标，组成评价指标体系。

(2) 确定各项目或各指标的评价标准和记分方法。评价标准和记分方法是总分评定法的关键环节。常用的评分有：①对于数量性项目的评分，可根据各评价指标的优劣排序，名次在前计高分，名次在后计低分。例如，采用的指标是动态对比指标，以报告期值对比基期值，采用3档记分：报告期对比基期增加者，记满分；报告期与基期持平者，减半记分；报告期比基期下降者记零分。②对于非数量性项目的评分，一般把该项目划分为若干个评分等级，并对不同等级赋予适当的分值，进行量化处理，然后请足够多的评判者按预定的评分等级对该项目评分。

（3）综合评判结果，把各指标（或各项目）得分加总，即得该评价对象的总分。

现以一个实例说明总分评定法的应用。

【例 11-1】 考核工业企业经济效益，假设选择工业增加值率、资金利税率、成本费用利润率和流动资金周转次数4个指标为评判指标。假定对上述4个指标确定的标准分分别为20、40、30、10，4个地区的资料如表11-1所示。

表 11-1　四个地区独立核算工业企业四项经济效益指标

地区	工业增加值率/%			资金利税率/%			成本费用利润率/%			流动资金周转次数/（次/年）		
	报告期	基期	报告期/基期	报告期	基期	报告期/基期	报告期	基期	报告期/基期	报告期	基期	报告期/基期
甲	36.32	35.07	103.6	12.92	12.39	104.3	8.86	9.90	89.49	1.51	1.59	95.0
乙	28.38	30.36	93.47	12.91	14.34	90.03	8.88	8.37	106.1	1.44	1.75	82.3
丙	29.14	26.51	109.9	12.53	15.26	82.11	5.91	8.16	72.4	1.84	2.11	87.2
丁	30.29	36.54	82.90	7.45	10.21	72.96	2.66	4.26	62.4	1.35	1.72	78.5

评分标准：动态指标大于1者记满分；动态指标等于1者减半记分；动态指标小于1者记0分。

4个地区得分如下。

甲：20＋40＋0＋0＝60（分）

乙：0＋0＋30＋0＝30（分）

丙：20＋0＋0＋0＝20（分）

丁：0＋0＋0＋0＝0（分）

上面的计算结果表明，甲地区经济效益最佳，乙、丙次之，丁地区最差。

二、功效系数法

功效系数法是利用多目标规划原理中的功效系数加以改进，而得到综合评判的分数，它借助功效系数，把确定要考核的各项指标值转化为可以度量的评判分数，即单项指标分，然后依据各项指标在经济活动中的作用程度不同确定其权数，并采用加权算术平均法或加权几何平均法进行合成，得出综合评价总分——总功效分数，借此对各经济现象作出综合的评判。

利用功效系数法进行消除量纲影响的处理，必须对评价的指标确定一对阈值，包括一个下限值（不容许值）和一个上限值（满意值）。历年来最差值为不容许值。历年来最优值为满意值。

功效系数的计算公式：

$$d_i^* = \frac{x_i - x_i^{(s)}}{x_i^{(h)} - x_i^{(s)}} \times 40 + 60 \tag{11-6}$$

式中，x_i 为第 i 个指标实际值；$x_i^{(s)}$ 为第 i 个指标的不容许值；$x_i^{(h)}$ 为第 i 个指标的满意值，d_i^* 为第 i 项指标单项评分。

【例 11-2】 以例 11-1 资料利用功效系数分别计算 4 个地区的总功效分数。

表 11-2 中各项经济效益单项分数计算如下。

甲地区：

$$增加值率单项分数 = \frac{36.32 - 20}{40 - 20} \times 40 + 60 = 92.64(分)$$

$$资金利税率单项分数 = \frac{12.92 - 4}{14 - 4} \times 40 + 60 = 95.68(分)$$

$$成本费用利润率单项分数 = \frac{8.86 - 2}{12 - 2} \times 40 + 60 = 87.44(分)$$

$$流动资金周转次数单项分数 = \frac{1.51 - 1}{2 - 1} \times 40 + 60 = 80.4(分)$$

$$固定资产交付使用率单项分数 = \frac{48.7 - 30}{90 - 30} \times 40 + 60 = 72.47(分)$$

其他三个地区各项经济效益指标的单项分数计算过程如上，根据预定的权数，对各项指标的单项分数进行加权平均，可求得各地区综合经济效益分数。

采用加权算术平均法和加权几何平均法计算综合经济效益分数。例如甲地区采用加权算术平均法计算综合经济效益分数为

$$D = \frac{2 \times 92.64 + 3 \times 95.68 + 2 \times 87.44 + 1 \times 80.4 + 2 \times 72.47}{2 + 3 + 2 + 1 + 2} = 87.25 分$$

甲地区采用加权几何平均法计算综合经济效益分数为

$$D = \sqrt[10]{92.64^2 \times 95.68^3 \times 87.44^2 \times 80.4^1 \times 72.47^2} = 86.99(分)$$

其他地区的计算过程类似。

其计算结果见表 11-2。

表 11-2 综合经济效益分数计算表

考核指标		单位	不容许值	满意值	权数	甲地区		乙地区		丙地区		丁地区	
						实际值	分数	实际值	分数	实际值	分数	实际值	分数
增加值率 X_1		%	20	40	2	36.32	92.64	28.38	76.76	29.14	78.28	30.29	80.58
资金利税率 X_2		%	4	14	3	12.92	95.68	12.91	95.64	12.53	94.12	7.45	73.8
成本费用利润率 X_3		%	2	12	2	8.86	87.44	8.88	87.52	5.91	65.64	2.66	62.64
流动资金周转次数 X_4		次/年	1	2	1	1.51	80.4	1.44	87.6	1.84	93.6	1.35	74
固定资产交付使用率 X_5		%	30	90	2	48.7	72.47	39.4	66.27	54.5	76.33	55.7	67.13
综合经济效益分数	算术平均	分					87.25		83.56		81.65		71.61
	几何平均	分					86.99		82.44		80.66		71.35

上述计算结果表明甲地区的综合经济效益分数最高，乙地区次之，丙地区第三，

丁地区最低。

功效系数法的特点是：它的比较标准是用社会允许的共同尺度来衡量各地区的经济效益水平，实际值经无量纲化后，可比性较强。

功效系数法的计算过程和涉及的因素比较复杂，因而不便于全面推广。其满意值与不容许值等概念比较模糊，如何科学的确定仍需进一步深入研究。

第三节　层次分析法

一、层次分析法的思想与原理

层次分析法（analytic hierarchy process，AHP）是美国匹兹堡大学教授 A. L. Saaty 于 20 世纪 70 年代提出的一种系统分析方法。他模仿人的决策思维过程，开发出一种综合定性及定量相结合的分析方法，主要解决多因素复杂系统，特别是难以定量描述的社会系统的分析方法。

1977 年第一届国际数学建模会议上，Saaty 发表了《无结构决策问题的建模——层次分析理论》，开始引起人们注意。1980 年后陆续出版相关的专著和文章，其理论逐步走向成熟，1982 年引入我国，天津大学许树柏等发表我国第一篇介绍 AHP 的论文，此后在我国得到广泛的应用。1988 年专门在天津召开国际 AHP 学术研讨会，使得在我国得到广泛运用。

层次分析法是运用先分解后综合的系统思想。通过整理和综合人们的主观判断，使定性分析与定量分析有机结合，实现定量化决策。首先将所要分析的问题层次化，根据问题的性质和要达到的总目标，将问题分解成不同的组成因素，按照因素间的相互关系及隶属关系，将因素按不同层次聚类组合，形成一个多层分析结构模型，最终归结为最低层（方案、措施、指标等）相对于最高层（总目标）相对重要程度的权值或相对优劣次序的问题。

二、层次分析法的模型与步骤

应用层次分析法的步骤如下。

（一）对构成决策问题的各种要素建立多级递阶的结构模型

用层次分析法分析的系统，其多级递阶结构一般可以分成三层，即目标层、准则层和方案层。目标层为解决问题的目的，要想达到的目标。准则层为针对目标评价各方案时所考虑的各个子目标（因素或准则），可以逐层细分。方案层即解决问题的方案。

层次结构往往用结构图形式表示，图上标明上一层次与下一层次元素之间的联系，如图 11-1 所示。递阶层次结构建立的合适与否，对于问题的求解起着关键的作用。但这在很大程度上取决于决策者的主观判断。这就要求决策者对问题的本质、问题所包含的要素以及相互之间的逻辑关系要有比较透彻的理解。

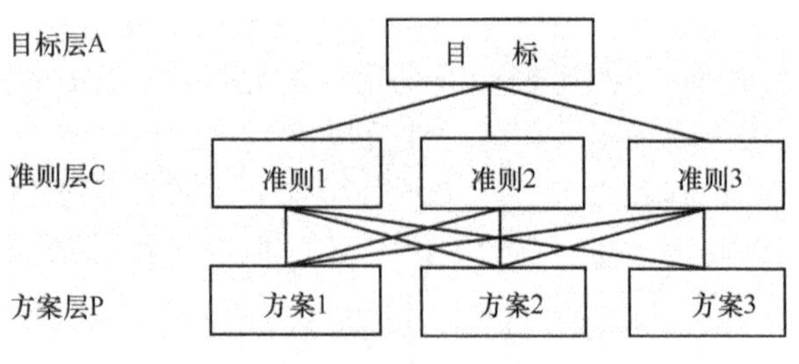

图 11-1 递阶层次结构

（二）对同一等级（层次）的要素以上一级的要素为准则进行两两比较，根据评定尺度确定其相对重要程度，并据此建立判断矩阵

判断矩阵是层次分析法的基本信息，也是计算各要素权重的重要依据。

建立判断矩阵设对于准则 H,其下一层有 n 个要素 $A_1,A_2,\cdots,A_n$。以上一层的要素 H 作为判断准则,对下一层的 n 个要素进行两两比较来确定矩阵的元素值,其形式如下:

H	A_1	A_2	$\cdots$	A_j	$\cdots$	A_n
A_1	a_{11}	a_{12}	$\cdots$	a_{1j}	$\cdots$	a_{1n}
A_2	a_{21}	a_{22}	$\cdots$	a_{2j}	$\cdots$	a_{2n}
$\vdots$	$\vdots$	$\vdots$		$\vdots$		$\vdots$
A_i	a_{i1}	a_{i2}	$\cdots$	a_{ij}	$\cdots$	a_{in}
$\vdots$	$\vdots$	$\vdots$		$\vdots$		$\vdots$
A_n	a_{n1}	a_{n2}	$\cdots$	a_{nj}	$\cdots$	a_{nn}

a_{ij} 表示以判断准则 H 的角度考虑要素 A_i 对 A_j 的相对重要程度。若假设在准则 H 下要素 $A_1,A_2,\cdots,A_n$ 的权重分别为 $w_1,w_1,\cdots,w_n$,即 $W=(w_1,w_2,\cdots,w_n)^{\mathrm{T}}$,则 $a_{ij}=\dfrac{w_i}{w_j}$。矩阵

$$A=\begin{bmatrix} a_{11} & a_{12} & \cdots & a_{1n} \\ a_{21} & a_{22} & \cdots & a_{2n} \\ \vdots & \vdots & & \vdots \\ a_{n1} & a_{n2} & \cdots & a_{nn} \end{bmatrix} \tag{11-7}$$

称为判断矩阵。

判断矩阵中的元素 a_{ij} 是表示两个要素的相对重要性的数量尺度,称为判断尺度,其取值如表 11-3 所示。

表 11-3 判断尺度的取值

判断尺度	重要性等级
1	对准则层 C 而言，方案层 P_i 和 P_j 同样重要
3	对准则层 C 而言，方案层 P_i 比 P_j 稍微重要

续表

判断尺度	重要性等级
5	对准则层C而言，方案层 P_i 比 P_j 重要
7	对准则层C而言，方案层 P_i 比 P_j 重要的多
9	对准则层C而言，方案层 P_i 比 P_j 绝对重要
2，4，6，8	介于上述两个相邻判断尺度之间

由表11-3可知，若 A_i 比 A_j 重要，则 $a_{ij}=w_i/w_j=5$，反之，若 A_j 比 A_i 重要，则 $a_{ij}=1/a_{ji}=1/5$。

（三）确定各要素的相对重要度及判断矩阵的最大特征值 $\lambda_{\max}$ 的计算

在应用层次分析法进行系统评价和决策时，需要知道 A_i 关于 H 的相对重要度，也就是 A_i 关于 H 的权重。问题归结为如下。

已知

$$A=(a_{ij})_{n\times n}=\lfloor w_i/w_j\rfloor_{n\times n}=\begin{bmatrix} w_1/w_1 & w_1/w_2 & \cdots & w_1/w_n \\ w_2/w_1 & w_2/w_2 & \cdots & w_2/w_n \\ \vdots & \vdots & & \vdots \\ w_n/w_1 & w_n/w_2 & \cdots & w_n/w_n \end{bmatrix}$$

求 $W=(w_1,w_2,\cdots,w_n)^{\mathrm{T}}$。由

$$\begin{bmatrix} w_1/w_1 & w_1/w_2 & \cdots & w_1/w_n \\ w_2/w_1 & w_2/w_2 & \cdots & w_2/w_n \\ \vdots & \vdots & & \vdots \\ w_n/w_1 & w_n/w_2 & \cdots & w_n/w_n \end{bmatrix}\begin{bmatrix} w_1 \\ w_2 \\ \vdots \\ w_n \end{bmatrix}=n\begin{bmatrix} w_1 \\ w_2 \\ \vdots \\ w_n \end{bmatrix}$$

知 W 是矩阵 A 的特征值为 n 的特征向量。

当矩阵 A 的元素 a_{ij} 满足

$$a_{ij}=1;\quad a_{ij}=1/a_{ji};\quad a_{ij}=a_{ik}/a_{jk}$$

时，A 具有唯一的非零最大特征值 $\lambda_{\max}$，且 $\lambda_{\max}=n(\sum_i \lambda_i=\sum_i a_{ii}=n)$。

由于判断矩阵 A 的最大特征值所对应的特征向量即为 W，为此，可以先求出判断矩阵的最大特征值所对应的特征向量，再经过归一化处理，即可求出 A_i 关于 H 的相对重要度。求法如下。

(1) 方根法。

$$w_i=\left(\prod_{j=1}^{n}a_{ij}\right)^{\frac{1}{n}}\quad i=1,2,\cdots,n$$

然后对 $W=(w_1,w_2,\cdots,w_n)^{\mathrm{T}}$ 进行归一化处理，即

$$w_i^{(0)}=\frac{w_i}{\sum_{j=1}^{n}w_j}$$

其结果就是 A_i 关于 H 的相对重要度。最大特征值 $\lambda_{\max}$ 为

$$\lambda_{max} = \sum_{i=1} \frac{(AW)_i}{nw_i} \tag{11-8}$$

式中，$(AW)_i$ 为向量 AW 的第 i 个元素。

(2) 和积法。① 将判断矩阵每一列归一化；② 将列归一化后的判断矩阵按行相加得 $\overline{W} = (\overline{w}_1, \overline{w}_2, \cdots, \overline{w}_n)^T$；③ 再对其正规化处理即可。

λ_{max} 的求法同方根法。

（四）判断矩阵的一致性检验

应用层次分析法，保持判断思维的一致性是非常重要的。所谓判断思维的一致性是指专家在判断指标重要性时，各判断矩阵之间协调一致，不致出现相互矛盾的结果。在多阶判断的条件下出现不一致，极容易发生，只不过在不同的条件下不一致的程度是有所差别的。

因此，为了保证应用层次分析法分析得到的结论合理，还需要对构造的判断矩阵进行一致性检验。这种检验通常是结合排序步骤进行的。

根据矩阵理论可以得到这样的结论，若

$$A'W' = \lambda_{max} W'$$

若矩阵 A 具有完全一致性，则有 $\lambda_{max} = n$，其余特征根均为零；而当矩阵 A 不具有完全一致性时，则有 $\lambda_{max} > n$，其余特征根 $\lambda_2, \lambda_3, \cdots, \lambda_n$ 有如下关系：$\sum_{i=2}^{n} \lambda_i = n - \lambda_{max}$。

上述结论告诉我们，当判断矩阵不能保证具有完全一致性时，相应判断矩阵的特征根也将发生变化，这样就可以用判断矩阵特征根的变化来检验判断的一致性程度。因此，在层次分析法中引入判断矩阵最大特征根以外的其余特征根的负平均值，作为度量判断矩阵偏离一致性的指标，即 CI（consistence index），

$$\mathrm{CI} = \frac{\lambda_{max} - n}{n - 1} \tag{11-9}$$

显然，当判断矩阵具有完全一致性时，CI＝0，反之亦然，从而有：CI＝0，$\lambda_1 = \lambda_{max} = n$，判断矩阵具有完全一致性。

另外，当矩阵 A 具有满意一致性时，λ_{max} 稍大于 n，其余特征根也接近于零。不过这种说法不够严密，我们必须对于“满意一致性”给出一个度量指标。

衡量不同阶判断矩阵是否具有满意的一致性，我们还需引入判断矩阵的平均随机一致性指标 RI 值。对于 1～9 阶判断矩阵，RI 的值如表 11-4 所示。

表 11-4 一致性指标的修正值

维数	1	2	3	4	5	6	7	8	9
RI	0.00	0.00	0.58	0.90	1.12	1.24	1.32	1.41	1.45

在这里，对于 1，2 阶判断矩阵，RI 只是形式上的，因为 1，2 阶判断矩阵总是具有完全一致性。当阶数大于 2 时，判断矩阵的一致性指标 CI 与同阶平均随机一致性指标 RI 之比称为随机一致性比率，记为 CR。当

$$CR=\frac{CI}{RI}<0.10 \tag{11-10}$$

时，即认为判断矩阵具有满意的一致性，否则就需要调整判断矩阵，使之具有满意的一致性。

（五）综合相对重要度，对各种替代方案进行优先排序，为决策者提供科学决策的依据

在计算了各层次要素对其上一级要素的相对重要度以后，即可自上而下的求出各层要素关于系统总体的综合重要度（也叫做系统总体权重）。其计算过程如下：

设有目标层A、准则层C、方案层P构成的层次模型（对于层次更多的模型，其计算方法相同），准则层C对目标层A的相对权重为

$$\overline{w}^{(1)}=(w_1^{(1)},w_2^{(1)},\cdots,w_k^{(1)})^{\mathrm{T}} \tag{11-11}$$

方案层 n 个方案对准则层的各准则的相对权重为

$$\overline{w}_l^{(2)}=(w_{l1}^{(2)},w_{l2}^{(2)},\cdots,w_{lk}^{(2)})^{\mathrm{T}}\quad(l=1,2,\cdots,n) \tag{11-12}$$

这 n 个方案对目标而言,其相对权重是通过权重 $\overline{w}^{(1)}$ 与 $\overline{w}_l^{(2)}(l=1,2,\cdots,n)$ 组合而得到的,其计算可采用表格式进行,如表11-5所示。

表11-5　综合重要度的计算

P层	因素及权重 C_1　C_2　…　C_k $w_1^{(1)}\,w_2^{(1)}\cdots w_k^{(1)}$	组合权重 $V^{(2)}$
P_1	$w_{11}^{(2)}\,w_{12}^{(2)}\cdots w_{1k}^{(2)}$	$v_1^{(2)}=\sum_{j=1}^{k}w_j^{(1)}w_{1j}^{(2)}$
P_2	$w_{21}^{(2)}\,w_{22}^{(2)}\cdots w_{2k}^{(2)}$	$v_2^{(2)}=\sum_{j=1}^{k}w_j^{(1)}w_{2j}^{(2)}$
⋮	……	⋮
P_n	$w_{n1}^{(2)}\,w_{n2}^{(2)}\cdots w_{nk}^{(2)}$	$v_n^{(2)}=\sum_{j=1}^{k}w_j^{(1)}w_{nj}^{(2)}$

这时得到 $V^{(2)}=(v_1^{(2)},v_2^{(2)},\cdots,v_n^{(2)})^{\mathrm{T}}$ 为P层各方案的相对权重。若最低层是方案层，则可根据 v_i 选择满意方案;若最低层是因素层,则根据 v_i 确定人力、物力、财力等资源的分配。

三、层次分析法的应用

假设某高校正在进行教师的评优工作，需考虑的指标有学识水平、科研能力和教学工作，学识水平主要通过发表论文的级别和数量来评价，科研能力通过科研项目和已完成项目的情况进行评判，教学工作分两种情况，任课教师根据教学工作量和学生反映情况打分，非任课老师从日常工作量和质量方面评估。

现应用层次分析法对待评教师的综合素质进行评价。整个层次结构分为三层，最高层即问题分析的总目标，要评选出优秀教师；第二层是准则层，包括上述的三种指

标；第三层是方案层，即参加评优的教师，假设对五位候选教师进行评优工作，其中P_2，P_3 和 P_4 为任课教师，需要从学识水平、科研能力和教学工作三方面评估其综合素质，教师 P_5 是科研人员，学校对其没有教学任务，故只需从前两个方面衡量，教师 P_1 是行政人员，没有科研任务，只需从学识水平和教学工作两方面衡量。各位教师在三个指标上表现不同，建立这种层次结构后，问题分析归结为各位教师相对于总目标的优先次序。要按以下步骤进行。

（一）建立递阶层次结构（图 11-2）

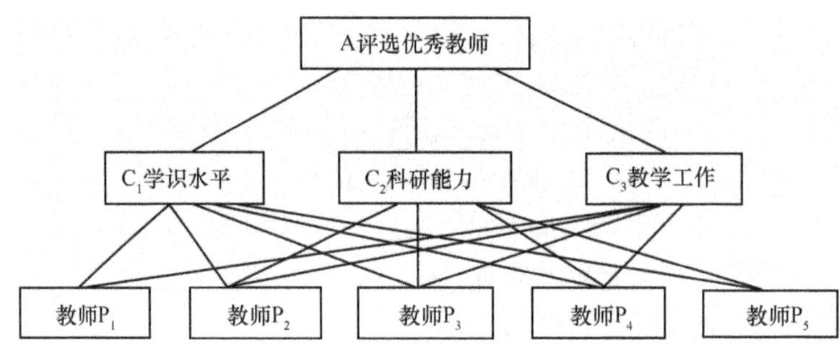

图 11-2 教师评优的递阶层次结构

（二）建立判断矩阵

就层次结构中的各种因素两两进行判断比较，建立判断矩阵。

(1) 判断矩阵 A/C（相对于总目标各指标间的重要性比较）。

A	C_1	C_2	C_3
C_1	1	1/5	1/3
C_2	5	1	3
C_3	3	1/3	1

(2) 判断矩阵 C_1/P（各教师的学识水平比较）。

C_1	P_1	P_2	P_3	P_4	P_5
P_1	1	3	5	4	7
P_2	1/3	1	3	2	5
P_3	1/5	1/3	1	1/2	2
P_4	1/4	1/2	2	1	3
P_5	1/7	1/5	1/2	1/3	1

(3) 判断矩阵 C_2/P（各教师的科研能力比较）。

C_2	P_2	P_3	P_4	P_5
P_2	1	1/7	1/3	1/5
P_3	7	1	5	2
P_4	3	1/5	1	1/3
P_5	5	1/2	3	1

(4) 判断矩阵 C_3/P（各教师的教学工作比较）。

C_3	P_1	P_2	P_3	P_4
P_1	1	1	3	3
P_2	1	1	3	3
P_3	1/3	1/3	1	1
P_4	1/3	1/3	1	1

（三）相对重要度及判断矩阵的最大特征值的计算

(1) A—C（各指标相对于总目标的相对权重）。

$$\omega=\begin{bmatrix}0.105\\0.637\\0.258\end{bmatrix}\qquad \lambda_{max}=3.038$$

(2) C_1—P（各教师相对于学识水平的相对权重）。

$$\omega=\begin{bmatrix}0.495\\0.232\\0.085\\0.137\\0.051\end{bmatrix}\qquad \lambda_{max}=5.079$$

(3) C_2—P（各教师相对于科研能力的相对权重）。

$$\omega=\begin{bmatrix}0.057\\0.523\\0.122\\0.298\end{bmatrix}\qquad \lambda_{max}=4.069$$

(4) C_3—P（各教师相对于教学工作的相对权重）。

$$\omega=\begin{bmatrix}0.375\\0.375\\0.125\\0.125\end{bmatrix}\qquad \lambda_{max}=4$$

（四）相容性判断

A—C：CI=0.019，RI=0.58，CR=0.033；

C_1—P：CI=0.020，RI=1.12，CR=0.018；

C_2—P：CI=0.023，RI=0.9，CR=0.025；

C_3—P：CI=0，RI=0.9，CR=0。

（五）综合重要度的计算（表 11-6）

表 11-6 算例中综合重要度的计算

P	C_1 0.105	C_2 0.637	C_3 0.258	层次 P 总排序 V
P_1	0.495	0	0.375	0.149
P_2	0.232	0.057	0.375	0.157
P_3	0.085	0.523	0.125	0.374
P_4	0.137	0.122	0.125	0.124
P_5	0.051	0.298	0	0.192

层次总排序一致性检验：

$$CI = \sum_{i=1}^{3} C_i\, CI = 0.105 \times 0.020 + 0.637 \times 0.023 + 0.258 \times 0 = 0.017$$

$$RI = \sum_{i=1}^{3} C_i\, RI = 0.105 \times 1.12 + 0.637 \times 0.90 + 0.258 \times 0.90 = 0.923$$

$$CR = \frac{CI}{RI} = \frac{0.017}{0.923} = 0.018$$

通过上述五步的分析和计算，可以得出每一位教师的优势都不同，但最终结果是教师 P_3 排在第一位，然后依次是 P_5，P_2，P_1 和 P_4。

第四节　模糊综合评价法

一、模糊综合评价的基本思想

在客观世界中，存在着大量的模糊概念和模糊现象。模糊数学就是试图用数学工具解决模糊事物方面的问题。

模糊综合评价法是运用模糊集理论对系统进行综合评价和决策的一种方法，可以获得各候选方案优先顺序的有关信息。具体地说，模糊综合评价就是以模糊数学为基础，应用模糊关系合成的原理，将一些边界不清、不易定量的因素定量化，从多个因素对被评价事物隶属等级状况进行综合性评价的一种方法。

二、模糊综合评价中相关概念

(1) 评价指标集 F，描述对各种候选方案进行综合评价的指标或准则，记为

$$F = (f_1, f_2, \cdots, f_n)$$

式中，$f_1, f_2, \cdots, f_n$ 为各评价指标或准则，n 为评价指标的个数。评价指标集也可以是一个多级递阶结构的集合。对不同的评价指标，应给以不同的权重 W，记为

$$W = (w_1, w_2, \cdots, w_n) \tag{11-13}$$

(2) 评价尺度集 E，描述对每一评价指标进行评价的尺度，记为

$$E = (e_1, e_2, \cdots, e_n) \tag{11-14}$$

式中，m 为评价尺度集中评价尺度的个数。评价尺度的分级可采用等级方式或分数方式，如

$$E=(\text{优秀},\text{良好},\text{及格},\text{不及格})$$

或

$$E=(0.9,0.7,0.5,0.3)$$

(3) 隶属度 r_{ij}^k，描述对候选方案 A_k 而言，用第 f_i 评价指标作出第 e_j 评价尺度的可能程度。对方案 A_k 的所有评价指标的隶属度组成隶属度矩阵 $\widetilde{R}_k$，该矩阵是一个模糊关系矩阵，记为

$$\widetilde{R}_k=\begin{bmatrix} r_{11}^k & r_{12}^k & \cdots & r_{1j}^k & \cdots & r_{1m}^k \\ r_{21}^k & r_{22}^k & \cdots & r_{2j}^k & \cdots & r_{2m}^k \\ \vdots & \vdots & & \vdots & & \vdots \\ r_{i1}^k & r_{i2}^k & & r_{ij}^k & \cdots & r_{im}^k \\ \vdots & \vdots & & \vdots & & \vdots \\ r_{n1}^k & r_{n2}^k & \cdots & r_{nj}^k & \cdots & r_{nm}^k \end{bmatrix} \tag{11-15}$$

在矩阵 $\widetilde{R}_k$ 中，元素 r_{ij}^k 可根据参加评价的专家作出的评价结果计算，即

$$r_{ij}^k=\frac{d_{ij}^k}{d} \tag{11-16}$$

式中，d 为参加评价的专家人数；d_{ij}^k 为对方案 A_k 的第 i 项评价指标 f_i 作出 e_j 评价尺度的专家人数。显然，$\sum\limits_{j=1}^{m} r_{ij}^k=1$。

三、模糊综合评价的步骤

(1) 邀请有关方面的专家组成评价小组；

(2) 通过讨论，确定系统评价指标集 F，$F=(f_1,f_2,\cdots,f_n)$，确定每一评价指标的评价尺度集 E，$E=(e_1,e_2,\cdots,e_n)$；

(3) 通过层次分析法之类的方法，或根据专家们的经验，确定各评价指标的权重 $W=(w_1,w_2,\cdots,w_n)$；

(4) 对每一候选方案构造隶属度矩阵 $\widetilde{R}_k$；

(5) 根据模糊理论的综合评价概念，计算每一候选方案的综合评定向量 $\widetilde{S}_k$。对候选方案 A_k，有

$$\widetilde{S}_k=W\cdot\widetilde{R}_k$$

式中，"·"为模糊合成算子。

$$\widetilde{S}_k=(s_1^k,s_2^k,\cdots,s_m^k)$$

在实际问题中，可把模糊变换"·"转化为模糊线性加权变换，即

$$\widetilde{S}_k=W\cdot\widetilde{R}_k \tag{11-17}$$

(6) 最后根据 $\widetilde{S}_k$ 对各候选方案进行评价。根据评价尺度的不同表达方式通常采取以

下两种评价方法。第一，对于采用等级方式评价尺度的情况，按照最大接近度的原则来综合判定各候选方案的等级；设 $S_l = \max S_i, 1 \leqslant i \leqslant m$，计算出 $\sum_{i=1}^{l-1} S_i$ 及 $\sum_{i=l+1}^{m} S_i$，① 若 $\sum_{i=1}^{l-1} S_i \leqslant \frac{1}{2}\sum_{i=1}^{m} S_i$，或 $\sum_{i=l+1}^{m} S_i \leqslant \frac{1}{2}\sum_{i=1}^{m} S_i$，则按 S_l 所属的评价等级评价，即等级为 E 的第 l 级。② 若 $\sum_{i=1}^{l-1} S_i \leqslant \frac{1}{2}\sum_{i=1}^{m} S_i$，则按 S_{l-1} 所属的评价等级评价，即等级为 E 的第 $(l-1)$ 级。③ 若 $\sum_{i=l+1}^{m} S_i \geqslant \frac{1}{2}\sum_{i=1}^{m} S_i$，则按 S_{l+1} 所属的评价等级评价，即等级为 E 的第 $(l+1)$ 级。如对 $E=$（优，良，中，差），若 $\widetilde{S}_k = (0.26, 0.16, 0.21, 0.37)$，则综合判断：$l=4$，$\sum_{i=1}^{3} S_i = 0.63 > \frac{1}{2}\sum_{i=1}^{4} S_i = 0.5$。结论方案 A_k 的等级属于 $(l-1)=3$ 级，即“中”级。第二，对于采用分数方式评价尺度的情况，则需计算各候选方案的优先度，即

$$N_k = \widetilde{S}_k \cdot E^{\mathrm{T}}$$

根据各候选方案优先度 N_k 的大小，即可按照优先度的大小顺序对各方案进行优先顺序的排列。

四、模糊综合评价的应用

以生产线选择问题为例，采用模糊综合评价法进行方案选择。

（一）确定系统评价项目集

系统评价项目集，$F=$（成本，质量，生产率），每一项评价项目所占的权重采用层次分析法相对重要度计算的结果，$W=(0.258, 0.637, 0.105)$。确定评价尺度为 5 级分数制：很低（0.9 分），较低（0.7 分），一般低（0.5 分），较高（0.3 分），很高（0.1 分），即 $E=(0.9, 0.7, 0.5, 0.3, 0.1)$。

（二）确定权重

邀请 9 名专家对每一方案的评价项目集进行投票评价，以便确定权重，评价结果如表 11-7 所示。

表 11-7　评价项目、权重、评价尺度及专家投票结果一览表

评价项目集 F		成本（f_1）	质量（f_2）	生产率（f_3）
权重 W		0.258	0.637	0.105
生产线 1				
评价尺度	0.9	0	1	2
	0.7	6	3	3
	0.5	2	3	3
	0.3	1	1	1
	0.1	0	1	0

续表

评价项目集 F		成本(f_1)	质量(f_2)	生产率(f_3)
权重 W		0.258	0.637	0.105
生产线 2				
评价尺度	0.9	1	4	1
	0.7	3	3	4
	0.5	4	1	3
	0.3	0	1	1
	0.1	1	0	0
生产线 3				
评价尺度	0.9	3	1	1
	0.7	3	4	3
	0.5	2	3	3
	0.3	1	1	1
	0.1	0	0	1

（三）确定各候选方案的隶属度矩阵

$$\tilde{R}_1 = \begin{bmatrix} 0 & 0.67 & 0.22 & 0.11 & 0 \\ 0.11 & 0.33 & 0.33 & 0.12 & 0.11 \\ 0.22 & 0.33 & 0.33 & 0.12 & 0 \end{bmatrix}$$

$$\tilde{R}_2 = \begin{bmatrix} 0.11 & 0.33 & 0.45 & 0 & 0.11 \\ 0.45 & 0.33 & 0.11 & 0.11 & 0 \\ 0.11 & 0.45 & 0.33 & 0.11 & 0 \end{bmatrix}$$

$$\tilde{R}_3 = \begin{bmatrix} 0.33 & 0.33 & 0.22 & 0.12 & 0 \\ 0.11 & 0.45 & 0.33 & 0.11 & 0 \\ 0.11 & 0.33 & 0.33 & 0.11 & 0.12 \end{bmatrix}$$

（四）计算各候选方案的综合评定向量

$$\tilde{S}_1 = W \cdot \tilde{R}_1 = (0.258, 0.637, 0.105)\begin{bmatrix} 0 & 0.67 & 0.22 & 0.11 & 0 \\ 0.11 & 0.33 & 0.33 & 0.12 & 0.11 \\ 0.22 & 0.33 & 0.33 & 0.12 & 0 \end{bmatrix}$$

$$= (0.0932, 0.4177, 0.3016, 0.1174, 0.0701)$$

$$\tilde{S}_2 = W \cdot \tilde{R}_2 = (0.258, 0.637, 0.105)\begin{bmatrix} 0.11 & 0.33 & 0.45 & 0 & 0.11 \\ 0.45 & 0.33 & 0.11 & 0.11 & 0 \\ 0.11 & 0.45 & 0.33 & 0.11 & 0 \end{bmatrix}$$

$$= (0.3266, 0.3426, 0.2208, 0.0816, 0.0284)$$

$$\widetilde{S}_3 = W \cdot \widetilde{R}_3 = (0.258, 0.637, 0.105)\begin{bmatrix} 0.33 & 0.33 & 0.22 & 0.12 & 0 \\ 0.11 & 0.45 & 0.33 & 0.11 & 0 \\ 0.11 & 0.33 & 0.33 & 0.11 & 0.12 \end{bmatrix}$$

$$= (0.1668, 0.4064, 0.3016, 0.1126, 0.0126)$$

（五）计算每一候选方案的优先度

$$N_1 = \widetilde{S}_1 \cdot E^{\mathrm{T}} = (0.0932, 0.4177, 0.3016, 0.1174, 0.0701)\begin{pmatrix} 0.9 \\ 0.7 \\ 0.5 \\ 0.3 \\ 0.1 \end{pmatrix}$$

$$= 0.08388 + 0.29239 + 0.1508 + 0.03522 + 0.00701$$

$$= 0.5693$$

$$N_2 = \widetilde{S}_2 \cdot E^{\mathrm{T}} = (0.3266, 0.3426, 0.2208, 0.0816, 0.0284)\begin{pmatrix} 0.9 \\ 0.7 \\ 0.5 \\ 0.3 \\ 0.1 \end{pmatrix}$$

$$= 0.29394 + 0.23982 + 0.1104 + 0.02448 + 0.00284$$

$$= 0.6715$$

$$N_3 = \widetilde{S}_3 \cdot E^{\mathrm{T}} = (0.1668, 0.4064, 0.3016, 0.1126, 0.0126)\begin{pmatrix} 0.9 \\ 0.7 \\ 0.5 \\ 0.3 \\ 0.1 \end{pmatrix}$$

$$= 0.15012 + 0.28448 + 0.1508 + 0.03378 + 0.00126$$

$$= 0.62044$$

根据上述计算结果，$N_2 > N_3 > N_1$ 因此三条生产线的优先顺序为 A_2, A_3, A_1。

常用统计表

附表 1 随机数字表

序号	(1)	(2)	(3)	(4)	(5)	(6)
1	32 044	69 037	29 655	92 114	81 034	40 582
7	23 821	98 070	82 592	81 642	08 971	07 411
3	82 383	94 987	66 441	28 677	95 961	78 346
4	68 310	21 792	71 635	86 089	38 157	95 620
5	94 858	76 940	22 165	01 414	01 413	37 231
6	95 000	61 958	83 430	98 250	70 030	05 436
7	20 764	64 638	11 359	32 756	89 822	02 714
8	71 401	17 964	50 940	95 753	34 903	98 566
9	38 464	75 707	16 750	61 371	01 523	69 205
10	50 442	59 247	74 955	82 885	93 378	82 513
11	11 318	40 951	99 279	32 222	75 433	27 397
12	05 785	06 837	96 483	00 230	58 220	09 756
13	05 933	69 834	57 402	35 163	84 138	44 850
14	31 722	07 334	77 178	70 361	25 819	85 037
15	95 118	88 373	26 934	42 991	00 142	90 852
16	14 347	69 076	76 796	91 159	85 189	84 766
17	64 447	95 461	85 772	84 261	82 806	90 347
18	82 201	62 993	83 834	69 165	14 135	25 283
19	45 631	73 570	53 937	02 805	60 044	85 567
20	59 594	78 376	47 900	30 057	94 668	04 629
21	72 010	44 720	92 746	82 059	42 361	54 456
22	35 419	04 632	07 000	25 529	72 128	90 454
23	71 750	86 044	76 982	81 506	93 646	00 776
24	84 739	48 460	08 013	88 344	27 585	44 997
25	38 929	79 307	78 252	14 446	21 545	34 737
26	67 690	38 918	06 316	08 110	24 591	38 729
27	64 601	76 493	91 280	23 056	21 242	20 983
28	72 065	44 593	88 240	17 510	73 412	88 774
29	90 225	74 930	08 500	64 177	13 202	15 085
30	28 621	05 977	64 429	26 054	65 632	27 972

续表

序号	(7)	(8)	(9)	(10)	(11)	(12)
1	01 584	77 184	85 762	46 505	53 533	15 371
2	09 037	81 530	56 195	98 425	21 533	64 827
3	37 916	09 416	42 438	48 423	16 744	59 182
4	96 718	79 544	50 209	17 705	29 755	02 090
5	05 509	37 489	56 459	52 983	96 409	59 779
6	74 814	45 978	09 277	13 827	52 953	71 540
7	81 293	52 970	25 080	33 555	90 262	31 720
8	36 318	79 530	51 105	26 952	54 105	18 221
9	32 122	03 435	14 489	02 086	67 582	66 521
10	47 870	20 795	01 352	89 906	19 305	26 904
11	46 214	48 872	26 536	41 042	40 596	25 017
12	00 533	17 614	98 144	82 427	62 138	69 210
13	11 527	05 692	84 810	44 109	22 109	39 017
14	46 319	21 085	37 957	05 102	93 335	66 817
15	14 199	93 593	76 082	23 664	47 180	76 224
16	88 814	90 023	62 928	14 789	53 471	00 822
17	97 519	03 144	16 530	52 542	21 857	19 942
18	35 485	47 029	62 941	37 099	72 881	03 862
19	10 497	26 882	50 000	47 089	04 120	19 435
20	10 087	13 562	13 800	15 764	91 658	66 831
21	66 999	77 103	47 491	65 161	80 859	71 560
22	05 188	34 453	42 189	82 994	18 450	69 690
23	06 017	10 638	08 818	94 242	65 467	43 307
24	58 464	68 682	56 828	78 191	53 897	64 038
25	48 625	61 374	32 181	17 834	22 256	27 125
26	53 296	64 295	87 158	64 938	62 955	01 404
27	34 202	40 045	82 157	65 050	41 256	26 715
28	96 914	05 702	17 130	20 916	58 746	11 631
29	15 734	57 555	63 812	57 696	22 222	10 157
30	42 932	81 090	49 530	35 918	80 379	32 246

附表 2 标准正态分布表

$$\Phi(z)\int_{-\infty}^{z}\frac{1}{\sqrt{2\pi}}e^{-\frac{z^2}{2}dz} = P(Z\leqslant z)$$

z	0	1	2	3	4	5	6	7	8	9
−3.0	0.001 3	0.001 0	0.000 7	0.000 5	0.000 3	0.000 2	0.000 2	0.000 1	0.000 1	0.000 0
−2.9	0.001 9	0.001 8	0.001 3	0.001 7	0.001 6	0.001 6	0.001 5	0.001 5	0.001 4	0.001 4
−2.8	0.002 6	0.002 5	0.002 4	0.002 3	0.002 3	0.002 2	0.002 1	0.002 1	0.002 0	0.001 9
−2.7	0.003 5	0.003 4	0.003 2	0.003 2	0.003 1	0.003 0	0.002 9	0.002 8	0.002 7	0.002 6
−2.6	0.004 7	0.004 5	0.004 4	0.004 3	0.004 1	0.004 0	0.003 9	0.003 8	0.003 7	0.003 6
−2.5	0.006 2	0.006 0	0.005 9	0.005 7	0.005 5	0.005 4	0.005 2	0.005 1	0.004 9	0.004 8

续表

z	0	1	2	3	4	5	6	7	8	9
−2.4	0.008 2	0.008 0	0.007 8	0.007 5	0.007 3	0.007 1	0.006 9	0.006 8	0.006 6	0.006 4
−2.3	0.010 7	0.010 4	0.010 2	0.009 9	0.009 6	0.004 9	0.009 1	0.008 9	0.008 7	0.008 4
−2.2	0.013 9	0.013 6	0.013 2	0.012 9	0.012 6	0.012 2	0.011 9	0.011 6	0.011 3	0.011 0
−2.1	0.017 9	0.017 4	0.017 0	0.016 6	0.016 2	0.015 8	0.015 4	0.015 0	0.014 6	0.014 3
−2.0	0.022 8	0.022 2	0.021 7	0.021 2	0.020 7	0.020 2	0.019 7	0.019 2	0.018 8	0.018 3
−1.9	0.028 7	0.028 1	0.027 4	0.026 8	0.026 2	0.025 6	0.025 0	0.0244	0.023 8	0.023 3
−1.8	0.035 9	0.035 2	0.034 4	0.033 6	0.032 9	0.032 2	0.031 4	0.030 5	0.030 0	0.029 4
−1.7	0.044 6	0.043 6	0.042 7	0.041 8	0.040 9	0.040 1	0.039 2	0.038 4	0.037 5	0.036 7
−1.6	0.054 8	0.053 7	0.052 6	0.051 6	0.050 5	0.049 5	0.048 5	0.047 5	0.0465	0.045 5
−1.5	0.066 8	0.065 5	0.064 3	0.063 0	0.061 8	0.606 0	0.059 4	0.058 2	0.057 0	0.055 9
−1.4	0.080 8	0.079 3	0.077 8	0.076 4	0.074 9	0.073 5	0.072 2	0.070 8	0.069 4	0.068 1
−1.3	0.096 8	0.095 1	0.093 4	0.091 8	0.090 1	0.088 5	0.086 9	0.085 3	0.083 8	0.082 3
−1.2	0.115 1	0.113 1	0.111 2	0.109 3	0.107 5	0.105 6	0.103 8	0.102 0	0.100 3	0.098 5
−1.1	0.135 7	0.133 5	0.131 4	0.129 2	0.127 1	0.125 1	0.123 0	0.121 0	0.119 0	0.117 0
−1.0	0.158 7	0.156 2	0.153 9	0.151 5	0.149 2	0.146 9	0.144 6	0.142 3	0.140 1	0.137 9
−0.9	0.184 1	0.181 4	0.178 8	0.176 2	0.173 6	0.171 1	0.168 5	0.166 0	0.163 5	0.161 1
−0.8	0.211 9	0.209 0	0.206 1	0.203 3	0.200 5	0.197 71	9.194 9	0.192 2	0.189 4	0.186 7
−0.7	0.242 0	0.238 9	0.235 8	0.232 7	0.229 7	0.226 61	3.223 6	0.220 6	0.217 7	0.214 8
−0.6	0.274 3	0.270 9	0.267 6	0.264 3	0.261 1	9.257 84	3.254 6	0.251 4	0.248 3	0.245 1
−0.5	9.308 5	9.305 0	0.301 5	0.298 1	0.294 6	9.291 21	0.287 7	0.284 3	9.281 0	0.277 6
−0.4	0.344 6	0.340 9	0.337 2	0.333 6	0.330 0	0.326 4	0.322 8	0.319 2	0.315 6	0.312 1
−0.3	0.382 1	0.378 3	0.374 5	0.370 7	0.366 9	0.363 2	0.359 4	0.355 7	0.352 0	0.348 3
−0.2	0.420 7	0.416 8	0.412 9	04 090	0.405 2	0.401 3	0.397 4	0.393 6	0.389 7	0.385 9
−0.1	0.460 2	0.456 2	0.452 2	0.448 3	0.444 3	0.440 4	0.436 4	0.432 5	0.428 6	0.424 7
−0.0	0.500 0	0.496 0	0.492 0	0.488 0	0.484 0	0.480 1	0.476 1	0.472 1	0.468 1	0.464 1
0.0	0.500 0	0.504 0	0.508 0	0.512 0	0.516 0	0.519 9	0.523 9	0.527 9	05 319	0.535 9
0.1	0.539 8	0.543 8	0.547 8	0.551 7	0.555 7	0.559 6	0.563 6	0.567 5	0.571 4	0.575 3
0.2	0.579 3	0.583 2	0.587 1	0.591 0	0.594 8	0.598 7	0.602 6	0.606 4	0.610 3	0.614 1
0.3	0.617 9	0.621 7	0.625 5	0.629 3	0.633 1	0.636 8	0.640 6	0.644 3	0.648 0	0.651 7
0.4	0.655 4	0.659 1	0.662 8	0.666 4	0.670 0	0.673 6	0.677 2	0.680 8	0.684 4	0.687 9
0.5	0.691 5	0.695 0	0.698 5	0.701 9	0.705 4	0.708 8	0.712 3	0.715 7	0.719 0	0.722 4
0.6	0.725 7	0.729 1	0.732 4	0.735 7	0.738 9	0.742 2	0.745 4	0.748 6	0.751 7	0.754 9
0.7	0.758 0	0.761 1	0.764 2	0.767 3	0.770 3	0.773 4	0.776 4	0.779 4	0.782 3	0.785 2
0.8	0.788 1	0.791 0	0.793 9	0.796 7	0.799 5	0.802 3	0.805 1	0.807 8	0.810 6	0.813 3
0.9	0.815 9	0.818 6	0.821 2	0.823 8	0.826 4	0.828 9	0.831 5	0.834 0	0.836 5	0.838 9
1.0	0.841 3	0.843 8	0.846 1	0.848 5	0.850 8	0.853 1	0.855 4	0.857 7	0.859 9	0.862 1
1.1	0.864 3	0.866 5	0.868 6	0.870 8	0.872 9	0.874 9	0.877 0	0.879 0	0.881 0	0.883 0
1.2	0.884 9	0.886 9	0.888 8	0.890 7	0.892 5	0.894 4	0.896 2	0.898 0	0.899 7	0.901 5
1.3	0.903 2	0.904 9	0.906 6	0.908 2	0.909 9	0.911 5	0.913 1	0.914 7	0.916 2	0.917 7
1.4	0.919 2	0.920 7	0.922 2	0.923 6	0.925 1	0.926 5	0.927 8	0.929 2	0.930 6	0.931 9

续表

z	0	1	2	3	4	5	6	7	8	9
1.5	0.933 2	0.934 5	0.935 7	0.937 0	0.938 2	0.939 4	0.940 6	0.941 8	0.943 0	0.944 1
1.6	0.945 2	0.946 3	0.947 4	0.948 4	0.949 5	0.050 5	0.951 5	0.952 5	0.953 5	0.854 5
1.7	0.955 4	0.956 4	0.957 3	0.958 2	0.959 1	0.959 9	0.960 8	0.961 6	0.962 5	0.963 3
1.8	0.964 1	0.964 8	0.965 6	0.966 4	0.967 1	0.967 8	0.968 6	0.969 3	0.970 0	0.970 6
1.9	0.971 3	0.971 9	0.972 6	0.973 2	0.973 8	0.974 4	0.975 0	0.975 6	0.976 2	0.976 7
2.0	0.977 2	0.977 8	0.978 3	0.978 8	0.979 3	0.979 8	0.980 3	0.980 8	0.981 2	0.981 7
2.1	0.982 1	0.982 6	0.983 0	0.983 4	0.983 8	0.984 2	0.984 6	0.985 0	0.985 4	0.985 7
2.2	0.986 1	0.986 4	0.986 8	0.987 1	0.987 4	0.987 8	0.988 1	0.988 4	0.988 7	0.989 0
2.3	0.989 3	0.989 6	0.989 8	0.990 1	0.990 4	0.990 6	0.990 9	0.991 1	0.991 3	0.091 6
2.4	0.991 8	0.992 0	0.992 2	0.992 5	0.992 7	0.992 9	0.993 1	0.993 2	0.993 4	0.993 6
2.5	0.993 8	0.994 0	0.994 1	0.994 3	0.994 5	0.994 6	0.994 8	0.994 9	0.995 1	0.995 2
2.6	0.995 3	0.905 5	0.995 6	0.995 7	0.995 9	0.996 0	0.996 1	0.996 2	0.996 3	0.996 4
2.7	0.996 5	0.996 6	0.996 7	0.906 8	0.996 9	0.997 0	0.997 1	0.997 2	0.997 3	0.997 4
2.8	0.997 4	0.997 5	0.997 6	0.997 7	0.997 7	0.997 8	0.997 9	0.997 9	0.998 0	0.998 1
2.9	0.998 1	0.998 2	0.998 2	0.998 3	0.098 4	0.998 4	0.998 5	0.998 5	0.998 6	0.998 6
3.0	0.998 7	0.999 0	0.999 3	0.999 5	0.999 7	0.999 8	0.999 8	0.999 9	0.999 9	1.000 0

附表 3 标准正态分布概率度表

t	F (t)	t	F (t)	t	F (t)	t	F (t)
0.00	0.000 0	0.20	0.158 5	0.40	0.310 8	0.60	0.451 5
0.01	0.008 0	0.21	0.166 3	0.41	0.318 2	0.61	0.458 1
0.02	0.016 0	0.22	0.174 1	0.42	0.325 5	0.62	0.464 7
0.03	0.023 9	0.23	0.181 9	0.43	0.3328	0.63	0.471 3
0.04	0.031 9	0.24	0.189 7	0.44	0.3401	0.64	0.477 8
0.05	0.039 9	0.25	0.197 4	0.45	0.347 3	0.65	0.484 3
0.06	0.047 8	0.26	0.205 1	0.46	0.354 5	0.66	0.490 7
0.07	0.055 8	0.27	0.212 8	0.47	0.361 6	0.67	0.497 1
0.08	0.063 8	0.28	0.220 5	0.48	0.368 8	0.68	0.503 5
0.09	0.071 7	0.29	0.228 2	0.49	0.375 9	0.69	0.509 8
0.10	0.079 7	0.30	0.235 8	0.50	0.382 9	0.70	0.516 1
0.11	0.087 6	0.31	0.243 4	0.51	0.389 9	0.71	0.522 3
0.12	0.095 5	0.32	0.251 0	0.52	0.396 9	0.72	0.528 5
0.13	0.103 4	0.33	0.258 6	0.53	0.403 9	0.73	0.534 6
0.14	0.111 3	0.34	0.266 1	0.54	0.410 8	0.74	0.510 7
0.15	0.119 2	0.35	0.273 7	0.55	0.417 7	0.75	0.546 7
0.16	0.127 1	0.36	0.281 2	0.56	0.424 5	0.76	0.552 7
0.17	0.135 0	0.37	0.288 6	0.57	0.431 3	0.77	0.558 7
0.18	0.142 8	0.38	0.296 1	0.58	0.438 1	0.78	0.564 6
0.19	0.150 7	0.39	0.303 5	0.59	0.444 8	0.79	0.570 5

续表

t	F (t)	t	F (t)	t	F (t)	t	F (t)
0.80	0.576 3	1.25	0.788 7	1.70	0.910 9	2.30	0.978 6
0.81	0.582 1	1.26	0.792 3	1.71	0.912 7	2.32	0.979 7
0.82	0.587 8	1.27	0.795 9	1.72	0.914 6	2.34	0.980 7
0.83	0.593 5	1.28	0.799 5	1.73	0.916 4	2.36	0.981 7
0.84	0.599 1	1.29	0.803 0	1.74	0.918 1	2.38	0.982 7
0.85	0.604 7	1.30	0.806 4	1.75	0.919 9	2.40	0.983 6
0.86	0.610 2	1.31	0.809 8	1.76	0.921 6	2.42	0.984 5
0.87	0.615 7	1.32	0.813 2	1.77	0.923 3	2.44	0.985 3
0.88	0.621 1	1.33	0.816 5	1.78	0.924 9	2.46	0.986 1
0.89	0.626 5	1.34	0.819 8	1.79	0.926 5	2.48	0.986 8
0.90	0.631 9	1.35	0.823 0	1.80	0.928 1	2.50	0.987 6
0.91	0.637 2	1.36	0.826 2	1.81	0.929 7	2.52	0.988 3
0.92	0.642 4	1.37	0.829 3	1.82	0.931 2	2.54	0.988 9
0.93	0.647 6	1.38	0.832 4	1.83	0.932 8	2.56	0.989 5
0.94	0.652 8	1.39	0.835 5	1.84	0.934 2	2.58	0.990 1
0.95	0.657 9	1.40	0.838 5	1.85	0.935 7	2.60	0.990 7
0.96	0.662 9	1.41	0.841 5	1.86	0.937 1	2.62	0.991 2
0.97	0.668 0	1.42	0.844 4	1.87	0.938 5	2.64	0.991 7
0.98	0.672 9	1.43	0.847 3	1.88	0.939 9	2.66	0.992 2
0.99	0.677 8	1.44	0.850 1	1.89	0.941 2	2.68	0.992 6
1.00	0.682 7	1.45	0.852 9	1.90	0.942 6	2.70	0.993 1
1.01	0.687 5	1.46	0.855 7	1.91	0.943 9	2.72	0.993 5
1.02	0.692 3	1.47	0.858 4	1.92	0.945 1	2.74	0.993 9
1.03	0.697 0	1.48	0.861 1	1.93	0.946 4	2.76	0.994 2
1.04	0.701 7	1.49	0.863 8	1.94	0.947 6	2.78	0.994 6
1.05	0.706 3	1.50	0.866 4	1.95	0.948 8	2.80	0.994 9
1.06	0.710 9	1.51	0.869 0	1.96	0.950 0	2.82	0.995 2
1.07	0.715 4	1.52	0.871 5	1.97	0.951 2	2.84	0.995 5
1.08	0.719 9	1.53	0.874 0	1.98	0.952 3	2.86	0.995 8
1.09	0.724 3	1.54	0.876 4	1.99	0.953 4	2.88	0.996 0
1.10	0.728 7	1.55	0.878 9	2.00	0.954 5	2.90	0.996 2
1.11	0.733 0	1.56	0.881 2	2.02	0.956 6	2.92	0.996 5
1.12	0.737 3	1.57	0.883 6	2.04	0.958 7	2.94	0.996 7
1.13	0.741 5	1.58	0.885 9	2.06	0.960 6	2.96	0.996 9
1.14	0.745 7	1.59	0.888 2	2.08	0.962 5	2.98	0.997 1
1.15	0.749 9	1.60	0.890 4	2.10	0.964 3	3.00	0.997 3
1.16	0.754 0	1.61	0.892 6	2.12	0.966 0	3.20	0.993 6
1.17	0.758 0	1.62	0.894 8	2.14	0.967 6	3.40	0.999 3
1.18	0.762 0	1.63	0.896 9	2.16	0.969 2	3.60	0.999 68
1.19	0.766 0	1.64	0.899 0	2.18	0.970 7	3.80	0.999 86
1.20	0.769 9	1.65	0.901 1	2.20	0.972 2	4.00	0.999 94
1.21	0.773 7	1.66	0.903 1	2.22	0.973 6	4.50	0.999 993
1.22	0.777 5	1.67	0.905 1	2.24	0.974 9	5.00	0.999 999
1.23	0.781 3	1.68	0.907 0	2.26	0.976 2		
1.24	0.785 0	1.69	0.909 0	2.28	0.977 4		

附表 4 t 检验临界值表

α	单侧	0.100	0.050	0.025	0.010	0.005
	双侧	0.200	0.100	0.050	0.020	0.010
自由度数 n	1	3.078	6.30	12.71	31.82	63.66
	2	1.89	2.92	4.30	6.69	9.92
	3	1.64	2.35	3.18	4.54	5.84
	4	1.53	2.13	2.78	3.75	4.60
	5	1.48	2.02	2.57	3.37	4.03
	6	1.44	1.94	2.45	3.14	3.71
	7	1.41	1.89	2.37	3.00	3.50
	8	1.40	1.86	2.31	2.90	3.36
	9	1.38	1.83	2.26	2.82	3.25
	10	1.37	1.81	2.23	2.76	3.17
	11	1.36	1.80	2.20	2.72	3.11
	12	1.36	1.78	2.18	2.68	3.05
	13	1.35	1.77	2.16	2.65	3.01
	14	1.35	1.76	2.14	2.62	2.98
	15	1.34	1.65	2.13	2.60	2.95
	16	1.34	1.75	2.12	2.58	2.92
	17	1.33	1.74	2.11	2.57	2.90
	18	1.33	1.73	2.10	2.55	2.88
	19	1.33	1.73	2.09	2.54	2.86
	20	1.33	1.72	2.09	2.53	2.85
	21	1.32	1.72	2.08	2.52	2.83
	22	1.32	1.72	2.07	2.51	2.82
	23	1.32	1.71	2.07	2.50	2.81
	24	1.32	1.71	2.06	2.49	2.80
	25	1.32	1.71	2.06	2.49	2.79
	26	1.31	1.71	2.06	2.48	2.78
	27	1.31	1.70	2.05	2.47	2.77
	28	1.31	1.70	2.05	2.47	2.76
	29	1.31	1.70	2.05	2.46	2.76
	30	1.31	1.70	2.04	2.46	2.75
	40	1.30	1.68	2.02	2.42	2.70
	60	1.30	1.67	2.00	2.39	2.66
	120	1.29	1.66	1.98	2.36	2.62
	∞	1.28	1.64	1.96	2.33	2.58

附表 5　F 分布临界值表

$$P\{F(n_1,n_2)>F_\alpha(n_1,n_2)\}=\alpha$$

$\alpha=0.10$

n_2 \ n_1	1	2	3	4	5	6	7	8	9	10	12	15	20	24	30	40	60	120	∞
1	39.86	49.50	53.59	55.83	57.24	58.20	58.91	59.44	59.86	60.19	60.71	61.22	61.74	62.00	62.26	62.53	62.79	63.06	63.33
2	8.53	9.00	9.16	9.24	9.29	9.33	9.35	9.37	9.38	9.39	9.41	9.42	9.44	9.45	9.46	9.47	9.47	9.48	9.49
3	5.54	5.46	5.39	5.34	5.31	5.28	5.27	5.25	5.24	5.23	5.22	5.20	5.18	5.18	5.17	5.16	5.15	5.14	5.13
4	4.54	4.32	4.19	4.11	4.05	4.01	3.98	3.95	3.94	3.92	3.90	3.87	3.84	3.83	3.82	3.80	3.79	3.78	3.76
5	4.06	3.78	3.62	3.52	3.45	3.10	3.37	3.34	3.32	3.30	3.27	3.24	3.21	3.19	3.17	3.16	3.14	3.12	3.10
6	3.78	3.46	3.92	3.18	3.11	3.05	3.01	2.98	2.96	2.94	2.90	2.87	2.84	2.82	2.80	2.78	2.76	2.74	2.72
7	3.59	3.26	3.07	2.96	2.88	2.83	2.78	2.75	2.77	2.70	2.67	2.63	2.59	2.58	2.56	2.54	2.51	2.49	2.47
8	3.46	3.11	2.29	2.81	2.73	2.67	2.62	2.59	2.56	2.54	2.50	2.46	2.42	2.40	2.28	2.36	2.34	2.32	2.29
9	3.36	3.01	2.81	2.69	2.61	2.55	2.51	2.47	2.44	2.42	2.38	2.34	2.30	2.28	2.25	2.23	2.21	2.18	2.16
10	3.29	2.92	2.73	2.61	2.52	2.46	2.41	2.28	2.35	2.32	2.23	2.24	2.20	2.18	2.16	2.13	2.11	2.08	2.06
11	3.23	2.86	2.66	2.54	2.45	2.39	2.34	2.30	2.27	2.25	2.21	2.17	2.12	2.10	2.08	2.05	2.03	2.00	1.97
12	3.18	2.81	2.61	2.48	2.39	2.33	2.28	2.24	2.21	2.19	2.15	2.10	2.06	2.04	2.01	1.99	1.96	1.93	1.90
13	3.14	2.76	2.56	2.43	2.35	2.28	2.23	2.20	2.16	2.14	2.10	2.05	2.01	1.98	1.96	1.93	1.90	1.88	1.85
14	3.10	2.73	2.52	2.39	2.31	2.24	2.19	2.15	2.12	2.10	2.05	2.01	1.96	1.94	1.91	1.89	1.86	1.83	1.80
15	3.07	2.70	2.49	2.39	2.27	2.21	2.16	2.12	2.09	2.06	2.02	1.97	1.92	1.90	1.87	1.85	1.82	1.79	1.76
16	3.05	2.67	2.46	2.23	2.24	2.18	2.13	2.09	2.06	2.03	1.99	1.94	1.89	1.87	1.84	1.81	1.78	1.75	1.72
17	3.03	2.64	2.44	2.31	2.22	2.15	2.10	2.06	2.03	2.00	1.96	1.91	1.86	1.84	1.81	1.78	1.75	1.72	1.69
18	3.01	2.62	2.42	2.29	2.20	2.13	2.08	2.04	2.00	1.98	1.93	1.89	1.84	1.81	1.78	1.85	1.72	1.69	1.66
19	2.99	2.61	2.40	2.27	2.18	2.11	2.06	2.02	1.98	1.96	1.91	1.86	1.81	1.79	1.76	1.73	1.70	1.67	1.63
20	2.97	2.59	2.38	2.25	2.16	2.09	2.04	2.00	1.96	1.94	1.89	1.34	1.79	1.77	1.74	1.71	1.68	1.64	1.61
21	2.96	2.57	2.26	2.23	2.14	2.08	2.02	1.98	1.95	1.92	1.87	1.83	1.78	1.75	1.72	1.69	1.66	1.62	1.59
22	2.95	2.56	2.35	2.22	2.13	2.06	2.01	1.97	1.93	1.90	1.86	1.81	1.76	1.73	1.70	1.67	1.64	1.60	1.57
23	2.94	2.55	2.34	2.21	2.11	2.05	1.99	1.95	1.92	1.89	1.84	1.80	1.74	1.72	1.69	1.66	1.62	1.59	1.56
23	2.93	2.54	2.33	2.19	2.10	2.04	1.98	1.94	1.91	1.88	1.83	1.78	1.73	1.70	1.67	1.64	1.61	1.57	1.53
24	2.92	2.53	2.52	2.18	2.09	2.02	1.97	1.93	1.89	1.87	1.82	1.77	1.72	1.69	1.66	1.63	1.59	1.56	1.52

续表

n_2 \ n_1	1	2	3	4	5	6	7	8	9	10	12	15	20	24	30	40	60	120	∞
25	2.91	2.52	2.31	2.17	2.08	2.01	1.96	1.92	1.88	1.86	1.81	1.76	1.71	1.68	1.65	1.61	1.58	1.54	1.50
26	2.90	2.51	2.30	2.17	2.07	2.00	1.95	1.91	1.87	1.85	1.80	1.75	1.70	1.67	1.64	1.60	1.57	1.53	1.49
27	2.89	2.50	2.89	2.16	2.06	2.00	1.94	1.90	1.87	1.84	1.79	1.74	1.69	1.66	1.63	1.59	1.56	1.52	1.48
28	2.89	2.50	2.28	2.15	2.06	1.99	1.93	1.89	1.86	1.83	1.78	1.73	1.68	1.65	1.62	1.58	1.55	1.51	1.47
29	2.88	2.49	2.28	2.14	2.05	1.98	1.93	1.88	1.85	1.82	1.77	1.72	1.67	1.64	1.61	1.57	1.54	1.50	1.46
30	2.84	2.44	2.23	2.09	2.00	1.93	1.87	1.83	1.79	1.76	1.71	1.66	1.61	1.57	1.54	1.51	1.47	1.42	1.38
40	2.79	2.39	2.18	2.04	1.95	1.87	1.82	1.77	1.74	1.71	1.66	1.60	1.54	1.51	1.48	1.44	1.40	1.35	1.29
60	2.75	2.35	2.13	1.99	1.90	1.82	1.77	1.72	1.68	1.65	1.60	1.55	1.48	1.45	1.41	1.37	1.32	1.26	1.19
120	2.71	2.30	2.08	1.94	1.85	1.77	1.72	1.67	1.63	1.60	1.55	1.49	1.42	1.38	1.34	1.30	1.24	1.17	1.00

$\alpha=0.05$

n_2 \ n_1	1	2	3	4	5	6	7	8	9	10	12	15	20	24	30	40	60	120	∞
1	161.4	199.5	215.7	224.6	230.2	234.0	236.8	238.9	240.5	241.9	243.9	245.9	248.0	249.1	250.1	251.3	252.2	253.3	254.3
2	18.51	19.00	19.16	19.25	19.30	19.33	19.35	19.37	19.38	19.40	19.41	19.43	19.45	19.45	19.46	19.47	19.48	19.49	19.50
3	10.13	9.55	9.28	9.12	9.01	8.94	8.89	8.85	8.81	8.79	8.74	8.70	8.66	8.64	8.62	8.59	8.57	8.55	8.53
4	7.71	6.94	6.59	6.39	6.26	6.16	6.09	6.04	6.00	5.96	5.91	5.86	5.80	5.77	5.75	5.72	5.69	5.66	5.63
5	6.61	5.79	5.41	5.19	5.05	4.95	4.38	4.82	4.77	1.74	4.68	4.62	4.56	4.53	4.50	4.46	4.43	4.40	4.36
6	5.99	5.14	4.76	4.53	4.59	4.28	4.21	4.15	4.10	4.06	4.00	3.94	3.87	3.84	3.81	3.77	3.74	3.70	3.67
7	5.59	4.47	4.35	4.12	3.97	3.87	3.79	3.73	3.68	3.64	3.57	3.51	3.44	3.41	3.38	3.34	5.30	3.27	3.23
8	5.32	4.46	4.07	3.04	3.69	3.58	3.50	3.44	3.39	3.55	3.28	3.22	3.15	5.12	3.08	3.04	3.01	2.97	2.93
9	5.12	4.26	3.86	3.63	3.48	3.37	3.29	3.23	3.18	3.14	3.07	3.01	2.94	7.90	2.96	2.83	2.79	2.75	2.71
10	0.96	4.10	3.71	3.48	3.33	3.22	1.14	3.07	3.02	2.98	2.91	2.85	2.77	2.74	2.70	2.66	2.62	2.58	2.54
11	4.84	3.98	3.59	3.36	3.20	3.09	3.01	2.95	2.90	2.85	2.79	2.72	2.65	2.61	2.57	2.53	2.49	2.45	2.40
12	4.75	3.89	3.19	3.26	3.11	3.00	2.91	2.85	2.80	2.75	2.69	2.62	2.54	2.51	2.47	2.43	2.38	2.34	2.30
13	4.67	3.81	3.41	3.18	3.03	2.92	2.83	2.77	2.71	2.67	2.60	2.53	2.46	2.42	2.38	2.34	2.30	2.25	2.21
14	4.60	3.74	3.34	3.11	2.96	2.85	2.76	2.70	2.65	2.60	2.53	2.46	2.39	2.35	2.31	2.27	2.22	2.18	2.13

续表

n_2 \ n_1	1	2	3	4	5	6	7	8	9	10	12	15	20	24	30	40	60	120	∞
15	4.54	3.68	3.29	3.06	2.90	2.79	2.71	2.64	2.59	2.54	2.48	2.40	2.33	2.29	2.25	2.20	2.16	2.11	2.07
16	4.49	3.63	3.24	3.01	2.85	2.74	2.66	2.59	2.54	2.49	2.42	2.35	2.28	2.24	2.19	2.15	2.11	2.06	2.01
17	4.45	3.59	3.20	2.96	2.81	2.70	2.61	2.55	2.49	2.45	2.38	2.31	2.23	2.19	2.15	2.10	2.06	2.01	1.96
18	4.41	3.55	3.16	2.93	2.77	2.66	2.58	2.51	2.46	2.41	2.34	2.27	2.19	2.15	2.11	2.06	2.02	1.97	1.92
19	4.38	3.52	3.13	2.90	2.74	2.63	2.54	2.48	2.42	2.38	2.31	2.23	2.16	2.11	2.07	2.03	1.98	1.93	1.88
20	4.35	3.49	3.10	2.87	2.71	2.60	2.51	2.45	2.39	2.35	2.28	2.20	2.12	2.08	2.04	1.99	1.95	1.90	1.84
21	4.32	3.47	3.07	2.84	2.68	2.57	2.49	2.42	2.37	2.32	2.25	2.18	2.10	2.05	2.01	1.96	1.92	1.87	1.81
22	4.30	3.44	3.05	2.82	2.66	2.55	2.46	2.40	2.34	2.30	2.23	2.15	2.07	2.03	1.98	1.94	1.89	1.84	1.78
23	4.28	3.42	3.03	2.80	2.64	2.53	2.44	2.37	2.32	2.27	2.20	2.13	2.05	2.01	1.96	1.91	1.86	1.81	1.76
24	4.26	3.40	3.01	2.78	2.62	2.51	2.42	2.36	2.30	2.25	2.18	2.11	2.03	1.98	1.94	1.89	1.84	1.79	1.73
25	4.24	3.39	2.99	2.76	2.60	2.49	2.40	2.34	2.28	2.24	2.16	2.09	2.01	0.96	1.92	1.87	1.82	1.77	1.71
26	4.23	3.37	2.98	2.74	2.59	2.47	2.39	2.32	2.27	2.22	2.15	2.07	1.99	1.95	1.90	1.85	1.80	1.75	1.69
27	4.21	3.35	2.96	2.73	2.57	2.46	2.37	2.30	2.25	2.20	2.13	2.06	1.97	1.93	1.88	1.84	1.79	1.73	1.67
28	4.20	3.34	2.95	2.71	2.56	2.45	2.36	2.29	2.24	2.19	2.12	2.04	1.96	1.91	1.87	1.82	1.77	1.11	1.65
29	4.18	3.33	2.93	2.70	2.55	2.43	2.35	2.28	2.22	2.18	2.10	2.03	1.94	1.90	1.85	1.81	1.75	1.70	1.64
30	4.17	3.32	2.92	2.69	2.53	2.42	2.33	2.27	2.21	2.16	2.09	2.01	1.93	1.89	1.84	1.79	1.74	1.68	1.62
40	4.08	3.23	2.84	2.61	2.45	2.34	2.25	2.18	2.12	2.08	2.00	1.92	1.84	1.79	1.74	1.69	1.64	1.58	1.51
60	4.00	3.15	2.76	2.53	2.37	2.25	2.17	2.10	2.04	1.99	1.92	1.84	1.75	1.70	1.65	1.59	1.53	1.47	1.39
120	3.92	0.07	2.68	2.45	2.29	2.17	2.09	2.02	1.96	1.91	1.83	1.75	1.66	1.61	1.55	1.50	1.43	1.35	1.25
∞	3.84	3.00	2.60	2.37	2.21	2.10	2.01	1.94	1.88	1.83	1.75	1.67	1.57	1.52	1.46	1.39	1.32	1.22	1.00

$\alpha = 0.025$

n_2 \ n_1	1	2	3	4	5	6	7	8	9	10	12	15	20	24	30	40	60	120	∞
1	647.8	799.5	864.2	889.6	921.8	937.1	948.2	956.7	963.3	968.6	976.7	984.9	993.1	997.2	1001	1006	1010	1014	1018
2	38.51	39.00	39.17	39.25	39.30	39.33	39.36	39.37	39.39	39.40	39.41	39.43	39.45	39.40	39.46	39.47	39.48	39.49	39.50
3	17.44	16.04	15.44	15.10	14.88	14.73	14.62	14.54	14.47	14.42	14.34	14.25	14.17	14.12	14.08	14.04	13.99	13.95	13.90
4	12.22	10.65	9.98	9.60	9.36	9.20	9.07	8.98	8.90	8.84	14.25	8.66	8.56	8.52	8.46	8.41	8.36	8.31	8.26

续表

n_2 \ n_1	1	2	3	4	5	6	7	8	9	10	12	15	20	24	30	40	60	120	∞
5	10.01	8.43	7.76	7.39	7.15	6.98	6.85	6.76	6.68	6.62	6.52	6.43	6.33	6.28	6.23	6.18	6.12	6.07	6.02
6	8.81	7.26	6.60	6.23	5.99	5.82	5.70	5.60	5.52	5.46	5.37	5.27	5.17	5.12	5.07	5.01	4.96	4.90	4.85
7	8.07	6.54	5.89	5.52	5.29	5.12	4.99	4.90	4.82	4.76	4.67	4.57	4.47	4.42	4.36	4.31	4.25	4.20	4.14
8	7.57	6.06	5.42	5.05	4.82	4.65	4.53	4.43	4.36	4.30	4.20	4.10	4.00	3.95	3.89	3.84	3.78	3.73	3.67
9	7.21	5.71	5.08	4.72	4.48	4.32	4.20	4.10	4.03	3.96	3.87	3.77	3.67	3.61	3.56	3.51	3.45	3.39	3.33
10	6.94	5.46	4.83	4.47	4.24	4.07	3.95	3.85	3.78	3.72	3.62	3.52	3.42	3.37	3.31	3.26	3.20	3.14	3.08
11	6.72	5.26	4.63	4.28	4.04	3.88	0.76	3.66	3.59	3.53	3.43	3.33	3.23	3.17	3.12	3.06	3.00	2.94	2.88
12	6.55	5.10	4.47	4.12	3.85	3.73	3.61	3.51	3.44	3.37	3.28	3.18	3.07	3.02	2.96	2.91	2.85	2.79	2.72
13	6.41	4.97	4.35	4.00	3.77	3.60	3.48	3.39	3.31	3.25	3.15	3.05	2.95	2.89	2.84	2.78	2.72	2.66	2.60
14	6.30	4.86	4.24	3.89	3.66	3.50	3.38	3.29	3.21	3.15	3.05	2.95	2.81	2.79	2.73	2.67	2.61	2.55	2.49
15	6.20	4.77	4.15	3.80	3.58	3.41	3.29	3.20	3.12	3.06	2.96	2.86	2.76	2.70	2.64	2.59	2.52	2.46	2.40
16	6.12	4.69	4.08	3.73	3.50	3.34	3.22	3.12	3.05	2.79	2.89	2.79	2.68	2.63	2.57	2.51	2.45	2.38	2.32
17	6.04	4.62	4.01	3.66	3.44	3.28	3.16	3.06	2.98	2.92	2.82	2.72	2.62	2.56	2.50	2.44	2.38	2.32	2.25
18	5.98	4.56	3.95	3.61	3.38	3.22	3.10	3.01	2.93	2.87	2.77	2.67	2.56	2.50	2.44	2.38	2.32	2.26	2.19
19	5.92	4.51	3.90	3.56	3.33	3.17	3.05	2.96	2.88	2.82	2.72	2.62	2.51	2.45	2.39	2.33	2.27	2.20	2.13
20	5.87	4.46	3.86	3.51	3.29	3.13	3.01	2.91	2.84	2.77	2.68	2.57	2.46	2.41	2.35	2.29	2.22	2.16	2.09
21	5.83	4.24	3.82	3.48	3.25	3.09	2.97	2.87	2.80	2.73	2.64	2.53	2.42	2.37	2.31	2.25	2.18	2.11	2.04
22	5.79	4.38	3.78	3.44	3.22	3.05	2.93	2.84	2.76	2.70	2.60	2.50	2.39	2.33	2.27	2.21	2.14	2.08	2.00
23	5.75	4.35	3.75	3.41	3.18	3.02	2.90	2.81	2.73	2.67	2.57	2.47	2.36	2.30	2.24	2.18	2.11	2.04	1.97
24	5.72	4.32	3.72	3.38	3.15	2.99	2.87	2.78	2.70	2.64	2.54	2.44	2.33	2.27	2.21	2.15	2.08	2.01	1.94
25	5.69	4.29	3.69	3.35	3.13	2.97	2.85	2.75	2.68	2.61	2.51	2.41	2.30	2.24	2.18	2.12	2.05	1.98	1.91
26	5.66	4.27	3.67	3.33	3.10	2.94	2.82	2.73	2.65	2.50	2.49	2.39	2.28	2.22	2.16	2.09	2.03	1.95	1.88
27	5.63	4.24	3.65	3.31	3.08	2.92	2.80	2.71	2.63	2.57	2.47	2.36	2.25	2.19	2.13	2.07	2.00	1.93	1.85
28	5.61	4.22	3.63	3.29	3.06	2.90	2.78	2.69	2.61	2.55	2.45	2.34	2.23	2.17	2.11	2.05	1.98	1.91	1.83
29	5.59	4.20	3.61	3.27	3.04	2.88	2.76	2.67	2.50	2.53	2.43	2.32	2.21	2.15	2.09	2.03	1.96	1.89	1.81

续表

n_2 \ n_1	1	2	3	4	5	6	7	8	9	10	12	15	20	24	30	40	60	120	∞
30	5.57	4.18	3.59	3.25	3.03	2.87	2.75	2.65	2.57	2.51	2.41	2.31	2.20	2.14	2.07	2.01	1.94	1.87	1.79
40	5.42	4.05	3.46	3.13	2.90	2.74	2.62	2.53	2.45	2.39	2.29	2.18	2.07	2.01	1.94	1.88	1.80	1.72	1.64
60	5.29	3.93	3.34	3.01	2.79	2.63	2.51	2.41	2.33	2.27	2.17	2.06	1.94	1.88	1.82	1.74	1.67	1.58	1.48
120	5.15	3.80	3.23	2.89	2.67	2.52	2.39	2.30	2.22	2.16	2.05	1.94	1.82	1.76	1.69	1.61	1.53	1.43	1.31
∞	5.02	3.69	3.12	2.79	2.57	2.41	2.29	2.19	2.11	2.05	1.94	1.83	1.71	1.64	1.57	1.48	1.39	1.27	1.00

$\alpha=0.01$

n_2 \ n_1	1	2	3	4	5	6	7	8	9	10	12	15	20	24	30	40	60	120	∞
1	4 052	4999.5	5 403	5 625	5 764	5 859	5 928	5 982	6 022	6 056	6 106	6 157	6 209	6 235	6 261	6 287	6 313	6 339	6 366
2	98.50	99.00	99.17	99.25	99.36	99.33	99.36	99.37	99.39	99.40	99.42	99.43	99.45	99.46	99.47	99.47	99.48	99.49	99.50
3	34.12	30.82	29.46	28.71	28.24	27.91	27.67	27.49	27.35	27.23	27.05	26.87	26.69	26.60	26.50	26.41	26.32	26.22	26.13
4	21.20	18.00	16.69	15.98	15.52	15.21	14.98	14.80	14.66	14.55	14.37	14.20	14.02	13.93	13.84	13.75	13.65	13.56	13.46
5	16.26	13.27	12.06	11.39	10.97	10.67	10.46	10.29	10.16	10.05	9.89	9.72	9.55	9.47	9.38	9.29	9.20	9.11	9.02
6	13.75	10.92	9.78	9.15	8.75	8.47	8.26	8.10	7.98	7.87	7.72	7.56	7.40	7.31	7.23	7.14	7.06	6.97	6.88
7	12.25	9.55	8.45	7.85	7.46	7.19	6.99	6.84	6.72	6.62	6.47	6.31	6.16	6.07	5.99	5.91	5.82	5.74	5.65
8	11.26	8.65	7.59	7.01	6.63	6.37	6.18	6.03	5.91	5.81	5.67	5.52	5.36	5.28	5.20	5.12	5.03	4.95	4.86
9	10.56	8.02	6.99	6.42	6.06	5.80	5.61	5.47	5.35	5.26	5.11	4.96	4.81	4.73	4.65	4.57	4.48	4.40	4.31
10	10.04	7.56	6.55	5.99	5.64	5.39	5.20	5.06	4.94	4.85	4.71	4.56	4.41	4.33	4.25	4.17	4.08	4.00	3.91
11	9.65	7.21	6.22	5.67	5.32	5.07	4.89	4.74	4.63	4.54	4.40	4.25	4.10	4.02	3.94	3.86	4.78	3.69	3.60
12	9.33	6.93	5.95	5.41	5.06	4.82	4.64	4.50	4.39	4.30	4.16	4.01	3.86	3.78	3.70	3.62	3.54	3.45	3.36
13	9.07	6.70	5.74	5.21	4.86	4.62	4.44	4.30	4.19	4.10	3.96	3.82	3.66	3.59	3.51	3.43	3.34	3.25	3.17
14	8.86	6.51	5.56	5.04	4.69	4.46	4.28	4.14	4.03	3.94	3.80	3.66	3.51	3.43	3.35	3.27	3.18	3.09	3.00
15	8.68	6.36	5.42	4.89	4.56	4.42	4.14	4.00	3.89	3.80	3.67	3.52	3.37	3.29	3.21	3.13	3.05	2.96	2.87

续表

n_2 \ n_1	1	2	3	4	5	6	7	8	9	10	12	15	20	24	30	40	60	120	∞
16	8.53	6.23	5.29	4.77	4.44	4.20	4.03	3.89	3.78	3.69	3.55	3.41	3.26	3.18	3.10	3.02	2.93	2.84	2.75
17	8.40	6.11	5.18	4.67	4.34	4.10	3.93	3.79	3.68	3.59	3.46	3.31	3.16	3.08	3.00	2.92	2.83	2.75	2.65
18	8.29	6.01	5.09	4.58	4.25	4.01	3.84	3.71	3.60	3.51	3.37	3.23	3.08	3.00	2.92	2.84	2.75	2.66	2.57
19	8.18	5.93	5.01	4.50	4.17	3.94	3.77	3.63	3.52	3.43	3.30	3.15	3.00	2.92	2.84	2.76	2.67	2.58	2.49
20	8.10	5.85	4.92	4.42	4.40	3.87	3.70	3.56	3.46	3.37	3.23	3.09	2.94	2.86	2.78	2.69	2.61	2.52	2.42
21	8.02	5.78	4.87	4.37	4.04	3.81	3.64	3.51	3.40	3.31	3.17	3.03	2.88	2.80	2.72	2.64	2.55	2.46	2.36
22	7.95	5.72	4.82	4.31	3.99	3.76	3.59	3.45	3.35	3.26	3.12	2.98	2.83	2.75	2.67	2.58	2.50	2.40	2.31
23	7.88	5.66	4.76	4.26	3.94	3.71	3.54	3.41	3.30	3.21	3.07	2.93	2.78	2.70	2.62	2.54	2.45	2.35	2.26
24	7.82	5.61	4.72	4.22	3.90	3.67	3.50	3.36	3.26	3.17	3.03	2.89	2.74	2.66	2.58	2.49	2.40	2.31	2.21
25	7.77	5.57	4.68	4.18	3.85	3.63	3.46	3.32	3.22	3.13	2.99	2.85	2.70	2.62	2.54	2.45	2.36	2.27	2.17
26	7.72	5.53	4.64	4.14	3.82	3.59	3.42	3.29	3.18	3.09	2.96	2.81	2.66	2.58	2.50	2.42	2.33	2.23	2.13
27	7.68	5.49	4.60	4.11	3.78	3.56	3.39	3.26	3.15	3.06	2.93	2.78	2.63	2.55	2.47	2.38	2.29	2.20	2.10
28	7.64	5.45	4.57	4.07	3.75	3.53	3.36	3.23	3.12	3.03	2.90	2.75	2.60	2.52	2.44	2.35	2.26	2.17	2.06
29	7.60	5.42	4.52	4.04	3.73	3.50	3.33	3.20	3.09	3.00	2.87	2.73	2.57	2.49	2.41	2.33	2.23	2.14	2.03
30	7.56	5.39	4.51	4.02	3.70	3.47	3.30	3.17	3.07	2.98	2.84	2.70	2.55	2.47	2.39	2.30	2.21	2.11	2.01
40	7.31	5.18	4.31	3.83	3.51	3.29	3.12	2.99	2.89	2.80	2.66	2.52	2.37	2.29	2.2U	2.11	2.02	1.92	1.80
60	7.08	4.98	4.13	3.65	3.34	3.12	2.95	2.82	2.72	2.63	2.50	2.35	2.20	2.12	2.03	1.94	1.84	1.73	1.60
120	6.85	4.79	3.95	3.48	3.17	2.96	2.79	2.66	2.56	2.47	2.34	2.19	2.03	1.95	1.86	1.76	1.66	1.53	1.38
∞	6.031	4.611	3.78	3.32	3.02	2.80	2.64	2.51	2.41	2.32	2.18	2.04	1.88	1.79	1.70	1.59	1.47	1.32	1.00

$\alpha = 0.005$

n_2 \ n_1	1	2	3	4	5	6	7	8	9	10	12	15	20	24	30	40	60	120	∞
1	16211	20000	21615	2500	32056	22437	23715	22925	24091	24224	24426	24630	24836	24940	25044	25148	25253	25359	25465
2	198.5	199.0	199.2	199.2	199.3	1.093	199.4	199.4	199.4	199.4	199.4	199.4	199.4	199.5	199.5	199.5	199.5	199.5	199.5
3	55.55	49.80	47.47	46.19	45.39	44.84	44.43	44.13	43.88	43.69	43.39	43.08	42.78	42.62	42.47	42.31	42.15	41.99	41.83
4	31.33	26.28	24.26	23.15	22.46	21.97	21.62	21.35	21.14	20.79	20.70	20.44	20.17	20.03	19.89	19.75	19.61	19.47	19.32

续表

n_2 \ n_1	1	2	3	4	5	6	7	8	9	10	12	15	20	24	30	40	60	120	∞
5	22.78	18.31	16.53	15.56	14.94	14.51	14.20	13.96	13.77	13.62	13.38	13.15	12.90	12.78	12.66	12.53	12.40	12.27	12.14
6	18.63	14.54	12.92	12.03	11.46	11.07	10.79	10.57	10.39	10.24	10.03	9.81	9.59	9.47	9.36	924	9.12	9.00	8.88
7	16.24	12.40	10.88	10.05	9.52	9.16	8.89	8.68	8.51	8.38	8.18	7.97	7.75	7.65	7.53	7.42	7.31	7.19	7.08
8	14.69	11.04	9.60	8.81	8.30	7.95	7.69	7.50	7.34	7.21	7.01	6.81	6.61	6.50	6.40	6.29	6.18	6.06	5.95
9	13.61	10.11	8.72	7.96	7.47	7.13	6.88	6.69	6.54	6.42	6.23	6.03	5.83	5.73	5.62	5.52	5.41	5.30	5.19
10	12.83	9.43	8.08	7.34	6.87	6.54	6.30	6.12	5.97	5.85	5.66	5.47	5.27	5.17	5.07	4.97	4.86	4.75	4.64
11	12.22	8.91	7.60	6.88	6.42	6.10	5.86	5.68	5.54	5.42	5.24	5.05	4.86	4.76	4.65	4.55	4.44	4.34	4.23
12	11.75	8.51	7.23	6.52	6.07	5.76	5.52	5.35	5.20	5.09	4.91	4.72	4.53	4.43	4.33	4.23	4.12	3.01	3.90
13	11.37	8.19	6.93	6.23	5.79	5.48	5.25	5.08	4.94	4.82	4.64	4.46	4.27	4.17	4.07	3.97	3.87	3.76	3.65
14	11.06	7.92	6.68	0.00	5.56	5.26	5.03	4.86	4.72	4.60	4.43	4.25	4.06	3.96	3.80	3.76	3.66	3.55	3.44
15	10.80	7.70	6.48	5.80	5.37	5.07	4.85	4.67	4.54	4.42	4.25	4.07	3.81	3.79	3.69	3.58	3.48	3.37	3.26
16	10.58	7.51	6.30	5.64	5.21	4.91	4.69	4.52	4.38	4.27	4.10	3.92	3.72	3.64	3.54	3.44	3.33	3.22	3.11
17	10.38	7.35	6.16	5.50	5.07	4.78	4.56	4.39	4.25	4.14	3.97	3.79	3.61	3.51	3.41	3.31	3.21	3.10	2.98
18	10.22	7.21	6.08	5.37	4.96	4.66	4.44	4.28	4.14	4.03	3.86	3.68	3.50	3.40	3.30	3.20	3.10	2.99	2.87
19	10.05	7.09	5.92	5.23	4.85	4.56	4.34	4.18	4.04	3.93	3.76	3.59	3.40	3.31	3.21	3.11	3.00	2.89	2.78
20	9.94	6.99	5.82	5.17	4.76	4.47	4.26	4.09	3.96	3.85	3.68	3.50	3.32	3.22	3.12	3.02	2.92	2.81	2.60
21	9.83	6.89	5.72	5.09	4.68	4.39	4.18	4.01	3.88	3.77	3.60	3.43	0.24	3.15	3.05	2.95	2.84	2.73	2.61
22	9.73	6.81	7.65	5.02	4.61	4.32	4.11	3.94	3.81	3.70	3.54	3.36	3.18	3.08	2.98	2.88	2.77	2 66	2.55
23	9.63	6.73	5.58	4.95	4.54	4.26	4.05	3.88	3.75	3.64	3.47	3.30	3.12	3.02	2.92	2.82	2.71	2.60	2.48
24	9.55	6.60	5.52	4.89	4.49	4.20	3.99	3.83	3.69	3.59	3.42	3.25	3.06	2.97	2.87	2.77	2.66	2.55	2.43
25	9.48	6.60	5.46	4.84	4.43	4.15	3.94	3.78	3.64	3.54	3.37	3.20	3.01	2.92	2.82	2.72	2.61	2.50	2.38
26	9.41	6.54	5.41	4.79	4.38	4.10	3.89	3.73	3.60	3.49	3.33	3.15	2.97	2.87	2.77	2.67	2.56	2.45	2.33
27	9.34	6.49	5.36	4.74	4.34	4.06	3.85	3.69	3.56	3.45	3.28	3.11	2.93	2.83	2.73	2.63	2.52	2.41	2.29
28	9.28	6.44	5.32	4.70	4.30	4.02	3.81	3.65	3.52	3.41	3.25	3.07	2.89	2.79	2.69	2.59	2.48	2.37	2.25
29	9.23	6.40	5.28	4.66	4.26	3.98	3.77	3.61	3.48	3.38	3.21	3.04	2.86	2.76	2.66	2.56	2.45	2.33	2.21

续表

n_2 \ n_1	1	2	3	4	5	6	7	8	9	10	12	15	20	24	30	40	60	120	∞
30	9.18	6.35	5.24	4.62	4.23	3.95	3.74	3.58	3.45	3.34	3.18	3.01	2.82	2.73	2.63	2.52	2.42	2.30	2.18
40	8.83	6.07	4.98	4.37	3.99	3.71	3.51	3.35	3.22	3.12	2.95	2.78	2.60	2.50	2.40	2.30	2.18	2.06	1.93
60	8.49	5.79	4.73	4.14	3.76	3.49	3.29	3.13	3.01	2.90	2.74	2.57	2.39	2.29	2.19	2.08	1.96	1.83	1.69
120	8.18	5.54	4.50	3.92	3.55	3.28	3.09	2.93	2.81	2.71	2.54	2.37	2.19	2.09	1.98	1.87	1.75	1.61	1.43
∞	7.88	5.30	4.28	3.72	3.35	3.09	2.90	2.74	2.62	2.52	2.36	2.19	2.00	1.90	1.79	1.67	1.53	1.36	1.00

$\alpha=0.001$

n_2 \ n_1	1	2	3	4	5	6	7	8	9	10	12	15	20	24	30	40	60	120	∞
1	4053+	5000+	5404+	5625+	5764+	5859+	5929+	59151	6023+	6056+	6107+	6158+	6209	6235+	6261	6287+	6313+	6340+	6366+
2	998.5	999.0	999.2	999.2	999.3	999.3	999.4	999.4	999.4	999.4	999.4	999.4	999.4	999.5	999.5	999.5	999.5	999.5	999.5
3	167.0	148.5	141.1	137.1	134.6	132.8	131.6	130.0	129.9	129.2	128.3	127.4	126.4	125.9	125.4	125.0	124.5	124.0	123.5
4	74.14	61.25	56.18	53.44	51.71	50.53	49.66	49.00	48.47	48.05	47.41	46.76	46.10	45.77	45.43	45.09	44.75	44.40	44.05
5	47.18	37.12	33.20	31.09	29.75	28.84	28.16	27.64	27.24	26.92	26.42	25.91	25.39	25.14	24.87	24.60	24.33	24.06	23.79
6	35.51	27.00	23.70	21.92	20.81	20.03	19.46	19.03	18.69	18.41	17.99	17.56	17.12	16.89	16.67	16.44	16.21	15.99	15.75
7	29.25	21.69	18.77	17.19	16.21	15.52	15.02	14.63	14.33	14.08	13.71	13.32	12.93	12.73	12.53	12.33	12.12	11.91	11.70
8	25.42	18.49	15.83	14.39	13.49	12.86	12.40	12.04	11.77	11.54	11.19	10.84	10.48	10.30	10.11	9.92	9.73	9.53	9.33
9	22.86	16.39	13.90	12.56	11.71	11.13	10.70	10.37	10.11	9.89	9.57	9.24	8.90	8.72	8.55	8.37	8.19	8.00	7.81
10	21.04	14.91	12.55	11.28	10.48	9.92	9.52	9.20	8.96	8.75	8.45	8.13	7.80	7.64	7.47	7.30	7.12	6.94	6.76
11	19.69	13.81	11.56	10.35	9.58	9.05	8.00	8.35	8.12	7.92	7.63	7.32	7.01	6.85	6.68	6.52	6.35	6.17	6.00
12	18.64	12.97	10.80	9.63	8.89	8.38	8.00	7.71	7.48	7.29	7.00	6.71	6.40	6.25	6.09	5.93	5.76	5.59	6.42
13	17.81	12.31	10.21	0.07	8.35	7.86	7.49	7.21	6.98	6.80	6.52	6.23	5.93	5.78	5.63	5.47	5.30	5.14	4.97
14	17.14	11.78	9.72	8.62	7.92	7.43	7.08	6.80	6.58	6.40	6.13	5.85	5.56	5.41	5.25	5.10	4.94	4.77	4.60

续表

n_2 \ n_1	1	2	3	4	5	6	7	8	9	10	12	15	20	24	30	40	60	120	∞
15	16.59	11.34	9.34	8.25	7.57	7.09	6.74	6.47	6.26	6.08	5.81	5.54	5.25	5.10	4.95	4.80	4.64	4.47	4.31
16	16.12	10.97	9.00	7.94	7.27	6.81	6.46	6.19	5.98	5.81	5.55	5.27	4.99	4.85	4.70	4.54	4.39	4.23	4.06
17	15.72	10.66	8.72	7.68	7.02	6.56	6 22	5.96	5.75	5.58	5.32	5.05	4.78	4.63	4.48	4.33	4.18	4.02	3.85
18	15.38	10.39	8.49	7.46	6.81	6.35	6.02	5.76	5.56	5.39	5.13	4.87	4.59	4.45	4.30	4.15	4.00	3.84	3.67
19	15.08	10.16	8.28	7.26	6.62	6.18	5.85	5.59	5.39	5.22	4.97	4.70	4.43	4.29	4.14	3.99	3.84	3.68	3.51
20	14.82	9.95	8.10	7.10	6.46	6.02	5.69	5.44	5.24	5.08	4.82	4.56	4.29	4.15	4.00	3.86	3.70	3.54	3.38
21	14.59	9.77	7.04	6.95	6.32	5.88	5.56	5.31	5.11	4.95	4.70	4.44	4.17	4.03	3.88	3.74	3.58	3.42	3.26
22	14.38	9.61	7.80	6.81	6.19	5.76	5.44	5.19	4.99	4.83	4.58	4.33	4.06	3.92	3.78	3.63	3.48	3.32	3.15
23	14.19	9.47	7.67	6.69	6.08	5.65	5.33	5.09	4.89	4.73	4.48	4.23	3.96	3.82	3.68	3.53	3.38	3.22	3.05
24	14.03	9.34	7.55	6.59	5.98	5.55	5.23	4.99	4.80	4.64	4.39	4.14	3.87	3.74	3.59	3.45	3.29	3.14	2.97
25	13.88	9.22	7.45	6.49	5.88	5.46	5.15	4.91	4.71	4.56	4.31	4.06	3.79	3.66	3.52	3.37	3.22	3.06	2.89
26	13.74	9.12	7.36	6.41	5.80	5.38	5.07	4.83	4.64	4.48	4.24	3.99	3.72	3.59	3.44	3.30	3.15	2.99	2.82
27	13.61	9.02	7.25	6.33	5.73	5.31	5.00	4.76	4.57	4.41	4.17	3.92	3.66	3.52	3.38	3.23	3.08	2.92	2.75
28	13.50	8.93	7.19	6.25	5.66	5.24	4.93	4.69	4.50	4.35	4.11	3.86	3.60	3.46	3.32	3.18	3.02	2.86	2.69
29	13.39	8.85	7.12	6.19	5.59	5.18	4.87	4.64	4.45	4.29	4.05	3.80	3.54	3.41	3.27	3.12	2.97	2.81	2.64
30	13.29	8.77	7.05	6.12	5.53	5.12	4.82	4.58	4.39	4.24	4.00	3.75	3.49	3.36	3.22	3.07	2.92	2.76	2.59
40	12.01	8.25	6.60	5.70	5.13	4.73	4.44	4.21	4.02	3.87	3.64	3.40	3.15	3.01	2.87	2.73	2.57	2.41	2.23
60	11.97	7.76	6.17	5.31	4.76	4.37	4.09	3.87	3.69	3.54	3.31	3.08	2.83	2.69	2.55	2.41	2.25	2.08	1.89
120	11.38	7.32	5.79	4.95	4.42	4.04	3.77	3.55	3.38	3.24	3.02	2.78	2.53	2.40	2.26	2.11	1.95	1.76	1.54
∞	10.83	6.91	5.42	4.62	4.10	3.74	3.47	3.27	3.10	2.96	2.74	2.51	2.27	2.13	1.99	1.84	1.66	1.45	1.00

+表示要将所列数乘以 100。

附表 6 χ^2 分布表

$$P\{\chi^2(n)>\chi^2_\alpha(n)\}=\alpha$$

n	α=0. 995	0. 99	0. 975	0. 95	0. 90	0. 75
1	0. 00004	0. 00016	0. 001	0. 004	0. 016	0. 102
2	0. 010	0. 020	0. 051	0. 103	0. 211	0. 575
3	0. 072	0. 115	0. 216	0. 352	0. 584	1. 213
4	0. 207	0. 297	0. 484	0. 711	1. 064	1. 923
5	0. 412	0. 554	0. 831	1. 145	1. 610	2. 675
6	0. 676	0. 872	1. 237	1. 635	2. 204	3. 455
7	0. 989	1. 239	1. 690	2. 167	2. 833	4. 255
8	1. 344	1. 646	2. 180	2. 733	3. 490	5. 071
9	1. 735	2. 088	2. 700	3. 325	4. 168	5. 899
10	2. 156	2. 558	3. 247	3. 940	4. 865	6. 737
11	2. 603	3. 053	3. 816	4. 575	5. 578	7. 584
12	3. 074	3. 571	4. 404	5. 226	6. 304	8. 438
13	3. 565	4. 107	5. 009	5. 892	7. 042	9. 299
14	4. 075	4. 660	4. 269	6. 571	7. 790	10. 165
15	4. 061	5. 229	6. 262	7. 261	8. 547	11. 037
16	5. 142	5. 812	6. 908	7. 962	0. 312	11. 912
17	5. 697	6. 408	7. 564	8. 672	10. 085	12. 792
18	6. 265	7. 015	8. 231	9. 390	10. 865	13. 675
19	6. 844	7. 633	8. 907	10. 117	11. 651	14. 562
20	7. 434	8. 260	9. 591	10. 851	12. 443	15. 452
21	8. 034	8. 897	10. 283	11. 591	13. 240	16. 344
22	8. 643	0. 542	10. 082	12. 338	14. 042	17. 240
23	9. 260	10. 196	11. 689	13. 091	14. 848	18. 137
24	9. 886	10. 856	12. 401	13. 848	15. 659	19. 037
25	10. 520	11. 524	13. 120	14. 611	16. 473	19. 930
26	11. 100	12. 198	13. 844	15. 379	17. 292	211. 843
27	11. 808	12. 879	14. 573	16. 151	18. 114	21. 749
28	12. 461	13. 565	15. 308	16. 928	18. 939	22. 657
29	15. 121	14. 257	16. 047	17. 708	19. 768	23. 567
30	13. 787	14. 954	16. 791	18. 493	20. 599	24. 478
31	14. 458	15. 655	17. 539	19. 281	21. 434	25. 390
32	15. 134	16. 362	18. 291	20. 072	22. 271	26. 304
33	15. 815	17. 074	19. 047	20. 867	23 110	27. 219
34	16. 5111	17. 789	19. 806	21. 664	23. 052	28. 136
35	17. 102	18. 5119	211. 569	22. 465	24. 707	29. 054
36	17. 887	19. 233	21. 336	23. 269	25. 643	29. 973
37	18. 586	19. 960	22. 1116	24. 075	26. 492	30. 893
38	19. 289	20. 691	22. 878	24. 884	27. 343	31. 815
39	19. 996	21. 426	23. 654	25. 695	28. 196	32. 737
40	20. 707	22. 464	24. 433	20. 5119	32. 737	33. 660
41	21. 421	22. 906	25. 215	27. 326	29. 051	34. 585
42	22. 138	23. 650	25. 999	28. 144	30. 765	35. 510
43	22. 859	24. 398	26. 785	28. 965	31. 625	36. 436
44	23. 584	25. 148	27. 575	20. 787	32. 487	37. 363
45	24. 311	25. 901	28. 366	30. 612	33. 350	38. 291

续表

n	$\alpha=0.25$	0.10	0.05	0.025	0.01	0.005
1	1.323	2.706	3.841	5.024	6.635	7.879
2	2.773	4.605	5.991	7.378	9.210	10.597
3	4.108	6.251	7.815	9.348	11.345	12.838
4	5.385	7.779	9.488	11.143	13.277	14.860
5	6.626	9.236	11.071	12.833	15.086	16.750
6	7.841	10.645	12.592	14.449	16.812	18.548
7	9.037	12.017	14.067	16.013	18.475	20.278
8	10.219	13.362	15.507	17.535	20.090	21.955
9	11.389	14.684	16.919	19.023	21.666	23.589
10	12.549	15.987	18.307	20.483	23.209	25.188
11	13.701	17.275	19.675	21.920	24.725	26.757
12	14.845	18.549	21.026	23.337	26.217	28.299
13	15.981	19.812	22.362	24.736	27.688	29.819
14	17.117	21.064	23.685	26.119	29.141	31.319
15	18.245	22.307	24.996	27.488	30.578	32.801
16	19.369	23.542	26.296	28.845	32.000	34.267
17	20.489	24.769	27.587	30.191	33.409	35.718
18	21.605	25.989	28.869	31.526	34.805	37.156
19	22.718	27.204	30.144	32.852	36.191	38.582
20	23.828	28.412	31.410	34.170	37.566	39.997
21	24.935	29.615	32.671	35.479	38.932	41.401
22	26.039	30.813	33.924	36.781	40.289	42.796
23	27.141	32.007	35.172	38.076	41.638	44.181
24	28.241	33.196	36.415	39.364	42.980	45.559
25	29.339	34.382	37.652	40.646	44.314	46.928
26	30.435	35.563	38.885	41.923	45.642	48.290
27	31.528	36.741	40.113	43.194	46.963	49.645
28	32.620	37.916	41.337	44.461	48.278	50.993
29	33.711	39.087	42.557	45.722	49.588	52.336
30	34.800	40.256	43.773	46.979	50.892	53.672
31	35.887	41.422	44.985	48.232	52.191	55.003
32	36.973	42.585	46.194	49.480	53.486	56.328
33	38.058	43.745	47.400	50.725	54.776	57.648
34	39.141	44.903	48.602	51.966	56.061	58.964
35	40.223	46.059	49.802	55.203	57.342	60.275
36	41.304	47.212	50.998	54.437	58.619	61.581
37	42.383	48.363	52.192	55.668	59.892	62.883
38	43.462	49.513	53.384	56.896	61.162	64.181
39	44.539	50.660	54.572	58.120	62.428	65.476
40	45.616	51.805	55.758	59.342	63.691	66.766
41	46.692	52.949	56.942	60.561	64.950	68.053
42	47.766	54.090	58.124	61.777	66.206	69.336
43	48.840	55.230	59.304	62.990	67.459	70.616
44	49.913	56.369	60.481	64.201	68.710	71.893
45	50.985	57.505	61.656	65.410	69.957	73.166